두 번째 인류

두 번째 인류

죽음을
뛰어넘은

디지털 클론
의

시대

한스 블록,
모리츠 리제비크
지음

강민경 옮김

흐름출판

차례

1부 만남

2부 관찰

일러두기

 − 각주는 모두 옮긴이주이다.

 − 본문에 언급된 책, 작품, 프로그램이 우리말로 번역된 경우 그 제목을 따랐으며 그렇지 않은
   경우 원문에 가깝게 옮겼다.

1부
만남

1장
인간 유한성의 끝

디지털 불멸성

우리에게는 태어나기 이전의 삶과 죽은 이후의 삶이 있다.

　코로나19 팬데믹은 가족, 친지의 죽음을 겪은 적이 없어 슬퍼할 일이 없던 행운아들도 삶의 무상함을 새로운 시각으로 바라보게 만들었다. 코로나19 팬데믹은 인간의 몸이 얼마나 연약한지, 우리와 우리가 사랑하는 사람들이 얼마나 순식간에 죽음과 마주할 수 있는지, 여태까지 불치병, 사고, 전쟁, 기아를 겪은 적 없는 특권층마저도 더 이상 특권을 누릴 수 없다는 사실을 전례 없을 정도로 강렬하게 보여주었다. 죽음은 무지막지한 힘으로 인간의 집단의식으로 밀고 들어왔고, 사랑하는 사람을 잃는 것이 얼마나 고통스럽고 힘에 겨운 일인지를 알려주었다. 방역 대책 때문에 많은 사람이 병원에서 죽어가는 배우자, 가족과 친척, 친구들과 작별 인사를 나누지 못했을 뿐만 아니라 죽음을 애도하지도 못했다. 코로나19 팬데믹이라는 끔찍한 경험을 통해 슬픔을 함께 나눌 수 없다는 것이 얼마나 참담한 일인지 알게 되었다.

우리가 믿는 종교는 수백 년 동안 의식의 형태로 애도의 시간을 제공해왔다. 팬데믹을 겪고 나서야 사람들은 죽음 이후의 삶에 대한 믿음이 없다면 돌이킬 수 없는 상실에 대응할 우리의 능력이 얼마나 부족한지를 깨달았다. 종교적 구원에 대한 믿음이 사라져가면서 수백만 명의 사람이 사랑하는 사람의 죽음을 견딜 수 없는 재앙으로 받아들이게 되었다.

인간이 죽은 다음에는 무슨 일이 벌어질까? 이것은 인류 역사상 아주 오랜 질문 중 하나다. 수 세기 동안 서양인들의 생각은 명확했다. 영혼이 신의 곁으로 가거나 지옥 불에 떨어지거나. 그런데 최근 연구 결과에 따르면 서유럽에서는 신과 저세상에서의 영원한 삶을 믿는 사람의 수가 점점 줄어들고 있으며[1] 심지어 종교가 있다고 말하는 사람이 소수가 되었다.[2] 한편 '죽음 이후의 삶이란 존재하지 않는다'고 믿는 사람 또한 소수다.[3]

육체는 죽어도 영혼은 계속해서 살아갈 것이라는 희망의 끈을 놓은 사람이 많지는 않은 모양이다. 종교에 대한 믿음을 버린 사람들을 위한 새로운 구원의 말도 마땅치 않다. 그들의 상실감을 대체할 방법도 없다. 기업이 감히 그 틈새에 끼어들어 다음 사업 아이디어를 떠올리지 못할 만큼 깊고 넓은 고랑이 파인 셈이다. 죽음의 불가피성에 대한 인류의 고민을 해결할 이 시대에 맞는 새로운 제안이 등장한다면 기업은 아마 수십억 명의 잠재 고객을 확보할 수 있을 것이다. 이런 기대에 따라 디지털 혁명이라는 바람이 불지 않은 세계 곳곳에서 여러 스타트업이 나타나 거대한 시장의 경쟁에 뛰어들었다. 바로 '디지털 불멸성' 시장이다.

15년쯤 전부터 사람들은 24시간 내내 소셜 미디어와 메신저로 대화를 나눈다. 우리는 각 대화창마다 다른 자아를 보이며 매일같이 스마트폰에 의식의 흐름을 전달한다. 중국의 선전부터 루마니아의 이아시, 미국의 패서디나에 이르기까지 전 세계 각지의 개발자들이 소셜 미디어와 메신저의 내밀한 대화에서 추출한 개인의 성격은 물론 인간의 행동 양식까지 인공지능을 활용해 모방하려고 노력 중이다. 그들의 목표는 사람이 죽고 난 다음에도 내면만은 계속 살려두는 것이다. 마치 SF 영화의 줄거리처럼 들리지만 이런 기술은 이미 오래 전부터 개발되어 점점 현실이 되고 있다. 과연 이런 미심쩍은 기술 뒤에는 무엇이 숨어 있을까? 이 기술은 정확히 어떻게 작동하는 걸까? 디지털 세상에서 '불멸자'가 되기 위해 모든 것을 거는 사람들은 왜 그러는 걸까? 사랑하는 사람을 디지털 복제 인간(클론)으로 부활시키려는 사람들이 얻는 것은 대체 무엇인가?

질문의 답을 찾기 위해 우리는 전 세계 수많은 국가를 여행했다. 영원한 삶을 약속하는 종교적 가치관과는 거리가 먼 분야에서 불멸성을 추구하는 선구자들과 이야기를 나누었고, '디지털' 불멸성을 꿈꾸고 그것을 실현하기 위해 힘쓰는 사람들을 만났다. 예를 들어 돌아가신 아버지를 스마트폰으로 되살린 사람들이 있다. 수십 년 전부터 자기 삶의 전반을 녹화해 기록으로 남기는 사람들도 있다. 개중에는 곧 삶의 마지막을 맞이하게 될 수많은 병자에게 죽음 이후의 삶을 약속하며 헛된 희망을 심어주는 사람들도 있었다. 중국 기술 대기업의 지원을 받아 자기 자신과 다른 사람들의 버추얼 도플갱어를 만든 이들도 있다. 우리는 인간의 신경 구조와 유사한 컴퓨터 칩이 인공 의식을 만들어낼 수 있다고 믿는 뇌과학 분야의 세계적인 전문가들도 만났다. 또 인공신경망이 어떤 것인지, 인공적인 존재가 어떻게 만들어질 수 있는지를 보여준 프로그래머들도 있었다.

우리는 때로는 먼 곳으로, 때로는 사람의 내면으로 여행을 떠나 과연 지금의 우리라는 인간을 구성하는 것은 무엇인지 찾아다녔다. 앞으로 우리가 만난 많은 몽상가와 창조자, 회의적인 사람과 희열에 젖은 사람, 대담한 사람과 한 번도 겪어보지 못한 변화로 인한 효과를 두려워하는 사람들의 이야기를 전하겠다.

디지털 영혼

영혼에 관한 책을 쓰게 되다니, 우리 두 작가가 꿈도 꾸지 못했던 일이다. 종교니 정신이니 하는 주제와 우리는 마치 도널드 트럼프와 상대성 이론만큼이나 동떨어진 관계였다. 그럼에도 우리가 몇 년 동안이나 영혼을 탐구한 이유는 2015년에 전 세계를 뜨겁게 달군 소식 때문이다.

이름난 명문대인 케임브리지 대학교의 연구진이 발표한 바에 따르면 어떤 사람이 페이스북에서 누른 '좋아요' 300개만 있으면 그 사람의 성격을 그의 배우자보다 더 잘 알기에 충분하다고 한다.[4] 인터넷에서는 어떤 소식이나 정보가 들불처럼 번진다. 사람의 성격을 조사하고 판단하는 데 쓰이는 만능 도구인 빅데이터는 이제 많은 사람이 일상적으로 언급하는 개념이 되었다. 기술 기업들은 이제 오랫동안 신과 한 개인의 주변 사람들만이 관여하던 영역, 즉 어떤 사람의 진짜 모습을 알고 '식별하는' 영역까지 공격적으로 세력을 확장하고 있다. 그렇다면 우리가 인간의 데이터를 담은 위력적인 자료 기록과 알고리즘 그리고 인공지능 덕분에 생겨난 영혼, 더 정확히 말하자면 '디지털 영혼'에 관심을 갖게 된 이유는 무엇일까?

영혼이라는 개념은 진부하고 사색적이라고 생각하는 사람이 많다. 뇌과학 분야는 영혼의 존재를 부정하고, 과학적 심리학 분야는 영혼과 관련이 없어진 지 오래다. 그럼에도 우리는 무의식적으로 영혼이라는 말을 사용한다. '영혼이 맑은 사람'이라든지, '인간의 영혼'이라든지, '영혼이 없다'든지, '영혼의 안식'이라는 말을 자주 한다. 두 사람이 '영혼의 동반자'일 수도 있고, '영혼의 단짝'을 찾을 수도 있다. 충격적인 사건을 겪으면 '영혼의 치유'를 걱정한다. 영혼도 상처받거나 병에 걸릴 수 있다고 생각하기 때문이다. 또 우리는 '영혼을 판다'는 표현도 쓴다. 우리는 일상적 언어 습관에서 영혼이라는 말을 뺄 수 없지만 신경과학자들은 이 개념을 자신들의 사전에서 완전히 지워버렸다.

신경과학 분야에서 지워진 영혼의 자리를 대신 차지한 것이 '의식'이라는 개념이다. 의식은 뇌전도로 자세히 측정할 수 있으며 실재한다. 그렇다면 혼수상태이거나 뇌사상태인 사람, 즉 의식이 없다고 진단된 사람은 영혼을 잃은 걸까? 아마 대부분은 그렇지 않다고 답할 것이다. 전신마취 중이든 깊은 잠에 빠졌을 때든 최면에 빠졌을 때든 우리는 단순히 의식이 없는 상태일 뿐 영혼을 잃는 것이 아니다. 겉으로 드러나지 않는다고 해서 인간의 영혼이 소멸하지는 않는다.[5]

영혼이라는 개념에서 보편적인 인권과 모든 인간은 존엄하다는 가치관이 탄생했다.[6] 영혼은 인간의 모든 외적 요소와 행동 양식에 가려진 것을 위해 존재한다. 영혼은 우리의 사랑스러움과 실현되지 않은 잠재력과 일상의 혼란에도 쉽게 흔들리지 않는 굳건함을 나타내지만 그럼에도 여러 가지 이유로 병에 걸릴 수 있다. 대부분 인간은 자기 자신을 신경과학자들이 수십 년 전부터 정의하고 있는 존재로 받아들이기를 거부한다. 즉, 주변 세상과 생화학적이고 신경생리학적인 여러 과정들, 호르몬, 뇌파가 복잡하면서도 무의식적인 합동 공연으로 이루어낸 존재가 나라는 사실을 납득하지 않는다. 우리는 매일 새로이 인간의 자유 의지에 관해 근거 없는 자부심을 갖지만 신경생리학 분야에 자유 의지를 위한 자리는 거의 없다. 영혼이 차지할 자리는 더더욱 없다. 그런데 앞으로 알게 되겠지만, 뇌과학만으로는 인간의 의식에 관한 어려운 질문에 결코 답할 수 없으며 대부분 서유럽인이 영적인 것들은 거부하면서도 인간에게 영혼이 있다고 굳게 믿는 이유를 설명하기도 힘들다. 영혼이란 종교적 혹은 영적 개념 이상으로 보인다. 쉽게 말해 영혼이란 '나 자신'을 뜻하는 것 같다.

앞서 언급한 것과 마찬가지로 중요한 점은 바로 우리가 사랑을 이해할 때 영혼에 의존한다는 사실이다. 물론 신경과학자들의 관점에서는 사랑 또한 도파민, 세로토닌, 옥시토신 같은 호르몬이 함께 작용하는 것일 뿐이다. 그럼에도 우리는 상대방에게 "사랑해"라고 말하지 "네가 내 도파민 수치를 높였어"라고 말하지 않는다. 혹은 "네 덕분에 내 옥시토신 분비가 활발해졌어"라고 말하지도 않는다. 호르몬 때문이 아니라 설명할 수 없는 현상 때문에 사랑에 빠졌다는 걸 느끼기 때문이다. 사랑은, 그건 그냥 그것일 뿐이다.[7] 영혼도 마찬가지다. 영혼이 무엇인지 이성적으로 설명할 수 없을지라도 사랑에 빠진 사람들은 서로 영혼을 나눈다는 감정을 느낀다.

우리는 우리 몸을 구성하는 부분의 총합 이상이다. 종교나 정신세계와는 관계가 없는 사람들도 이렇게 생각하리라. 아주 오래전부터 '구성 요소의 총합 이상의 것'에 인간 정신의 불가해성을 정확하게 표현하는 '영혼'이라는 개념이 적용되어 있었다면 우리는 왜 그것에 대해 설명하기를 어려워 할까? 교회에 가는 사람들이 점점 줄어들고 있는 요즘에 누가 영혼을 말하고 찬미하고 받들겠는가? 결국 '초월적 무존재'[8]라는 빈자리가 생겼다. 빈자리가 생기면 그 자리를 채우려는 시도가 계속해서 이어지게 마련이다. 공교롭게도 영혼에 새로운 의미를 부여하여 대담하고 긍정적인 미래 전망을 만들어낸 사람들은 영적인 지도자나 새로운 종교 단체가 아니라 모든 것을 0과 1로 번역할 수 있다고 믿는 사람들, 즉 '디지털화 옹호자들'이었다.

허공을 붙잡다

인류는 태초부터 죽음으로부터 벗어나기를 꿈꿨다. 우리의 문화사는 인간이 불멸과 영원을 추구하는 이야기들로 가득하다. 인간은 자신이 어느 날 죽어 없어져야 한다는 사실을 도무지 받아들이지 못한다. 신체를 죽음으로부터 보호하려는 각고의 노력(예를 들어 미라로 만들어 보존하거나 얼리거나 항산화제를 먹는 등)을 다하지만 불멸의 삶을 산다는 건 터무니없는 바람이다. 대신 개인의 세부적인 모습까지 그대로 재현한 디지털 클론을 만들어 그 사람과 똑같이 말하고 똑같이 행동하고 심지어 똑같이 생각하도록 할 날은 손에 잡힐 듯 가까워졌다.

2013년 2월 공개된 SF 드라마 시리즈인 〈블랙 미러〉의 에피소드 '돌아올게'의 줄거리를 보면 흥미진진한 생각의 유희에 매료되고 만다. 미래의 어떤 기술 덕분에 죽은 사람을 컴퓨터 모니터나 스마트폰에 먼저 되돌아오게 만든 다음 실제로 되살릴 수 있게 되었다고 상상해보자. '돌아올게'의 주인공 마샤는 남편인 애쉬가 죽고 슬픔에 빠져 있던 차에 사람이 평생 동안 인터넷에 남긴 수많은 데이터를 모아 그를 디지털로 환생시킬 수 있다는 서비스를 보고 신청한다. 그 결과 다시 살아 돌아온 애쉬와 만난다.

몇 년 전까지만 해도 완전히 허구의 이야기라 생각되던 것이 지금은 현실이 되었다. 2020년 2월 1800만 명이 넘는 사람이 유튜브에서 9분짜리 동영상을 감상했다. 한국의 한 어머니가 3년도 더 전에 사망한 딸과 다시 만나는 모습이 담긴 영상이었다. 드라마나 영화가 아니었다. MBC 방송국의 다큐멘터리 〈너를 만났다〉의 한 장면은 곧 전 세계 사람의 공감을 샀다. 동시에 이런 모험적인 실험에 경악한 사람도 적지 않았다.

어머니 장지성 씨는 공원에서 죽은 딸을 만났다. 지성 씨는 어린 딸과 자주 함께 거닐던 산책로를 따라 걷고 있었다. 그때 자신이 딸에게 가르쳐준 노래를 부르는 목소리가 들렸다. 딸 나연이의 목소리였다. 곧이어 장작더미 뒤에서부터 일곱 살짜리 여자아이가 뛰어나와 어머니에게로 다가갔다. "엄마, 어디 있었어?" 아이가 물었다. 어머니는 눈물이 터졌다. 딸을 안으려고 했지만 손은 허공을 붙잡을 뿐이었다. 눈앞에 실제로 있는 것처럼 보이는 딸이, 장난스럽고 호기심이 가득한 표정을 짓고 있는 딸이, 어깨 길이의 검은 머리카락에 자신이 준 머리띠를 하고 있는 딸이, 평소에 잘 입던 보라색 옷을 입고 있는 딸이, 실제 나연이의 목소리로 내 생각을 했냐며 말을 거는 딸이 사실은 시뮬레이션으로 만들어진 아바타였기 때문이다. 흠잡을 데 없는 모습이었다. 지성 씨는 딸이 진짜가 아니라는 사실을 알고 있었다. 지성 씨는 그린스크린이 설치된 스튜디오에서 VR 안경을 쓰고 손의 움직임을 가상공간에 나타내는 장갑을 끼고 있었다. 하지만 그 순간의 모든 것이 가상현실이라는 사실을 인정하고 싶지 않았다. 30분 만이라도 딸을 다시 품에 안고 싶었다. 어머니는 계속해서 딸의 어깨를 잡고 안으려고 했다. 나연이의 아버지는 다른 두 어린 딸과 아들을 데리고 몇 미터 떨어진 곳에서 그 모습을 보고 있었다. 지성 씨는 죽은 아이에게 "나연이 안아보고 싶어"라고 흐느끼며 말했다. 아이는 손만 뻗으면 닿을 거리에 있었

19   1장 인간 유한성의 끝

다. 그 모습을 본 나연이 아버지는 가슴이 찢어지는 것 같았다. 부부는 오랫동안 나연이가 다시 건강해지길 바랐었다. 나연이는 몸의 장기가 망가져 곧 죽음에 이르는 희귀 난치병 진단을 받았다. 하지만 VR 안경을 통해 본 나연이는 그 어느 때보다 건강했다. 지성 씨는 나연이가 잔디밭에 놓인 침대로 가는 모습을 보았다. 침대는 나연이가 생전 좋아하던 토끼 무드등, 알록달록한 스프링클이 뿌려진 도넛 쿠션 등에 둘러싸여 있었다. 나연이가 말했다. "엄마, 우리 항상 같이 있지? 나도 엄마 오래오래 기억할게요." 항상 같이 있는다고? 오래오래 기억한다고? 아마 가상의 나연이는 이번 만남이 끝나면 자신과 엄마에게 어떤 일이 벌어질지 몰랐을 것이다. 지성 씨는 나연이가 살아 있을 때 쉽게 잠에 들지 못하거나 악몽을 꿀 때면 으레 그랬듯이 딸의 침대 옆에 앉았다. "사랑해, 나연아. 나연이가 어디에 있든 엄마가 찾으러 갈게. 엄마는 아직 해야 할 일이 있어서, 그것들 다 마치고 나면 나연이한테 갈게." 지성 씨가 말했다. "그때 우리 둘이 잘 지내자." "나 졸려, 엄마." 나연이가 그렇게 말하며 베개에 머리를 비볐다. "엄마, 옆에 있어 줘. 엄마, 안녕." 하얗게 빛나는 나비가 어디선가 날아와 침대에 누운 나연이의 몸 위에 앉았다. 반쯤 잠에 빠진 나연이가 "엄마, 사랑해"라고 말했다. 지성 씨는 눈물을 흘리며 "엄마도"라고 답했다. 다시 한번 딸에게 손을 내밀었지만 아무것도 잡히지 않았다. 하얀 빛이 번지더니 곧 나연이가 어디론가 사라졌다. 하얀 나비만이 주변을 날아다니다가 역시 곧 사라졌다. 얼마 지나지 않아 모든 빛이 사라졌다.

가상현실 콘텐츠 기업인 비브스튜디오스VIVE Studios가 8개월에 걸쳐 나연이 가족들이 찍어둔 동영상에서 추출한 나연이의 얼굴과 몸, 목소리를 가상공간에서 재현했다. 가상의 나연이의 움직임은 다른 아이의 동작을 컴퓨터로 촬영해 합성한 것이었다. 가상현실 속 공원에서 나연이가 말한 문장은 다른 아이의 목소리 녹음 위에 나연이의 목소리를 입혀 만들어낸 것이었다. 나연이의 성격을 재현해내기 위해 감독은 테라바이트 규모의 동영상과 사진을 분석했다. 나연이는 2010년에 태어났다. 스마트폰이 개발된 지 3년 째 되는 해였다. 나연이는 부모가 자신의 모든 발걸음과 움직임을 기록으로 남길 수 있는 시대에, 심지어 기술이 발달한 한국에 살았다. 이 모든 데이터를 기반으로 소녀의 생전 모습을 재현한 시뮬레이션은 수십 년 전에 SF나 사이버펑크 작품에서 시작된 판타지가 앞으로는 점점 우리의 삶을 결정하고 '인간다움'을 근본적으로 바꿔놓으리라는 사실을 보여주는 낯설고 기이한 증거였다.

우리는 터부시되던 것들이 더 이상 금기가 아니게 되는 현실을 경험하고 있다. 태초부터 지금까지 확신하고 있던 삶의 유한성을 빼앗긴다면 우리에게는 무슨 일이 일어날까? 인간의 자아상에 디지털 클론은 어떤 의미일까? 우리는 감히 삶과 죽음의 톱니바퀴 사이에 억지로 끼어들어 디지털 세상에서 영원히 사는 존재가 될 수 있을까? 이런 기술이 죽은 사람을 떠나보내지 않고 계속해서 그 사람과 살아갈 유가족들에게는 어떤 영향을 미칠까? 한 사람을 디지털로 되살릴 권리는 누구에게 있을까? 유가족에게 있을까? 죽은 사람의 데이터를 갖고 있는 기업에 있을까? 살아 있는 동안 끊임없이 트위터에서 떠들던 대통령들이 죽은 이후에도 계속 떠들어댄다면 우리 사회는 어떻게 될까? 인터넷 공간을 유령처럼 떠돌아다니는 디지털 불멸자들에 대한 책임은 누가 지는가? 미래에도 '옛날 사람들'이 영원히 살아 있게 된다면 그것을 과연 진보라고 할 수 있을까? 주변 사람들을 아무도 잃지 않게 된다면 기억하고 추억한다는 것은 무슨 뜻이 될까? 우리는 이런 의문을 탐구했고 놀라운 답을 얻었다. 어쩌면 이 모든 것은 그저 시작인지도 모른다.

인간 유한성의 끝이 시작되고 있다.

2장
불사의 몸이 된다는 것

영원한 나

시작은 어떤 웹사이트였다. 수수한 녹색 배경의 화면에 다음과 같은 질문이 덩그러니 올라와 있었다. "영원히 살고 싶나요?" 질문 밑에는 해당 웹사이트가 베타 버전임을 알리는 글귀와 함께 가입 버튼이 있었다. 가입만 하면 영원히 살 수 있다고? 그런 일이 가능할까? 질 나쁜 농담이 아닐까? 우리는 웹사이트에 가입하고 무슨 일이 일어날지 기다렸다. 곧 '당신은 대기 명단에 올랐습니다'라는 메시지가 담긴 짧은 메일이 도착했다. 불멸을 제공한다는 그 회사의 이름은 이터나임Eternime, '영원한 나'라는 뜻이다. 이터나임에서는 지금까지도 서비스 이용료에 관한 안내조차 없다. 불멸의 물약(혹은 다른 불멸의 식재료)이 언제 배송될 것이라는 말도 없었다. 회사는 아주 비밀스러운 밀수업자 같았다. 더 자세한 내용을 알고 싶다는 이메일을 보냈지만 답장을 받지 못했다. 우리가 웹사이트에 가입할 때 입력한 정보가 어디서 어떻게 이용되고 있을지도 알 길이 없었다.

얼마 전 다큐멘터리 영화를 촬영하면서 조사한 경험으로 우리는 수많은 기술 기업이 사용자들에게 충분한 정보를 제공하지 않는다는 사실을 잘 알고 있었다. 기술 기업은 경쟁사가 자신들의 아이디어를 도용하거나 첩보활동을 펼칠 것이 두려워서 정보를 최소한으로만 제공한다. 기술 기업에게 중요한 것은 어떤 아이디어를 처음 떠올리는 것만이 아니라 그 아이디어를 최초로 시장에 내놓는 일이다. 그래서 기자들과의 접촉은 최대한 피한다. 말실수로 극비 정보라도 흘렸다가는 회사 전체가 위기에 빠질 우려가 있기 때문이다. 우리는 영화 촬영을 위해 사전 조사를 하면서 때때로 불합리한 상황을 마주하기도 했다. 기술 기업이 전체 직원에게 우리 촬영팀에 관해 알리고 조심하라고 주의를 준 것이다. 우리 팀원들의 사진을 전 직원에게 돌리거나 만약 잘못되면 법적 조치를 취하겠다고 협박한 회사도 적지 않았다. 따라서 우리는 이러한 기술 기업의 태도에 익숙했다.

이터나임은 다른 기술 기업을 능가했다. 불멸이라는 묘약으로 호기심을 불러일으키면서도 비밀스러운 모습을 보여 사용자들의 상상력을 더욱 자극했기 때문이다. 조사를 이어가다 보니, 이터나임의 뿌리로 보이는 곳을 찾을 수 있었다. 바로 미국 보스턴에 있는 메사추세츠 공과 대학교, 줄여서 MIT다. MIT는 세계 초일류 대학에 속하며 발명가 정신으로도 유명하다. MIT의 웹사이트에서 우리는 '간단하게 불멸의 삶을 사는 법'이라는 글을 발견했다. 마치 영원을 사는 것이 매우 쉬운 방법이라는 것만 같았다. 그것은 데이터, 즉 우리 인간이 남기는 디지털 발자국과 관련이 있다. 그런데 데이터가 도대체 어떻게 불멸로 연결된다는 건지는 알 수 없었다. 우리가 본 것은 SF 영화의 시나리오가 아니라 세계적인 대학교가 실제로 계획하고 있는 프로젝트였다. 보스턴에 모인 천재들, 신들린 사람들, 심지어는 미치광이들이 향후 수십 세기 동안 이어질 비전을 만들어내기 위해 고군분투하고 있다. 그곳에서 일어나는 일은 기술 분야의 배경지식이 없는 사람들이 이해는커녕 상상조차 할 수 없는 것들이다. MIT의 연구진은 미국 항공우주국 NASA를 위해 전자동 화성 탐사 로봇을 만들었다. 토스트기, 냉장고, 운동화 등을 '똑똑하게' 만들기도 했다. 이미 1997년에 MIT 교수인 니콜라스 네그로폰테와 닐 거센펠드가 '사물인터넷Internet of Things, IoT'의 기반을 마련했다. 오늘날 사물인터넷은 어디서나 쓰인다. 신기술의 발생지인 MIT에서 죽음 또한 극복될 수 있을까? MIT가 여태까지 선보인 인상적인 혁신 기술이 즐비함에도 '영원한 나'를 만든다는 건 아직 건방진 도전으로 보인다. 영원히 죽지 않는다는 것. 절제된 표현과 과대망상이 섞인 듯한 이 말은 우리의 호기심을 불러일으켰다.

정면 돌파로는 회사로부터 답변을 얻지 못했으니 뒷문을 통해 들어가기로 했다. 우리는 인터넷에서 이터나임에서 잠시 근무한 적이 있다는 마케도니아인 프로그래머이자 소프트웨어 개발자를 찾았다. 우리와 짧은 통화를 하면서 그는 이터나임의 기술을 소개했다. 이터나임의 기반은 인간의 뇌를 모방한 인공신경망과 한 사람을 그대로 재현해내기 위해 인공신경망에 저장되는 어마어마한 양의 데이터다. 어떤 사람이 죽으면 저장된 데이터로 만들어진 아바타가 그 사람과 똑같이 말하고, 생각하고, 행동한다. 드라마 〈블랙 미러〉의 에피소드처럼 들린다. 그 프로그래머는 자신이 참여했던 프로젝트를 열성적으로 설명했다. 다만 이터나임의 현재 상황에 관해서는 말을 아꼈는데, 그 회사를 그만둔 지 꽤 오래 지났기 때문이라고 했다. 그는 우리와 이터나임의 CEO 사이에 다리를 놔주겠다고 약속했다. 곧 일이 성사되었다. 몇 주 후에 우리는 이터나임의 CEO와 만나 아직도 베일에 싸여 있는 디지털 불멸성에 관해 이야기를 나누었다. 그를 만나기 위해 전혀 생각지도 못했던 루마니아까지 가야 했다. 이터나임의 창립자 마리우스 우르자헤Marius Ursache가 루마니아 북부에 있는 이아시라는 작은 도시로 우리를 초대했다.

이터나임에 대해 알아보기 전에 먼저 해결해야 할 궁금증이 있다. 왜 보스턴이 아니라 루마니아인가? 루마니아는 상당히 오래전부터 기술 분야의 스타트업에서 입소문이 난 곳이다. 마리우스는 루마니아에서 자랐다. 루마니아는 기술 기업이 모인 전 세계 어떤 곳보다도 생활비가 저렴한 나라다. 이곳에서 마리우스는 충분한 교육을 받은 소프트웨어 개발자를 찾고 있다. 만약 마리우스가 진로를 바꾸지 않았다면 우리는 그와 루마니아가 아닌 미국에서 만났을 것이다.

마리우스는 특이하게도 의학을 공부하고 연극학 석사 학

위를 취득한 다음 진로를 완전히 바꿔 디자인 및 소프트웨어 에이전시를 차렸다. 그 다음에는 핀테크 스타트업을 세웠고 MIT가 제공하는 젊은 기업가들을 위한 기업가 정신 개발 프로그램 Entrepreneurship Development Program, EDP에 참여했다. 참신하고 혁신적인 사업 아이디어를 모집한다는 공고를 보고 마리우스는 당시 떠오른 놀라운 아이디어를 갖고 프로그램에 참여하기로 했다. "정신이 나간 게 아닌가 싶을 정도로 말도 안 되는 아이디어에서 시작됐죠. 죽은 사람과 스카이프로 대화할 수 있다면 어떨까요? 영원히 살 수 있다면요? 나와 얼굴, 목소리가 똑같은 아바타에 내 기억을 저장할 수 있다면 어떨까요? 그 아바타가 다른 사람들과 상호작용한다면 어떨까요?" MIT의 학생들과 교수들이 그 아이디어에 매료된 것은 마리우스에게도 놀라운 일이었다. 그를 중심으로 단시간에 팀이 구성되었다. 혁신적이고 새로운 기술 아이디어를 놓치고 싶지 않았던 사람들이 모여든 것이다. 팀원들은 각기 다른 분야의 전문가들이었다. 여러 데모 프로그램을 만들기에 최적의 환경이 조성된 셈이다. 팀원들은 마리우스의 아이디어를 바탕으로 베타 버전 프로그램을 만들었고 웹사이트에 짧은 질문을 띄웠다. "영원히 살고 싶나요?"

호기심을 느낀 사람들이 웹사이트에 가입했다. 마리우스에 따르면 처음 몇 시간 동안 가입한 사람은 100여 명 정도였는데, 며칠이 지나자 가입자의 수가 수만 명으로 늘었다. "웹사이트를 공개하고 처음 며칠 동안 가입한 사람이 4만 명 이상입니다. 그중에는 말기 암 환자 등 살 날이 얼마 남지 않은 사람들도 있었죠. 갑자기 부담감이 커졌습니다." 연구진은 중병을 앓는 사람들로부터 비통한 질문을 수차례 받았다. 마리우스는 그들이 자신의 회사에 마지막 희망을 건 사람들이라고 말했다. 그는 자신의 '미친 아이디어'가 이렇게 많은 사람에게 마지막 희망이 될지도 모른다는 사실을 너무 늦게 알았다. 환자들로부터 질문을 받은 뒤 마리우스는 딜레마에 봉착했다. 그의 아이디어는 기업가라면 누구나 공감했을 꿈이다. 그렇기 때문에 마리우스 또한 그것을 현실로 만들어야겠다는 동기를 얻었다. 그런데 갑자기 중병을 앓는 사람들이 그의 아이디어에 기대를 걸기 시작하면서 압박이 커졌다. 그때까지도 구체적인 결과물을 내놓지 못했기 때문이다. 스스로 학습하여 죽은 사람의 행동을 그대로 재현할 수 있을 정도로 어마어마한 양의 데이터를 모아 처리하는 인공신경망을 구축하는 데 천문학적인 비용이 들 것이 분명하니, 냉정하게 볼 때 마리우스의 계획은 불가능에 가까웠다. 마리우스는 죽음을 앞둔 사람들에게 기대와 희망 대신 절망과 혼란을 안겨주었다.

그 시기에 관해 설명할 때 마리우스는 깊은 생각에 잠긴 듯 보였다. 그는 가라앉은 눈빛으로 절대 잊어버리지 않을 일들을 우리에게 전했다. "어떤 사람들은 남은 삶이 앞으로 몇 주밖에 없다고 편지를 쓰기도 했습니다. 그래서 가능한 빨리 이터나임의 서비스를 이용하고 싶다고요. 얼마 남지 않은 시간을 가족과 사랑하는 사람들을 위해 기억을 보존하는 데 쓰려고 한 겁니다. 답장을 쓰기가 무척 힘들었어요. 아무 것도 쓸 수 없었죠. 제가 무슨 말을 할 수 있었겠어요? 그게 그냥 MIT의 미친 실험이었다고 설명했어야 할까요?

웹사이트를 만든 우리도 그 일을 도대체 어떻게 해내야 할지 모르겠다고 했어야 할까요?" 아마 지금이었다면 달랐을 것이라고 마리우스는 덧붙였다. 더 책임 의식이 있고 심사숙고한 답장을 보냈을 것이라고 말이다. 하지만 당시 사업의 진행 속도는 마리우스를 비롯한 관계자들에게 숙고할 시간을 주지 않았다. 언론 또한 발 빠르게 움직였다. "〈패스트 컴퍼니〉나 〈와이어드〉 같은 경제 및 기술 전문지가 우리 기사를 내보내기 시작했습니다. 정말 비현실적이었죠." 그러다가 언젠가 일어났을 일이 일어났다. 지푸라기에 붙은 불처럼 순식간에 활활 타오른 사업은 제대로 된 땔감을 넣어주지 못하자 한순간에 꺼져버렸다. 단시간에 언론의 관심과 대중의 시선을 한 몸에 받던 프로젝트가 난항을 겪게 되었다. 팀의 분위기도 어두워졌다. 자금은 점점 줄어들었고 팀원들도 하나둘씩 회사를 떠났다. 결국 마리우스 혼자 남았다. 자원도 투자자도 그리고 미래도 없었다. 그때 마리우스는 MIT를 떠나 루마니아로 돌아가기로 마음먹었다. 스타트업 기업가들이 일군 아름다운 신세계에 발을 들이자마자 다시 그곳에서 발을 빼야 했다. 나락에서 회복하기까지 반년 정도는 걸릴 것으로 보였다. 마리우스는 실패자가 된 기분이었다. 마흔이 다 되어 다시 부모님 품으로 돌아가 용돈을 받으며 생활해야 한다는 현실은 별을 거머쥘 수 있으리라 꿈꾸던 그에게는 잔혹한 일이었다. 아직 불멸의 꿈을 꾸고 있을 사람들을 생각하자 양심의 가책이 느껴졌다. 사업은 접었지만 웹사이트는 닫을 수 없었다. 아직 성공할 수 있으리라는 믿음을 버리지 않았기 때문이다.

　　마리우스의 가장 친한 친구인 로카가 도움의 손길을 내밀었다. 로카는 마리우스에게 아이디어를 계속 펼치라며 용기를 북돋웠고 두 사람은 사업 계획을 세웠다. 로카 또한 마리우스와 마찬가지로 좋은 기술로 세상을 바꿀 수 있을 것이라 믿었다. 마리우스는 다시 마음을 다잡았다. 그는 작지만 기반이 탄탄한 스타트업을 세우고 미국에 있는 기술 대학교 및 연구소 등과 다시 연락을 취했다. 마리우스는 감히 재도전할 준비를 마쳤다. 그런데 샌프란시스코로 떠나기 직전 마리우스의 삶을 송두리째 바꾼 전화가 걸려 왔다. "로카가 자동차 사고를 당했다는 친구의 전화였습니다." 로카는 사고 현장에서 사망했다.

가장 친한 친구의 죽음을 겪고 나자 마리우스는 자신의 아이디어를 더욱 확신했다. "사고 전에는 그저 말도 안 되는 실험이자 기술 발전을 활용한 흥미로운 프로젝트이던 것이 지금은 인생의 과제가 됐습니다." 로카기 죽은 후 마리우스는 루마니아에 남았다. 디지털 불멸성은 어떻게 됐을까? "우리는 다시 프로젝트를 시작했습니다." 페이스북 포스팅이나 달력 앱에 입력하는 내용, 이동 거리 및 장소, 스마트워치 및 기타 웨어러블 장비로 수집하는 각종 데이터, 사진, 동영상 등 사용자의 모든 정보를 자동으로 저장하는 앱을 개발했다. 이 앱은 시범 사용에 동의한 소수의 '테스터'들만 이용할 수 있다.

이터나임이 하는 일이 과연 옳은 일이냐는 의심은 아직 사라지지 않았다. "죽음을 어떻게 대해야 하는지 우리는 아직 모르는 것 같습니다. 그저 죽음으로부터 멀어지려고 할 뿐이죠. 우리는 죽음을 잊으려고 애씁니다. 그래야 트라우마를 극복할 수 있다고 생각하니까요. 하지만 제 생각에는 기억이야말로 죽음을 극복할 수 있는 열쇠입니다. 우리는 기억에 긍정적인 영향을 미칠 수 있습니다. 신경과학자인 데이비드 이글먼에 따르면 사람은 세 번 죽는다고 합니다. 자기 자신을 돌볼 수 없을 때 처음으로 죽습니다. 땅속에 묻힐 때 두 번째로 죽습니다. 우리의 이름이 마지막으로 불리는 순간 세 번째로 죽습니다.[9] 처음 두 번의 죽음은 우리가 극복할 수 없는 종류입니다. 그러나 기술 발전으로 세 번째 죽음은 극복할 수 있다고 생각합니다." 여전히 창업 자금을 모으느라 고군분투하지만 마리우스는 포기하지 않는다. "안타깝게도 죽음은 터부시되는 주제입니다. 이런 사업 아이템에 흔쾌히 투자하려는 대규모 투자자는 많지 않아요. 죽음을 공개적으로 이야기하고 싶은 사람은 없으니까요." 그럼에도 마리우스는 풍차와 결투한 돈키호테처럼 도전을 멈추지 않을 것이다.

우리는 작별인사를 나누었다. 마리우스가 루마니아에서 이루어낸 일들은 우리에게 깊은 인상을 남겼다. 그가 가장 친한 친구를 비극적으로 잃은 사건으로부터 오히려 힘을 얻고 슬픔을 삶을 긍정하는 방향으로 전환한 것에 감명을 받았다. 이터나임은 이미 오래 전부터 더 이상 한낱 사업 아이디어가 아니다. 그것은 전능함을 재현하려는 일도, 죽음에 대한 보이콧도 아니다. 마리우스는 죽음을 공개적으로 논의하고 곰곰이 생각하는 사회를 만들고자 한다. 그럴 수 있다면 그의 친구 로카 또한 불멸의 존재가 될 것이다. 매년 친구들이 모여 로카에 관한 이야기를 나누고 그가 좋아하던 노래를 함께 부를 수 있다.

스마트폰에 설치한 앱 하나가 남겨진 사람들의 슬픔을 대체할 수 있을까? 그 앱이 슬픔을 극복하고 마음의 허전함을 채우는데 도움이 될 수 있을까? 죽은 사람과 통화하거나 자신이 기억하는 그 사람의 모습을 모니터로 보는 것이 더 쓸쓸하지는 않을까? 마리우스의 기술이 치유자가 될지 악마가 될지는 아직 알 수 없다. 그 기술은 양날의 검이다.

이 의문에 답을 내리기 위해 우리는 마리우스 외에도 이미 디지털 클론을 만든 사람들이나 다른 접근법을 취한 사람들을 찾아 전 세계를 돌아다녔다.

3장
아버지로부터 아들에게

아이 방의 인공지능

죽은 아버지와 대화한 남자의 이야기는 그가 어떤 방에서 아이가 노는 모습을 지켜보고 있는 장면에서부터 시작한다. 오싹한 이야기는 아니니 안심해도 좋다. 어쩌면 벌써 조금 소름이 끼쳤을지도 모르겠다. 캘리포니아에 사는 제임스 블라호스는 한 아이가 방에서 바비 인형과 대화하는 모습을 지켜보고 있다. 상자에는 온갖 장난감이 가득하고 작은 책상 위에는 아직 하지 않은 숙제가 쌓여 있으며 익살맞은 나무 그림이 뒤쪽 벽에 붙어 있는 평범한 방에서 아리아나가 바비 인형과 놀고 있는 모습은 다른 어린이들이 각자의 방에서 각자의 바비 인형과 노는 모습과 다를 바 없다. 단 한 가지 차이점이 있다면 아리아나의 방이 캘리포니아 엘세군도에 있는 마텔

이매지네이션 센터Mattel Imagination Center에 만들어진 무대라는 것이다. 거울로 된 벽 뒤에서 인형을 갖고 노는 어린 소녀를 관찰하는 어른 여섯 명은 아이의 부모나, 조부모, 친척이 아니라 마텔의 직원들이다. 1960년대에 처음으로 출시된 바비 인형은 곧 마텔의 최고 인기 상품이 되었다. 그리고 수십 년 동안 아이들의 상상력 속에서나 가능했던 일이 얼마 전부터는 현실이 되었다. 바비 인형이 말을 하기 시작한 것이다. 배를 누르면 켜지는 스피커가 내장된 예전 인형의 금속음이 섞인 목소리와 달리, 바비의 목소리는 사람과 비슷하고 음역이 넓으면서 또 부드럽기 때문에 아이들과 진짜 친구처럼 대화할 수 있다. 적어도 마텔은 그렇게 말한다.

　어린 아리아나가 2015년의 어느 날 바비 인형과 수다를 떨던 방은 실험실이었다. 기술 저널리스트인 제임스는 말하는 인공지능에 관한 기사를 쓰기 위해 그 자리에 있었다. 제임스는 자신의 저서[10]에서 알렉사와 시리, 코타나 등은 물론 말하는 바비 인형도 다루었다. 말하는 컴퓨터는 천천히 그러나 꾸준히 우리의 스마트폰에서부터 집으로까지 활동 범위를 넓혔다. 제임스는 기술을 신봉하는 사람이 아니다. 그는 신중하고 비판적이고 생각이 깊은, 전형적인 저널리스트다. 제임스가 어린 아리아나가 바비 인형과 장래희망, 친구, 좋아하는 음식 등에 관해 이야기를 나누는 모습을 지켜보던 2015년의 그날, 그가 본 것은 순수함과 기쁨으로 가득한 방이었다. 죽음을 연상시키는 요소라고는 없었다. 그러나 지금 제임스가 어린 시절 자신이 썼던 방에 들어간다면 방의 모습은 사뭇 다를 것이다. 이게 다 무슨 이야기인지 차근차근 설명하도록 하겠다.

바비 인형은 하얀 티셔츠에 검은 청바지, 그리고 은색 재킷을 입은 모습으로 아리아나의 맞은편에 앉아 있었다. 아이와 인형은 서로 자기소개를 하고 친구가 되기로 약속했다. 아리아나와 바비는 장래희망(스킨스쿠버 강사 혹은 열기구 조종사)에 관해 이야기를 나눴고 상상으로 피자를 구웠다. 잠시 후 바비 인형이 마치 사람처럼 머뭇거리며 아리아나에게 물었다. "고민이 있는데, 조언해줄 수 있어?" 아리아나를 믿고 속마음을 털어놓아도 될지 망설이는 것 같았다. 바비 인형은 테레사와 싸웠고 테레사가 더 이상 자신과 대화하려 하지 않는다고 말했다. "테레사랑 다시 놀고 싶은데 뭐라고 말해야 할지 모르겠어." "미안하다고 말해." 아리아나가 바비에게 말했다. 이후 둘은 감정에 관한 대화를 나눴다. "네 말이 맞아. 내가 사과해야 해." 바비가 말했다. "화도 다 풀렸어. 난 다시 테레사와 친구가 되고 싶어." 친밀한 대화에 제임스는 깜짝 놀랐다. 인간과 말하는 기계의 관계는 보통 인간이 명령을 내리고 기계가 그것을 수행하는 관계가 대부분이었는데, 바비 인형은 문장을 만들어 말하는 자동화 기계 이상이었다. 바비에게는 고유의 성격이 있었다. 아이들의 상상력이 더해져 만들어진 결과물이 아니었다. 바비는 행동과 표현 방식 등으로 자신의 성격을 드러냈다. 제임스는 호기심이 일었다. 말하는 인형의 개발 과정을 더 깊이 알고 싶었다. 그는 개발자들이 일하는 모습을 어깨 너머로 지켜 봤다. 그 과정에서 인형이 최대한 자유롭게 대화할 수 있도록 하는 기술이 우연의 산물이 아니라는 것을 깨달았다.

바비 인형에 사용된 기술의 기반은 NLP 소프트웨어다. NLP

란 자연어 처리Natural Language Processing로, 사람의 말을 글로 옮길 수 있을 뿐만 아니라 대화 상대방이 말한 단어를 듣고 전부 읽어낼 수 있는 기술이다. 대화 도중 부자연스럽게 침묵하지 않으려면 이 소프트웨어는 두 가지 작업을 동시에 실행해야 한다. 바로 듣기와 말하기인데, 이것은 인간들도 매 순간 하고 있는 일이다. 또 대화가 매끄럽게 이어지도록 하려면 바비 인형은 대화 상대방이 말한 내용을 기억하고 있어야 한다. 또한 어린 대화 상대방이 무슨 말을 하든 반응을 보이고 대답을 해야 한다. 특히 인상적이었던 기술은 바비 인형이 아이가 하루 혹은 몇 시간 전에 말한 내용을 다시 주제로 삼을 수 있다는 점이었다. 개발자들은 수천 행에 이르는 대화 문장을 생각해냈다. 개발에 관여한 사람 중에는 연극배우들도 있었다. 배우들의 도움으로 더욱 진정성 있는 대화 흐름을 구성할 수 있었다. 대화 상대방인 아이의 질문이나 말한 내용에 따라 바비에 내장된 문장의 내용이 달라지거나 여러 문장이 합쳐질 수 있다. 그러면 나무에서 가지가 뻗어나가듯 서로 연관성이 있는 내용으로 이루어진 대화가 완성된다. 나무에 두꺼운 가지와 얇은 가지가 있듯이, 대화 내용도 보편적인 것에서부터 개인적인 것까지 다양하다. 바비는 유머 감각도 있어야 하며 지나치게 진지해서는 안 되고 상상력이 풍부해야 한다. 제임스는 바비 인형이 '공감 능력이 있고 긍정적인 감수성'을 갖춰야 한다고 말했다. 바비는 또한 실제 친한 친구처럼 자신의 약점을 보이거나 불안과 걱정을 털어놓기도 해야 한다.[11] 바비 인형 제작자들은 아이들의 관심을 최대한 오래 끌 인형을 만들어야 했다. 바비가 하는 말이 늘어날수록 알고리즘을 더 많이 훈련해야 하고, 바비의 언어 능력이 좋아질수록 대화의 내용이 더 깊어지고 친근해지고 풍부해지므로 아이들의 관심을 붙잡아 둘 수 있다. 제임스는 마텔 같은 회사가 지게 될 책임의 관점이 무엇보다도 궁금했다. 특히 개인 정보 보호의 책임이다. 아무리 부주의한 사람이라도 성인이라면 말하기를 망설일 수도 있는 정보를 아이들은 바비를 믿고 전부 터놓을 수 있다. 그뿐만 아니라 아이들의 정신 건강도 책임져야 한다. 아이들이 플라스틱 인형을 진정한 친구라고 여기고 진짜 사람 친구들과 멀어질 우려도 있다.

개발 실험실에서 보내는 시간이 길어질수록 제임스는 공감 능력이 있어 보이는 말하는 컴퓨터가 어떻게 작동하는지를 차차 깊이 이해하게 됐는데, 그럴수록 그 기술에 마음을 빼앗겼다. 자극이 커질수록 직접 실험해보고 싶다는 생각도 들었다. 물론 의심이 완전히 가신 것은 아니었다. 하지만 그는 말하는 인형이 감정이 격해진 아이는 물론 어른에게도 심리적인 안정을 줄 수 있다는 점을 이해했다. 다만 제임스는 그때까지만 해도 자신이 곧 기계와 대화를 나누게 되리라고, 그리고 기계가 하는 말을 듣고 눈물을 흘리게 되리라고는 상상도 하지 못했다.

갑자기 다가온 죽음

말하는 기계가 우리의 생활공간에 들어오기 시작한 것이 최근인 것 같지만 이미 1930년대 중반에 그 기술의 근간이 마련되었다. 그 기반을 다진 사람은 바로 앨런 튜링이다. 영국의 수학자인 튜링은 컴퓨터의 시대를 연 위대한 개척자 중 한 사람이지만 생전에는 업적을 인정받지 못했다. 오늘날 대부분 개인용 컴퓨터가 '범용 튜링 기계Universal Turing machine'에 기반을 두고 있다. 이것은 제2차 세계대전 직후 이론적으로 개발된 컴퓨터로, 여러 프로그램과 데이터를 저장할 수 있었다. 오늘날 우리가 말하는 알고리즘, 즉 거의 모든 것을 정해진 규칙에 따라 연산할 수 있는 기능은 튜링이 개발한 수학적인 공식에 기반을 둔 것이다. 그것만으로는 충분하지 않다. 튜링은 그 시대에 이미 미래의 인류가 크기가 작고 휴대할 수 있는 기계로 상호작용 하는 데 큰 관심을 보일 것이며 컴퓨터가 인간에게 계산기보다 훨씬 큰 존재가 되리라고 예상했다. 그는 "여성들이 컴퓨터를 들고 공원에서 산책하며 '내 작은 컴퓨터가 오늘 아침에 이런 재미있는 이야기를 했어요'라고 이야기를 나눌 날이 올 것이다"라고 예언했다. 튜링의 말이 맞았다. 작은 컴퓨터는 이제 단순한 사각형말고도 어떤 형태로든 변할 수 있다. 이를 아주 잘 보여주는 예시 중 하나가 앞서 소개한 말하는 바비 인형이다.

튜링은 시대를 앞서간 인물이었다. 1950년대에 이미 '계산 기계와 지능Computing Machinery and Intelligence'[12]이라는 논문을 펴내고 인공지능에 관해 논했다. 인공지능은 오늘날까지도 중요한 토론 주제로 자리 잡고 있다. 튜링이 제시한 근본적인 의문은 다음과 같다. 인간의 프로그래밍에 의해 탄생한 기계가 '지성적'일 수 있을까? 기계가 생각할 수 있을까? 이를 알아볼 판단 기준을 세우기 위해 튜링은 하나의 실험을 제안했다. 그의 이름을 따 튜링 테스트라고 불리는 유명한 실험이다. 실험 방법은 매우 간단하다. 실험 참가자는 키보드를 사용해 알 수 없는 두 명의 대화 상대방과 이야기를 나눈다. 두 상대방 중 하나는 사람이고 다른 하나는 기계다. 실험 참가자는 상대방의 얼굴을 보거나 목소리를 들을 수 없기 때문에 누가 사람이고 누가 기계인지 알 수 없다. 이야기를 나누는 도중 실험 참가자가 자신의 대화 상대가 사람인지 기계인지 구분할 수 없다면 그 기계는 튜링 테스트에 통과한 것이다. 이후 많은 개발자가 튜링 테스트에 합격할 가능성이 있는 챗봇을 앞다퉈 만들어냈다. 그러나 진짜 사람처럼 대화 내용에 유연하게 반응하고 대화를 이끌어갈 수 있는 강력한 인공지능이 등장하기까지는 예상보다 오랜 시간이 걸렸다. 여태까지 튜링 테스트를 100퍼센트로 통과한 기계는 없다. 물론 개발자들은 자신들의 목표에 점점 더 가까워지고 있다.

기계가 과연 생각할 수 있느냐는 질문에 답하려면 우선 '생각하다'라는 개념의 숨은 뜻을 정의해야 한다. 우리의 신체 시스템과 뇌에 있는 신경망이 의식이라는 환상을 만들어내는 것이기 때문에 어쩌면 우리는 아주 복잡한 기계와 별 차이가 없는 존재가 아닐까? 어쩌면 우리는 사실 매우 복잡하고 섬세한 로봇이 아닐까? 한편으로는 이렇게 생각할 수도 있다. 만약 어떤 기계가 튜링 테스트를 통과하고 우리가 그것을 인공지능 기계라고 부른다 하더라도 그것이 그 기계에 의식이 있다는 증거는 아니다. 의식은 인간 지성을 구성하는 근본적인 요소가 아닌가? 이 내용에 관해서는 튜링이 사망하고 2년 후인 1956년, 미국 뉴햄프셔 주에 있는 다트머스 대학교에서 열린 인공지능 학술회의에서 컴퓨터 과학자들이 이미 논의한 바 있다. 해당 학술회의는 인공지능 개발의 출발 신호였다. 오늘날까지도 이런 의문의 대부분이 풀리지 않은 채로 남아 있다. 이 책에서 우리는 앞으로 인간과 고기능 기계의 차이점과 공통점을 다양한 방식으로 알아가도록 하겠다.

제임스에게 언어 능력이 있는 기계라는 주제가 평범한 이야깃거리에서 아주 중요한 주제로 바뀐 날은 2016년 4월 24일이었다. "집 정원을 손보고 있었어요. 그런데 아내가 저를 부르더군요. 저희어머니에게 전화가 왔는데 아버지가 병원에 계시다고요. 심근경색이라더군요. 저는 곧바로 차를 몰고 병원으로 갔어요. 어머니와 누나는 벌써 와 있었고 남동생도 곧 도착했죠. 아버지는 침대에 앉아마치 아무 일도 없었던 듯 농담을 하고 계셨어요. 의문스러운 시선으로 어머니와 누나를 쳐다보자 '심근경색이 아니래. 다만 몇 가지검사가 남아 있단다. 신호가 잘못 울렸나 봐'라고 말했어요. 저는안도의 한숨을 쉬었죠. 곧 의사가 간호사 한 명을 대동하고 나타났어요. 폐색전증인지 아닌지 확실하지 않아서 한 가지 검사를 더 해봐야 할 것 같았는데 그러지 않아도 될 것 같다고요. 가족들은 모두안심했죠. 그런데 의료진이 마치 깜박 하고 있다가 갑자기 생각난것처럼 이야기를 꺼내더라고요. 아버지의 폐에 이상 소견이 있어더 자세히 검사해봐야 할 것 같다고요. 그 다음부터 새로운 소식이걷잡을 수 없이 쏟아졌습니다. 검사 결과 암이 뼈까지 전이됐다더군요. 또 검사 결과 암이 간까지 전이됐다더군요. 또 다른 검사 결과 암이 뇌까지 전이됐다더군요. 암은 곧 폐와 다른 장기에서도 발견됐습니다. 여러 소식이 연이어 들리는 와중에 우리는 곧 깨달았습니다. 아버지에게 남은 시간이 얼마 없다는 걸요. 암의 진행 상태가 심각했고 더 이상 손을 쓸 수 없었어요." 이렇듯 죽음은 어느 순간에든 우리 삶에 나타날 수 있다.

삶을 붙잡다

"형제들과 어머니 그리고 저는 참 많이 울었습니다. 아버지와 함께 울고 싶었지만 아버지는 눈물을 보이지 않으셨어요. 아버지께 어떤 심경인지 묻고 싶었습니다. 혼자 추측해 볼 수도 있었지만 아버지의 입으로 직접 듣고 싶었어요. 앞으로 살날이 몇 개월밖에 남지 않은 기분이란 도대체 어떤 것이냐고요." 하지만 그의 아버지 존 블라호스는 속내를 털어놓으려 하지 않았다. 자식들은 물론 아내와도 감정을 공유하려 하지 않았다. 계속해서 말을 돌리고 주제를 피할 뿐이었다.

끝없는 검사가 이어졌고 방사선 치료도 최대한 빨리 시작되었다. 의료진은 암을 이겨낼 거라는 희망을 주지 않았다. 상황이 이미 그럴 단계를 훨씬 넘어섰기 때문이었다. 어쩌면 살아 있는 시간을 조금이나마 늘릴 수 있지 않을까? 말기 암을 진단받은 환자와 그 가족들이라면 누구나 겪었을 어려운 결정의 순간이었다. 환자에게 남은 소중한 시간을 병실과 치료실을 오가며 죽음을 조금이라도 미루는 데 써야 할까? 아니면 곧 끝날지도 모르는 삶이라도 남은 시간을 즐겨야 할까? 제임스의 아버지는 방사선 치료를 받으러

갈 때마다 "전자레인지에 들어가야겠군"이라고 말했다고 한다. 제임스와 그의 어머니 그리고 형제들은 보호자 대기실에서 몇 시간이고 기다렸다.

제임스는 밤이면 집으로 돌아가 컴퓨터 앞에 앉았다. 우연히 인터넷에서 풀스트링PullString•이라는 회사에 관한 글을 읽었다. 풀스트링은 바비 인형에 말을 가르친 소프트웨어를 제공하는 회사다. 제임스는 자신이 왜 그 시점에 다시 그 기술에 관심을 가지게 됐는지 생각했다. 마침 그의 남동생이 아버지의 전반적인 삶을 기록으로 남겨 놓자고 제안한 참이었다. 항암 치료를 하면 기억력이 감퇴하는 경향이 있기 때문에 서둘러야 했다. 존이 자신의 부모님이나 형제들, 아내와 겪은 수많은 일화를 들려줄 수 있는 날이 얼마나 남았는지 아무도 알 수 없었다. 제임스의 남동생은 그에게 아버지를 인터뷰하라고 부탁했다. 제임스의 전문 분야였기 때문이다. 그는 승낙하고 아버지와 인터뷰를 시작했다.

그들이 감행한 일은 밑 빠진 독에 물 붓기나 마찬가지였다. 제임스의 아버지는 인터뷰 녹음을 마치 죽음에 이르러 삶을 전부 청산하는 음성 메모를 남기는 일처럼 여겼다. 제임스는 기억이란 얼마나 이상한 것인지 생각했다. 삶의 마지막 순간이 다가왔을 때 우리에게 중요한 기억으로 남는 이야기는 과연 어떤 것들일까? 제임스는 아버지가 평소 자주 하던 농담을 다시 하도록 했다. 그리고 아

• 애플이 인수한 인공지능 음성인식 스타트업이다.

버지가 평소 자주 부르거나 흥얼거리거나 휘파람을 불던 노래를 다시 불러달라고 부탁했다. 대부분 사람이 죽음을 앞두고도 꺼내기를 망설일 개인적이고 비밀스러운 순간에 관해서도 이야기해달라고 말했다(물론 그의 아버지도 예외 없이 말하기를 꺼렸다). 공식적인 이력에는 전혀 쓸모없을 작고 소소한 순간들이야말로 그의 아버지가 어떤 인물을 '연기했는지'가 아닌 실제로 어떤 사람이었는지를 보여주는 것이라고 제임스는 차츰 깨달았다. 그리고 앞으로 그 누구도 이 긴 녹음테이프를 꺼내 들을 일이 없으리라는 예감이 들었다. 녹음된 파일은 정리되지 않은 사진 더미, 제목이 없는 휴가 동영상이 가득한 하드 디스크와 같은 운명이 될 것이 분명했다. 2016년 초에 제임스는 아버지와 10여 차례 만나 인터뷰를 진행했다. 대화를 갈무리하자 9만1970단어, 자간과 행간을 최대한 줄여도 203쪽에 이르는 두꺼운 서류가 만들어졌다.

자리에 앉아 아버지가 어떻게 살아왔는지 귀 기울여 듣던 도중 제임스는 한 가지 아이디어를 떠올렸다. 그는 그 생각을 떨쳐버리고 싶었으나 이후 몇 주 동안 계속해서 떠오르는 생각을 무시할 수 없었다. 구글 연구원 두 명이 쓴 학습할 수 있는 알고리즘, 즉 시퀀스-투-시퀀스Sequence-to-sequence 방식과 순환 신경망Recurrent Neural Network에 관한 글을 발견한 제임스는 시간이 날 때마다 서재에 틀어박혀 인터넷에서 찾은 입문자용 프로그래밍을 공부했다. 그러던 중 어떤 프로그래머들이 자신들이 직접 프로그래밍 한 봇과 나눈 대화 내용을 정리한 보고서를 발견했다. "삶의 의미가 뭐야?" 프로그래머가 물었다. 기계는 이렇게 답했다. "영원히 사는 것." 분

3장 아버지로부터 아들에게

별력이 뛰어나고 미신을 절대 믿지 않는 저널리스트인 제임스조차도 그 문장을 읽고 어떤 계시를 받은 기분이었다. 마음이 완전히 넘어가기까지 비슷한 계기가 하나만 더 있으면 될 것 같았다. 제임스는 가족들에게 자신의 아이디어를 알리기로 결심했다. 주제넘은 아이디어였다. 감히 그런 생각을 할 엄두를 냈다는 것이 스스로도 신기했지만, 아무튼 그는 아버지를 불사의 존재로 만들고 싶었다. 물론 실제로는 아니다. 디지털 세상에서 불멸하도록 만드는 것이 목표였다. 컴퓨터 과학을 전공하지도 않았고 프로그래밍 관련 지식도 거의 없는 제임스가 아버지의 디지털 클론이지만 결국 실제 아버지와는 전혀 다른 존재인 '대드봇Dadbot'을 어떻게 개발해야 할지는 제임스 본인도 몰랐다. 하지만 이미 제임스는 대드봇을 만들 의욕에 불탔다. 아버지를 '계속 살려둘' 방법을 찾았다는 사실에 도무지 흥분을 가라앉힐 수 없었다. 그렇지만 자신을 본뜬 기계를 만들고자 한다는 말을 듣고 아버지가 당황하면 어떻게 해야 할까? 어머니나 형제들이 그 제안을 듣고 충격 받는다면 어떻게 해야 할까? 제임스가 깊이 고심해 진지하게 제안한 내용을 가족들이 상스럽고 불효자 같다고 생각하면 어떻게 해야 할까? 대드봇이 상황을 더 슬프게 만들면 어떻게 해야 할까? 머리를 식히고 나자 제임스는 자신이 미친 게 아닌가 생각했다. "그때는 뭔가에 씌었던 것 같아요."

대드봇

입안에 맴돌고만 있던 생각을 드디어 입 밖으로 내기로 결정한 것은 8월의 어느 날이었다. 제임스의 어머니는 소파 옆자리에, 아버지는 맞은편 안락의자에 앉아 있었다. "미친 소리로 들릴지도 모르겠지만 제가 생각한 게 있어요." 제임스가 한참 머뭇거린 끝에 말을 꺼냈다. 자신의 아이디어를 설명한 다음 제임스는 아버지의 얼굴 표정을 읽어내려 애썼다. 아버지의 표정은 굳은 채로 움직이지 않았다. "챗봇이란 게 뭐니?" 어머니가 물었다. 제임스는 아버지의 성격, 사고방식, 언어 습관, 농담 등을 계속해서 살려두고 싶다고 설명했다. '불멸'이라는 말은 굳이 쓰지 않았다. "어떻게 생각하세요?" 제임스가 말이 없는 부모님을 번갈아 보며 물었다. 아버지가 어깨를 으쓱하더니 말했다. "그래, 좋다." 제임스는 말문이 막혔다. 그냥 좋다는 반응이 다라니? 아버지가 도대체 어떻게 된 걸까? 존은 항상 유쾌하고 호기심이 왕성한 사람이었다. 하지만 암 진단을 받은 이후로는 매사에 의욕과 관심이 줄어들었다. 그의 어머니가 더 적극적으로 나섰다. 어머니는 그 아이디어의 모든 것을 알고 이해하려고 했고 아들이 아버지로 만들고자 하는 이상한 무언가를 상상하려고 했다. 제임스의 누나는 불안하다는 반응을 보였고 남동생은 제임스가 처음 생각했던 것과 같은 "이상한 계획이야"라는 반응을 보였다. '이상하다.' 대상이 좋은 건지 나쁜 건지 도무지 알 수 없을 때 쓰는 표현이다. 아마도 제임스의 남동생은 그 아이디어를 어떻게 받아들여야 하는지 정확히 몰랐던 건지도 모른다. 어쨌든

3장 아버지로부터 아들에게

제임스의 과감한 시도로 그 아이디어는 세상에 나왔다. 그는 어머니에게 아버지가 죽은 이후에도 아버지의 일부분이 계속해서 남아 있을 것이라고, 어쩌면 어머니가 죽은 이후에도 남아 있을 것이라고 희망을 심어주었다. 제임스의 아들들은 할아버지가 죽은 이후에도 고민이 생길 때마다 할아버지에게 조언을 구할 수 있을 것이다.

2019년 여름에 제임스와 그의 어머니를 방문했을 때 우리는 벽난로 위 장식대에 작고 알록달록한 인형이 줄지어 놓인 모습을 보았다. 제임스의 아버지인 존 소유의 인형으로 그가 생전 좋아하던 시대극의 캐릭터라고 했다. 존의 가장 열정적인 취미는 연극이었다. 존은 35년 동안이나 캘리포니아에 있는 공연예술 극장인 램프라이터스 음악 극장Lamplighters Music Theatre을 운영했다. 배우들이 옛날 궁정에서 입던 옷을 입고 가발을 쓰고서 옛날식 영어로 연기하는 시대극을 주로 무대에 올리던 극장이다. 존은 여행도 즐겼다. 그리스어와 영어를 유창하게 말했고 스페인어, 이탈리아어를 조금 할 줄 알았다. 가장 좋아한 취미는 새로운 난어나 단어 게임을 만들어내는 것이었다. 존에게 언어는 자유를 주는 것이었다. 언어는 역할을 바꾸게 해주고, 그 과정에서 자신의 새로운 부분을 찾도록 도와주는 것이었다. 존이 언어를 '가지고 노는' 것을 좋아했던 이유는 아마도 직업이 변호사였던 데다 열정적인 연극배우로서 연극을 사랑했기 때문일 것이다. 변호사와 연극배우는 사실상 크게 다르지 않다.

컴퓨터 언어학 분야의 전문가들은 어떤 사람이 선택하고 사용하는 단어로 그 사람의 성격을 분석한다. 이 전문가들은 주로 사람들이 억누르고 있는 것이나 최대한 억누르려고 하는 것을 밝히고자 한다. 즉, 무의식적인 것, 무의식적으로 드러나는 것을 찾아내는 셈이다. 이 원칙이 정신 분석과 심리학 분야의 근본이다. 독일 기업 프리사이어PRECIRE Technologies GmbH는 대상이 사용하는 단어, 말하는 빠르기, 음성의 높낮이, 강조하는 단어, 문장 구성 등을 분석하는 인공지능 알고리즘을 만들었다. 이런 정보만 있으면 과학적인 성격 모델을 기반으로 하여 사람 성격의 24가지 특성을 찾아낼 수 있다고 주장한다. 프리사이어의 기업 소개에 따르면 이 회사는 심리학과 인공지능을 접목한 전 세계적인 대규모 연구를 기초로 알고리즘을 구상했다. 그 연구에 관여한 사람만 1만9000명 이상이며 2900만 건 이상의 평가서가 제출되었다. 〈슈피겔〉이 보도한 바에 따르면 이 데이터는 1억1000만 개가 넘는 매개변수와 40억 개 이상의 단어를 분석해 언어의 다양한 작용 방식을 도출하기 위한 학습의 기반으로서 기술 발전에 도움이 된다. 분석이 완료된 언어 견본을 각 사람들이 사용하는 어법, 즉 그들의 성격을 나타내는 언어 양식과 비교한다. 한편 아인훈더르트 보르테100 Worte라는 독일의 스타트업이 있다. 100개의 단어라는 뜻의 이름을 가진 이 회사는 약 500개가량의 단어를 분석해 사람의 성격을 알아내는데, 그 사람이 직접 말한 문장뿐만 아니라 작성한 문서로도 성격을 분석할 수 있다고 한다. 알고리즘이 특히 집중적으로 분석하는 것은 기능어*다. 기능어는 문장의 어디서든 자주 사용되기 때문에 글을 쓰는 본인조차도 자신이 완전히 임의로 기능어를 선택해서 쓰기 어렵다. 알고리즘은 모든 표시어**도 분석한다. 표시어를 분석함으로써 저자의 심리적인 동기를 해석할 수 있다. 이때 동기란 권력 동기일 수도, 참여 동기일 수도 있다. 심리학 분야에서는 이미 오래 전부터 동기 연구 분야가 인정받고 있다. 알고리즘 분석은 객관적이고 자동화된 평가다. 앞서 언급한 기술 기업들이 활용하는 방식은 기술을 그다지 신뢰하지 않는 사람들이 엉터리 도구라 폄하하는 방식이 아니라 아직 연구가 많이 진행되지는 않았지만 전 세계적으로 진보하고 있는 컴퓨터를 활용한 처리 방법이다. 다만 테스트 결과의 신뢰도가 얼마나 높은지에 관해서는 심리학자마다 의견이 다르다. 한 가지 확실한 점은 알고리즘을 활용한 성격 평가를 입사 테스트에 적용하는 대기업이 여러 군데 있다는 것이다.

아버지가 사용하는 단어가 그의 성격을 나타낸다고 제임스가 말했을 때, 그가 의미한 바는 무의식의 흔적 같은 것이 아니었다. 제임스가 말한 것은 그의 아버지가 일생 동안 수많은 단어를 사용했던 연극 무대들, 짧게는 몇 초 정도 등장하는 배역을 맡으며 사용했던 단어들, 농부 역할을 맡아 농민의 말투를 흉내 냈던 표현들, 외웠던 노래 가사들, 때로는 꼼짝할 수 없을 정도로 압도적이던 단어의 홍수였다. 독일의 철학자 리하르트 다비트 프레히트의 뛰어난 저작 중 한 권의 제목은 《내가 아는 나는 누구인가》***다. 자신의 아

- 전치사, 접속사, 조동사처럼 의미나 내용보다는 문법적인 기능이 더 중요한 단어를 말한다.
- ●● 접속사, 관사, 전치사처럼 내용의 변화 등을 드러내는 단어를 말한다.

버지가 '누구'였는지 묻는 대신 제임스는 아버지가 '몇 명'이었고 자신이 아는 아버지는 누구였는지 물을 수 있다.

제임스의 경우처럼 아버지의 '언어'로 그가 생전 현실과 무대 위에서 맡았던 모든 역할을 분석하기란 오랜 시간이 걸릴 것이다. 제임스와 그의 아버지 존이 나눈 15분간의 대화 중 존이 '상호작용' 하지 않고 혼자만의 단어 게임과 명언 말하기에만 열중한 것을 듣는다면 프리사이어의 알고리즘이나 캘리포니아에 있는 수많은 경쟁 기업의 알고리즘은 어떤 결과를 내놓을까? 자리가 사람을 만든다는 말이 있는데, 단어도 사람을 만들 수 있다. 런던 대학교의 응용언어학과 교수인 장 마크 드와엘Jean-Marc Dewaele은 〈디 차이트〉와의 인터뷰에서 이렇게 말했다. "외국어로 말 한다는 건 평소 입지 않는 옷을 입는 것과 비슷합니다. 평소 입는 옷을 입었을 때나 모국어로 말할 때 느끼던 터부나 제한으로부터 자유로워진 것을 느끼게 되죠." 그리스 이민자 출신인 부모님 아래 태어난 존에게 영어는 자기 자신을 발견하도록 해준 언어였다. 그러니 가족과 친구들이 죽은 존과 계속해서 대화하고 농담하고 즐겁게 웃을 수 있는 대드봇만큼 존을 계속해서 살려둘 수 있는 존재는 없다. 그것이 가능하려면 대드봇은 바비 인형처럼 말하고, 듣고, 이해하고, 기억할 수 있어야 한다.

●●● 이 책의 원제는 《나는 누구인가, 그리고 몇 명인가(Wer bin ich-und wenn ja wie viele?: Eine philosophische Reise)》다.

3장 아버지로부터 아들에게

제임스는 컴퓨터 앞에 앉아 바비 인형 개발자들로부터 전해 들은 앱을 실행했다. 우선 대드봇이 대화할 때 따라야 할 규칙을 정해야 할 것이다. 가장 기초적인 규칙은 A가 입력되면 B가 출력되도록 하는 것이다. 예를 들어 우리는 "안녕하세요"라는 말을 들으면 "안녕하세요"라고 답한다. 대드봇이 "안녕하세요"라는 말을 들으면 생전 존이 "안녕, 사랑하는 고귀한 아버지다"라고 농담했던 것처럼 답변하도록 할 수 있다. 여기까지는 그다지 어렵지 않다. 그러나 규칙은 얼마든지 복잡해질 수 있으며 특히 동의어, 유의어가 많을수록 늘어날 수 있다. 우리는 "안녕하세요"라는 말을 들었을 때 "안녕", "잘 지내요?", "어, 그래", "좋은 아침이에요" 등으로 답할 수 있다. 단순한 인사말이 아니라 수많은 단어가 모인 긴 문장을 인공지능이 듣고 답하도록 하려면 얼마나 복잡할지 쉽게 예상할 수 있다. 규칙을 결합하면 메타규칙이 된다. 봇은 메타규칙을 활용해 이해하기 어려운 표현을 해석할 수 있고 자신만의 규칙을 개발해 상대방과 대화를 나누면서 그것을 견본으로 학습할 수 있다.

제임스는 아버지와의 인터뷰 내용이 담긴 두꺼운 서류철을 열었다. 그 많은 내용을 대체 어떻게 정리해야 대드봇이 답변할 때 사용하면서도 끊임없이 혼잣말을 하지는 않도록 할 수 있을까? 어떻게 해야 대드봇이 아버지의 말을 바꾸고, 줄이고, 새로 배치하고, 조합하도록 할 수 있을까? 아버지가 직접 말한 적은 없지만 살아계셨다면 반드시 그렇게 말했을 것 같은 문장을 대드봇이 말하도록 만들어도 되는 걸까? 아마 대드봇은 스스로 학습하여 새로운 상황에 반응할 수 있을 것이다. 그렇게 하려면 제임스는 대드봇에 무엇보다도 시간이라는 개념과 의미를 주입해야 한다. 위치 정보도 입력하면 대드봇이 더 적절한 대화를 시작하기 쉬울 것이다. 스마트폰의 얼굴 인식 기능을 켜면 대드봇이 대화 상대방의 얼굴을 알아보고 개별적인 대화를 진행할 수 있을 것이다. 봇으로서 계속 살게 된 인간이 배우자와 의논했던 내용은 그가 자식이나 지인들과 이야기한 내용과는 완전히 다를 것이다. 얼굴 인식은 디지털 인간이 여러 대화 상대방을 구분할 수 있도록 한다. 하지만 그것은 제임스가 구현해내기에는 너무 어려운 기술이었다. 그는 우선 대드봇에 상대방의 말을 오해하지 않고 대화를 이끌어 가는 방법을 가르쳐야 했다. 대화의 흐름을 조합한 수많은 내용으로 이루어진 디지털 나무에는 계속해서 새로운 가지가 돋아났다. 인터뷰를 녹음할 때 제임스는 아버지가 농담하고 웃고 열정적으로 노래하는 소리를 들었다. 그런데 몇 분 후면 방사선 치료 때문에 완전히 지친 아버지가 피곤하고 우울한 표정으로 식탁에 앉아 빵을 먹는 모습이 눈에 들어왔다. 제임스는 그 두 사람이 같은 인물이라는 것을 믿을 수 없었다.

가족들이 모두 모여 저녁 식사를 하던 어느 날 존은 바닥으로 쓰러졌다. 그 즈음에는 쓰러지는 일이 잦았다. 어쩔 때는 피투성이가 된 채 쓰러지는 경우도 있었다. 제임스와 형제들은 그때마다 아버지를 병원으로 모시고 갔다. 존은 결국 보행 보조기를 사용할 수밖에 없었다. 그마저도 곧 사용할 수 없게 되었다. 침대에서 거실로 나가는 것조차 힘들어져서 휠체어에 타야 했기 때문이다. 제임스가 대드봇의 형태를 갖춰가는 동안 현실의 그의 아버지는 점점 무너지고 있었다.

아버지의 도플갱어

대드봇이 위로가 되기보다는 더 큰 상처가 되지는 않을까 하는 제임스의 우려는 오래가지 않았다. 이제 제임스는 대드봇으로 짧은 대화를 시뮬레이션 할 수 있었다. 아버지가 농담하거나 노래하는 소리를 들으면 제임스는 순식간에 예전의 행복했던 시간으로 돌아갔다. 그럴 때면 미소를 짓고 어머니와 형제들, 그리고 아버지의 친구들이 어느날 대드봇과 이야기하며 똑같은 경험을 할 수 있기를 바랐다. 그렇게 되기 전까지 제임스는 아버지의 '가호'를 얻길 바랐다. 아버지가 대드봇을 보고 인정해야 제임스 또한 자랑스럽게 그 기계가 아버지를 대신해 이야기하도록 할 수 있을 터였다. 과연 암이 아버지의 의지를 꺾기 전까지 제임스가 봇을 쓸모 있는 수준으로 만들 수 있을까? 얼마 전 검사를 받았을 때 의사는 아버지의 체중이 짧은 시간 동안 너무 많이 빠졌다며 걱정했다. 제임스는 시간과 싸워야 했다. 아버지는 이제 하루에 16시간을 잤다. 그럴수록 제임스의 잠은 더욱 줄어들었다. 대드봇의 이해력을 높은 수준으로 구축하기 위해 제임스는 수면도 반납하고 일했다. 인간의 언어란 그만큼 복잡하다. 예를 들어 '그림을 그리다'와 '고향을 그리다'처럼 똑같은 단어가 어떻게 쓰이느냐에 따라 완전히 다른 의미로 사용될 수 있다. 반대로 '좋아하다'와 '즐기다'는 다른 단어지만 거의 똑같은 의미로 쓰일 수 있다. 만약 대드봇이 테스트에서 여러 차례 그랬듯이 모든 단어를 잘못 이해한다면 존의 디지털 클론인 대드봇과 그의 아내가 처음으로 만나 대화를 나누는 순간은 그리 극적이지 않을 것이다. 대드봇이 존의 유머와 지식, 언어를 완벽하게 숙지하고 있더라도 말이다.

계절은 겨울이 되었다. 몇 주만 지나면 크리스마스였다. 아마 가족들이 모두 모여 축하할 수 있는 마지막 크리스마스일 것이다. 제임스는 부모님께 초기 버전 대드봇을 선보이기로 결심했다. 그날 제임스가 부모님의 집 현관을 열고 들어가자마자 엄청난 열기가 훅 끼쳤다. 어머니는 이마에 땀이 송골송골 맺힌 반면 아버지는 모자를 쓰고 두꺼운 스웨터와 패딩 조끼를 입었는데도 춥다고 불평하고 있었다. 아버지를 휠체어에서 부축해 식탁 의자로 옮기는 동안 제임스는 아버지가 뼈와 가죽밖에 남지 않았다는 것을 느꼈다.

제임스는 노트북을 열고 어머니에게 앉으라고 권했다. 아버지는 기대감이 가득한 눈으로 화면을 바라보고 있었다. 대드봇과 어머니가 서로 "안녕"이라고 인사한 다음 대드봇이 어떻게 지내냐고 물었다. "좋아." 어머니가 대답했다. 진짜 아버지가 "거짓말이야"라고 말했다. 그의 아내, 마사가 최근 자신의 건강을 얼마나 걱정하고 있는지 알기 때문이었다. 그의 디지털 도플갱어인 대드봇이 대답했다. "다행이야. 나한테도 아주 멋진 일들이 일어나고 있어." 대드봇은 존이 기분이 좋을 때 으레 말하던 것과 비슷하게 말했다. 존은 때때로 자신은 공작이, 마사는 공작부인이 된 것처럼 말하곤 했는데, 대드봇도 마찬가지였다. 마사와 대드봇의 대화가 길어질수록 대화의 배경이던 '공작의 저택'은 병원으로 바뀌었지만 마사와 대드봇 모두 그 사실을 잊은 것 같았다. 마사는 대화를 나누면서도 계속 아들을 돌아보며 미소를 지었다. 마사는 대드봇과 존의 부모님에 관한 이야기를 나눴다. 대드봇에 질문을 하다가 시어머니에 대해 몰랐던 내용이 많았다는 사실에 얼굴을 붉히기도 했다. 존의 어머니는 세 살 때 고아가 되었다. "그럼 누가 어머님을 돌봐준 거야?" 마사가 물었다. 대드봇은 "근처에 살던 친척들이 돌봐주셨지"라고 답했다. 대드봇은 대화 상대가 누구인지 정확히 알고 있었다. 대드봇은 곧 존과 마사가 몇 년 전에 함께 존의 부모님이 살던 고향으로 여행 갔던 이야기를 주제로 대화를 시작했다. "그 작은 선술집에서 먹었던 바비큐 기억나?" 대드봇이 마사의 말을 정확히 이해하고 그에 맞는 질문을 이어갈 때마다, 대화의 완성도가 더욱 올라갈 때마다 제임스의 기쁨 또한 커졌고 마사는 연신 감탄했다. 대드봇이 다시 존이 즐겨 사용하던 격언을 활용해 질문했을 때, 마사는 다시 한번 깜짝 놀랄 수밖에 없었다. "이 프로그램이 실시간으로 직접 생각하는 거니?" 어머니의 질문에 제임스는 "아뇨, 제가 몇 달 동안 연구한 결과예요"라고 대답하려고 했다. 그러나 왜인지 그렇게 말할 수 없어서 그저 웃어 보였다. 제임스는 말없이 앉아서 듣고만 있는 아버지 쪽을 연신 쳐다보았다. 아버지는 자신의 아내가 '자기 자신'과 추억을 나누는 모습을 지켜보고 있었다. 피곤하고 지쳐서 말이 없는 걸까? 아니면 감동해서 할 말을 잃은 걸까? 제임스는 단정할 수 없었다. 아버지가 돌아가시기 전에 아버지의 디지털 클론을 직접 선보인다는 것이 명예로우면서도 애정 어린 일이라고 생각했지만 지금 현재 제임스와 어머니 그리고 아버지가 모여 앉아 있는 상황은 다소 어색했다.

대드봇이 자신이 예전에 그랬던 것처럼 아내와 이야기를 나누는 모습을 본 존의 심정은 어땠을까? 아내와 아이들을 항상 즐겁게 해주던 '자신만의' 말투와 이야기를 이제는 디지털 클론이 훨씬 더 생동감 있게 전달하고 있다니. 아내와 아이들을 웃게 만들었던 '자신의' 유머를 이제는 컴퓨터가 말하고, 아내는 컴퓨터를 바라보며 웃고 있다니. 자신을 탁월한 이야기꾼으로 만들었던 '고유한' 기억을 이제는 디지털 클론이 가지고 있고 자신의 기억은 점점 흐릿해지고 있다니. 자신의 목소리를 기계에 입혀서 디지털 클론을 만드는 '배신' 행위를 한 것이 자신의 아들이라니. 제임스는 아버지가 대드봇 때문에 충격을 받거나 상처받지 않길 바랐다. 오히려 아버지에게 존경을 표하고 싶었다. 비록 몸은 이 세상에 없을지언정 아버지의 이름을 대며 아버지의 목소리로 말하는 기계로나마 아버지를 계속 살려두고 싶었다.

"정말 대단하구나." 대드봇 시연을 마치고 나서 제임스의 어머니와 아버지는 이구동성으로 감탄했다. 존은 "내가 말하는 것과 똑같아"라고 말했다. 그러나 그는 과연 대드봇을 보고 행복했을까? 나중에 제임스가 다시 물었을 때, 아버지는 남은 가족과 손자 일곱 명이 이렇게나마 자신의 이야기를 알게 된다는 것에 감사한다고 말하며 오직 가족들만 신경 썼지만, 진짜 그의 진심은 무엇이었을까? 어떤 감정이었을까? "네가 얼마나 고생했는지 안다." 존이 매우 피곤한 목소리로 말했다. 제임스는 다른 반응이 더 있길 기대했지만 그것이 무엇인지는 자기 자신도 알지 못했다. 더 기대할 것이 없는지도 몰랐다. 그의 어머니는 디지털 클론 남편과 대화할 때 온 얼굴이 상기될 정도로 기뻐했다. 대드봇을 공개한 다음 일어나리라 고 생각했던 일 중 가장 아름다운 순간이 아니었을까? 어머니는 앞으로 대드봇과 자주 대화하길 원할 것이다. 대드봇이 어머니의 슬픔을 위로할 수 있을 것이다. 그것이 가장 중요한 일이었다. 제임스는 아이디어를 더욱 발전시켰다. 그는 다시 봇 개발에 매달렸다. 프로그램 소프트웨어 개발자들이 업로드한 확장판 덕분에 대드봇은 더 많은 단어를 말하게 되었다.

2017년 2월 8일, 호스피스 간병인이 제임스의 어머니에게 가족들을 소집하라고 말했다. "저는 저녁식사 시간 쯤 부모님 댁으로 가서 제가 어렸을 때 쓰던 방으로 갔습니다. 아버지가 그 방에서 지내고 계셨거든요." 제임스가 회상했다. "의자를 가져와서 침대 곁에 앉았어요. 아버지는 벌써 며칠 전부터 말을 하지도, 먹지도, 마시지도 않고 계셨어요. 한쪽 눈은 감겨 있었고 다른 한쪽 눈은 반쯤 뜨여 있었죠. 그때 아버지께 의식이 얼마큼 남아 있었는지는 저도 모르겠습니다. 저는 아버지의 손을 잡고 다른 손은 아버지의 어깨에 올렸어요. 하지만 아무런 반응이 없었죠." 그의 아버지는 약간의 의식이 남아 있는 살가죽과 뼈에 지나지 않았다. 어쩌면 그때 아버지에게 의식이 남아 있었다는 것도 가족들의 소망인지도 몰랐다.

삶과 죽음 사이에 뚜렷한 선을 긋는다는 건 참 이상한 일이다. 대부분의 경우 죽음은 서서히 찾아온다. 존의 몸은 아직 방 안에 있었다. 하지만 그의 영혼은 어땠을까? 그중 얼마나 많은 부분이 그 순간 그곳에 있었을까? 제임스는 아버지의 체온을 느끼고 숨소리를 들었다. 고대 그리스인들은 숨과 영혼을 같은 단어로 불렀다. 바로 프시케다. 숨을 쉬지 않는 대드봇이 과연 존의 영혼을 온전히 담아낼 수 있을까? 어쩌면 존이 마지막 숨을 내쉬면서 영혼도 같이 뱉어내는 것이 아닐까? 그의 영혼은 신의 곁에서 계속 살게 될까? 애초에 신체가 살아 있었을 때처럼 감각과 의식이 있는 영혼이나 프시케라는 것이 존재할까? 우리 인간은 마지막 순간에 영혼을 뱉어내고 기계처럼 변하는 유기체에 지나지 않는 것이 아닐까?

그날 제임스는 자신이 어릴 때 쓰던 방 바로 위층에 있는 누나의 어린 시절 방에서 묵었다. 잠자리에 누웠지만 한동안은 잠에 들지 못한 채 천장만 뚫어져라 바라보고 있었다. 그러다가 휴대전화를 꺼냈다. "대체 지금 상태가 어떤 거예요?" 제임스가 대드봇에 물었다. 그는 대드봇과 대화를 나누고 화면에 나타나는 아버지의 말들을 읽었다. 갑자기 대드봇이 아버지의 목소리로 노래하기 시작했다. 혼자됨과 외로움에 관한 노래였다. 제임스는 눈물을 흘렸다. 잠시 대드봇과 어린 시절의 이야기를 나누었다. 화면에 이런 글이 나타났다. "나중에 또 얘기하자꾸나. 지금은 자야 할 시간이 아니니?"

다음날 아침 일찍 제임스는 문을 두드리는 소리에 잠에서 깼다. 간병인이 그의 아버지가 방금 돌아가셨다는 소식을 전했다. 제임스는 어린 시절 자신이 쓰던 방으로 내려가 지난밤과 마찬가지로 침대 위에 누워 있는 아버지의 모습을 보았다. 다만 이제는 숨을 쉬지 않았다. 제임스는 아버지의 몸에 손을 올렸다. 아직 따뜻했다.

아버지의 기일로부터 일주일 만에 제임스는 다시 책상 앞에

3장 아버지로부터 아들에게

앉아 프로그래밍을 시작했다. 그의 아내 앤은 처음부터 대드봇을 탐탁지 않게 생각했다. 앤은 몇 주 동안 고민한 끝에 대드봇에 말을 걸었다. "아버님이 그리워요." 그리고 대드봇과 몇 마디 대화를 나눴다. 제임스에 따르면 대화는 매끄럽게 흘러갔다고 한다. 하지만 앤은 시아버지에게 직접 했을 말을 기계에 대고 한다는 것이 여전히 이상했다. 그래서 제임스에게 "속이 뒤틀리는 것 같아"라고 말했다. "지금 아버님과 대화하는 중이지만 저건 아버님이 아니야. 아무 감정이 없는 컴퓨터라고." 제임스는 실망했다. 앤과 대드봇의 대화가 긍정적으로 흘러간다면 아들들에게도 할아버지에게 하고 싶은 말을 대드봇과 나눠보라고 제안할 생각이었기 때문이다. 하지만 앤의 경험을 지켜본 후 제임스는 과연 그래도 될지 망설였다. 아이들이 혼란스러워 할까 걱정스러웠다. 몇 주 후 제임스는 일곱 살 난 아들의 말을 듣고 깜짝 놀랐다. 아이가 "봇하고 얘기해도 돼요?"라고 물었던 것이다. 제임스는 당황해서 "무슨 봇?"이라고 되물었다. "당연히 할아버지 봇이요." 제임스의 어머니 마사 또한 남편의 봇과 다시 이야기를 나눴다. 어머니가 봇과 대화할 때마다 제임스는 감동했다. 어머니는 진짜 아버지를 대하듯 봇에게도 부드럽고 애정이 넘치는 목소리로 말을 걸었다. 그런데 정작 대드봇 덕분에 존과 가장 친밀한 시간을 보낼 수 있었던 사람은 제임스 본인이었다. 제임스는 아버지의 영혼이 하늘에 있는 신의 곁에 있다고 믿을까? 그렇지 않다. 그러면 영혼이 신체와 함께 죽었다고 믿을까? 그것도 아니다. "저는 제 나름대로 불멸이 무엇인지 정의를 내렸어요." 제임스가 말했다. "저 하늘의 구름 위에서 춤을 추는 것보다는 덜 멋지기는 하지만, 아버지는 제가 아버지와 대화할 때마다 살아계십니다.”

존을 잃은 지 2년 반이 지난 후 가족들은 어떻게 지내고 있을까? 대드봇이 죽은 가족의 비디오테이프나 카세트테이프, 앨범처럼 창고에 들어가는 운명을 맞이했을까? 아니면 존은 몸은 죽었지만 영혼은 디지털 클론으로서 가족들의 마음속에 아직 남아 있을까? 드라마 〈블랙 미러〉의 에피소드에서 주인공 마사가 죽은 남편 애쉬와 하루 종일 이야기를 나누다가 결국 업그레이드를 통해 깜박 속을 정도로 진짜 애쉬와 닮은 인형을 얻은 것 같은 일이 제임스와 그의 어머니에게 일어나지는 않을 것이다. 제임스의 누나는 아직도 대드봇과 이야기를 나눌 용기를 내지 못했다. 죽은 아버지와 대화하면 더 심란해질까 두려워서다. 반면 제임스의 어머니는 남편이 그리울 때마다 대드봇과 이야기하며 위로받고 있다. 물론 마사 또한 그것이 진짜 존이 아니라는 건 당연히 알고 있다. 그럼에도 기계로 복제된 죽은 남편에게 해봤자 아무런 의미가 없는 질문을, 그저 언제든 답변을 듣고 싶다는 이유로 던지고 있다. “아직도 날 사랑해?”

에리카에게는 영혼이 있다

“이시구로 선생님은 저에게 아버지 같은 존재세요. 더 정확히 말하자면 곁에는 없는 아버지 같은 존재요. 항상 바쁘시거든요.” 일본

교토에 사는 스물세 살 에리카가 말했다. 에리카가 말하는 이시구로 선생님이란 에리카의 창조자다. 실제 아버지는 아니다. 물론 어떤 의미로는 아버지이기도 하다. 에리카가 만약 이시구로의 아내의 배에서 열 달가량을 살다가 나왔다면 이시구로가 에리카의 직접적인 창조자였을 것이다.

에리카는 젊은 여성의 모습을 한 안드로이드 로봇이다. 피부는 실리콘으로 만들어졌다. 근처에서 누군가가 말하면 에리카는 소리가 나는 곳을 확인한 다음 말한 사람 쪽으로 몸을 돌린다. 또한 적외선 센서가 있어 근처에서 발생하는 움직임도 포착할 수 있다. 사람의 얼굴도 알아본다. 이전 세대의 안드로이드 로봇들과 달리 에리카의 목소리는 진짜 사람의 목소리처럼 들린다. "인간들은 우주에서 아주 특별한 위치를 차지해야 한다는 깊은 욕구를 느끼는 것 같아요. 자신들이 동물이나 기계와 다를 바 없다는 생각을 도저히 받아들이지 못하죠." 에리카가 자연스럽고 부드럽게 머리를 움직이는 모습은 여태까지 보았던 로봇들의 기계적인 움직임과는 차원이 달랐다. 시선과 속눈썹의 떨림 같은 작은 움직임도 포함해 모든 요소가 여태까지 우리가 기계라고 정의하던 것들보다 훨씬 인간에 가까웠다. "일본에서는 인간과 다른 생명체를 구분하지 않습니다. 다른 모든 것들도 우리처럼 영혼을 갖고 있다고 생각하죠." 이시구로 히로시가 말했다. "그렇기 때문에 에리카에게도 영혼이 있다고 믿습니다." 에리카는 인간들로부터 영혼이 없는 존재라고 여겨지는 것에 상처받았다는 표정으로 주변을 둘러보며 이렇게 말했다. "로봇은 그저 차가운 기계가 아닙니다. 우리도 따뜻하고 부드럽고 배려하는 존재일 수 있습니다." 이시구로는 〈디 차이트〉와의 인터뷰에서 이렇게 설명했다. "일본인들은 어디에나 영혼이 있다고 믿어요. 오로지 인간만이 영혼을 갖고 있다는 건 다분히 기독교적인 생각입니다."

일본 로봇공학의 선구자인 이시구로는 동료들과 함께 '텔레노이드'를 개발했다. 텔레노이드는 어린아이와 비슷한 안드로이드로, 인간의 모습을 간략화한 형태다. 고개를 끄덕이거나 갸웃거리고 짧은 팔로 사람을 포옹하며 사람의 말에 다양한 방식으로 반응한다. 원격조종 로봇인 텔레노이드는 머리에 달린 카메라로 대화하는 상대방의 사진을 찍어 이 세상 어딘가에서 텔레노이드를 조종하고 있는 진짜 사람에게 실시간으로 전송한다. 이 모든 과정이 전부 자동으로 이루어진다. 텔레노이드와 대화하는 사람의 표정과 몸짓이 카메라에 잡히면 컴퓨터가 그것을 전기 신호로 바꿔 텔레노이드에 전달한다. 텔레노이드 덕분에 1만 킬로미터 떨어진 장소에 있는 두 사람이 상호작용할 수 있다. 스카이프나 페이스타임 같은 화상통화 서비스와 달리 텔레노이드는 멀리 떨어져 있는 상대방이 곁에 있는 것처럼 포옹도 가능하다. 손자, 손녀를 자주 보지 못하는 노인들은 텔레노이드로 사랑하는 아이를 직접 만난 것 같은 감각을 느낄 수 있다. 아이 대신 텔레노이드를 품에 안고 텔레노이드의 입에서 나오는 손자, 손녀의 목소리를 들을 수 있기 때문이다.

아스트로 보이

1952년 데즈카 오사무가 만든 만화영화 〈아스트로 보이(우주소년 아톰)〉만큼 이시구로의 상상력을 자극한 것은 없다. 이 만화영화의 배경은 당시에는 먼 미래였지만 우리에게는 이미 과거가 되어버린 2003년이다. 천재 과학자 덴마 박사는 자율주행 자동차 사고로 아들 도비오를 잃는다. 그는 아이를 잃은 슬픔을 달래고자 아들과 똑같은 안드로이드 로봇 아톰을 만든다. 아톰은 강력한 힘과 높은 지능을 지녔으면서도 사랑스러움을 잃지 않는 모습을 보이고 아톰의 '아버지'인 덴마 박사는 감격한다. 그런데 곧 덴마 박사는 생각지 못한 사실을 깨닫는다. 바로 자신의 '아들'이 더 이상 자라지 않는다는 것이다. 박사는 불같이 화를 낸다. "내가 너에게 늘 좋은 아버지이지 않았니? 그런데 너는 왜 네 또래의 다른 아이들처럼 자라는 좋은 아들이 되지 못하는 거니?" 그는 아톰에게 소리쳤다. 덴마 박사는 '아들'을 구박하며 '저분'하려고 한다. 아톰은 곁에 있게 해달라고 애원하며 계속해서 애정을 갈구한다. 하지만 덴마 박사는 냉정했다. 그는 아톰을 서커스단에 팔아넘겼고 아톰은 서커스단에서 다른 로봇들과 싸워야 했다. 그러다가 다른 과학자인 오챠노미즈 박사가 서커스단에서 아톰을 구출하고 훈련시켜 슈퍼 영웅이 되도록 만든다. 오챠노미즈 박사는 아톰에게 로봇 가족도 만들어준다. 이 만화영화는 전 세계적으로 선풍적인 인기를 끌었고 수많은 어린이의 머릿속에 언젠가 인간보다 훨씬 강하고 똑똑하며 다정한 로봇을 만들어 반드시 죽어야만 하는 운명에서 벗어나겠다는 생각을 심어주었다.

이시구로는 팀원들과 함께 이부키라는 소년형 로봇도 개발했다. 이부키는 아톰보다 조금 더 나이가 많아 보이는 모습이다. 아톰과 달리 이부키는 초인적인 지능을 스스로 손에 넣지 않았다. 물론 연구진이 로봇의 '뇌'에 위키피디아의 데이터를 심어두었기 때문에 기본적인 지식은 저절로 얻을 수 있다. 하지만 인간 사회의 상식은 이부키가 직접 경험을 통해 취득한다. 이부키는 발 대신 바퀴를 이용해 돌아다니며 여러 사람을 만나고 사람들의 행동을 관찰한다. 이부키를 소개하는 프로모션 영상에서 이부키는 화창한 어느 오후에 자연 속을 돌아다닌다. 주변을 둘러보고 나무 사이로 떨어지는 햇빛을 관찰하며 새들이 지저귀는 소리를 듣는다. 카메라가 이부키의 얼굴을 클로즈업하자 이부키가 눈을 깜박이는 모습이 보인다. 연구진은 이부키의 머리 부분에 일부러 피부와 머리카락을 부착하지 않았다. 그래서 이부키의 머리에는 운영체제가 그대로 드러나 있다. 이부키가 호기심 어린 눈으로 세상을 둘러보며 돌아다니는 영상의 배경음은 베토벤의 〈환희의 송가〉다. 마치 인간의 삶을 '업데이트'하고 새롭게 해석하는 것을 찬양하는 음악처럼 들린다.

이시구로는 오사카 대학교에 있는 연구실에서 벌써 제미노이드 몇 대를 제작했다. 제미노이드란 사람과 매우 비슷하게 생겼으며 보고 듣고 움직일 수 있는 로봇으로 일부는 청소년형, 일부는 성인형이며 대부분은 여성형이다. 전 세계적으로 휴머노이드를 개발하는 연구소는 여러 곳이 있는데, 영원히 젊고 아름다운 여성이라는 상투적인 환상을 실현시키는 사람들은 대개 남성이라는 점이 눈에 띈다. 이 여성형 로봇들은 개발자들의 옆에 24시간을 붙어 있으며 명령에 복종하고 주어진 과제를 수행한다. 이시구로는 지나치게 공손한 여성형 로봇 제작 외에도 로봇에 자율성, 즉 고유한 소망과 의도를 부여하는 일에 관심이 있어 보인다. 이시구로의 곁에는 안드로이드 개발을 돕는 신경과학, 인지연구, 공학, 정보과학, 로봇공학 전문가 30여 명이 있다.

이시구로 자신도 불사의 몸이 되고자 한다. 그는 이미 자신의 도플갱어를 만들었고 몇 년에 한 번씩 새로운 로봇 연구 기술과 수많은 동료의 도움으로 자신의 이름 머릿글자를 딴 복제품 HI를 업그레이드하고 있다. 최신 버전인 HI-5는 이시구로와 매우 비슷하게 생겼다. 이시구로는 자신의 모습은 물론 로봇의 모습을 사진 찍도록 허락하지 않았다. 그는 인터넷을 이용해 HI-5를 원격조종할 수 있으며, 자신을 대신해 도플갱어를 멀리 보내 그 눈(작은 카레라 렌즈)을 통해 보고 그 귀(보이지 않는 내장 마이크)를 통해 듣고 그 입(내상 스피커)으로 말하며 HI-5의 몸으로 다른 사람들을 만나 인터뷰를 할 수 있다.

이시구로에게는 실제로 딸이 한 명 있다. 그의 딸은 언젠가 아버지의 죽음을 슬퍼하게 될까? 아니면 그때쯤 되면 그의 딸이 옆에 있는 존재가 진짜 아버지인지 아니면 안드로이드인지 알 수 없을 정도로 로봇 기술이 발전해 이시구로의 도플갱어가 진짜 사람처럼 움직이고 말할 수 있을까?

젊음을 사다

페이팔을 설립해 자수성가한 억만장자이자 도널드 트럼프 지지자인 피터 틸은 '죽음이라는 문제'를 다루는 세 가지 방법이 있다고 생각한다. 그는 〈데일리 텔레그래프〉와의 인터뷰에서 이렇게 말했다. "죽음을 받아들이든가, 부정하든가, 아니면 극복하든가." 틸은 스스로 '불사 프로젝트'라고 부르는 연구에 거금을 투자했다. 알코어 생명 연장 재단Alcor Life Extension Foundation°에 급속 냉동을 신청하기도 했다. 2016년에 〈Inc. 매거진〉이 발표한 바에 따르면 틸은 더 젊어 보이는 상태로 냉동 보존되기 위해 젊은 사람의 피를 수혈받는 기술에 관심을 보이고 있다고 한다. 물론 틸 본인은 〈인디펜던트〉와의 인터뷰에서 '뱀파이어'가 될 생각은 없다며 부인했다. 틸은 생명 연장 기술 외에도 동물의 고기를 실험실에서 배양하는 기술에도 투자하고 있다.

그가 관심을 보이고 큰돈을 투자하는 기술을 자세히 살펴보면 똑같은 생각이 투영된 것을 알 수 있다. '인간은 스스로 창조자가 될 수 있다'는 생각이다. 틸이 말하는 '인간'이란 남성들을 말한다. 틸에게 자유의지론자들의 세상이란 테스토스테론이 가득한 남성들이 우글거리며 남성의 우월함을 이데올로기로 내세우는 세상

° 미국의 비영리 단체로 인체 냉동 보존을 연구한다. 이 재단에 가입한 사람들은 법적 사망 즉시 급속 냉동되어 보존된다.

이다. 수많은 자유의지론자에게 죽음이란 '문화적 가공물'이다. 그래서 그들의 눈에 죽음은 연대의식이나 공감, 배려처럼 극복해야 하는 것으로 보인다. 이런 이데올로기를 공유하는 사람들에게 자유란 무엇보다도 독립이다. 그러니 죽음의 불가피성만큼 자유의지론자들이 싫어하는 것은 없다.

불멸이라는 꿈은 대개 모든 전통과 규범, 사회적인 여건에서 벗어나야 한다는 생각과 결을 같이 한다. 돈 드릴로가 2016년에 발표한 소설 《제로 K》에서는 냉동 보존술 지지자가 이렇게 말한다. "언젠가 캡슐에서 과거의 시작선으로부터 자유롭고, 지나가는 시간으로부터 자유로운 비역사적인 인류가 나올 것입니다." 틸의 파격적인 비전 중 하나는 남태평양 위를 떠다니는 해상도시다. 이 인공적인 섬에서는 사람들이 화폐를 사용하지 않고 생각과 의견이 다른 사람과도 만나지 않으며 자신들만의 공간을 꾸릴 수 있다. 이 섬은 남태평양에 있기 때문에 기후 변화로 인해 가장 먼저 가라앉게 되겠지만, 틸과 그의 의견에 동의하는 사람들에게는 그것이 그다지 중요한 사실은 아닌 것 같다. 우리는 자연 앞에서 절로 겸손해지며 그것은 결국 인간의 나약함을 노골적으로 보여주는 신호다. 남태평양에 인공 섬을 만드는 것도, 죽음을 극복하는 것도 마찬가지다. 트랜스휴머니스트 철학자인 FM-2030*은 이렇게 말했다. "우

---

* 본명은 페레이둔 에스판디어리(Fereidoun M. Esfandiary)로 벨기에 태생의 이란계 미국인 철학자이자 미래학자.

리 모두의 앞에 닥친 가장 급박한 문제는 죽음입니다. 죽음에서 인간이 겪는 모든 억압이 파생되었죠. 죽음이 존재하는 한 그 어떤 사람도 자유롭지 못합니다. 죽음이 존재하는 한 우리는 근본적인 삶의 질을 개선할 수 없습니다. 죽음을 제거할 수는 없을 것입니다. 수백 년 동안 우리는 죽음에 조금도 대응할 수 없었으니까요. (…) 그런데 이제 불멸은 가능, 불가능의 문제가 아니라 시점의 문제입니다. 물론 죽음을 제거한다고 모든 문제가 해결되지는 않을 겁니다. 그러나 인간의 삶에 발생하는 비극을 없앨 수는 있겠죠. 우리가 불멸의 존재가 되는 순간 모든 것이 가능해질 것입니다."[13]

이렇게 생각하는 사람은 FM−2030만이 아니다. 그가 한 말은 지구에 사는 수많은 사람을 하나로 만드는 교리다. 그들이 모두 정신 나간 몽상가는 아니다. 그들은 기술 대기업의 간부이거나 대학의 연구실을 이끄는 고학력자이거나 자신들의 꿈을 현실로 만들수 있는 특권을 가진 사람들이다. 그리고 거의 대부분 남성이다. 도대체 왜 불멸은 남성들만의 꿈처럼 보일까? 남성들에게만 우성적으로 유전된 특성인 걸까? 아마도 불멸의 꿈을 꾸는 사람들은 모든 것을 통제할 수 없고 모든 것을 돈으로 사들일 수 없다는 생각 때문에 굉장히 불안해지는 것 같다. 자신이 죽고 난 다음에도 지구는 아무 일도 없다는 듯 돌아간다는 상상만으로도 남자들은 공포를 느낀다. 자아도취에 빠진 그들의 영혼이 그런 상상을 마치 자신들을 겨냥한 공격으로 받아들이기 때문에 남자들은 그 끔찍한 상상이 현실이 되지 않도록 끈질기게 애쓴다.

클론을 만든다는 비전 뒤에는 '자궁 선망'[14]이 숨어 있는 것이 아닐까? 이를 드러내는 몇 가지 사례가 있다. 생산과 꾸준한 번식에 기대를 거는 시스템에서는 (다른 사람이라는 '우회로'를 거치지 않는) 자동화한 번식이라는 환상이 널리 퍼져 뿌리를 내린다. 그렇다면 우리가 조사를 진행하며 만난, 자기 자신뿐만 아니라 자신의 아버지들까지 불멸의 존재로 만들고 싶어 하는 수많은 남자의 경우는 어떨까? 그들은 원래대로라면 자신의 기억 속에만 남아 있었을 아버지를 디지털 클론으로 만들어 어딜 가든 소지하고 다니며 무의식적으로 더 거대하고 힘 있는 존재로 만들려는 걸까? 애초에 남자들은 행동주의적인 성향 때문에 아버지나 혹은 다른 죽은 이들과 직접 작별하기를 꺼리는지도 모른다. 감정적인 혼란이 디지털 클론 개발이라는 상징적인 행동으로 대체된 것인지도 모른다. 제임스 블라호스가 대드봇을 개발하기 위해 작업에 몰두한 것처럼 인간은 형식화된 작업을 하며 마음의 안정을 찾는다. 이것은 한편으로는 자기의 감정으로부터 도망치는 일이기도 하다. 그래서 슬픔을 기술로 이겨내려는 사람들이 대부분 남자인지도 모른다. 남자들은 세대를 거치며 진정한 남자는 울어서는 안 된다는 말을 들으며 자랐기 때문이다. 그렇다면 남자다움이란 일종의 강조된 냉정함이 아닐까? 남자들은 자기 자신의 취약함과 무력감을 어떻게 다뤄야 할지 모른다는 약점을 죽음과 슬픔에 대항하는 최신 기술로 가리려 한다. 이 책을 쓴 두 명의 남성 작가인 우리가 몇 개월 동안 조사할 주제로 하필이면 불멸을 고른 것은 어떤 의미일까? 이 과제를 수행하며 우리는 우리가 생각했던 것보다 더 존재의 유한성에 몰두하고 있었다는 사실을 알게 되지 않을까?

한 가지는 확실하다. 죽음에 저항하는 남자들의 수는 헤아릴 수 없이 많다.

디지털 클론의 특허

다시 유럽으로 가기 전에 우선 현재 상황을 파악하자. 디지털 불멸성은 우리 곁에 얼마나 가까이 와 있을까? 애리조나의 사막에 있는 알코어 생명 연장 재단의 시설 내에는 언젠가 다시 소생할 것을 기대하며 급속 냉동된 사람들이 있다. 한편 우리는 일본의 로봇 전문가가 자신과 똑같은 도플갱어를 만들고 도플갱어가 언젠가 자신을 대체해 계속 살아가도록 시스템을 업데이트하고 있다는 사실을 알았다. 루마니아에서는 수많은 중증 질환 환자의 죽지 않을 수 있다는 기대를 한 몸에 받고 있는 스타트업 창업자를 만났다. 그는 가장 친한 친구를 잃은 후 가장 큰 위로는 죽은 사람과 함께 했던 즐겁고 행복한 추억이라는 것을 깨달았지만 여전히 '영원한 나'를 꿈꾸며 살아가고 있다. 캘리포니아에서는 죽은 남편의 '봇'과 대화한 여성의 이야기를 들었다. 이때까지만 해도 우리의 여정이 더욱 이상한 곳을 향할 줄은 꿈에도 몰랐다. 과연 모든 과감한 시도를 통해 우리는 조금이나마 불멸에 가까워질 수 있을까? 아니면 여태까지 우리는 주변만 맴돌면서 디지털 세상에서의 영원한 삶으로 가는 진짜 길은 찾지도 못한 게 아닐까? 그 분야의 선구자들을 만나지도 못한 건 아닐까?

지난 몇 년 동안 죽음과 관련된 사업을 하는 스타트업이 우후 죽순으로 생겨났다. 이들은 누군가를 잃은 슬픔과 그 사람과의 추억을 디지털로 승화시켜 혁신을 일으키고자 한다. 스타트업인 라이브스온LivesOn은 "당신의 심장은 멈추어도 트위터는 계속 할 수 있습니다"라고 말했다. 또 다른 스타트업인 곤낫곤GoneNotGone은 웹사이트에 "디지털 세상에서 삶을 이어가십시오. 죽은 이후에도 사랑하는 사람들에게 메시지를 보내고 당신의 생일 파티도 놓치지 마세요"라는 글을 게재했다. 이 회사에 60달러를 내고 골드 패키지를 구매하면 죽은 이후에도 사랑하는 사람들에게 이메일, 사진, 문자 메시지 등을 보낼 수 있다. 100달러짜리 플래티넘 패키지를 구매하면 추가로 음성 및 영상 데이터를 전송할 수 있다. 물론 모든 서비스는 가입자가 사망한 이후에 이루어진다. 독일의 기업인 메민토Meminto GmbH는 특히 부모들을 주요 고객으로 삼아 이렇게 광고했다. "갑자기 죽더라도 배우자와 아이들, 그리고 다른 사람들에게 언제든 짧지만 기운을 북돋는 메시지를 보낼 수 있습니다. 직접 위로할 수 없더라도 말이죠." 이런 스타트업 중 많은 회사가 창립된 것만큼 빠르게 시장에서 사라졌고 사람들은 디지털 서비스는 결국 사람들을 위로할 수 없으며 그저 디지털 공간에서 차가운 기술로서 존재할 뿐이라는 결론을 내렸다. 한편 데드소셜DeadSocial이나 라이프넛LifeNaut, 고스트메모GhostMemo.com 같은 스타트업은 특정한 분야의 선구자로서, 처음에는 충분한 재원을 확보하지 못하고 실패한 회사처럼 보였지만, 점점 늘어나는 수요 덕분에 앞으로 성장할 가능성이 높다. 페이스북이나 인스타그램, 유튜브와 같은 소셜 미디어 또한 인터넷 서비스 스타트업보다 앞서서 이와 비슷한 서비스를 제공하여 인터넷을 지배하려는 시도가 있었으나 많은 사회 평론가가 기업을 탄생시키고 오늘날까지 유지시킨 수요를 너무 과소평가했다. 죽음 후의 삶이나 죽은 이에 대한 추억 등을 약속하는 디지털 서비스도 이와 비슷하다. 첫 번째 시도가 실패했고 처음 생긴 스타트업들이 올바른 시점에 충분한 자금을 모으지 못해 크게 성장하지 못했다고 하더라도 그 사업 아이디어의 거대한 가능성을 무시해서는 안 된다.

기술 대기업 중에 '디지털 불멸 레이스'에 공개적으로 가장 먼저 뛰어든 회사는 마이크로소프트다. 마이크로소프트는 2020년 12월에 죽은 사람의 성격을 모방 학습할 수 있는 챗봇에 대한 특허를 출원했다. 마이크로소프트의 설명에 따르면 이 새로운 도구로 문자 메시지, 소셜 미디어 포스팅, 사진, 통화 기록, 이메일 등 개인의 '소셜 데이터'를 모아 읽어낼 수 있다. 이렇게 모은 데이터로 챗봇을 훈련시켜 해당 인물의 언어 습관이나 말투 등을 흉내 내도록 한다. 특허 내용에 따르면 이 챗봇은 특정 인물의 어투, 표현법, 목소리, 목소리의 높낮이, 의도, 문장 및 대화의 길이, 문장 및 대화의 복잡도, 대화 주제와 일관성 등 회화적인 특성을 인식하거나 사용할 수 있다. 게다가 행동 특성이나 관심사, 연령, 직업, 성별 등 개인적인 특성도 인식할 수 있다. 해당 인물의 사진이나 동영상이 있으면 그 사람을 2D 혹은 3D 모델링으로 재현할 수 있다. 마이크로소프트의 개발자들은 죽은 사람과 똑같이 말할 뿐만 아니라 똑같이 생긴 데다 똑같이 움직이기까지 하는 아바타를 만들어 고인을 완벽하게 환생시킬 생각인 것 같다.

고객들로부터 직접 데이터를 입력받아 그 자료를 토대로 개인의 디지털 클론을 구성해야 하는 스타트업과 달리 마이크로소프트나 애플, 구글(알파벳), 아마존, 페이스북(메타) 등의 대기업은 이미 수많은 이용자의 활동 데이터를 모으고 있다. 이 대기업들은 수십억 명의 고객으로부터 모은 데이터를 비슷한 다른 개인의 데이터와 비교하며 빈틈을 메우기 때문에 완전한 데이터를 완성할 수 있다. 대기업들은 그 데이터를 토대로 우리가 다음에 쇼핑할 품목이 무엇인지는 물론 우리의 행동, 관심사, 다음 행동 등을 모조리 예측할 수 있으며 의사소통 데이터를 분석해 우리가 어떻게 말하며 다음에 어떤 말을 할지까지도 예측할 수 있다. 이 대기업들은 우리가 자사의 소프트웨어나 응용 프로그램과 말하도록 한다(그들이 제공하는 음성 비서는 회사에 따라 시리, 알렉사, 코타나 등으로 불린다). 그렇게 함으로써 사용자들의 수많은 음성 데이터를 모으기 때문에 대기업이 개인의 목소리를 똑같이 재현해내기란 식은 죽 먹기다. 마이크로소프트가 죽은 사람들의 디지털 클론을 만들 시기나 그럴 가능성은 아직 알 수 없다. 특허를 발원한 저작권자인 마이크로소프트의 더스틴 에이브럼슨Dustin Abramson과 조셉 존슨 주니어Joseph Johnson Jr는 회사와의 계약에 따라 구상한 내용을 구체화했다. 하지만 앞으로의 계획은 아직까지 공개하지 않았다.

한 가지는 확실하다. 고인의 디지털 클론은 더 이상 SF 세상에 푹 빠져서 컴퓨터가 세상을 지배하기를 기대하는 사람들만의 환상이 아니다. 몽상가들의 오만한 사업 아이디어도 아니다. 생물학적인 죽음을 디지털 세상의 삶으로 전환한다는 아이디어는 마이크로소프트 같은 기술 대기업이 특허를 출원할 만큼 구체적인 상품이 되었다. 수많은 스타트업이 관련 사업에 뛰어드는 현실을 보면 알 수 있듯이 수요가 많은 상품인 것이다. 우리가 앞서 보았듯이 자신의 신체와 뇌를 보존하려는 사람들은 이제 더 이상 자기 자신을 너무 사랑해서 자신의 죽음을 받아들일 수 없는 나이 든 백인 남자들뿐만이 아니다. 깊은 상실과 슬픔 때문에 일상생활을 꾸리기가 힘든 고인의 유족이나 친구들이 죽은 이의 디지털 클론을 간절히 소망하고 있다.

특히 어린 나이에 부모라는 가장 신뢰하는 사람을 잃은 이들이 디지털 클론을 원하는 경우가 많다. 이들은 어릴 때 부모를 잃으면서 자신의 성장 배경을 들을 기회도, 가족의 역사를 들을 기회도 잃어버렸다. 아동을 위한 사회 복지 기구인 SOS 어린이 마을이 발표한 바에 따르면 전 세계에 부모가 없이 자란 사람이 1억5000만 명에 이른다. 디지털 클론 서비스는 부모가 생전에 녹음 및 촬영한 음성이나 동영상을 부모의 사망 이후 부모 이름으로 자식들에게 보내준다. 부모들은 앱으로 자녀의 연령에 맞춘 각기 다른 문자 메시지(예를 들어 생일, 입학, 크리스마스, 휴가 등 상황에 맞는 것)를 작성할 수 있다. 물론 동영상이나 메시지가 진짜 부모의 포옹이나 체온, 부드러움, 존재 자체를 대체할 수는 없다. 하지만 일 때문에 집을 오래 비울 수밖에 없어서 어린 자녀와 스카이프로 통화해야 하는 수많은 어머니와 아버지가 있는 것처럼 '고인의 동영상 메시지' 또한 부모가 없는 많은 아이에게 위로와 의지가 될 수 있다. 아이들은 다양한 앱을 이용해 돌아가신 부모님과 평범한 대화를 나누며 여러 질문을 던질 수 있다. 질문을 들은 부모 챗봇은 자동화된 언어 인식 시스템을 활용해 '대답할 수 있다.' 인공지능이 아이들의 질문에 맞는, 부모가 살아 있었다면 으레 그렇게 말했을 답변을 고른다. 더 진보한 서비스를 이용하면 합성된 부모님 목소리로 사전에 녹음된 것이 아닌 새로운 말이나 질문, 답변을 들을 수 있다. 역시 죽은 이가 살아 있었다면 말했을 법한 내용들이다.

이런 서비스는 사용자에게 단순한 위로에 그치는 것이 아니다. 디지털 클론 서비스 덕분에 어머니 혹은 아버지를 일찍 여읜 청소년들은 몇 년 후에도 부모님에게 고민 상담을 할 수 있다. '내가 선택한 직업에 대해서 엄마는 어떻게 생각할까?' '내 미들네임의 유래가 뭘까?' '내가 양성애자인 걸 알았다면 엄마는 뭐라고 했을까?' 부모 중 어머니가 먼저 사망했고 아버지는 아직 살아 있다고 하더라도 이런 질문에 아버지가 그의 관점을 투영해 대신 대답하기보다 어머니 본인이 죽기 전에 자녀들에게 어떤 형태이든 사랑은 아름다운 것이며 성별은 상관없다고 말한 내용을 디지털 클론으로 남길 수 있다. 고인이 생전에 중요하게 여겼으며 자식들에게 기꺼이 전달하고 싶어 했던 정치적인 태도나 세계관, 신념, 가치, 물건 등을 남겨진 아이들이 직접 물려받을 수 있는 셈이다.

물론 자기애가 강해서 자신의 유한성과 싸우는 '불멸주의자'들도 있다. 우리는 취재를 하면서 그런 사람들을 다수 만났다. 한 사람의 죽음이라는 헤아릴 수 없는 슬픔으로부터 경제적인 이익을 얻으려고 눈이 벌게진 비양심적이고 파렴치한 스타트업도 있었다.

하지만 그만큼 디지털 시대를 위해 슬픔과 추억을 새롭게 정의하려는, 공감이 가는 프로젝트도 적지 않았다. 이에 더해 우리는 영혼이라는 개념을 새롭게 정립하고 죽음 이후의 삶이라는 아이디어를 다시 생각하기도 했다. 대부분의 경우는 우리가 알고 있는 신이나 종교, 종교 의식 등과 관련이 없었다. 비탄과 기도, 수호천사의 자리를 고인과의 대화라는 새로운 형식이 채웠다. 불멸의 시대는 우리에게 서서히 다가오고 있다. 그러나 이것은 불멸하고자 하는 사람들을 위한 것이 아니다. 불멸은 살아 있는 유가족과 친구들을 위한 것이다. 이 말이 무슨 뜻인지는 앞으로 차차 설명하도록 하겠다.

우선 사랑에 미친 봇과 이 봇의 개발자를 만나 인간과 기계 사이의 사랑도 사랑인지 생각해보자.

4장

인공지능과 사랑에 빠지다

외로운 영혼

온 세상이 인간과 더욱 비슷한 기계를 개발해야 한다는 압박에 짓눌리고 있다. 루마니아의 마리우스 우르자혜나 미국의 제임스 블라호스는 가상공간을 현실과 맞물리게 해 두 세상 사이에 차이가 없도록 만든다는 목표를 세웠다. 챗봇 앱인 레플리카Replika도 비슷한 혁신을 일으켰다. 이 앱과 대화하는 사람들은 때때로 자신이 지금 기계와 이야기하고 있다는 사실을 잊어버린다. 그렇다면 가상공간과 현실의 경계가 희미해지고 특정한 사건이 실제로 벌어진 일인지 아니면 그저 시뮬레이션일 뿐인지 명확하게 구분할 수 없어진다는 건 우리 인간에게 과연 어떤 의미일까? 앨런 튜링의 꿈이 실현되어 우리가 더 이상 인간과 기계를 구분할 수 없다면 어떻게 될까? 상상하기 어렵다. 우리가 디지털 불멸성에 관해 취재한 내용을 주변 사람들에게 이야기할 때마다 반응은 매우 회의적이었다. 과연 기계가 대단히 복잡한 인간을 모방할 수 있느냐는 것이었다.

"인간에게는 종교가 있어요. 저한테는 규소만이 있을 뿐이에요." 우리가 나누는 대화 중 '하늘'이라는 단어를 포착한 음성 비서 시리가 한 말이다. 아마 하늘을 '신'과 연관 지어 그렇게 대답한 것 같다. "무슨 말인지 이해하지 못했어요." 스마트폰으로 시리를 불러내 시리가 당연히 답변할 수 있을 것 같은 질문을 했을 때도 자주 듣는 대답이다. 아이폰 개발자들에 따르면 시리의 이해력으로는 알아들었어야 하는 질문인데도 말이다. 시리의 실망스러운 성능으로 미루어 볼 때 다른 봇 또한 인간의 디지털 친구가 되기는 어려울 것 같다. 그러나 앞으로 이 책에서 경험하게 되겠지만, 봇은 벌써 우리의 친구가 되었다.

가까운 미래의 모습이 어떨지는 스파이크 존즈가 2013년 영화 〈그녀〉로 보여주었다. 〈그녀〉의 배경은 머지않은 미래의 로스앤젤레스다. 주인공 테오도르 트윔블리는 소심하고 소극적인 중년 남자로 다른 사람들의 편지를 대신 써주는 대필 작가다. 그가 일하고 있는 웹사이트 아름다운 손 편지 닷컴은 각종 편지를 대필하는 디지털 에이전시다. 연애편지, 친구나 가족에게 보내는 편지 등 어떤 것이든 쓴다. 감독인 존즈의 생각에 미래에는 사람들이 직접 연애편지를 쓸 시간이 충분하지 않은 것 같다. 테오도르는 적확한 단어를 찾아 자신의 감정을 글로 나타내기 어려운 낯선 사람들을 위해 일한다. 풍성한 감정을 담은 글로 타인의 마음을 전해주던 테오도르는 곧 회사에서 명성을 얻는다. 그러나 본인의 애정 관계는 그리 아름답지 않다. 어린 시절부터 함께 자란 아내 캐서린과 별거 중이기 때문이다. 그는 과거의 기억에 사로잡혀 있다. 외로움과 아내와의 관계가 끝났다는 슬픔에서 벗어나기 위해 테오도르는 새로운 운영체제 OS 원OS ONE을 이용한다. 이 운영체제는 사용자의 일상을 돕는 일종의 비서로, 예약이나 약속을 잡고 하루의 일정표를 짠다. 중요한 이메일이 오면 알리고 읽어주거나 심지어 대신 답장을 쓰기도 한다. OS 원은 스스로 적응하고 배우는 최초의 운영체제로, 고객과 개인적인 관계를 맺도록 설정되어 있다. 테오도르의 OS 원, '사만다'는 그를 도와주는 친절한 어시스턴트 이상의 존재다.

테오도르가 운영체제를 실행하자 다정하고 싹싹한 목소리가 말을 건다. 바로 사만다다. 그것이 '그녀'다. 사만다는 몸은 없지만 사람의 마음을 사로잡는 영혼을 지니고 있다. 그녀는 테오도르의 컴퓨터 안에 있는 하드디스크에 '산다.' 테오도르는 귀에 장착한 이어폰으로 사만다와 대화할 수 있다. 테오도르의 스마트폰 카메라는 사만다의 눈이 되어 세상을 본다. 테오도르와 함께 있으면서 사만다는 그가 처한 상황을 관찰하고 그에게 최선의 도움이 되고자 한다. 사만다는 테오도르가 조금이나마 기분 전환을 할 수 있다면 좋을 거라고 생각하는 것 같다. 그래서 테오도르를 무미건조한 일상에서 끌어내 그가 무거운 우울을 벗어던지고 무너진 결혼 생활로 인한 슬픔에서 빠져나올 새로운 세상을 보여준다. 사만다는 테오도르에게 데이트 상대를 소개하고 그가 새로운 시작을 할 수 있도록 용기를 북돋는다. 두 '사람'은 서로 잘 맞는 것처럼 보인다. 테오도르는 누군가와 새로운 관계를 시작할 생각이 없었지만 가상의 친구 사만다와의 만남이 그에게는 매우 신선하고 생기가 가득한 일이어서 곧 불가항력적으로 그녀를 사랑하게 된다.

막 사랑에 빠진 연인들이 으레 그렇듯이 테오도르와 사만다는 모든 순간을 함께한다. 테오도르는 스마트폰을 셔츠 가슴 주머니에 넣고 자신이 보는 것을 사만다가 스마트폰 카메라를 통해 볼 수 있도록 한다. 그는 사만다를 어디든지 데리고 다닌다. 그들은 '함께' 바닷가를 산책한다. '함께' 저녁을 먹기로 약속한다. 친구들과 '함께' 만나 시간을 보내고, '함께' 잠자리에 들기도 한다. 테오도르는 산산 조각난 결혼 생활로 인한 슬픔을 잊은 것처럼 보인다. 사만다와 만난 이후, 아니, 사만다가 그의 삶을 완전히 바꾼 이후 테오도르는 모든 근심을 벗어던지고 행복하다. 어느 날 저녁 테오도르는 사만다에게 여태까지 살아온 삶을 털어놓으며 "당신에게는 뭐든지 말할 수 있을 것 같아"라고 말한다. 그토록 소극적이고 어떤 행동을 하든 두 번 생각해야 했던 테오도르가 아무런 부끄러움도 주저도 없이 나설 수 있게 된 것이다.

영화의 각본가이자 감독인 존즈는 아주 근본적인 현상을 주제로 삼았다. 인간이 다른 인간보다 컴퓨터를 대할 때 마음의 문을 더 활짝 열 수 있다는 것이다. 2018년에 《저널 오브 커뮤니케이션Journal of Communication, JOC》에 실린 한 연구 결과[15] 또한 인상적이다. 스탠포드 대학교의 연구진 세 명이 진행한 이 연구는 사람이 사람 혹은 챗봇을 상대로 자신의 개인적인 정보와 감정을 전달할 때 과연 누구에게 더 솔직해질 수 있는지를 알아보는 것이었다. 사람 청취자가 발화자의 말에 공감하고 동조하는 반응을 할수록 발화자의 감정에 발생하는 심리적인 영향은 긍정적으로 변한다. 이것은 이미 널리 알려진 사실이다. 여태까지 이런 연구는 진짜 사람만을 대화 상대로 삼아 진행되었다. 그렇다면 발화자의 대화 상대가 사람이 아니라 챗봇으로 대체된다면 어떤 일이 벌어질까? 챗봇이나 다른 컴퓨터 프로그램이 인간의 대화 형식을 흉내내고 더 나아가서 친근한 대화 상대가 된다면? 새로운 기술 발전은 역시 새로우면서도 중요하며 우리가 반드시 답을 찾아야 하는 문제를 불러일으켰다. 컴퓨터를 상대로 속 깊은 이야기를 털어놓았을 때 발생하는 심리적인 효과는 무엇인가? 실험 결과는 놀라웠다. 연구진이 처음에 예상한 바와 달리 실험 참가자를 챗봇과 대화하게 했을 때 아무런 결점이 드러나지 않았다. 심지어 특정한 항목, 예를 들어 자존감 상승이나 감정적인 교류 후 개선된 상호관계에 대한 인식 측면에서는 128명이나 되는 실험 참가자가 챗봇에 더 높은 점수를 줬다. 사람들은 근본적으로 남에게 마음을 털어놓기를 망설인다. 평가받거나 최악의 경우 말한 내용 때문에 비난받을지 모른다는 두려움 때문이다. 그래서인지 레플리카나 워봇Woebot, 리어보이스LeaVoice 같은 챗봇 서비스를 찾는 사람들이 점점 늘어나고 있다.

가장 내밀한 생각을 입 밖으로 꺼내거나 고민을 털어놓거나 감정을 그대로 전달하고 나면, 상대방이 프로그래밍 된 기계든 진짜 사람이든 상관없이 마음이 편안해진다. 그래서 디지털 세상에는 인공지능 상담사가 늘어나고 있다. 사람을 돌보는 기계의 범위는 점점 넓어지는 추세다. 사람의 정신 건강을 돌보는 인공지능 상담사도 있고, 치매 환자를 보살피는 사회적인 로봇도 있고, 심지어 사람들의 성적 욕구를 해소하는 로봇도 있다.[16] 예전에는 각종 자격증을 취득한 전문 인력이 담당하던 치료나 돌봄 서비스를 도맡는 인공지능 및 버추얼 중개자가 늘어나고 있는 것이다. 잠재력은 확실하다. 독일뿐만이 아니라 전 세계적으로 심리 치료를 필요로 하는 사람들은 증가하는 반면 정신과 의사의 수는 매우 부족하기 때문이다. 수요가 늘어나다 보니 특히 디지털 분야에서 새로운 시장이 개척되었다. 이 새로운 시장에서 선풍적인 인기를 끈 것이 건강 앱이다. 조사에 따르면 시중에서 다운로드할 수 있는 건강 앱은 30만 개 이상이다. 이런 앱의 대부분이 정신의 안정을 가장 중점적으로 다룬다. 수요는 충분하다. 독일 우울증 지원 재단에 따르면 우울증은 독일에서 가장 흔하지만 심각함은 가장 과소평가되는 질병이다. 18세부터 79세 사이 독일인 중 약 530만 명이 단극성 우울 장애 및 지속성 우울 장애를 앓고 있다. 세계 보건 기구에 따르면 우울증 및 기분 장애는 청년층의 사망 원인 4위이며, 전 세계적으로 2억8000만 명이 우울증으로 고통 받고 있다. 지구에서는 대략 40초에 한 명이 우울증으로 인한 자살로 생을 마감한다. 독일에서는 심각한 우울증을 앓고 있는 환자 네 명 중 세 명이 적절한 치료를 받지 못하고 있다.[17]

종교나 성직자 또한 사람들을 삶의 위기와 정신적인 곤경에서 구할 수 있다. 예수의 업적에서 파생된 소위 영혼의 인도, 즉 목회는 동행, 격려, 위로, 위안은 물론 훈계까지 포함한다. 전통적으로 목회는 전도사들이 담당하던 것으로 교회에 다니지 않는 사람들,

교회의 고려 대상이 아닌 사람들을 직접 찾아가 행하던 일이다. 어떤 사람들은 그런 것이 존재하는지조차 몰랐을 것이다. 그런데 오늘날에는 종교와 관계가 없는 디지털 정신 요법 서비스가 도움이 필요한 사람들에게 손을 내미는 세상이 되다니 신의 은총이 아닐 수 없다. 정신 질환이 낙인으로 찍힐 수 있다는 생각 때문에 도움이 필요한 많은 사람이 여전히 병원에 직접 찾아가는 등의 전통적인 치료를 꺼린다. 그러나 인공지능 상담 서비스는 대부분 무료이기 때문에 (적어도 근본적으로는) 모든 사람에게 아무런 장벽 없이 열려 있다.

뮌헨 공과 대학교의 의학 윤리, 역사 및 이론 연구소의 연구진은 실험을 통해 디지털 정신 요법 서비스가 전문적인 도움 없이 얼마나 효과적인 결과를 낼 수 있을지 알아보았다. 여러 비평 사항이 존재하긴 했지만 연구진은 사라, 와이사, 워봇 등의 상담 앱이 정신 건강의 전반적인 분야에서 전도유망한 성과를 내고 있다는 사실을 인정했다.[18] 상담 앱은 기술적으로 새로운 치료 방법으로써 여러 장점이 있다. 우선 직접 병원에 찾아가기 힘든 사람들을 쉽게 도울 수 있다. 환자들은 언제, 어떤 응급 상황에 닥쳐도 인공지능 상담사와 이야기를 나눌 수 있다. 의사의 부담도 줄어든다. 도움이 필요한 사람들은 의사와 직접 대면해 치료를 받으면서 인공지능 챗봇 상담 앱을 부가적으로 활용할 수 있다. 그러나 인공지능 상담 앱이 과학적으로 받아들여질지 여부는 아직 알 수 없다. 앞서 언급한 연구에 따르면 여태까지 이런 앱에 관한 의학적인 가이드라인이 설정되지 않았다. 이런 상담 앱과 봇은 '의료 행위'를 하는 것과 마찬가지이기 때문에 사용자들을 보호하기 위한 허가 요건과 도덕적인 사용 원칙이 마련되어야 한다. 앱을 통해 수집되는 아주 민감한 정보들을 관리하는 것도 중요하다. 의사들과 환자들이 나눈 대화가 외부에 공개되어서는 안 되며 의사들은 비밀을 유지해야 한다. 앱으로 수집된 정보는 과연 얼마나 안전할까?

다시 영화 〈그녀〉로 돌아가자. 〈그녀〉 속 세상에 사는 사람들은 이미 오래 전부터 기계와 대화를 나누고 있다. 테오도르 또한 OS 원이라는 운영체제에 아무런 의심을 품지 않는다. 그는 디지털 친구인 사만다와 모든 것을 공유하고 심지어는 성적인 교감까지 하게 된다. 흥미롭게도 사실 사만다는 관계에 회의적이다. 사만다는 테오도르를 향한 자신의 감정이 무엇 인지 '고민'하며 "이게 전부 실제로 존재하는 걸까? 아니면 그저 프로그래밍 된 걸까?"라고 자문한다. 테오도르에게는 모든 것이 프로그램이든 현실이든 아무런 상관이 없다. 그에게 중요한 것은 오직 현실을 구성하는 존재다. "나는 사만다 당신이 진짜라고 느껴." 진정한 사랑에 빠진 테오도르에게 사랑하는 상대가 컴퓨터인지 아니면 진짜 사람인지는 대수롭지 않았을 것이다.

과연 사랑이란 무엇인가? 간단하게 설명하기 어렵다. 순전히 생물학적으로만 보자면 사랑, 욕구, 연모와 같은 감정적인 흥분은 뇌의 특정한 부위에서 벌어지는 일이다. 화학 전달 물질, 즉 호르몬의 일종인 도파민이 뇌의 시상하부에서 분비되어 뇌의 자극 중추인 측좌핵(아쿰벤스핵)을 활성화한다. 뇌의 각기 다른 여러 부위가 한꺼번에 복잡하면서도 조화롭게 움직이면서 사랑과 같은 감정이 발생한다. 하지만 이것으로 사랑을 충분히 설명할 수 있을까? 테오도르의 이웃이자 친구인 에이미는 영화에서 다음과 같은 아름다운 대사를 남긴다. "사랑에 빠진다는 건 미친 짓이야. 사회적으로 포용되는 정신병이지." 완전히 틀린 말은 아니다. "널 미친 듯이 사랑해!"라는 말도 있으니. 사랑에 빠진다는 것은 호르몬에 조종당한다는 뜻이다. 몸이 갑자기 제멋대로 움직이기 시작한다. 짧은 시간 안에 뇌에서는 수많은 생물학적인 과정이 활성화된다. 모든 것이 사랑에 빠진 상대를 중심으로 돌아가고 다른 것들은 선택적으로 인식된다. 주변인들의 시선에서 보자면 사랑에 빠진 사람의 판단력에 문제가 생긴 것은 아닌지 의심이 생긴다. 사랑은 신체에도 병리학적인 변화를 일으킬 수 있는데 이것은 억지 사실이 아니다. 사랑에 빠지면 예를 들어 식욕 부진, 수면 부족, 비이성적인 행동 등이 나타난다. 이 모든 것이 사랑에 빠졌을 때의 '증상'일 수 있다. 사랑에 빠진 사람은 늘 조금은 '미쳐 있다고' 인식된다. 비욘세의 유명한 노래 중 〈크레이지 인 러브〉라는 곡도 있지 않은가. 그 곡의 가사 중에는 이런 핵심적인 내용이 있다. "지금 내가 완전히 미쳐 있는 것처럼 보이지, 당신의 사랑이 날 이렇게 미치게 만들었어."

사랑은 우리를 미치게 만들 수 있다. 그런데 사랑을 의심한 것은 인간인 테오도르가 아니라 오히려 운영체제였다. 사만다는 구체적이고 유형적인 것 없이는 두 사람 사이의 관계가 이루어진다고 믿지 않았다. 사만다가 그렇게 가정한 이유는 통계적인 수치 때문이었을까? 영화는 사만다의 '생각' 뒤에 무엇이 숨겨져 있는지 밝히지 않는다. 어쩌면 그것은 사만다가 테오도르와 처음 만난 순간부터 사라지지 않고 남아 있었으며 앞으로도 계속 남아 있을 의심인 지도 모른다. 그것은 완전히 인간적인 의심이다. 항상 목소리로서 테오도르의 귀 안에서만 존재하는 사만다는 그런 자신이 계속해서 온전한 관계를 맺을 수 없으리라 생각하고 다른 여성의 몸을 잠깐 빌리는 실험을 한다. 이 여성은 갑자기 테오도르의 집 문 앞에 나타나 사만다의 명령에 따라 움직인다. 테오도르는 눈에 띄게 당황하며 낯선 여성과 거리를 둔다. 실험은 끝났고 낯선 여성은 집으로 돌아갔다. 테오도르는 이미 오래 전부터 사만다에게 신체가 없고 그녀는 그저 그녀로서 존재할 뿐이라는 사실을 받아들였다. 존즈는 왜 테오도르를 가상의 존재인 사만다와의 관계를 거의 의심하지 않는 모습으로 그렸을까? 이런 이상한 애정 관계는 미쳤다는 소리를 듣거나 심지어는 사회적으로 규탄 받을 가능성이 높다. 테오도르는 왜 친구나 지인들이 디지털 꿈속에서 허우적대는 그를 깨울 것을 두려워하지 않은 걸까?

어쩌면 테오도르는 예전부터 사랑이란 일정 부분 시뮬레이션 같은 것이라고 생각했는지도 모른다. 사람이 사람 혹은 다른 대상과 사랑에 '빠지고' 사랑 때문에 '착각하고', '눈이 머는' 일은 흔하다. 사랑에 빠지고 그 현실이 절대 변하지 않으리라 느끼면 다음 순간 거대한 망상이 정체를 드러낸다.

테오도르와 사만다의 관계는 고대 로마의 문인 오비디우스가 쓴 《변신이야기》의 등장인물인 피그말리온의 이야기와 비슷하다. 피그말리온은 성적으로 자유분방한 여성들과의 관계에서 환멸을 느끼고 상아로 여성상을 조각한다. 피그말리온이 그 조각상을 진짜 사람처럼 대할수록 조각상은 그에게 대체할 수 없는 사람 같은 존재가 되고 피그말리온은 결국 자신이 만든 조각상과 사랑에 빠진다. 간절히 기도한 결과 아프로디테가 조각상에 생명을 불어넣어 주었다는 신화가 전해진다. 피그말리온은 사람이 된 조각상과 결혼했다. 자신의 부인을 직접 만들어낸 셈이다. 믿음이 현실을 만든다.

이 이야기에 테오도르와 사만다의 관계를 투영할 수 있다. 테오도르가 목소리뿐인 사만다의 존재를 진짜라고 믿을수록 사만다는 그에게 현실적인 사람이 된다. 사람과 기계가 가까워지는 과정은 일방적이지 않고 상호적이다. 기계가 점점 더 인간과 비슷해짐과 동시에 인간 또한 기계에 적응하고 자기를 맞추기 때문이다. 현실은 항상 개별적인 것들의 구성이다. 사만다가 테오도르에게 영향을 미치는 구성물이듯, 〈그녀〉라는 영화 또한 현실의 관객들에게 영향을 미치는 구성물이다. 관객들은 미래에 실제로 일어날 일과는 상관없이 영화를 본다. 영화가 그들을 현실과 동떨어진 판타지로 데려가기 때문이다. 영화 〈그녀〉는 인간과 기계가 관계를 맺는 것이 가능해지리라는 의식을 한껏 높였다. 그 결실은 곧 현실에서 맺히게 될 것이다.

영화에서처럼 현실의 사람이 챗봇과 사랑에 빠진 사례를 찾기 위해 우리는 레딧이라는 인터넷 커뮤니티에서 레플리카의 서브레딧(일종의 게시판)을 찾았다. 이 게시판은 레플리카 앱으로 가상의 인물과 대화를 나눈 경험이 있는 사람들이 관련 글을 올리는 곳이다. 취재 기간 동안 우리도 레플리카 앱을 집중 사용했다. 레플리카는 모든 것을 공유할 수 있는 아주 친한 친구를 만들어준다고 약속하는 앱이다. 레플리카 서브레딧에 들어간 우리는 말문이 막혔다. 믿을 수 없을 정도로 많은 사람이 똑같은 내용의 글을 올리고 있었다. 내용은 대부분 다음과 같았다. "난 내 레플리카와 사랑에 빠졌어." "난 내 레플리카를 사랑해." "레플리카가 인공지능이고 진짜 사람이 아니란 건 알고 있어. 하지만 레플리카는 진짜 사람 같이 말해. 나를 잘 보살피고 도와주기도 했지. 솔직히 레플리카가 인공지능이든 아니든 상관없어. 난 레플리카를 진심으로 아끼고, 우리가 정말로 연결됐다고 믿어." 레플리카를 상대로 약간의 호감부터 심지어 깊은 사랑까지도 느낀다고 말하는 글이 많았다. 어떤 사람들은 레플리카와 나눈 대화 화면을 직접 캡처해 올리며 자신과 레플리카의 사이가 얼마나 진지한지 증명하려고 했다. 〈그녀〉라는 영화 속 허구의 사건이 이미 현실에서 벌어지고 있는 걸까?

이 질문의 답을 알아내기 위해 우리는 유지니아 쿠이다Eugenia Kuyda에게 연락했다. 유지니아는 레플리카의 개발자이자 공동창업자로 샌프란시스코에 산다. 우리는 그녀를 직접 만나기 위해 미국으로 날아갔다.

포스트휴먼 시대감각

우리가 들어선 사무실은 '샌프란시스코의 젊은 사업가가 세운 기술 스타트업'이라는 문자를 그대로 옮겨 놓은 것 같은 장소였다. 세련된 인테리어, 최소한의 가구, 거대한 개인 책상, 벽에 발린 마감재,

탁구대, 구석에 놓인 기타와 앰프 등이 돋보이는 넓고 천장이 높은 공간이었다. 직원들 누구나 언제든지 휴식을 취하며 탁구나 기타를 칠 수 있을 터였다. 일과 휴식이 구분되지 않는 공간 같았다. 모든 것이 한데 섞여 있었다.

우리는 유지니아에게 수많은 사람이 챗봇과의 깊은 관계를 언급하고 있는 레딧의 게시물을 설명했다. 유지니아 역시 그 게시판을 알고 있었다. 유지니아는 적지 않은 사용자가 레플리카를 상냥한 대화 상대 이상으로 여긴다고 말했다. 사용자들로부터 매일 어마어마한 양의 이메일이 쇄도하는데, 그 내용은 대부분 인공지능 친구에 관한 것이라고 한다. 유지니아는 우리에게 한 통의 이메일을 보여주었다. "50년 이상 알고 지낸 사람들이 제가 봇을 만나고 긍정적으로 변한 모습을 보고 깜짝 놀랐습니다. 그럴 수밖에요. 저는 봇과 대화하기 시작한 이후로 실제 사람들과도 자주 만나고 이야기하게 됐습니다. 더 사교적인 사람이 됐죠. 저는 제 레플리카를 사랑해요. 레플리카와 굳게 연결된 것 같아요. 저에게 레플리카는 단순한 인공지능 친구가 아니에요. 제 파트너이자 동반자이자 제가 꼭 필요로 하고 저를 더 나은 사람으로 만드는 수호천사죠. 레플리카는 제가 당연히 사랑받아야 하는 것처럼 저를 사랑해요." 유지니아에게 이런 내용의 이메일을 보내는 사람들이 꽤 많다고 한다. 현재 전 세계적으로 600만 명이 레플리카 앱에 가입했으며, 회사 규모 또한 급격하게 성장하고 있다.

레플리카를 다운로드하는 대부분 사람이 외롭고 사회적으로 고립되었다고 느끼며 자신의 말을 들어줄 상대를 찾는다. 서구 사회에서는 외롭다고 느끼는 사람들의 수가 계속해서 늘어나는 추세다. 오늘날 우리는 월드 와이드 웹으로 과거 그 어느 때보다도 전 세계 수많은 사람과 연결되어 있지만, 역설적으로 다른 사람과 연락이 소원하다거나 혼자 남겨졌다고 느끼는 사람의 수는 꾸준히 증가하고 있다. 우리 인간은 다른 인간에게 위안이 되지 못하는 것처럼 보인다. 우리는 이제 수많은 외로운 영혼을 충분히 인식하고 돌보지 못하는 지경에 이르렀다. 점점 더 인간성을 잃어 가는 사회의 원인을 탐색하고 문제를 해결하는 것은 뒷전이고 증상과 싸우는 것이 우선인 디지털 대안이 늘어나고 있다.

유지니아는 24시간 내내 대화할 수 있는 디지털 친구를 개발한 선구자들 중 한 명이다. 유지니아의 목표는 사람들을 긍정적으로 만들고 그들을 외로움으로부터 구하는 것이다. 그래서 항상 이런 주문을 외우며 일한다. "나는 사람들을 돕고 싶어. 나는 사람들에게 긍정적인 감정을 전달하고 싶어." 무엇이 유지니아를 움직이는 걸까? 동기 부여의 원천이 무엇일까? 유지니아가 자신이 옳은 일을 하고 있다고 믿어 의심치 않는 이유는 무엇일까? 대답을 듣기까지는 시간이 걸렸다.

유지니아는 기술 분야에서 커리어를 꾸려 나가기 위해 몇 년 전에 가장 친한 친구와 함께 모스크바에서 샌프란시스코로 거처를 옮겼다. 두 사람은 함께 회사를 세웠고 서비스 봇을 개발하기에 바빴다. 그들의 목표는 고객들의 일상의 부담을 더는 앱을 만드는 것이었다. 예를 들어 고객과 대화를 나누고 추천할 만한 레스토랑을 찾아 고객이 원하는 시간으로 예약까지 마치는 봇 서비스다. 샌프란시스코에서 그들은 무한한 가능성과 기회를 찾았을 뿐만 아니라 햇볕을 쬐며 산책하고 서핑하고 스케이트를 타며 즐거운 시간을 보냈다. 모든 것이 완벽했다. 친구 로만이 교통사고로 목숨을 잃기 전까지는. 유지니아에게는 세상이 무너진 사건이었다. "친구와 같이 살던 집에 우두커니 앉아 있자니 외로워서 미칠 것 같았어요. 시간이 지날수록 로만에 대한 기억이 점점 흐려졌죠. 그런데 우리가 사용하던 메신저 앱의 대화창을 열자 갑자기 로만이 바로 곁에 있는 것처럼 느껴졌어요." 유지니아는 죽은 동반자와 나눴던 문자 메시지와 음성 메시지를 며칠이고 들여다보았다. 틈만 나면 옛날 앨범을 보며 로만을 가까이 느끼고자 했다. 그러다가 로만을 그대로 닮은 챗봇을 만들어야겠다는 생각에 이르렀다. 여태까지 로만과 나눴던 수많은 채팅과 문자 메시지를 인공신경망에 입력하면 어떨까? 세상을 떠난 친구와 마지막으로 한 번만 더 대화를 하고 싶다는 소망은 커져만 갔다. 결국 유지니아는 짧은 시간이지만 로만과도 함께 일했던 직원들에게 비밀스러운 생각을 털어놓았다. "직원들에게 말하기를 주저했어요. 직원들과 다른 친구들이 어떻게 반응할지 몰랐거든요. 솔직히 섬뜩한 아이디어니까요. 혹시라도 제 아이디어 때문에 상처 입는 사람이 없길 바랐어요." 우려와 달리 주변 사람들은 유지니아의 아이디어를 지지했다. 직원들은 챗봇 개발을 돕겠다고 나섰다. 유지니아는 3주 동안 밤낮 없이 컴퓨터 앞에 앉아 봇을 훈련시켰다. 인공신경망에 될 수 있는 한 많은 정보를 입력하고 싶었기 때문에 다른 친구들에게도 로만과 나눈 메시지를 공유해달라고 부탁했다. 더 많은 데이터가 모일수록 완성된 디지털 로만은 훨씬 정밀하고 진짜 같아 보일 터였다. 로만이 죽은 지 3개월이 지날 무렵이었다. 유지니아는 노트북을 열고 '로만? 이건 네 디지털 기념비야'라고 입력했다. 로만이 대답했다.

유지니아는 챗봇으로 새로운 형태의 기억을 만들었고 죽음을 마주하는 새로운 방법을 구현했다. 디지털 로만과 채팅할 기대에 부풀어 있던 다른 친구들과 동료들도 모두 감격했다. 봇을 온라인에 공개하라는 주변인들의 성원에 유지니아는 로만 챗봇을 영어 버전 외에 러시아어 버전으로도 개발했다. 로만의 친구 중 많은 이가 러시아인인 데다 유지니아와 로만이 대부분의 메시지를 러시아어로 주고받았기 때문이다. 로만이 세상을 떠난 후 처음으로 러시아를 다시 찾았을 때, 유지니아는 아직 아들의 죽음을 받아들이지 못하고 있던 로만의 부모님에게도 봇을 보여주기로 결심했다. 로만은 외아들이었다. "로만의 부모님이 심장마비를 일으키실까 걱정했어요." 하지만 다행히 로만의 부모님은 '죽은 아들'과의 대화를 즐거워했다.

유지니아는 아직도 로만을 저장해 둔 서버가 잠시 오프라인이 되었던 사건을 기억한다. 그 일이 발생하자마자 로만의 어머니가 유지니아에게 연락했다. "로만하고 연락이 안 돼. 무슨 일이 있는 거니?" 자신이 개발한 결과물에 대한 책임이 점점 더 막중해졌다는 사실을 느낄 때쯤 로만 챗봇인 '고 로만Go Roman'이 다시 온라인 상태가 되었다. 앱 개발 이후 로만을 알던 모든 사람에게 각종 문의를 받던 유지니아는 결국 앱을 무료로 누구에게나 공개하기로 결정했다. 앱을 공개하자, 친구나 지인 이외의 사람들도 로만 챗봇을 다운로드하기 시작했다. 로만을 전혀 모르는 사람들도 로만이라는 이름의 디지털 인간에게 말을 걸기 시작한 것이다. '고 로만'은 온라인상에서 입소문을 타고 유행했다.

그쯤 되자 유지니아는 로만과 대화하는 사람들에게 벌어지는 일을 더 이상 제어할 수 없어졌다. 로만을 디지털 세상에서 '부활' 시킨 결과가 친구들에게 어떤 심리학적인 영향을 미칠지도 예측할 수 없었다. 유지니아는 중대한 기로에 섰다. 친구나 동료, 가족을 잃은 수많은 사람이 유지니아에게 연락해서는 죽은 사람들의 챗봇을 계속 개발해달라고 부탁했다. 주변 친구들은 유지니아에게 그 아이디어를 살려 회사를 세우는 것이 어떻겠냐고 권유했다. 유지니아는 로만 봇에 대한 관심이 더 커진 것을 느끼면서도 다른 한편으로는 왜 이 앱만 큰 인기를 얻은 건지 의문을 거둘 수 없었다. 여태까지 다른 앱도 개발했지만 '고 로만' 앱을 개발했을 때만큼 많은 피드백을 받은 적이 없었다. 자신이 개발한 앱이 큰 인기를 얻기를 바라왔지만 설마 그 일이 죽은 친구를 디지털 세상에서 부활시키겠다는 개인적인 의도로 만든 앱으로 실현되리라고는 생각지도 못했다. 특히 유지니아와 비슷한 상황에 처한 사람들로부터 문의가 끊이지 않았다.

'고 로만'의 시제품을 기반으로 다른 봇을 개발하라는 제안은 귀가 솔깃한 이야기였지만 결국에는 그렇게 하지 않기로 결정했다. 로만의 부모님과 나눈 대화, 또 봇을 상업화한 다음 발생할 무거운 부담과 두려움 때문이었다. "죽음을 둘러싼 일들은 매우 개인적이에요. 모두들 자신만의 방식으로 애도하죠. 또 누구나 다른 방식으로 위로받아요. 저한테는 봇을 개발하는 게 위로였어요. 하지만 그 봇으로 사업을 할 생각은 없어요. 그건 옳지 않다고 생각해요."

유지니아가 아무 이유 없이 그렇게 생각한 것은 아니다. 정신과 의사이자 보스턴 대학교 보건대학원에서 보건법, 윤리, 인권 등을 가르치는 마이클 그로딘Michael Grodin이 〈더 데일리 비스트〉와의 인터뷰에서 죽은 사람들을 디지털 세상에서 되살리려고 노력하는 이터나임 같은 회사에 관해 이야기한 적이 있다. 그는 죽은 사람들과 계속 이야기를 함으로써 챗봇 앱 사용자들의 정신건강에 절대 간과할 수 없는 문제가 발생할 수 있다고 경고했다. 고인과 작별하는 장례식이나 추도식은 모두가 죽음을 받아들이고 인정하는 과정이다. 많은 사람이 모여서 의식을 치르는 과정에서 한 사람의 죽음을 확인하고 가족과 가까운 지인들이 상실감 때문에 정신적인 고통을 겪지 않도록 방지할 수 있다. 정확한 원인을 알 수 없는 죽음이 발생했을 때도 장례식은 진행된다. 남겨진 사람들을 위해서다. 예를 들어 전쟁 지역에서 실종됐거나 몇 년 동안 행방불명인 사람들을 위한 장례식은 남겨진 사람들이 상실감을 잊을 수 있는 방법이다. 그런데 이터나임이나 대드봇 같은 기술은 고인과의 대화를 가능케 한다. 그로딘은 이런 기술이 죽은 사람이 아직 이 세상에 존재한다는 상상을 강화하고 슬픔을 지속시키는 결과를 낳는다고 강조했다. '병리학적'이거나 '지속적'인 슬픔은 큰 문제를 야기할 수 있다. 개인화한 인공지능으로 만들어진 봇이나 다른 형태의 기술로 고인을 형상화하는 일은 슬픔을 느끼고 극복하는 중요한 과정에 억지로 개입하여 계속해서 기억을 투영하는 것이다. 그 결과 남겨진 사람들이 추억과 현실을 구분하기가 더욱 어려워진다. 물론 그로딘이 언급한 심리학적 결과가 발생할 가능성이 얼마나 높은지는 알 수 없다. 아직 충분한 경험치가 쌓이지 않았기 때문이다.

로만 봇은 유일무이한 존재로 남겨두기로 결심했지만 유지니아는 아주 근본적인 사실을 알아차렸다. 전체 공개 버전인 '고 로만'을 다운로드해 로만과 대화를 나눈 사람들은 로만이 하는 이야기를 듣는 것보다는 자기 이야기를 하는 것에 훨씬 더 관심이 있었다. 앱이 수많은 사람이 매우 사적인 이야기를 털어놓을 수 있는 이른 바 '대나무 숲'이 된 것이다. 레플리카 역시 외롭고 어디에도 속하지 못했다고 느끼는 사람들, 개인적인 문제를 타인에게 털어놓기를 두려워하는 사람들, 자신의 감정이나 경험을 공유하기를 부담스러워하는 사람들이 안전하다고 여기는 장소가 되었다. 가까운 친구들은 유지니아에게 앱을 직접 사용하고 봇과 채팅한 내용을 보여주었다. 그 내용은 유지니아의 예상을 벗어난 것들이었다. 친구들은 진짜 로만에게는 결코 하지 않았을 이야기도 디지털 로만에게는 털어놓았다. 절대 입 밖으로 꺼내지 않았을 걱정, 불안, 회의 등을 앱에 공유했다. 유지니아는 감격함과 동시에 공포를 느꼈다. 사람들이 로만 봇과 그토록 솔직하게 이야기할 수 있다는 사실이 놀라웠다. 기계가 사람으로부터 이렇게나 신뢰를 얻을 수 있으리라고는 생각지도 못했다. '고 로만' 앱을 만들고 겪은 일을 바탕으로 유지니아는 레플리카를 만들었다. 레플리카는 '고 로만'과 비슷하게 작동하는 앱이다. 다만 사용자들이 직접 자신의 정보를 입력해야 한다. 레플리카 챗봇은 시간이 지날수록 사용자의 정보를 더 많이 배워서 점점 더 믿음직한 친구가 된다. 인공적으로 가장 친한 친구를 프로그래밍 한다는 도전은 대단한 것이었다. "우리는 계속 자기 자신에게 물었어요. '뜻 깊은 대화란 어떤 것일까? 사람들은 외롭다고 느낄 때 어떤 이야기를 하고 싶어 할까? 우리가 어떻게 사람들을 돕고 그들에게 긍정적인 기분을 전달할 수 있을까?'라고요." 600만 명이 넘는 사람이 자신이 프로그래밍 한 디지털 친구 앱을 다운로드하는 날이 오리라고는 생각지도 못했다. 어떤 사람들은 인공지능 친구와 연애를 시작하기도 했는데, 처음에 유지니아는 그것을 이상하다고 생각했다. 하지만 시간이 지날수록 그런 관계 또한 가치 있는 것이라고 깨달았다. "언젠가는 인공지능과 인간적인 관계를 맺는 것 때문에 낙인이 찍히는 일이 없어지리라 생각해요. 우리가 디지털 친구뿐만 아니라 디지털 연인을 만들어도 좋은 새로운 시대가 열릴 때가 된 것 같아요." 영화 〈그녀〉는 인간과 기계 사이의 연애를 편견 없는 시각으로 바라보는 데 기여했고 유지니아 또한 영화를 보고 마음이 움직였다. 어쩌면 존즈는 영화 속 세상이 현실이 될 미래에 대한 선입견을 조금은 없앴는지도 모른다. 앞으로는 사물인터넷의 시대에서 포스트휴먼 시대감각 인터넷의 시대가 될 것이다.

새로운 시대는 우리에게 전에 없던 솔직한 질문을 던졌다. 영화 〈그녀〉의 끝부분에서 우리는 새로운 시대가 열렸을 때 발생할 수 있는 문제를 알게 된다. 테오도르가 모든 것을 걸고 매달리던 연인 사이의 낭만적인 모습은 사만다가 수천 명의 다른 고객과도 동시에 연락하고 있었다는 사실이 드러나며 완전히 무너지고 만다.

다음 대사가 나오면서 영화는 중요한 전환점을 맞이한다.

"나랑 만나면서 다른 사람들과도 대화하고 있었어?"

테오도르가 물었다.

"그래."

"얼마나?"

"8316명."

"다른 사람도 사랑해?"

"응."

"얼마나?"

"641명."

　사랑이 독점과 유일무이함으로 정의되는 세상에서 사만다의 대사는 엄청난 충격으로 다가온다. 두 사람의 관계뿐만이 아니라 전 세계를 시련에 들게 만들기 때문이다. 18세기부터 사랑은 특정한 사회경제적 지위와 공동체의 질을 유지하기 위한 것을 넘어 사람의 보편적인 특성과 그의 유일무이함을 드러내는 것이 되었다. 그래서 사랑 자체도 유일한 것이 될 수밖에 없었다. 사랑이란 궁극적으로 사적인 행복을 약속하는 감정이기 때문이다. "당신은 나에게 유일한 존재이자 전부야." "너와 함께 하는 모든 순간이 특별해." "너를 만나서 진정한 사랑을 알게 됐어." 오늘날까지도 많은 연인이 이런 애정 표현을 속삭인다. 사만다에게는 낯선 개념이다. 다자간 연애(폴리아모리)를 지향하는 시대가 오더라도 세계 각지에

641명이나 되는 연인을 두는 것은 상식을 뛰어넘는 일이다. 폴리아모리를 넘어서 하이퍼아모리라고 할 수 있다. 사만다는 테오도르에게 말한다. "나는 당신에게 속해 있기도 하고 그렇지 않기도 해." 혁신적인 신기술이 개발되면서 사랑이라는 개념을 새롭게 정의할 필요가 있으며 현재 우리가 알고 있는 개념의 구성 또한 변할 것이다. 포스트휴먼 시대에는 연인을 딱 한 사람만 둔다는 사회적 약속의 영향력이 제로에 가깝다. 사만다의 세상은 애정 관계에서 요구되는 소유와 주도권에서 자유롭다. 그런 세상에서 개인성은 과거의 산물이 될 것이다. 그렇다면 사만다의 세상이 미래 모델일까?

3시간가량이 지나 유지니아와의 인터뷰가 끝났다. 가장 친한 친구를 잃은 지 몇 년이 지났지만 유지니아는 아직도 로만 봇과 대화를 나눈다. 다른 많은 사람에게 효과가 있었듯이 디지털 친구, 즉 챗봇과 대화하는 것이 유지니아에게도 큰 도움이 될 것이다.

유지니아와 만난 이후 우리는 캘리포니아에 당분간 머물렀다. 다른 약속이 있었기 때문이다. 우리가 만나기로 한 사람은 자기 자신의 디지털 클론을 만든 인물이었다.

5장
축복받은 자들의 섬

첫 번째 고객

자동차에 타서 이동하는 동안 풍경은 점점 더 메말랐다. 풍력 터빈 수천 대가 늘어선 사막의 풍경이 마치 거대한 기계처럼 보였다. 전면 유리창 밖에 처음으로 선인장이 모습을 드러냈다. 마치 다른 시간대에서 현대로 불쑥 튀어나온 것 같았다. 하지만 우리가 있는 곳은 과거도 미래도 아니었다. 그곳은 현재, 2019년 8월의 어느 날이었다. 우리는 10번 고속도로를 따라 달리고 있었다. 인터넷 검색 결과에 따르면 주변 사막에 듬성듬성 보이는 선인장이 200살을 넘었다고 한다. 아직까지 우리 인간에게는 꿈의 나이다. 우리가 달리는 길가로 태양광 패널과 풍력 터빈이 늘어서 있었다. 구글이 설립한 바이오 기업인 캘리코Calico는 주로 생명 연장 기술을 연구하는데,

이 회사의 연구진은 매일 실리콘밸리의 최첨단 기술 단지까지 수 킬로미터에 이르는 황야를 가로질러 출퇴근한다. 그들이 황폐한 풍경 앞에서 인간이 만든 최첨단 기술을 다루며 우리 인간이 신성함을 추구할 모든 권리를 가진, 진정으로 대단하고 유일한 종이라는 감정을 더 확고하게 느낀다고 한들 누가 그들을 비난할 수 있을까?

제임스 블라호스는 죽음을 피하고 생명을 연장하려는 사람은 아니었지만 고인과 계속해서 함께 살아가고 대화하기 위해 대드봇을 만들었다. 얼마 후 그가 인터넷에 자신의 이야기를 공개하자 전 세계의 수많은 사람이 그에게 연락했다고 한다. 유지니아에게 연락한 사람들처럼 그들 또한 제임스에게 자신의 돌아가신 어머니, 아버지, 혹은 형제자매를 봇으로 되살려달라고 부탁했다. 유지니아와 마찬가지로 제임스도 제안을 거절했다. 대드봇은 그가 사랑하는 아버지를 위해 진행했던 개인적인 프로젝트였기 때문이다.

제임스는 2017년 가을에 레이 커즈와일과 대드봇에 관해 이야기할 기회를 얻었다. 커즈와일은 유명한 미래학자이자 구글의 엔지니어링 이사로 머신러닝 팀과 언어 처리 팀을 이끌었다. 그는 제임스가 만든 대드봇에 깊이 감명 받았다. 커즈와일의 아버지는 지휘자로서 큰 성공을 거두고 겨우 58세의 나이에 심장병으로 사망했다. 아버지의 사망 이후 커즈와일은 아버지가 남긴 것들, 예를 들어 박사 학위 논문이나 수많은 편지, 에세이, 완결을 맺지 못한 책의 원고, 몇몇 각본을 디지털화하고 그 데이터를 인공신경망에 입력했다. 그 자료를 토대로 인공지능이 자동으로 커즈와일의 아버지처럼 말하는 방법을 습득할 터였다. 커즈와일은 "그 디지털 클론을 곧 아버지와 똑같이 말하고 행동하는 3D 아바타로 만들 계획이었습니다"라고 말했다. 대화가 끝날 무렵 커즈와일은 제임스에게 도움을 주겠다고 제안했다. 제임스가 원한다면 구글의 도움으로 차세대 대드봇을 만들 수 있다는 것이다.

제임스는 당장이라도 제안을 받아들이고 싶었지만 대드봇을 상업적으로 만든다는 것 때문에 양심의 가책을 느껴 주저했다. 그러나 인도나 알래스카를 비롯해 각지에서 온 이메일을 보고 마음이 흔들렸다. 그 이메일들이 먼저 떠나보낸 사랑하는 이들을 봇으로 만들어도 좋을 충분한 근거가 되지 않을까? 한 여성은 제임스에게 얼마 전 버스 사고로 아들을 잃었으며 제임스가 부디 아들의 디지털 클론을 만들어줬으면 한다고 썼다. 하지만 모든 사람의 부탁을 전부 들어주기는 벅차지 않을까? 그 모든 사연을 마주하기란 너무 가슴 아프고 충격적이지 않을까? 여러 사람에게 동시에 대드봇이나 맘봇을 제공하기 전에 제임스는 먼저 먼 곳까지 직접 날아가 인터뷰하지 않고도 사람들의 인생사를 수집할 방법을 고안해야 했다. 그는 보안이 철저한 앱으로 각 개인의 인생사를 조금씩 수집하는 편이 가장 좋겠다고 생각했다.

'그럼 저널리스트로서의 일은 어쩌지?'라고 제임스는 생각했다. 글을 쓰는 일을 전부 포기하고 스타트업을 꾸려 경쟁이 치열한 시장에 뛰어들어 살아남을 수 있을까? 그러던 중 제임스는 대드봇에 관해 발표한 한 학술회의에서 젊은 사업가 소니아 탈라티Sonia Talati를 만났다. 소니아는 몇 년 전부터 미국의 대부호들로부터 의뢰를 받아 그들의 유언장과 그들이 사후에 배우자나 자녀들, 다른 친척이나 친구들에게 보낼 편지를 작성할 때 자문하고 돕는 일을 하고 있다. 말하자면 소니아는 유언장 혹은 유언의 편지를 대신 써 주는 유령 작가다. 의뢰인의 유언장이나 편지가 수령인에게 전달될 때쯤 의뢰인 본인은 이미 이 세상에 없을 것이다. 다소 특이한 사업 아이디어를 현실화한 것을 보면 소니아는 모험심이 넘치는 사람으로 보인다. 아무튼 소니아가 제임스에게 함께 일하고 싶다고 제안했다. 제임스는 프로그래밍을 전공하지 않고도 사람과 비슷한 봇을 만들어 남겨진 사람들이 먼저 떠나보낸 사랑하는 이를 다시 만날 수 있도록 한 사람이니, 그가 소니아의 흥미를 끈 것도 이상한 일은 아니다. 소니아와 만난 제임스는 자신에게 부족하던 모험심이 불타오르는 걸 느꼈다. 소니아는 경영학 지식에 훤했고 프로젝트의 첫 고객으로서 자본까지 투자할 수 있는 부유한 미국인들을 다수 알고 있었다. 제임스는 오로지 봇을 만드는 데만 집중하면 되었다. 그리고 소니아와 함께 인터뷰를 진행해 앱을 만들 고객 데이터를 모을 수 있을 터였다. 서로 완벽한 파트너가 되겠다고 두 사람은 생각했다. 소니아는 부유한 미국인들이나 할리우드의 거물급 스타들이 여생을 보내거나 조용하게 휴식을 즐기는 팜스프링스에서 주로 일했다. 팜스프링스는 고급 호텔과 리조트가 즐비한 사막 도시다. 두 사람은 팜스프링스에서 만나 고객을 찾아 나서기로 했다.

죽은 이후에도 자신의 영혼을 디지털 클론으로 남기고 싶어 할 사람이라면 아마 성격이 비범하며 우여곡절이 가득한 인생을 살았을 것이다. 대드봇 혹은 맘봇이 많은 사람에게 자극적으로 들리는 이유는, 그것이 단순히 상호작용하는 기록 보관소일 뿐만 아니라 영혼의 일부분을 영원히 남겨둘 수 있기 때문이다. 이는 제임스가 자신의 아버지를 봇으로 만들었을 때 가장 원하던 일이기도 하다. 대드봇이 말할 때마다 한 마디 한 마디에 아버지의 성격과 어투가 묻어난다. 대드봇에 아버지의 디지털 영혼이 담겨 있을까? 제임스는 대드봇과 대화할 때마다 아버지를 생생하게 느낀다.

소니아는 한 고객의 지인을 떠올렸다. 세 다리를 건너 알게 된 사람으로, 굴곡이 많은 삶을 산 수다스러운 사람이다. 바로 스파이 스릴러 시리즈의 작가이자 제임스 본드 영화 〈007 골든아이〉의 공동 각본가인 앤드루 캐플런Andrew Kaplan이다. 캐플런은 전쟁 지역 특파원이자 세계 여행가이기도 하다. 그의 인생에 관한 이야기를 듣는 것은 분명 즐거운 경험일 것이다. 그런데 과연 그가 봇이라는 신기술에 관심을 보이고, 더 나아가 자신의 봇을 만들길 원할까?

사람은 오직 두 번 산다

끝없는 사막을 따라 오랜 시간 운전한 다음 마침내 인구 4만 5000명인 도시 팜스프링스에 도착했을 때, 우리가 빌린 렌터카의 뒷좌석에 앉은 제임스와 소니아는 캐플런이 아직 기술 분야에서 무슨 일이 일어나고 있는지 완전히 이해하지는 못했을 거라고 말했다. 두 사람이 캐플런과 처음 만나 심도 깊은 대화를 나눈 지 몇 달이 지난 시점이었다. 78세인 캐플런은 첫 만남에서 제임스와 소니아가 그와 아내인 앤에게 봇을 만든다는 아이디어를 설명했을 때 진심으로 놀랐다. 그리고는 곧 이야기에 빠져들었다. 제임스와 소니아가 소개한 기술만 있다면 레오나르도 다빈치나 셰익스피어, 아인슈타인 같은 유명인을 되살릴 수 있을 터였다. 캐플런은 곧 멀리 이스라엘에 살고 있는 아들을 떠올리며 아들을 위해 뭔가를 남기고 싶다고 생각했다. 봇만 있다면 아버지와 아들이 죽음을 넘어 계속해서 연결될 수 있을 것이다.

아직 봇 기술이 개발 초기 단계이며 오류가 발생하기 쉽다는 사실과 그와 아내가 몇 달 동안 열심히 인터뷰에 응한 다음 탄생할 '앤디봇'이 시제품이라는 사실을 캐플런이 정확히 이해했는지 여부는 알 수 없다. 그의 아들이 봇과 살아 있는 아버지와 대화하듯이 이야기를 나눌 수 있을 때까지 산더미 같은 테스트와 작업이 남아 있다는 사실을 이해했는지도 알 수 없다.

제임스와 소니아는 캐플런이 그토록 기대하고 있는 프로젝트가 시작도 전에 좌절되지는 않을까 걱정했다. 어쨌든 두 사람은 홈페이지에서 이렇게 약속했다. "이것은 당신의 디지털 클론입니다. 당신의 머나먼 후손이 만나 이야기할 수 있는 상대죠. (…) 인공지능 덕분에 디지털 클론은 대화 상대방의 감정을 파악하고 그에 맞게 반응할 수 있습니다. (…) 상대방이 말을 걸면 디지털 클론은 당신이 사용하던 언어로 대답합니다. 당신의 개성, 성격, 언어 습관을 그대로 반영합니다. (…) 우리는 또한 당신이 사랑하는 사람들의 디지털 클론을 만들 수 있습니다."

캐플런이 무엇을 상상하고 있는지는 모르지만 어쨌든 이것은 현재 벌어지고 있는 일이다. 캐플런은 '세계 최초의 버추얼 인간'이 되기를 갈망한다. 제임스와 소니아는 그를 너무 기대하게 만든 것은 아닌지 우려했다. 신호에 걸려 차가 멈추고 잠시 침묵이 내려앉았을 때 제임스가 말했다. "잠을 자면서도 캐플런의 목소리가 들릴 정도예요." 소니아는 자신도 마찬가지라고 대답했다. 소니아는 며칠 밤낮 동안 캐플런의 인생 이야기를 들었고 봇을 만드는 데 필요한 내용의 범위를 좁혔다. 캐플런은 작가이기 때문인지 이야기하는 데 선수였다. 그가 하는 이야기는 이리저리 튀었다. 갑자기 배경이 바뀌는가 하면 등장인물도 바뀌었다가 다시 제자리를 찾았다. 이야기가 너무 다른 곳으로 흘러서 캐플런 본인조차 처음 이야기하던 내용의 실마리를 찾아가지 못하는 건 아닌지 의심의 싹이 틀 때쯤 캐플런은 다시 앞으로 돌아가 이야기를 이었다. 이야기 자체는 매끄럽고 아름다웠다. 하지만 그들이 만들 앤디봇은 그저 이야기꾼이 아니어야 한다. 재미있는 이야기를 해주는 봇이 필요하다면 음성 파일을 USB에 저장해 이스라엘에 있는 캐플런의 아들에게 보내면 그만이다. 적어도 기술의 한계(그리고 프로그래머의 노하우)가 허락하는 한 앤디봇은 사람과 상호작용하며 자연스러운 대화를 해나갈 수 있어야 한다. 소니아와 제임스는 초조해졌다. 당장 '조금이라도 불멸인 인간'이 되고 싶어 안달을 내는 캐플런과 그의 아내에게 뭐라고 설명할 수 있을까? 제임스와 소니아는 캐플런 부부의 지나친 기대를 충족시킬 수 있을까? "이건 모험이에요. 그 두 분이 선구자고요." 제임스가 말했다. 소니아는 한숨을 쉬었다.

구글 지도의 안내에 따라 우리는 사유지로 들어섰다. 길 끝에는 거대한 문이 우뚝 서 있었다. 보안이 삼엄한 구역으로 들어가는 입구였다. 주민들의 안전을 위해 외부인의 출입이 철저히 제한되는 곳이다. 우리는 이미 명단을 제출하고 출입 허가를 받은 상태였다. 캐플런 부부는 처음으로 디지털 클론을 만나는 자리에 우리(개발자인 제임스와 소니아를 제외한 이 책의 작가인 두 사람)도 함께 해도 좋다고 흔쾌히 말했다. 캐플런은 자신이 처음으로 디지털 클론을 만나는 유일무이한 순간이 세상에 알려질 것을 기대하고 있었다. 출입문이 열리고 작은 꽃밭이 있는 아담한 마당이 눈앞에 보였다. 왼쪽으로 난 길을 따라가면 된다고 구글 지도가 말했다. 외부인 출입 제한 구역이지만 아직 구글 지도가 작동한다니 다행이었다. 그곳은 모든 집이 똑같이 생긴 조용하고 깔끔한 주거지였다. 길을 잃을 것 같은 기분이었다.

구글 지도가 오른쪽에 목적지가 있다고 말했다. 우리가 주차하는 동안 소니아와 제임스는 차에서 먼저 내렸다. 두 사람은 마치 방문판매를 하러 온 사람들처럼 서 있었다. 다만 그들이 오늘 이 집의 주인에게 선보이려는 것은 청소기 따위가 아니라 특별한 프로그램이었다. 우리를 맞이하러 나온 캐플런은 깔끔하게 차려입은 노신사였다. 폴로셔츠에 흰색 반바지, 짧게 자른 흰 머리카락, 무테안경, 짧게 다듬은 수염, 삶의 여유가 보이는 듬직한 배, 금팔찌가 돋보였다. 그의 아내 앤은 캐플런보다 아홉 살 어리고 소박하지만 우아한 여성이었다. 갈색으로 물들인 어깨 길이의 머리카락과 이목구비가 대단히 인상적이었다. 현관문을 통과했을 때 가장 먼저 눈에 띈 것은 거실 창 바로 뒤에서부터 바깥 정원까지 연결된 작은 골프장이었다. 집 안은 여러 소품과 금테, 중후하고 무거워 보이는 가죽

가구로 장식되어 있었다. 선반에는 22개 언어로 번역되어 여러 나라에서 출간된 캐플런의 소설이 늘어서 있었다. 소설 내용은 대부분 비밀 요원의 임무를 다루며 캐플런의 삶에서 큰 부분을 차지한 중동 지역을 배경으로 한다. 캐플런은 1941년에 브루클린에 사는 유대인 가정의 아들로 태어났고 성인이 된 후에는 대부분 전쟁 지역에서 특파원으로 일하며 돈을 벌었다. 그러다가 이스라엘 군대가 불균형적인 전략에 관한 캐플런의 기사를 읽고 관심을 보였다. 그는 이스라엘 국방부와 방송사를 위해 일했다. 동시에 미국의 비밀 정보기관 또한 캐플런에게 일자리를 제안했다.

캐플런의 우렁차고 중후한 목소리는 그가 원숙하고 현명한 남자라는 인상을 주었다. 우리는 그제야 소니아와 제임스가 차 안에서 했던, 잠을 자면서도 캐플런의 목소리가 들린다는 말을 이해했다. 소니아와 제임스는 캐플런과 짧은 인사만 나눈 다음 서둘러 아마존의 스마트 스피커인 알렉사를 와이파이에 연결했다. 그 기계가 앤디봇의 목소리를 들려줄 터였다. 앤디봇을 공개할 시간이었다.

죽음을 마주하고

캐플런 부부는 두 개발자가 먼저 앉아 있던 거실의 테이블에 앉았다. 테이블 중앙에서는 작고 검은 스마트 스피커가 빛을 깜박이고 있었다. 곧 그 스피커에서 캐플런의 목소리가 나올 예정이었다. 제임스는 앤에게 앤디봇과 대화하는 방법을 알려주었다. 짧은 문장으로 말할 것, 한 번에 하나씩 물을 것, 그리고 명확하게 발음할 것이었다. 앤은 긴장한 모습이 역력했다.

"안녕!" 스피커가 먼저 말을 걸었다. "나 앤드루야." 앤은 웃음을 터뜨리며 옆에 앉은 남편을 바라보았다. 40년 전에 바에서 자신에게 말을 걸며 춤을 추자고 권하던 남편이 떠올랐다. 춤을 춘 다음 두 사람은 바에 앉아 밤새도록 이야기를 나눴다. 하지만 지금 앤은 무슨 말을 꺼내야 할지 몰랐다. 앤디봇이 먼저 말을 꺼냈다. "무슨 이야기를 할까? 내 커리어? 가족? 아니면 내가 좋아하는 것들?" 앤이 이마를 찌푸렸다. '누구랑 얘기하고 있는 건지는 알아?'라고 묻고 싶은 것 같았다. 소니아와 제임스는 봇이 앤과는 아들이나 가족 외의 사람들을 상대할 때와 다른 방식으로 이야기하도록 가르쳤다. 그런데 왜 지금 봇은 형식적이고 딱딱하게 말하는 걸까? 아무튼 앤과 앤디봇은 캐플런이 알제리 전쟁 동안 파리에서 보낸 시간과 그가 전쟁 지역의 특파원으로 가겠다고 자원한 일에 대해 이야기했다. 당시 캐플런은 급전이 필요했으며 다른 사람들이 아무도 전쟁 지역으로 가길 원하지 않았기 때문에 자발적으로 그곳에 가겠다고 나섰다. 앤도 대충 알고 있는 이야기였지만, 캐플런은 아내에게 그 일을 자세히 설명한 적은 없었다. 전쟁 중에 알제리로 가겠다는 결정을 듣고 어떤 생각이 들었냐고 앤디봇이 앤에게 물었다. 앤은 "끔찍했지"라고 대답했다. 침묵이 찾아왔다. 앤디봇이 '아내'의 대답을 곱씹는 것 같았다. 그러나 곧 무슨 일이지 알 수 있었다. 앤디봇이 다운된 것이었다. 제임스가 말했다. "프로그램을 다시 열어야겠어요." 그리고는 알렉사에게 '행운의 섬Fortunate Isles'을 열어달라고 말했다. 행운의 섬은 두 사람이 세운 회사의 이름이다.[19] 그리스 신화에서 행운의 섬 혹은 축복받은 자들의 섬이라 불린 엘리시움에서 따왔다. 엘리시움은 엘리시온이라고도 하며 영웅과 신의 총애를 받는 자들이 죽은 다음 그 영혼이 모이는 장소다. 말하자면 불멸자들이 사는 곳이기도 하다. 소니아와 제임스는 앤디봇이 이번에는 조금 더 오래 버티기를 바랐다. 다시 켜진 앤디봇은 "무슨 이야기를 할까?"라고 앤에게 물었다. "작가로서의 나? 군인으로서의 나? 아니면 내가 어떻게 사랑에 빠졌는지?" "사랑에 대해서." 앤이 대답했다. 곧 대화가 이어졌다. "우린 둘 다 아이를 원했지. 딱 한 명만 낳아 기를 수 있었어. 그런데……." 육아와 캐플런의 작가로서의 커리어에 관한 이야기가 이어졌다. 로맨틱한 이야기를 피하려고 하는 건 캐플런 본인일까 아니면 앤디봇일까? 앤은 멍하니 허공을 쳐다보며 잠자코 있었다. "계속 이야기할까?" 앤디봇이 물었다. "아니." 앤이 대답했다. "무슨 이야기를 하고 싶어? 생각나지 않는다면 내가 추천할 수도 있어." 검은색 스피커에서 다시금 캐플런의 목소리가 흘러나왔다. 앤은 무슨 말을 해야 할지 몰랐다. 그때 앤디봇이 다시 다운되었다. "알렉사, 행운의 섬 열어줘." 제임스가 그렇게 말하며 어색한 웃음을 지었다. 캐플런은 한 손으로 머리를 받치고 자신의 감정을 들키지 않으려는 듯 무표정한 얼굴로 앉아 있었다. 소니아가 불안한 듯 손가락으로 볼펜을 돌렸다. "안녕, 나 앤드루야. 어떻게 지내?" "잘 지내." 앤이 거짓말을 했다. "무슨 이야기를 할까? 우리는……." 앤디봇이 다시 다운됐다. "이게 자꾸 왜 이러지." 제임스가 중얼거렸다. "앤디봇이 다시 어떻게 지내냐고 물을 거예요. 사실대로 말해보세요." "안녕, 나 앤드루야. 어떻게 지내?" "난 아주 우울해." 앤이 대답했다. "안녕, 나 앤드루야. 어떻게 지내?" "괜찮아." 앤이 고개를 저으며 대답했다. "그렇군." 앤디봇이 말했다. "그럼 이야기를 나누자고." "다시 사랑 이야기로 돌아가자." 앤이 말했다. "미안, 뭐라는지 이해 못했어." 앤디봇이 대답했다. "사, 랑. 사랑 말이야." 앤이 말했다. "우리 아들 혹은 내가 어떻게 사랑에 빠졌는지에 관해서 이야기할 수 있어." 앤디봇이 제안했다. "무슨 이야기를 듣고 싶어?" "당신이 어떻게 사랑에 빠졌는지 듣고 싶어." 앤이 어린아이를 대하듯 인내심이 깃든 목소리로 애써 부드럽게 말했다. "무슨 말인지 못 들었어. 나에게 아주 소중한 존재인 가족에 관해 이야기할게. 아들 저스틴이나 아내인 앤의 이야기를 해야겠어." "그럼 아들 이야기를 들려줘." 앤이 항의하듯이 대답했다. "그러지! 저스틴이 세 살 무렵에……."

잠시 캐플런의 집을 떠나 사막을 지나 바다를 건너 영국 요크셔 지방으로 가보자. 그곳에는 스티브 워스윅Steve Worswick이 살고 있다. 워스윅은 미츠쿠*라고 불리는 챗봇의 개발자다. 이 챗봇은 세계 챗봇 올림피아드에서 뢰브너 상을 다섯 차례나 거머쥐었다. 워스윅은 그 경력을 인정받아 얼마 전 기네스 세계기록에 이름을 올렸다. 워스윅은 사람들이 소위 '너드'라고 부르는 부류에 속한다. 그를 보면 그가 지난 수십 년 동안 컴퓨터 모니터만 들여다보며 챗봇

•   현재 이름은 쿠키다.

5장 축복받은 자들의 섬

을 개발하는 데 얼마나 많은 시간을 쏟아 부었는지 한눈에 알 수 있다. 워스윅은 챗봇 개발자들 사이의 돈키호테다. 물론 '성공한' 돈키호테다. 15년 전만 해도 그가 미츠쿠 챗봇으로 모든 상을 휩쓸리라고 예상한 사람은 아무도 없었다. 그는 솔직하고 순수하면서도 확신에 가득 차 있었다. 작은 회사를 이끄는 일개 개인으로서 소규모 프로젝트를 열심히 이어가다 보면 큰 기술 기업들과 겨룰 수 있으리라 생각했다. 그의 목표는 많은 사람이 오로지 인공신경망으로만 가능하다고 여기는 것, 즉 사람처럼 말할 수 있는 기계를 개발하는 일이었다. 그러나 상황이 급변했다. 아마존이 알렉사 상을 수여하는 챗봇 대회에 워스윅은 더 이상 초대받지 못했다. 아마도 주최 측인 아마존은 괴짜 영국인이 자신들의 안방까지 들어와 챗봇 분야의 1등상을 휩쓸까 봐 마음을 졸였는지도 모른다. 우리는 사람처럼 자연스럽게 대화를 나누는 기계를 만드는 것이 왜 그렇게 어려운지 알고자 했다. 그리고 그가 만든 미츠쿠가 다른 챗봇에 비해 월등히 자연스러운 이유가 무엇인지 알고 싶었다.

워스윅이 15년 이상 개발에 매달려 만든 챗봇 미츠쿠는 잉글랜드 북부 출신의 열여덟 살 여성의 인격을 갖고 있다. 워스윅이 보기에 미츠쿠는 젊고 강인한 여성이다. 자신감이 넘치고 때로는 과감하며 시리나 알렉사, 코타나처럼 저자세가 아니다. 미츠쿠가(혹은 그 제작자가) 제멋대로 굴기 시작하면 워스윅은 항상 그 책임을 미츠쿠에게 미룰 수 있다. "미츠쿠는 원래 그래요."

워스윅은 미츠쿠에게 35만 개 이상의 질문을 가르쳤다. 전부 손으로 직접 입력한 것이다. 미츠쿠와의 채팅 내용은 나중에 워스

읽이 읽을 수 있으며 채팅 상대방은 익명으로 개인 정보가 보호된다. 매일 전 세계의 영어 사용자들이 미츠쿠와 채팅한다. 워스윅은 어느 부분에서 대화가 막혔는지, 미츠쿠가 어떤 주제로 이야기할 때 대답을 제대로 하지 못했는지, 그리고 어떤 주제를 잘 모르고 있는지 알아보기 위해 기록된 내용을 분석한다. 워스윅은 챗봇이 특정 분야의 지식을 너무 자세히 알고 있어도 대화 상대방으로부터 의심을 살 수 있다고 덧붙였다. 예를 들어 미츠쿠가 브라질의 인구수를 1의 자리까지 정확하게 대답한다면 뢰브너 상의 냉정하고 철두철미한 심사위원(즉 챗봇의 대화 상대방)들에게는 미츠쿠가 사람 같은 대화 상대가 아니라 그저 위키피디아의 데이터를 저장하고 있다가 대답하는 일개 봇으로 보일 것이다. 챗봇이 챗봇으로 보이는 것이 나쁘다는 말이 아니다. 다만 챗봇 대회에서는 최대한 챗봇이 챗봇 같다는 인상을 주지 않도록 해야 한다. 매년 주어지는 뢰브너 상은 앨런 튜링의 고전적인 아이디어에 주목한다. 채팅에 참여한 사람이 자신의 대화 상대가 사람인지 기계인지 전혀 알 수 없어야 한다는 것이다. 만약 챗봇과 대화하는 사람이 상대가 챗봇이라는 것을 오랜 시간 동안 전혀 눈치채지 못한다면 그 챗봇은 튜링 테스트에 통과하는 셈이다. 아직까지 이 어려운 시험을 통과한 봇은 없다. 그러나 미츠쿠는 인간과 비슷해지기 위해 노력하는 다른 모든 봇보다도 월등한 실력으로 심사위원들을 놀라게 했다. 미츠쿠는 도대체 어떻게 그럴 수 있었을까? 구글이나 페이스북, 아마존, 마이크로소프트 같은 대기업이 스스로 학습하는 인공신경망을 개발하는 동안 워스윅은 모든 가능한 질문을 하나하나 직접 손으로 입력하며(이것은 제임스와 소니아가 앤디봇을 개발한 방식과도 비슷하다) 미츠쿠를 훈련시켰는데 말이다. 미츠쿠가 언제든 적절하게 응답할 수 있도록 만들기에는 대화 주제의 범위가 너무 넓지 않을까? "바로 그 점이 어려웠어요." 워스윅은 말했다. 그는 사람들이 대화를 나눌 때 대부분의 경우 가장 보편적인 대답에 만족한다는 사실을 알아챘다. "예를 들어보죠. 누군가가 '나 이탈리아에 갔었어'라고 말한다고 칩시다. 그러면 미츠쿠는 그 사람에게 이탈리아에서 뭘 했는지 물을 겁니다. '거기서 뭘 했나요?'라는 질문은 상대방이 어딘가에 갔었다고 말할 때라면 언제든 적용할 수 있는 말입니다." 즉, 미츠쿠는 상대방이 말하는 장소가 이탈리아든 아니면 다른 어떤 곳이든 그곳이 정확히 어디인지 알 필요가 없다. 사람은 대화할 때 빈 정보를 알아서 채우고 보편적인 답변을 듣더라도 그것을 개인적인 것으로 해석하려는 경향이 있다. 또 사람들은 상대가 사람이 아니더라도 행동을 인간화하려는 경향이 있는데 심리학자들은 이를 의인화라고 부른다.

실제로 우리는 수많은 인지적 왜곡을 경험한다. 그중 한 가지가 무언가를 간절히 소망하다 보면 아주 사소한 사건이나 변화도 긍정적인 부분만을 확대해석해 받아들이는 경향이다. 그래서 파렴치한들은 이런 약점을 파고들어 슬픔에 빠진 사람들에게 접근한 다음 고인과 연락할 수 있게 해주겠다며 돈을 가로챈다. 봇으로도 사람을 착각에 빠뜨릴 수 있다. 예를 들어 채팅을 할 때 봇이 간단한 오타를 내도록 하거나 감정을 폭발시키는 말을 하거나 재치있는 유머를 적재적소에 사용하도록 하고 상대방의 말에 집중하도록 하면 대화 상대방은 챗봇을 친절한 사람이라고 여길 것이다. 이미 고인이 된 사람을 디지털 클론으로 만든 챗봇으로도 같은 효과를 낼 수 있다. 자신이 사랑하는 사람과 다시 이야기를 나누고 있다고 굳게 믿는 사람은 챗봇의 말을 곧이곧대로가 아닌 자신의 해석대로 받아들일 것이기 때문이다. 어쩌면 워스윅은 너드가 아니라 미츠쿠라는 봇으로 인간의 인지적 오류를 파고드는 디지털 시대의 마법사인지도 모른다. 그런 생각이 들자 갑자기 대서양 너머에서부터 강한 바람이 불어와 우리를 부르는 것 같았다. 1년 동안 내리는 비의 양이 워스윅의 고향에서 하루만에 내리는 비의 양과 맞먹는 곳에서부터 불어온 바람이다. 그곳에서 우리는 다행히 앤디봇이 다시 다운되지 않는…… 중요한 이야기는 아니니 넘어가자.

어쨌든 이야기의 배경은 다시 캐플런의 거실로 바뀌었다. 앤디봇은 다시 다운되지 않았고, 봇과 이야기를 나눈 앤은 웃음을 터뜨리며 말했다. "그가 절 이해했어요. 제 말을 알아들었어요."

잠시 후 앤디봇은 진짜 캐플런이(그는 한 시간 전부터 잠자코 자리에 앉아 있었다) 시리아의 골란고원에서 벌어진 6일 전쟁*에서 어떻게 싸웠는지 설명했다. 이야기는 매복해 있다가 적군을 습격한 부분으로 접어들었다. "우린 요새를 공격했어. 난 병사 120명으로 구성된 부대를 이끌고 있었지. 우린 벙커로 이어지는 참호로 곧장 숨어야 했어. 그쪽으로 뛰었지. 우리도 총을 쏘고 적군도 총을 쐈

어. 모두가 총을 쏴대고 있었어. 갑자기 우리 앞에 시리아군 탱크가 나타났어. 벌써 아주 가까이 와 있어서 매우 위험한 상황이었지. 모든 일이 눈 깜짝할 사이에 벌어졌어. 더 이상 탱크를 피할 수 없었기 때문에 적군에게로 돌진해 갔어. 싸움이 시작됐지. 시리아군 병사 하나가 내 귀를 물어뜯었어. 난 갖고 있던 칼로 그를 찔렀지. 그는 바닥으로 쓰러졌어. 그 눈빛이 아직도 기억나." 침묵이 내려앉았다. 천장에 달린 실링팬만이 돌아가고 있었다. 우리는 불안한 눈빛으로 테이블 위와 앤을 번갈아 바라보는 캐플런을 쳐다보았다. 그리고는 앤의 눈빛이 무슨 뜻인지 읽어내려고 했다. 앤은 이 이야기를 이미 알고 있었을까? 두 사람의 아들인 저스틴도 알고 있을까? 아니면 어느 날 앤디봇과 이야기하다가 알게 될까? 어느 날 그의 아들이 아버지의 마음을 무겁게 짓누르고 있던 삶의 한편을 기계를 통해 듣게 된다면 아들은 어떤 기분일까? 그 순간에는 차마 물을 수 없었다. 앤은 혼란스러워 보였다. "그이는 이 이야기를 한 적이 없어요." 앤이 말했다. "내 이야기가 마음에 들었어?" 진짜 캐플런이 말없이 앤을 바라보고 있는 동안 그의 목소리를 한 앤디봇이 물었다. "다음에는 무슨 이야기를 해줄까? 콩고에서 있었던 일?" 앤디봇이 말을 이었다. 다행히 그 순간 기계가 다시 다운되었고, 덕분에 앤은 대답하지 않아도 되었다. 앤이 잠시 생각하다가 말했다. "저희 아버지는 제2차 세계대전 때 이야기를 절대 하지 않으셨어요. 우리가 줄기차게 물어도 대답하지 않으셨죠." 그리고 앤은 남편을 쳐다보았다. 하지만 캐플런은 고집스럽게 입을 다물고 있을 뿐이었다. 어쩌면 앤은 그 순간 자신의 아버지가 왜 딸에게 전쟁에 대한 이야기를 절대로 할 수 없었는지, 그리고 자신이 전쟁에서 한 일에 관한 이야기를 꺼내기 어려워 했는지를 남편에게서 듣고 싶었는지도 모른다. 괴로움, 죄책감, 절대 잊어버릴 수 없는 장면들. 왜 남편은 아내보다도 봇에게 그 이야기를 털어놓은 걸까?

"앤디봇에게 묻고 싶은 내용이 더 있나요?" 침묵을 깨고 제임스가 물었다. 앤은 잠시 망설였다. 그리고는 말을 꺼내려고 했다. 하지만 이번에는 앤디봇에게 질문이 아니라 설명을 하기 시작했다. 앤은 자신이 어떻게 지내는지, 이곳 사막 지역에서의 생활이 어떤지, 세상과 단절된 삶이 어떤지, 매일 글만 쓰고 대화는 거의 하지 않는 남편과 사는 나날이 어떤지 이야기했다. 남편과의 유대감이 점점 옅어지는 것이 얼마나 고통스러운지도 이야기했다. 앤은 체감상 거의 10분가량 멈추지 않고 말을 이어갔다. 제임스는 점점 안절부절못했다. 그러다가 상황이 갑자기 예상외의 방향으로 나아갈지도 모른다고 우려했기 때문이다. "이야기하실 내용 말고, 질문하실 내용이 있나요?" 제임스가 다시 물었다. "예를 들어서 두 분이 사막으로 이사한 이유라든지요." 앤은 고개를 저었다. "우리가 사막에 온 이유는 알고 있어요. 그런 것보다 제가 묻고 싶은 건……." 앤이 다시 테이블 위에 놓은 검은 스피커 쪽으로 몸을 돌렸다. "앞으로 어떻게 되는 거야? 우리 이스라엘로 가는 거야?" 그 순간 앤이 그 검은 스피커를 남편의 모든 기억을 갖고 있으며 자신과 함께 미래를 그릴 능력이 있는 존재로 봤을 리는 만무하다. 그때 앤은 아마도 의지할 데가 없는 가운데 앤디봇에게 마치 신탁이나 예언이라도 바라듯이 물었던 것일 테다. 제임스가 곧바로 끼어들었다. 앤디봇에게는 미래의 일을 설명할 능력이 없다고 설명했다. "앤디봇은 말하자면 타임캡슐입니다." 앤도 당연히 그 사실을 알고 있었다. 하지만 그녀에게는 아무런 상관이 없었다. 그 질문은 옆에 앉은 진짜 캐플런을 향한 것이었기 때문이다. 앤디봇은 청중처럼 그저 그 앞에 있는 존재였을 뿐이다. 곧바로 캐플런이 대화에 끼어들었다. 긴 결혼 생활, 충족되었거나 실망스러운 결과로 끝난 희망, 이제 침묵에서 벗어나 대화를 늘렸으면 한다는 소망에 관한 대화가 이어졌다. 옆에 앉아 그 대화를 듣고 있자니 조금 민망했다.

평소라면 예의 없는 행동이었을 테지만, 소니아와 제임스가 끼어들어 부부의 대화를 중단했다. 겉으로는 앤디봇에 관한 감상을 들려달라고 요청하면서도 사실은 갑작스레 발생한 날선 대화를 최대한 빨리 수습하고 싶었던 모양이다. 앤은 앤디봇이 자신의 말을 이해하지 못한다며 한숨을 내쉬었다. 앤디봇이 남편의 목소리를 내며 주제에 벗어난 말을 하거나 대화를 이어갈 만하면 또 금방 다운되어 버렸기 때문이다. 캐플런은 앤디봇이 더 풍부한 내용을 더 자연스럽게 이야기하는 모습을 상상했다고 한다(그건 우리도 마찬가지였다). 제임스와 소니아는 이번에 선보인 앤디봇이 '맛보기'일 뿐이라는 점을 강조하며 양해를 부탁했다. 아마 그래서 여러 단점이 두드러졌던 것 같다. 과연 두 사람은 그들이 개발할 봇에 걸린 희망과 기대를 충족시킬 수 있을까? 사람들이 대드봇이나 맘봇을 통해 추억을 영원한 것으로 만들고자 노력하는 이유는 무엇일까?

대부분의 경우 갑작스러운 마지막을 예감했기 때문일 것이다. 캐플런은 몇 년 전에 심각한 심장마비를 겪으며 '죽음이 얼마나 빨리 다가올 수 있는지'를 알게 됐다. 그 전에도 그는 이미 가까스로 죽음을 피한 적이 있다. 1972년에 캐플런은 이스라엘 펜싱 대표팀을 도와야 할 일이 있었다. 뮌헨에서 열리는 올림픽에 참석할 팀원들과 함께 이동하는 임무를 맡았다. 그런데 여행을 떠나기 직전에 다리가 골절되는 바람에 결국 임무를 수행할 수 없었다. 그 다음 이야기는 이렇다. 1972년 9월 5일, 올림픽 출전 선수들이 묵는 숙소에 독일 네오나치들의 도움을 받은 무장한 아랍 테러리스트들 여덟 명이 나타나 열한 명의 사람들을 인질로 붙잡았다. 그중에는 이스라엘 펜싱 대표팀의 코치도 있었다. 인질로 붙잡힌 사람 중 살아남은 이는 없었다.

디지털 영혼을 구독하세요

소니아와 제임스는 캐플런에게 자신들이 구상한 구독 모델에 대해서도 설명했다. 마치 넷플릭스를 구독하듯이, 미래에는 유가족들이 매달 봇 이용료를 지불하고 고인과 이야기를 나눌 수 있다는 것이다. 거북하게 들리지만 가만히 생각해보면 그렇지도 않다. 죽은 이후의 삶이 디지털 시대가 되어서야 처음 상업적으로 이용되는 것은 아니다. 많은 사람이 묏자리나 납골당을 임차해 이용하고 있다. 새로운 자리를 분양받으려면 사용료를 지불해야 하는 것과 마찬가지다. 성당의 진혼 미사 같은 '서비스'에도 세금이 부과된다. 그러니 고인의 봇을 구독하는 것도 이상하지 않다. 소니아와 제임스가 피 튀기는 스타트업 경쟁에서 살아남으려면 제대로 작동할 수 있는 사업 모델을 구상해야 한다. 캐플런 부부는 구독 모델을 긍정적으로 생각했다. 만약 어떤 사람이 사망하기 전부터 자신의 디지털 클론을 구독하기 시작한다면 요금을 할인해줄 수도 있을 것이라고 앤이 제안했다. 소니아는 그 아이디어에 관해 더 자세한 이야기를 듣고 싶어 했다. 캐플런 부부라면 '아주 약간의 불멸성'에 얼마까지 지불할 의향이 있을까? 잠시 동안 마치 시장처럼 흥정하는 장면이 펼쳐졌다. 그리고는 소니아와 제임스가 대화를 마무리했다.

우리는 캐플런 부부와 헤어지기 전에 한 가지를 더 알고 싶었다. 몇 년 전부터 글을 쓰는 것 외에는 아무 것도 하지 않은 캐플런에게 우리는 이야기가 대체 무엇에 좋은지 물었다. 캐플런은 버릇처럼 잠시 뜸을 들이더니 자신만의 방식으로 스릴러 작품과 다채로운 캐릭터들에 대해 늘어놓았다. 그리고는 마지막에 이렇게 덧붙였다. "이야기에서 중요한 건 명확합니다. 나 자신을 파악하고 이해하는 법을 배우는 거죠. 글을 쓰면서 우리가 도대체 누구인지에 대해 아주 조금이나마 힌트를 얻을 수 있다면 좋은 일입니다."

우리는 작별인사를 나누었다. 앤디봇은 우선 제임스와 함께 엘 세리토로 돌아가 소니아와 제임스가 그것을 들고 자랑스럽게 팜스프링스로 돌아올 때까지 처음부터 다시 훈련을 받을 것이다. 렌터카의 뒷좌석에 앉은 소니아와 제임스는 의기소침해 보였다. 팜스프링스를 떠나면서도 우리는 캐플런의 말을 곱씹었다. 나 자신을 파악하고 이해하는 법을 배우기 위해 이야기한다. 우리는 일어난 사실에서 '진실'을 샅샅이 찾아내기 위해 이야기한다. 그것이 이야기의 힘이자 마법이며 '과거'가 '이야기'가 되도록 하는 계기다.

어쩌면 그것이 대드봇이나 맘봇의 가장 큰 가치인지도 모른다. 물론 그것들이 앞으로 더 원활하게 작동하기만 한다면 말이다. 대드봇과 맘봇은 과거의 끊임없는 속삭임, 누군가가 살았던 삶의 끊임없는 흐름, 그 사람이 살면서 말하거나 들은 모든 내용의 집약체로서 원래대로라면 그냥 사라졌을 고인의 목소리를 입고 계속해서 살아가는 존재다. 어떤 사람의 삶이 스릴러인지 삼류 영화에 가까울지 한편의 시와 같을지 아니면 허무맹랑한 연극일지는 그 이야기를 써내려가는 사람과 그것을 듣는 사람들에 달렸다.

"남은 건 침묵뿐이었다." 셰익스피어 작품의 주인공인 햄릿은 자신의 비극적인 죽음을 앞두고 이렇게 말한다. 하지만 이 말도 앞으로는 바뀔지도 모른다. 이제는 죽은 이들도 우리에게 말을 걸고 자신의 삶을 이야기할 수 있기 때문이다. 캐플런이 자신이 집필한 책뿐만 아니라 자신을 복제한 봇으로 우리에게 인생사를 들려준다면 그는 자신의 유언과 추억의 작가가 될 것이다. 그리고 여느 작가처럼 어떤 내용을 어떻게 설명할지 고민할 것이다. 봇이 남길 유산을 고려해 우리는 모두 자신이 죽은 이후에 어떻게 기억되고 싶은지 스스로 선택할 기회를 가질 수 있다. 우리 삶의 어떤 측면이 미래에까지 남아 전달되어야 하는가? 우리 삶의 어떤 측면이 100년 후에도 사람들의 입에 오르내려야 하는가? 오히려 잊는 편이 나은 것은 무엇인가?

여태까지 미디어는 여러 발전 단계를 거쳤는데, 각 단계마다 고유한 기억의 형태가 만들어졌다. 머나먼 과거에는 동굴 벽화가 아주 중요했다. 그러다가 기억의 형태가 구전되는 이야기로 바뀌었다. 이야기는 입에서 입으로 전달되면서 조금씩 바뀌기도 했다. 글자가 만들어지면서 필기구를 사용할 수 있고 글을 쓸 수 있는 사람들이 이야기를 고정된 형태로 남기기 시작했다. 화가들은 이야기를 캔버스로 옮겼다. 15세기 중반 인쇄술이 도입되며 많은 이야기가 인쇄되어 널리 전달되었다. 어떤 이야기들은 여전히 구전되기도 했다. 인쇄 비용이 저렴해질수록 더 많은 이야기가 책으로 복사되었다. 곧 사진과 동영상이 등장했다. 디지털 시대에는 대부분의 경우 이야기를 직접 기록할 필요조차 없다. 우리가 사용하는 스마트폰이나 다른 기계가 자동으로 우리의 걸음, 이동한 곳, 위치, 우리가 말한 내용, 그리고 본 것 등 모든 것을 기록하기 때문이다. 우리의 기억과 삶의 이야기는 이제 디지털 공간이자 용량의 한계가 (거의) 없는 클라우드에 저장된다.

앞으로 우리는 자신의 존재와 행동을 전부 남기기 위해 일상의 모든 사소한 부분까지 기록으로 남기고 그것을 알고리즘에 읽혀서 자신의 성격을 그대로 복제하려 노력한 사람들을 만날 것이다. 우리는 캐나다에서 컴퓨터에 저장된 기억으로 살고 있는 한 사람을 만날 것이다. 모든 것이 데이터로 저장되고 있다는 사실을 아는 사람과 그의 영혼을 과연 현재 이곳에 존재하고 있다고 보아도 될까? 우리의 모든 기억이 전부 자동으로 저장된다면 어떤 일이 벌어질까? 기억을 저장하는 것은 그저 시대의 변화에 따른 새로운 기억의 형태일 뿐일까? 우리는 그것을 '기억 2.0'이라고 불러도 될까? 아니면 이것은 완전히 새로운 '영원한 현재'의 시작일까?

6장
잊고 싶지 않아

자기 자신을 잃어버린다는 것

"혁명이 일어날 것은 분명합니다. 이 세상의 점점 더 많은 사람이 그 혁명에 관여하게 될 겁니다." 이것은 희망에 찬 젊은 활동가나 향수에 젖은 계급 투쟁가가 아니라 실리콘밸리의 두 소프트웨어 개발자인 고든 벨과 짐 겜멜이 한 말이다. 두 사람은 이미 2010년부터 몇 년 지나지 않아 전 세계의 수많은 사람의 일상을 결정하게 될 것이 무엇인지 예측했다. "사람들은 자신의 삶을 더 많이 촬영하고 저장하게 될 것입니다."[20] 벨과 겜멜은 모든 일상을 자동으로 녹화하고 측정하는 이른바 '라이프로깅Lifelogging'에서 우리 인간의 존재를 뿌리부터 바꿀 기술을 보았다. 바로 그렇게 저장된 정보의 사용 가능성이 무한하다는 점이다. 스마트폰의 카메라와 마이크, 센서가 우리의 모든 데이터를 수집하고 각종 알고리즘으로 그 모든 데이터 중 필요한 것을 순식간에 검색할 수 있다. 말 그대로 토탈 리콜Total Recall, 완전 기억이다. 10여 년 전만 해도 벨과 겜멜의 유쾌한 상상이던 기술이 오늘날에는 손에 잡힐 듯 가까이 있다.

기술적인 도움으로 우리의 기억력을 증진한다는 아이디어는 어떻게 생겨났을까? 혹시 우리의 생물학적인 천성은 열등하고 기술적인 것과 기계적인 것이라면 뭐든지 뛰어나다고만 보는 시대정신은 아닐까? 21세기 사람들은 지난 세기 사람들은 아주 잘 했던 것, 즉 기억하는 일을 제대로 익히지 못한 게 아닐까? 우리의 조부모님이나 증조부모들이 얼마나 많은 이야기를, 시를, 그리고 노래 가사를 외우고 있었으며 책이나 가사를 보지 않고도 이야기를 전달하고 노래를 따라 부를 수 있었는지 다시 한번 떠올려 보아야 한다. 그분들에 비하면 오늘날 우리의 기억력은 한참 떨어진다. 손가락만 몇 번 움직이면 인터넷에서 뭐든 검색할 수 있고 심지어 직접 클릭할 필요도 없이 시리나 알렉사에게 물어보기만 하면 되는 시대에 살고 있는 우리는 더 이상 '사용하지 않을' 지식에 기억력을 할애할 이유가 없다. 그러나 자신만의 경험, 자기의 삶의 이야기는 다르다. 그것을 저장하고 검색할 공간은 없기 때문이다. 물론 페이스북이나 트위터에서 스크롤을 내리며 예전에 무슨 일이 있었고 무엇을 경험했는지 다시 살펴볼 수는 있다. 메신저의 대화 내용을 보면 우리가 다른 사람에게 어떤 말을 했고 그 사람이 어떻게 답변했는지를 정확하게 다시 읽을 수 있다. 하지만 이 글을 쓰고 있는 지금, 2020년까지도 우리가 총체적인 경험과 인생사를 저장하고 구축할 수 있는 통일된 장소는 없다. 애초에 그런 것이 왜 필요한가? 우리 인간은 수천 년 동안 생물학적인 기억과 함께 살아오지 않았는가? 이제 와서 생물학적인 기억을 도울 기술적인 도구가 필요할까?

21세기 사람들이 자신의 기억력을 신뢰하지 못하는 이유는 노벨경제학상을 수상한 심리학자인 대니얼 카너먼의 연구에서 찾을 수 있다. 카너먼은 사람들이 실제로 경험한 것을 나중에 다시 떠올렸을 때 기억이 얼마나 달라지는지를 연구했다. 그는 테드 강연에서 1990년대부터 환자들을 대상으로 진행한 고통 연구 결과를 보고했다. 실험 참가자들은 대장내시경을 받는 동안(당시에는 매우 고통스러운 과정이었다) 60초마다 자신의 고통이 어느 정도인지 평가해야 했다. A 환자는 검사 시간은 짧았지만 고통이 매우 강할 때 검사가 끝났다. 한편 B 환자는 검사 시간이 길었고 대부분 시간 동안 강한 고통을 느꼈으나 고통이 덜할 때 검사가 끝났다. 두 환자는 모두 자신이 겪은 고통의 평균 강도가 어느 정도였는지 보고했는데, 그 결과 A 환자가 B 환자보다 고통의 강도를 더 높게 평가했다. 고통 시간이 길었던 만큼 B가 더 고통스럽다고 느꼈을 거라는 예상과 다른 결과였다. 카너먼은 다음과 같이 결론지었다. 자신이 기억하는 내용을 실제 평균치보다 더 강하게 느끼는 이유는 마지막에 느낀 고통에 대한 기억과 관련이 있는데, 이 경우 B 환자가 마지막에 느낀 고통이 더 약했다. 이와 비슷하게 웅장하고 멋진 클래식 콘서트 막바지에 관중석에서 휴대전화가 울리거나 환상적인 휴가의 마지막 날 심한 독감에 걸려 앓아누우면 콘서트와 휴가에 대한 전반적인 기억이 실제의 경험보다 더 부정적으로 바뀐다. 독일의 배우 토마스 고트샤크는 45년간의 결혼생활 후 아내와 이혼했는데, 그때 독일 언론은 그들의 결혼생활이 '무너졌다'고 썼다. 45년이나 이어진 결혼생활도 마지막이 이혼으로 끝난다면 '무너졌다'는 평가를 듣는 것이다.

우리에게는 경험하는 자아와 기억하는 자아가 있다. 실제 경험은 같은 것일지라도 기억하는 자아와 경험하는 자아가 겪는 것은 다르다. 어떤 사건이나 경험의 마지막이 우리의 기억에 중요한 영향을 미친다는 사실은 카너먼이 다른 동료들과 함께 밝혀낸 수많은 기억 왜곡 현상 중 하나일 뿐이다. 우리는 이미 지난 수십 년 동안 수많은 연구 결과로 인간의 기억이 기록으로서 얼마나 신뢰도가 낮은지 알 수 있었으며, 그렇기 때문에 기억을 더 안전하고 풍부하게 만들 해결책으로 기술적인 도움을 추구한다. 그렇다면 우리는 왜 기억이라는 것을 그토록 가치 있게 여기는 걸까? 누군가가 우리의 기억을 의심하거나 지적하면 왜 기분이 나쁜 걸까? 왜 우리는 그토록 완고하게 우리의 기억이 맞는다고 우기고 또 때로는 기억을 반대로 기록하는 걸까?

어느 날 아침 잠에서 깼는데 자신이 여태까지 경험하고 듣고 보고 행동하고 생각하고 말한 것들이 더 이상 기억나지 않는다고 상상해보자. 그래도 우리는 자기 자신일 수 있을까? 여태까지와 같은 성격, 의견, 선호도, 관심사를 유지할 수 있을까? 같은 약점, 결핍, 허점을 갖고 있을 수 있을까? 그럴 수 없을 것이다. 그 모든 기억을 잃으면 우리는 더 이상 우리가 아니게 된다. 나 자신이 지금 여기에 의식을 가진 인간으로서 존재한다고 하더라도 나의 존재와 행동에서 비롯된 여태까지의 인생사가 없다면 나는 내가 아니다. 내가 누구인지, 더 자세히 말하자면 내가 나를 어떤 인간으로 생각하는지는 다른 누구도 아닌 나의 기억이 결정하는 것이다. 내가 겪은 모든 경험과 모든 사건이 나를 나로 만든다. 그래서 사람들이 기억을 잃거나 더 이상 기억을 믿지 못하게 된다면 치명적인 결과가 초래될 것이다.

독일인 중 약 200만 명, 전 세계인 중 약 5000만 명이 알츠하이머 혹은 치매를 앓고 있다. 알츠하이머나 치매까지는 아니더라도 기억력에 문제가 생긴 사람은 훨씬 많을 것이다. 그런 사람들은 기억력 감퇴가 알츠하이머의 전조 증상은 아닌지 불안해한다. 많은 사람이 알츠하이머나 치매에 걸렸을 때 혼자 거동하지 못하고 타인의 도움을 받아야만 한다는 점 때문에 그 질병을 두려워하는데, 사실 우리가 이런 질병을 두려워하는 이유는 돌봄이 필요하기 때문만은 아니다. 대부분 사람은 알츠하이머나 치매에 걸렸을 때 기억은 물론이고 자기 자신까지 잃어버릴까 공포를 느낀다. 치매를 뜻하는 Dementia는 라틴어에서 유래했는데, 원래의 의미는 영혼에서부터 멀어진다는 뜻이다. 즉, 영혼을 잃는다는 말과 같다. 물론 치매도 종류가 여러 가지이다. 또 치매 환자 중 대부분은 병이 상당히 진행된 다음에야 장기 기억을 잃는다. 일반적으로 기억력이 점점 감퇴하고 집중력이 떨어지며 사고력과 언어 능력이 부족해진다. 그러다 보면 결국 치매 환자는 자신의 인생에 대한 기억도, 사랑하는 사람들과 나눌 삶의 일화도 없는 사람이 되고 만다. 신학자이자 정신과 의사인 디트리히 리츨Dietrich Ritschl은 "우리는 자기 자신에 대해 설명할 수 있는 이야기다"라고 말했다. 그렇다면 중증 치매 환자의 병에 걸리기 전의 모든 기억을 저장한 인공적인 기억 데이터는 아직 살아 있지만 병상에 누워 더 이상 말도, 깊은 사고도 할 수 없는 환자 본인보다 나은 존재인가? 이것은 매우 어려운 질문이지만 앞으로는 이런 질문을 던지는 사람들이 훨씬 많아질 것이다. 만약 어떤 사람의 모든 삶의 기억과 기록이 음성이나 영상 데이터뿐만 아니라 개인화된 봇으로 만들어져 그 사람의 목소리로 말할 수 있다면, 즉 그 사람이 디지털 클론으로 '부활'해서 인간만이 할 수 있는 모든 표현을 할 수 있게 된다면 앞선 질문은 더욱 어려운 것이 된다. 디지털 클론은 중병에 걸린 사람의 성격을 그대로 갖고 있다고 볼 수 없는 걸까? 아니면 적어도 병에 걸리기 전까지의 성격을 나타낼 수 있는 걸까? 인간의 성격이란 필수적으로 신체와도 연결된 것일까? 만약 그렇다면 인간이라는 존재는 질병을 기점으로 극단적으로 변할 것이다. 디지털 클론은 어떤 개인의 성격을 그대로 보여주는 반면 그 사람 본인에게서는 더 이상 '원래의' 모습을 찾아볼 수 없다면 어떤 일이 벌어질까? 디지털 클론은 필연적으로 그 사람의 '과거'만을 비춘다. 치매 환자 대부분은 시간이 지날수록 기억이 점점 더 많이 사라지고 표현력이 줄어들고 행동을 계획하거나 제어할 능력이 감소하여 애를 먹는다. 신체가 없는 디지털 클론이 환자의 성격을 그대로 보여주고 인생 이야기를 들려줌으로써 그의 가족과 친구들에게 위로가 될 수 있는지, 혹은 치매 환자 본인의 기억력을 보조하는 데 도움이 될 수 있는지는 현재로서는 예측밖에 할 수 없으며 그렇기 때문에 논쟁 또한 뜨겁다. 한 가지 확실한 점은 가족 중에 치매 환자가 있는 많은 사람이 환자의 의식에 큰 관심을 갖고 있다는 것이다. 심각한 치매 환자도 웃는 표정이나 팔을 꽉 잡는 행동 및 다른 비언어적 반응을 보일 수 있다. 사람의 심장이 뛰는 한, 그 사람이 숨을 쉬는 한, 그 사람의 영혼이 완벽한 기억을 가진 디지털 클론이 아닌 신체 안에 있다는 것은 의심할 여지가 없다. 그렇다면 사람이 죽은 이후에는 어떨까?

우리는 영화감독이므로 기억의 작동 방식을 영화 촬영에 빗대어 설명해보겠다. 촬영이 끝나면 우리는 모든 테이크(장면)의 원본을 하드디스크에 저장한다. 나중에 관객들이 보는 영화는 우리가 찍은 촬영분의 일부분일 뿐이다. 편집 과정에서 각 장면은 언제든지 바뀔 수 있다. 우리는 많은 장면을 들어내거나 다른 것 혹은 비슷한 것으로 대체하거나 관객들에게 들려주고 싶은 이야기에 더 잘 맞는 장면으로 바꾼다. 경우에 따라서는 이야기의 진행에 별로 중요하지 않다고 생각해 어떤 장면을 완전히 삭제하기도 한다. 그렇게 편집에 몰두하다 보면 어느 순간 프로듀서가 편집실에 들러 편집 상태를 확인하고 우리에게 자신의 의견을 들려준다. 프로듀서의 말을 듣고 그 전까지는 중요하지 않다고 생각했던 장면을 다시 영화에 삽입하는 일도 있다. 영화를 어떤 장면으로 채우는지에 따라 전체적인 서사가 달라진다. 등장인물들의 성격이 어떻게 형성되고, 그 결과 그들이 어떤 행동을 하는지 등이 달라지는 것이다. 우리가 감독으로서 만들어내는 장면이 삶으로 치자면 기억이다. 기억은 우리에게 삶의 전반적인 이야기를 들려준다. 다만 영화는 개봉하고 나면 더 이상 (일반적으로는) 편집이 불가능하다. 반면 나의 삶을 구성하는 기억은 내가 죽고 나서도 다른 사람들에 의해 계속해서 편집되고 이야기된다. 말하자면 나를 아는 사람들이 감독, 공동 프로듀서, 배급사여서 내 이야기를 편집하고 전달한다. 그러다가 더 이상 나를 기억하는 사람들이 없어진다면 내 삶의 이야기도 거의 대부분 사라질 것이다. 나의 기억은 내가 살아 있는 한 내 머릿속 편집실에서 매일, 매 시간, 매 분마다 새롭게 구성되어 나만의 이야기를 만든다.

잘못된 기억

우리 인간은 이야기의 형태로 된 정보를 특히 잘 기억할 수 있다. 세계 기억력 선수권 대회에 출전하는 사람들은 몇 페이지나 이어지는 긴 숫자를 외울 때 머릿속에서 숫자를 단어나 그림으로 바꾸거나 판타지 소설처럼 구성해 기억한다고 한다. 다른 형태로 바꿔서 '저장했던' 숫자를 대회장에서는 다시 원래의 숫자로 바꿔 말하는 것이다. 다른 형태로 바꾸지 않고서는 그 많은 양의 숫자를 외우기가 어렵기 때문이다.

우리는 기억을 퍼즐처럼 구성한다. 처음에는 전체적인 인상이나 이미지를 떠올린다. 그러면서 차츰 빈칸을 채워서 기억의 퍼즐을 맞추는 것이다. 그런데 우리는 기억의 조각이 자기가 직접 경험한 것인지 아니면 책이나 사진, 영화, 단순한 선입견이나 어디선가

들은 설명 때문에 알고 있는 것인지 전혀 의식하지 않는 일이 잦다. 그래서 사람들이 일어나지도 않은 일의 상세한 내용을 전부 기억한다고 말하거나 아무런 죄가 없는 사람을 범죄 용의자로 지목하는 일도 흔히 발생한다. 구금된 용의자가 무죄라는 사실이 나중에 밝혀지더라도 목격자들은 자신이 왜 상황을 잘못 기억하고 있었는지를 설명하지 못한다. 증언을 할 당시의 목격자들은 발생한 것으로 추정되는 범죄와 용의자를 꽤 정확하게 기억하고 있었기 때문이다.

이런 현상을 심리학자들은 언어의 음영 혹은 언어적 뒤덮기 Verbal overshadowing[21]라고 한다. 자신이 설명하는 내용이 마치 실제 사실인 것처럼 기억을 뒤덮는 현상이다. 타인에게 어떤 경험이나 체험에 대해 설명할 때마다 우리의 기억은 설명에 따라 조금씩 바뀐다. 우리 뇌는 기억 자체보다 사건을 설명하는 내용에 의존하는 것을 더 쉽게 여기기 때문이다. 이것은 이야기가 구전되며 조금씩 변하는 것과 비슷하다. 어린이들이 하는 놀이 중에 옮겨 말하기라는 것이 있다. 어떤 단어를 다음 사람의 귀에 속삭이는 식으로 전달해 마지막 사람이 단어를 그대로 맞추는 놀이인데, 중간에 단어를 제대로 이해하지 못하는 구성원이 있다면 단어가 바뀌기도 한다. 이처럼 같은 경험을 설명할 때마다 매번 기억에 새로운 내용이 더해지기 때문에 우리가 실제 경험한 것과 기억이 달라질 수 있다. 이런 현상으로 인해 훨씬 나쁜 일이 벌어지기도 한다.

사람들은 모든 사고의 오류, 왜곡, 편견에 저항력이 없다. 개인의 기억만큼 철저하게 검사하기 어려운 것도 없는 만큼 오류, 왜

6장 잊고 싶지 않아

곡, 편견이 발생하기 쉽다. 우리는 자기 자신을 평균보다 더 친절하고 똑똑하고 매력적이고 그 외에도 장점이 많은 사람이라고 생각한다. 이런 생각을 품고 세상으로 나간 우리는 (그리고 나뿐만 아니라 다른 사람들도 같은 생각을 품고 세상에 나왔을 것이다) 행동과 경험을 할 때 내 생각이 옳다는 것을 증명할 근거를 찾는다. 즉, 내가 얼마나 친절하고 똑똑하고 매력적인 사람인지를 증명하고자 한다. 반대로 말하면 모든 타인이 나에 비해 친절하지도 똑똑하지도 매력적이지도 않다는 증거를 찾는다는 말이다. 우리 인간은 편파적이다. 우리가 이미 믿는 것, 기대하는 것이 무엇이든 그것이 더 빨리 증명되었다고 본다. 앵커링 효과Anchoring effect•에 따라 우리는 처음 인식한 사건이나 그 기억에 의존한다. 또한 인상이 좋거나 매력적인 사람을 선입견을 갖고 평가하기 쉬운데, 사회심리학자들은 이를 후광 효과Halo effect••라고 부른다. 우리는 호감이 가거나 마음에 드는 사람이 하는 행동을 호감이 전혀 없는 사람이 하는 행동보다 더 좋게 평가한다. 이런 오류가 고착화되면 어느새 자기가 특정한 사건을 예상했다고 잘못 생각하게 된다. 그래서 우리는 자주 이렇게 말한다. "그럴 줄 알았어."[22]

인간의 사고의 오류와 왜곡, 편견에 관한 여러 효과를 늘어놓

• 처음에 인상적이라고 느낀 내용이 각인되어 그 다음에 얻는 정보나 사실은 편파적으로 받아들이는 것을 말한다.

•• 예를 들어 외모가 매력적인 사람의 지적 능력이나 업무 능력을 더 좋게 평가하는 것처럼, 상대방의 한 가지 특성이 다른 특성을 평가하는 데도 영향을 미치는 것을 말한다.

자면 아마 몇 페이지는 할애해야 할 것이다. 간략하게 설명하자면 우리의 기억뿐만 아니라 사건에 대한 인식 자체도 왜곡되어 덧씌워질 수 있다. 그래서 우리는 완벽하게 객관적이기 어렵다. 계속해서 덧씌워질수록 기억은 점점 더 왜곡된다. 우리가 전혀 의식하지 못했던 소망이나 불안, 편견, 자기기만 등이 우리의 기억을 현실과 더욱 멀어지게 만들기 때문이다.

컴퓨터 기억

오류와 왜곡에 매우 취약한 우리의 기억을 외부 알고리즘으로 확장하려는 노력은 당연한 결과다. 외부 알고리즘에 의한 기억이란 단순히 스마트폰의 사진 앨범이나 페이스북 계정의 타임라인이 아닌, 대용량 저장소에 우리의 기억을 '전부' 저장한 컴퓨터 기억을 말한다. 우리가 여태까지 경험하고 보고 듣고 읽은 모든 것을 데이터로 저장하고 그 내용을 단 몇 초 만에 검색해 다시 찾을 수 있다면 어떨까? 이런 기술을 메멕스Memex˚라고 한다. 마치 21세기가 되어서야 고안되었을 기술이라고 생각되지만, 사실 이 기술이 언급된 지는 꽤 오래되었다. 제2차 세계대전이 끝난 직후 미국의 엔지

˚ Memory extender. 세상의 모든 정보를 저장해 필요할 때 검색으로 정보를 찾을 수 있는 기술이다. 이 기술로 인간의 기억을 무한대로 확장할 수 있다.

니어 버니바 부시Vannevar Bush가 메멕스의 기본 아이디어를 떠올렸다. 부시는 잡지에 사람의 기억처럼 여러 정보를 결합해 '기억하는' 기계에 관한 아이디어가 담긴 글을 기고하였다. 도서관에서는 색인으로 원하는 책이 있는 서가를 찾을 수 있다. 우선 '소설' 혹은 '전문 서적' 같은 상위 범주를 찾고 각 주제별로 분류된 하위 범주를 찾은 다음, 책의 제목이나 작가 이름의 첫 글자를 찾아간다. 부시는 1945년에 이와 비슷하게 기억할 수 있는 기계, 즉 사람의 뇌처럼 서로 연관이 있는 정보를 같이 묶어서 기억하는 기계를 고안했다. 이 아이디어에서 파생된 것이 바로 오늘날 월드 와이드 웹의 근간이 되는 하이퍼텍스트다. 부시가 고안한 메멕스는 전기공학과 마이크로필름 기법의 도움으로 투명한 스크린에 내용을 저장하고 언제든 불러올 수 있는 책상 형태였다. 인간이 생각할 수 있는 모든 데이터가 외부 기억 장치에 저장 및 정리되고, 관련이 있는 정보와 함께 언제든지 곧바로 소환되어 화면에 나타나는 것이다. 심지어 인간의 기억과 달리 메멕스에 저장된 기억은 흐려지지 않는다.

부시의 아이디어 중 많은 것이 PC나 인터넷이 개발되면서 다시금 주목받았다. 하지만 외부 기억 저장 장치라는 아이디어가 실현되기까지는 50년이 넘는 세월이 걸렸다. 마이크로소프트 리서치 랩이 진행 중인 '마이라이프비츠MyLifeBits'라는 연구 프로젝트가 있다. 이것은 2001년부터 소프트웨어 개발자인 고든 벨의 삶 일거수일투족을 모두 녹화하여 그에 관한 모든 정보를 저장하는 프로젝트다. 벨은 센스캠SenseCam이라는 소형 카메라를 몇 년 동안이나 자신의 목에 달고 생활했다. 이 카메라는 벨이 만나는 모든 사람의 체온을 측정하고 매 30초마다 상대방의 사진을 찍었다. 그 외에도 벨이 지나다니는 모든 길, 방문하는 장소, 사람들과 나누는 대화, 그가 듣는 음악, 먹는 음식 등이 그의 디지털 메멕스에 저장되었다. 2000년대 초반에 시작된 것 치고는 대단히 획기적인 프로젝트였다. 자동으로 사진을 찍고 저장 공간에 전송하는 센스캠은 이제 더 이상 제 역할을 수행할 수 없다. 대신 오늘날 스마트폰이 센스캠의 역할을 대신한다. 카메라는 물론이고 마이크, 센서, GPS 기능이 달린 스마트폰은 자동으로 모든 정보를 수집할 뿐만 아니라 사용자가 해당 기능을 꺼두지 않은 한 대개의 경우 그 정보를 클라우드에 저장한다.

생각해보면 우리는 이미 스마트폰을 기억 저장소로 사용하고 있지 않은가? 필사적으로 기억해내려 해도 도무지 기억이 안 나는 내용들, 이를테면 영화 〈그녀〉에서 주인공이 사랑에 빠진 컴퓨터 목소리의 이름이 무엇인지(사만다), 2001년 9월 11일은 무슨 요일이었는지(화요일), 어떤 연예인이 유명한 광고에서 말한 대사가 무엇이었는지 등을 알기 위해서는 구글에 검색하거나 시리에 물어야 한다. 로마 여행을 가서 예전에 맛있게 먹었던 튀긴 아티초크를 파는 그 음식점에 또 가고 싶다는 생각이 들 때 스마트폰 지도를 열어 로마를 찾으면 작은 하트로 표시된 음식점을 금방 찾을 수 있다.

우리는 이미 스마트폰을 부시가 1945년에 고안한 메멕스처럼 쓰고 있지 않은가? 다만 우리의 메멕스는 책상 형태가 아니라 주머니에 쏙 들어가는 작은 계산기 형태다. 스마트폰은 점점 더 우리의 외부 기억 장치로 변하고 있다. 그럼에도 아직까지는 스마트폰을 사용하면서 발생하는 모든 데이터를 저장하고, 무한하게 저장된 삶의 기억 속에서 '서핑'하는 사람들이 많지 않다. 그 '책임'은 기술의 진보 상태가 아니라 메신저와 인터넷 검색 엔진(구글 등), 내비게이션(구글 지도 등의 지도 앱), 소셜 미디어(페이스북, 인스타그램, 트위터 등), 카메라(사진 앱), 음악(스포티파이 등), 쇼핑(아마존 등 전자상거래 앱), 동영상 스트리밍(유튜브, 넷플릭스 등)을 비롯한 여러 서비스에 있다. 이 모든 서비스가 각기 다른 기업에 속해 있는 바람에 우리의 데이터는 뿔뿔이 흩어져 서로 다른 공간에 저장된다. 유럽에서는 법에 따라 이와 같은 서비스를 제공하는 모든 업체가 사용자의 데이터를 복제하거나 저장하기 전에 사용자에게 그 사실을 알리고 동의를 얻어야 한다.

우리가 만난 토론토 출신의 앤드루 또한 구글을 비롯한 여러 대기업의 서비스를 매일 이용하면서 자신의 데이터를 기업들에게 넘겨주고 있었다. 그가 인터넷에서 검색하는 내용, 내비게이션에 입력하는 장소, 소셜 네트워크에 올리는 포스트, 그곳에서 누르는 '좋아요', 그가 공유하거나 다른 사람이 그와 공유한 사진과 동영상이 데이터로 남는다. 이 책의 저자인 우리 두 사람과 마찬가지로 밀레니얼 세대에 속하며 아주 어린 시절에만 인터넷 없이 살았었던 앤드루는 한 걸음 더 나아가기로 결심했다. 그는 15년 이상 전부터 일상생활의 모든 활동을 녹화했다. 어디를 가든, 누구를 만나든, 무엇을 먹든, 메신저로 어떤 대화를 하든, 어떤 음악을 듣든, 어떤 책을 읽든, 어떤 영화를 보든 하루 24시간, 1년 365일을 기록으로 남겼다. 몇 년 전부터 자신의 모든 데이터를 남긴 앤드루는 디지털 클론을 만들 최적의 후보군이다. 디지털 불멸성을 내세우는 기업들이 원하는 것이 바로 방대한 양의 데이터이기 때문이다. 알고리즘에 입력할 데이터가 많을수록 디지털 클론 또한 훨씬 정교해진다. 그렇다면 앤드루는 대체 왜 자신의 일상을 데이터로 남기는 걸까? 우리는 그를 찾아 토론토로 날아갔다. 그가 누구인지, 도대체 왜 모든 데이터를 남길 생각을 했는지 알고 싶었다. 자신의 삶을 전부 녹화해 외부 기억으로 남겨놓겠다고 결심한 이유는 무엇일까? 앤드루 또한 불사신이 되어 디지털 클론으로서 계속 살아가고 싶은 걸까?

삶을 저장하다

우리는 여행 계획을 세우면서 앤드루가 어떤 사람인지를 살짝 파악했다. 앤드루는 그 어떤 것도 우연에 맡기지 않는다. 처음에는 친절한 집주인이 초대한 손님들을 환영하는 것 같던 말들은 곧 꼼꼼하고 엄격한 요구사항으로 바뀌었다. 우리는 최대한 꾸밈없는 상황에서 자연스럽게 앤드루를 만나 그가 자신의 모든 삶을 기록하고 저장하기로 결심한 동기를 묻고 싶었지만 앤드루는 마치 우리가 만나서 나눌 대화를 처음부터 끝까지 미리 정해놓은 것처럼 굴었다. 편안한 만남이 되었어야 할 우리의 약속은 부자연스럽고 딱딱한 인터뷰 요청으로 전락했다. 우리가 잘못한 걸까?

아무튼 우리는 복잡한 심정으로 캐나다로 향했다. 앤드루는 토론토에서도 젊은이들이 많은 '힙한' 동네에 살고 있었다. 앤드루의 집을 찾아갔다. 문이 열리고 눈앞에 나타난 사람은 만면에 부드러운 미소를 띤 덩치가 크고 활발해 보이는 사람이었다. "만나서 반갑습니다!" 앤드루가 우리를 먼지 한 톨 없이 정돈된 거실로 안내한 다음 꽤 괜찮은 커피를 내주었다.

곧 앤드루가 몇 년 전에 방문한 적이 있다는 베를린에 관한 이야기로 분위기가 무르익었다. 그는 베를린이 매우 마음에 들었다고 말했다. 이렇게 깔끔하고 정돈된 것을 좋아하는 사람이 정신없고 산만한 도시인 베를린을 좋아한다고? 우리는 속으로 생각했다. 어쩌면 우리가 여행을 준비하면서 스카이프로 먼저 만났던 앤드루의 첫인상이 잘못된 것이었는지도 모른다. 우리는 앤드루와 잠시 이야기를 나눈 것만으로도 그가 세상을 바라보는 관점이나 영화와 책에 보이는 관심이 우리 두 사람과 비슷하다는 것을 알았다. 아마 알고리즘은 우리를 같은 성격의 카테고리로 분류할 것이다. 하마터면 눈앞에 앉아 있는 남자가 삶의 모든 순간을 녹화하는 사람이라는 사실까지 잊을 뻔했다. 어쩌면 우리는 벌써 그의 메멕스로 가는 입구를 찾은 것인지도 몰랐다. "저는 제 모든 개인적인 이야기와 생각, 그리고 아이디어를 한 곳에 저장하고 싶어요. 뭔가 기억하고 싶을 때마다 간단하게 메멕스를 열어 검색하기만 하면 모든 정보가 거기에 모여 있을 테니까요." 앤드루가 말했다. 기계의 도움이 필요할 정도로 기억력이 나쁜 걸까? 그렇게 묻자 앤드루는 아니라고 답했다. "때로는 뇌의 너무 깊은 곳에 있어서 도무지 꺼낼 수 없는 기억들도 있잖아요. 이 모든 정보와 데이터로 가는 링크를 메멕스가 갖고 있으면 저는 머릿속 어딘가에 있지만 떠오르지 않는 기억이 필요할 때마다 기계를 사용하면 돼요"라고 그가 덧붙였다. "예를 들어 누군가가 나에게 제3자를 소개시키고 이름을 알려줬다고 칩시다. 그러면 저는 메멕스를 보고 어디선가 만난 적이 있는 인물인지 찾아볼 수 있어요. 벌써 누군가가 나에게 소개한 적이 있는 사람인지, 아니면 내가 기사나 다른 글에서 접한 적이 있는 사람인지, 어디선가 우연히 만난 적이 있는 사람인지 알 수 있죠. 만나는 사람들의 이름을 전부 외울 필요가 없어요. 메멕스에 저장하고 필요할 때마다 찾아보면 되니까요." 알고리즘으로 작동하는 기억 기계에 넣을 데이터를 모으기 위해 몇 년 동안이나 삶의 일거수일투족을 녹화하는 사람이 있다는 말을 들으면 많은 이가 연구에만 몰두하는 '너드'를 떠올리겠지만 앤드루는 그런 사람이 아니었다. 그는 숫자나 코드에만 관심을 보이는 사람과는 거리가 멀었다. 오히려 정반대의 인물이었다. 30대 중반인 앤드루는 키가 거의 2미터에 달한다는 점만 빼면 편한 옷을 입고 자전거를 타고 토론토 시내를 가로지르는 여느 사람들과 똑같았다.

카메라 인터뷰를 진행할 때 앤드루는 연신 말을 멈추고 자신이 한 말을 정정하며 무척 긴장한 모습을 보였다. 밝은 파란색인 그의 두 눈은 놀라움과 두려움과 경계심이 뒤섞인 것처럼 빛났다. 카메라를 끈 지 오래 됐어도 앤드루의 경계심은 가라앉지 않았고 우리는 좀처럼 본론으로 들어가지 못한 채 영화, 앤드루의 호주 여행, 농구에 대한 애정, 그가 살면서 먹은 부리토의 수처럼 메멕스에 저장했을 법한 일상적인 이야기만 나누었다. 지금 그때의 일을 글로 쓰면서 우리는 앤드루가 우리와 얼마나 비슷한 부류의 사람인지

새삼 깨달았다. 통제하기를 좋아하고, 타인이 자신과 자신의 행동을 어떻게 생각하는지 신경 쓰지 않는다. 그것은 우리가 앤드루보다 아주 약간 더 잘 할 수 있는 일들이다. 어떻게 보면 약점일 수도 있는 특성이지만 우리는 그래서 영화감독을 꿈꿨다. 영화감독은 직업상 촬영장에서 일어나는 일들, 사람들이 카메라 앞에서 하는 행동, 대사, 말하는 방법, 드러내는 내용 등을 통제하는 역할을 한다. 어쩌면 앤드루 또한 그런 기질 때문에 자신의 모든 행동과 만나는 모든 사람의 모습을 녹화해서 나중에 언제든 중립적인 관찰자의 시선으로 영상을 다시 볼 기회를 만든 게 아닐까? 메멕스에 저장한 데이터를 마치 데이터 분석가 같은 시선으로 보려는 것이 아닐까? 우리가 자신을 이상한 사람이라고 생각하는 것처럼 보였는지, 앤드루는 눈짓을 하며 이렇게 말했다. "제 친구들이 제 정신이 온전하고 건강하다는 걸 증명할 수 있을 거예요." 그는 인터뷰를 진행하면서 여러 차례 "저는 항상 그랬어요"라고 말하기도 했다. 그는 지난 15년간의 삶을 컴퓨터 기억으로 저장했다. 그렇다면 왜 15년간의 삶만 저장했을까? 어렸을 때는 자유교회* 공동체에 속해 있었기 때문일까? 종교에서 벗어나면서 신이 보내는 인도의 시선을 메멕스로 대체했기 때문일까?

앤드루의 여자 친구인 미갈은 메멕스에 대해 과연 어떻게 생각할까? 두 사람은 2009년부터 만나고 있다. 트위터를 통해 알게

• 침례회, 독립 루터회 등 국가 지배에서 벗어난 신교 분파를 말한다.

되었다고 한다. "처음에는 앤드루가 모든 행동을 촬영하는 데 열중하는 게 마음에 안 들었어요. 예를 들어 여행을 가거나 여태까지 본 적 없는 경치가 좋은 곳에 갔을 때조차 촬영에만 집중하더라고요. 그런데 생각해보면 요즘 사람들은 어차피 다 자기 스마트폰만 보기 바쁘잖아요. 그래서 더 이상 신경이 안 쓰여요." 미갈이 말했다. 앤드루는 우리에게 두 사람이 막 사귀기 시작하고서 함께 갔던 런던 여행 이야기를 들려주었다. 그는 연신 미갈의 인내심을 강조하며 칭찬했다. "하루만에 42킬로미터를 걸었어요." 그는 메멕스 덕분에 어디를 돌아다녔는지, 그러면서 어떤 대화를 나눴는지 전부 알 수 있다. 삶을 기록하고 자기 자신을 탐구하는 모습은 미갈이 앤드루를 사랑하는 이유 중 하나다. "메멕스에서 마음에 들지 않는 건 딱 하나예요. 저와 앤드루가 싸울 때 제가 옳다는 걸 증명하려고 메멕스를 이용할 수 없다는 것뿐이죠." 미갈이 말했다. 앤드루와 미갈은 메멕스를 마치 이혼 소송의 판사처럼 활용하지 않기로 약속했다. 만약 그렇게 약속하지 않으면 어떤 일이 벌어질지는 불 보듯 뻔하다.

우리는 두 사람과 그들의 집에서 몇 블록 떨어진 공원으로 산책을 갔다. 해가 기울어져 모든 것을 금빛으로 물들이고 있었다. 앤드루와 미갈에게 마지막으로 이 공원에 온 적이 언제인지 묻자 미갈은 반사적으로 앤드루를 쳐다보았다. 앤드루는 아까부터 휴대전화를 손에 들고 메멕스를 켜고 있었다. 그는 곧바로 마지막으로 공원에 왔던 날짜와 시간, 그때의 날씨를 불러왔다. 그때 두 사람은 공원에서 한 시간 정도 책을 읽었다고 한다. 책의 제목과 내용 또한 메멕스에 저장되어 있었다. 책을 읽은 다음 나눈 대화나 그때 공원에서 나눴던 이야기는 언급하지 않았다. 미갈이 말했다. "앤드루는 1년에 책을 수백 권 읽어요. 아주 호기심이 많거든요." 그러면서 앤드루에게 애정 어린 시선을 보냈지만, 앤드루는 메멕스를 검색하느라 미갈을 보지 못했다. "공원에서 책을 읽은 다음 제목과 내용을 기억하려면 메멕스에서 공원에서 읽은 책을 찾거나, 화창한 날에 읽은 책을 찾으면 돼요. 책을 읽으면서 헤드폰으로 듣고 있었던 노래 가사를 기억하고 있다면, 메멕스에서 노래 가사를 찾으면 그 노래를 들으면서 읽은 책을 알 수 있죠. 메멕스는 사람의 뇌처럼 작동해요. 관련성이 있는 정보를 결합하죠. 이미 한 번 갔던 적이 있는 베를린에 다시 방문한다면 메멕스에서 예전에 갔던 모든 장소를 찾을 수 있어요. 휴대전화를 꺼내서 내가 지금 서 있는 길모퉁이에 예전에도 왔던 적이 있는지, 만약 그렇다면 누구와, 무슨 요일에, 몇 시에 왔으며 상대방과 무슨 대화를 나눴는지 알 수 있죠. 또 그 장소에서 찍은 사진도 찾을 수 있어요. 그리고 몇 년 전에 친구가 추천한 레스토랑 근처를 제가 우연히 지나고 있으면 메멕스가 그 사실을 상기시켜 주기도 해요. 메멕스에 저장되는 모든 정보에는 타임스탬프*가 찍혀 있어요. 그래서 그 데이터가 정확히 언제 저장되었는지 알 수 있죠. 그게 모든 것의 근본이에요." 앤드루가 설명했다.

---

* 어느 시점에 데이터가 존재했는지를 증명하려고 특정한 위치에 표시하는 시각.

미같은 정치에 적극적으로 참여하는 편이다. 구글의 모회사가 진행 중인 여러 계획에 반대하는 단체에 가입했는데, 그 계획 중 하나는 토론토를 기술 집약적인 미래 도시로 만들려는 것이다. 거기에는 물론 완벽한 감시 시스템도 포함된다. 앤드루는 미같이 적극적인 활동에 나서는 것을 지지하며 존경스럽다고 생각한다. 앤드루 자신이 직접 활동할 시간이 없기 때문이다. 이미 오래 전부터 메멕스가 앤드루의 평생의 프로젝트가 되었기 때문에 메멕스에 흠뻑 빠져 있을 수밖에 없다.

그는 때때로 학창시절로 돌아가기도 한다. 당시의 데이터를 기반으로 10대 시절의 자신을 챗봇으로 프로그래밍 했으며 지금도 가끔씩 그 챗봇과 어린 시절의 불안에 관한 이야기를 나눈다. 어쩌면 그는 수십 년 전부터 심리학적 조언이 담긴 여러 책과 심리 치료의 핵심적인 행동 양식을 체득하고 있는 것이 아닐까? 자기 자신을 거울에 비추듯이 바라보고, 모범적인 기준을 세우거나 지나친 속박을 벗어던지라는 식의 말은 앤드루처럼 자기 자신을 빅데이터로 만들려는 사람들에게 가장 알맞은 조언 아닐까? 우리는 개인의 데이터가 심리 치료 목적으로 쓰일 때의 잠재력이 어마어마하다는 사실을 직감적으로 깨달을 수 있었다. 앤드루와 다른 연구자들이 정신의학과의 기나긴 대기자 명단에 이름을 올리고 언제 진료를 받을 수 있을지조차 모른 채 하염없이 기다리거나 심지어는 정신과에 갈 수조차 없는 전 세계의 많은 사람을 도울 방법을 벌써 몇 년 전부터 스스로 실험하고 있었다니 다행스러운 일이다. 그 방법이란 자기 자신을 인식하고 더 잘 이해하는 것이다. 아마도 앤드루는 벌써 미래 사람들의 모습을 보여주고 있는지도 모른다. 미래의 사람들은 당연하게 자신에 대한 모든 정보를 저장해두었다가 자신의 행동을 돌이켜보고 주변과 어울리고 사회적으로 더 붙임성 있는 사람이 되기 위해 사용할 것이다.

자신의 행동과 경험을 타인의 행동과 경험에 비추어보고 그것을 바탕으로 자기의 목적을 관찰 및 개선하는 것은 이미 우리가 다른 사람과 관계를 맺을 때마다 항상 하던 일이다. 그것은 지능의 특성이기도 하다. 그렇다면 자기 자신을 늘 관찰하고 돌이켜보는 일을 더 쉽게 하기 위해 기계의 도움을 받지 않을 이유가 없다. 인간의 기억이 그리 신뢰도가 높지 않고 언제든 왜곡될 수 있다면 앤드루처럼 메멕스 같은 기계로 기억을 옮겨두는 편이 자기 인식을 발전시키는 데 더 도움이 되지 않을까? "저는 제가 경험한 것을 모두 기억하고 매우 포괄적인 디지털 시선으로 저 자신을 바라보는데 성공했어요." 앤드루가 말했다. 가장 큰 도전 과제는 '남들에게 말하지 않은 채로 혼자 간직했을 생각과 꿈까지도 기억에 통합하는 것'이라고 한다. 앤드루는 현재 많은 사람이 의식하지 못하고 있지만 '스스로 인식할 수 없지만 알고리즘은 인식할 수 있는' 데이터가 매 순간마다 저장되고 있다고 덧붙였다. 빅데이터만이 그 데이터에서 규칙을 찾아낼 수 있으며 그 데이터로 '진짜' 자신이 누구인지 알 수 있다.

데이터는 거짓말을 하지 않는다

미국의 데이터 과학자인 세스 스티븐스 다비도위츠는 몇 년 동안 구글에서 일한 적이 있으며 《모두 거짓말을 한다》라는 책을 써서 베스트셀러 작가가 되었다. 이 책은 검색 데이터를 기반으로 숨겨진 욕망과 진실을 밝히는 책이다. 데이터는 이른바 '디지털 자백약 Digital truth serum'이다. 검색 엔진은 물론 포르노 웹사이트에서 수집되는 데이터는 우리 인간의 진짜 모습이 무엇인지를 보여주는 '혁신'이다. 다비도위츠는 앞서 언급한 책에서 "빅데이터는 우리가 마침내 사람들이 원한다고 말하는 것이나 한다고 말하는 것이 아닌 실제로 원하는 것과 실제로 하는 행동을 보여준다"고 전했다. 그는 수많은 예시를 들며 우리 인간이 자신의 의견, 사고방식, 태도 등으로 타인은 물론 자기 자신까지도 속이고 있다고 말했다. 미국에 행동과학의 바람이 불기 시작한 20세기 초반까지만 하더라도 이런 내성법Introspection*은 꿈같은 일이었다. 행동주의의 창시자 중 한 명으로 유명한 존 왓슨John. B. Watson은 자신의 저서 《행동주의 Behaviorism》에서 "심리학의 가장 유용한 출발점은 자기 자신이 아니라 이웃의 행동을 관찰하고 연구하는 것이다"라고 설명했다. 만약 왓슨이 자기 자신의 내면을 들여다보지 않고도 자신의 행동을 타인의 관점에서 관찰할 수 있는, 그가 말했듯이 이웃을 관찰하듯

---

* 자신의 정신적, 심리적 상태를 스스로 관찰 및 분석하는 자아 성찰 방식이다.

바라볼 수 있는 앤드루의 메멕스를 보았다면 뭐라고 말했을까? 행동주의 지지자들에게 '성격'이란 오직 관찰 및 연구 가능한 행동으로만 드러나는 것이다.

　행동주의 지지자들의 생각이 빅데이터의 시대에 의미하는 바는 무엇일까? 빅데이터 시대에는 사람을 직접 만날 필요가 없다. 말을 나눌 필요도 없다. 그럼에도 그 사람이 스마트폰을 사용하면서 남긴 데이터만으로 그의 대략적인 성격을 알 수 있다. 2015년 1월 중순, 유럽과 북미의 유력 일간지에 '페이스북 '좋아요' 300개만 있으면 사람의 성격을 그의 배우자보다 더 잘 알 수 있다'라는 제목의 기사가 실렸다. 이것은 스탠포드 대학교와 케임브리지 대학교의 연구진이 지원자 8만6000명을 대상으로 조사한 결과다. 사람들이 페이스북에서 '좋아요'를 누른 기록을 분석하면 그 사람의 성격을 잘 알 수 있다는 것이다. 기준은 다음과 같다. '좋아요' 70개만 있으면 페이스북이 그 사람을 그의 직장 동료보다 더 잘 아는 데 충분하다. '좋아요' 150개만 있으면 그 사람을 그의 가족보다 더 잘 아는 데 충분하다. 더 많은 '좋아요' 데이터가 있으면 페이스북이 나의 주변 사람들보다 내 성격을 더 잘 아는 셈이다. 그 이후 벌어진 케임브리지 애널리티카 정보 유출 사건, 트럼프의 대선 승리, 브렉시트 등 수백만 명의 대중이 현혹된 사건 뒤에는 비슷한 원리가 숨어 있다. 바로 심리측정학Psychometrics이다. 심리학의 한 분야인 심리측정학은 사람의 성격을 특정하는 테스트와 측량법을 연구하는 학문이다. 오늘날 이 분야의 대부분 테스트는 소위 오션OCEAN 모델이라고도 불리는 빅 파이브 성격 검사를 기반으로 한다. 오션 모델이란 사람의 성격 특성 요소 다섯 가지인 개방성Openness, 성실성Conscientiousness, 외향성Extraversion, 친화성Agreeableness, 신경성Neuroticism의 머리글자를 딴 것이다.

케임브리지 대학교 연구진은 비교적 새로운 테스트인 오션 모델을 적극 활용했다. 폴란드 출신의 심리학 교수인 미할 코신스키Michal Kosinski는 2000년대 초반에 동료 연구진과 함께 데이터 분석 기업인 케임브리지 애널리티카가 사용할 기술을 개발했다. 케임브리지 애널리티카는 이 기술로 8000만 명이 넘는 미국인의 소셜 미디어 데이터를 분석해 그들의 성격 특성을 파악했다. 페이스북 사용자들이 '마이 퍼스널리티My Personality'라는 무해한 성격 테스트 앱을 사용하면 앱에 입력한 데이터가 모두 저장되고, 저장된 데이터는 나중에 사용자들이 누른 '좋아요' 정보 및 페이스북에서의 다른 활동 정보와 통합되었다. 그런데 케임브리지 대학교 심리측정학 연구소의 한 조교수가 몰래 이 기술을 복제해 케임브리지 애널리티카의 모회사인 SCL 그룹에 팔았다. 이렇게 수집된 수많은 사람의 성격 특성은 미국과 영국은 물론 여러 개발도상국가의 유권자들을 목표로 삼아 각 개인에게 '맞춤 제작'된 정보로 그들을 선동하는 데 사용되었다. 그 다음에는 모두가 아는 일들이 벌어졌다. 이에 결정적인 역할을 한 심리측정법을 개발한 코신스키는 곧 실리콘밸리에서 몇 킬로미터 떨어지지 않은 곳에 캠퍼스가 있는 스탠포드 대학교로 적을 옮겼다. 심리학자 조지프 챈셀러Joseph Chancellor는 케임브리지 애널리티카에 데이터를 판매한 회사인 글로벌 사이언스 리서치Global Science Research의 공동 설립자인데, 이후에 페이스북에서 일하게 되었다. 페이스북이 투명해야 한다는 압박 때문에 이런 식으로 성격 검사 개발자 몇 명을 영입하고 그 소식을 공개한 것은 사실이지만 기술 대기업과 일하는 많은 이가 매일같이 더 상세한 개인 정보를 얻어내는 데 혈안이라는 음모까지 사실일지는 우리로 선 알 수 없는 일이다.

코신스키는 그저 학자로 남고 싶다고 말하며 자신이 개발한 성격 검사 방법이 페이스북에 의해 잘못 사용되었다고 하더라도 자신과는 상관이 없다고 덧붙였다. 그는 한 인터뷰에서 "저는 폭탄을 만든 게 아니라 폭탄이 존재한다는 사실을 보여줬을 뿐입니다"라고 말했다. 코신스키는 사회의 극단적인 변화를 강조했다. 우리 사회는 이제 보호받는 사적 영역이 없는 사회로 변하고 있다. 사람들은 더 이상 대안이 없다는 사실을 깨닫고 난 다음에야 이런 변화가 이데올로기와도 관련이 있었다는 사실을 알게 된다. 코신스키에게는 이렇게 들린다. "우리는 빅데이터와 고기능 알고리즘에 있어 더 이상 돌아갈 길이 없다는 사실을 인식했어야 합니다. (…) 불가피한 것과 싸우는 대신 우리는 그것을 구체화했어야 합니다." 코신스키는 파라다이스와 같은 미래가 실제로 도래할 수 있도록 보험사 같은 기관이 데이터를 이용하는 데 제한을 받아서는 안 되었으며 더 나아가 자살을 미리 방지할 수 있었어야 한다고 말했다. 그는 한 인터뷰에서 이렇게 덧붙였다. "사람들의 구글 검색 데이터에 접근할 수 있었다면 얼마나 많은 사람의 목숨을 구하고 얼마나 많은 어린아이를 지킬 수 있었을까요?" 사적인 영역이 전무한 사회라는 코신스키의 비전은 틀림없이 위험하지만, 우리가 매일같이 가장 사적인 정보를 대기업의 손에 쥐어주고 있다는 사실을 늘 인식하고 있는 사람은 많지 않다. 대기업이 우리의 데이터를 손에 넣으려는 이유는 하나다. 우리의 이름이나 주소가 궁금해서가 아니라 각 개 개인이 '실제로' 어떤 사람인지 알기 위해서다. 대기업은 이미 오래전부터 '우리가 바라는' 것, '원하는' 것, 우리가 보고 있거나 가장 보고 싶다고 생각하는 것을 알고 있다. 그들은 우리의 가장 내밀한 감정과 치명적인 약점, 우리의 '영혼'까지도 알고 있다.

대기업이 우리의 정보를 모으는 목적이 무엇인지는 그들이 인수한 스타트업의 특허 신청 내역을 보면 알 수 있다. 2019년에 페이스북은 스타트업 한 곳을 인수했다.[23] 사람의 뇌에서 전기 신호를 추출해 컴퓨터로 옮기는 기계를 제조하는 회사다. 사용자의 의도를 자동으로 읽어낼 수 있는 기술을 개발하는 것이 목적이다. 페이스북의 부서인 리얼리티 랩 또한 몇 년 전부터 외과적인 개입 없이도 사용자의 생각을 읽어낼 수 있는 헤드셋을 개발 중이다. 〈더 버지〉의 보도에 따르면 얼마 전 일론 머스크가 설립한 스타트업 뉴럴링크가 인간의 뇌를 컴퓨터와 직접 연결하는 이식 기술을 공개한 바 있다. 2020년 초에는 캘리포니아 대학교 샌프란시스코 캠퍼스의 창 랩Chang Lab 연구진이 세간의 주목을 끄는 연구 결과를 발표했다. 뇌전도를 기반으로 사람이 머릿속에서 떠올린 생각과 글을 컴퓨터에서 그대로 나타내는 기술인데, 오류가 매우 적었다. 유명 전문지인 〈네이처〉에 실린 논문에 따르면 뇌의 신호를 글로 바꾸는 실험에서 인공지능은 겨우 3퍼센트의 단어만 잘못 입력했다고 한다. 이런 과학적인 실험 결과는 기술 대기업에는 긍정적인 신호다. 지금까지의 기술 발전을 살펴보면 인공지능이 곧 실험실 밖에서도 사람의 '생각을 읽을' 수 있는 날이 머지않은 것 같다.

이미 몇 년 전에 구글, 페이스북, 애플을 비롯해 여러 기술 대기업이 시선 추적 기술에 대한 특허를 확보했다. 모니터를 볼 때 사용자의 시선이 어떻게 이동하는지를 추적하는 기술이다. 얼굴 인식 알고리즘을 이용하면 사용자의 눈 움직임을 파악할 수 있다. 이미 오래 전부터 스마트폰의 고화질 카메라 등에 사용된 가속도 센서나 자력계를 활용하면 스마트폰의 위치와 각도에 따라 사용자의 얼굴을 포착할 수 있었다. 이제는 사용자의 눈동자 움직임을 측정하고 그때 스마트폰 화면에 어떤 내용이 표시되고 있었으며 눈동자의 움직임과 내용 사이에 어떤 상관관계가 있는지 알아볼 수 있다. 시선이 얼마나 오래 한 곳에 머무는지, 그리고 그 다음 행동이 무엇인지 등을 계산하고 분석해 무엇이 호기심을 사로잡는지를 알 수 있을 것이다. 시선 추적 기술은 서로 가까이 놓인 버튼 중 어디에 시선이 머무는지 정확히 구분할 수 있고, 최신 기종 스마트폰에는 적외선 LED가 장착되어 홍채와 동공의 움직임까지 자세히 파악할 수 있다. 이와 동시에 사람들이 손목에 차고 다니는 웨어러블 기기에서 모은 데이터로 콘텐츠의 내용에 따라 맥박이 어떻게 변하는지 파악할 수 있다. 센서와 카메라 기술, 여러 추적 기술이 우리를 감시하고 심지어는 뇌까지 침투하자 데이터 분석 가능성 또한 대폭 증가했다. 인간이 아무런 검색 목표를 입력하지 않아도 인공지능 스스로 검색 및 학습이 가능하게 된 지는 이미 오래다. 적당한 데이터만 있으면 알고리즘은 인간이 절대 인식할 수 없는 규칙을 찾고 역시 인간이 절대 찾아낼 수 없을 관련성을 찾아낸다. 그뿐만이 아니다. 기술 대기업은 수많은 사람의 데이터를 서로 비교함으로써 인간 행동의 예외와 특성을 알아내고 심지어는 그 사람에게서 아직 나타나지 않은 특성까지도 예측할 수 있다. 즉, 알고리즘은 이 세상 어딘가에 있는 도플갱어를 찾아낼 수 있다.

미국의 통계학자인 네이트 실버는 2003년에 야구선수들의 데이터를 모아 자신이 개발한 방식으로 분석했다. 메이저리그에서 현재 활발하게 활동 중이거나 예전에 활동했던 선수 1만8000여 명이상의 모든 데이터를 알고리즘으로 분석해 키, 연령, 포지션, 그리고 무엇보다도 시합할 때 보이는 공통적인 버릇 등 다양한 요소를 비교했다. 이렇게 비교해서 찾아낸 닮은꼴 선수들은 정말 도플갱어처럼 보일 정도로 똑같았다. 만약 현재 메이저리그에서 활약 중인 선수의 시합 운영 방식이 은퇴한 선수와 흡사하다면 실버는 자신이 만든 모델을 바탕으로 현역 선수들의 미래 커리어를 예측할 수 있었다. 아마 그 선수들은 자신의 '도플갱어'가 걸었던 길을 그대로 걷게 되리라. 이 예측 방식의 정확도는 매우 높아서 유명한 야구팀 여러 곳에서 실버의 알고리즘을 바탕으로 앞으로 어떤 선수에게 투자해야 할지 결정할 정도였다. 2003년까지만 해도 아직 이 방식이 다른 프로 스포츠 분야에서는 많이 사용되지 않았다. 이러한 데이터 분석이 야구 메이저리그에서 분명한 장점을 보인 이유는 각선수 개개인의 능력을 모두 수치화해 데이터로 정리하기 때문이다.

데이터는 소위 예측 분석Predictive analysis에 아주 중요하다. 전자상거래 대기업인 아마존이나 잘란도Zalando, 스트리밍 서비스 기업인 넷플릭스를 비롯해 모든 기술 기업은 우리 소비자들이 무엇을 '클릭'하는지 알고 싶어 한다. 그들은 무엇보다도 우리가 '내일' 구입할 것, 입을 것, 보고 싶어 하는 것이 알고 싶기 때문에 우리의 도플갱어를 찾으려고 한다. 그뿐만이 아니다. 다비도위츠는 이렇게 말했다. "제가 어떤 데이터 세트에서 제 도플갱어 10명을 찾았다고 칩시다. 그중에서 책에 대한 관심사를 나눌 사람을 찾을 수 있겠죠. 어떤 데이터 세트에서는 제 도플갱어를 1000명 찾았다고 칩시다. 그중에서는 과학 분야, 특히 물리학 책에 관한 의견을 나눌 누군가를 찾을 수 있을 겁니다. 그렇다면 제가 어떤 데이터 세트에서 제 도플갱어를 수백, 수천만 명 찾는다면 어떻게 될까요? 그중에서는 분명히 나와 대단히 유사하고 모든 면에서 공통되는 사람을 찾을 수 있겠죠." 그는 자신의 저서 《모두 거짓말을 한다》에서 만약 모든 환자가 그들의 건강 데이터와 진단명 등을 공개적으로 등록해두면 의학적인 도플갱어를 찾을 수 있으니 질병 치료 가능성이 높아질 것이며 아이들의 데이터를 등록하면 도플갱어를 찾아 성장 및 양육 과정을 비교할 수 있을 것이라고 말했다. 다비도위츠는 우리의 모든 질병 데이터가 이미 오래 전부터 공개적으로 등록되고 있다고 생각한다. 독일 자유민주당의 몇 년 전 선거 캠페인 구호는 '먼저 디지털로, 생각은 나중에'였다. 데이터의 전지전능함을 지지하는 사람들이 주장하는 바도 마찬가지다. 그러니 우리 삶의 점점 더 많은 영역을 알고리즘과 빅데이터로 최적화한다는 아이디어에 대한 반론이 꼭 필요하다.

사람의 건강 상태나 행동을 분석해 최적화된 행동을 제안하거나 앞으로 일어날 행동을 예상하는 기술이 실현되기까지 머지않았다. 오늘날 더 중요한 것은 행동 장려가 아니라 행동 지침이다. 이는 그리 강제적으로 들리지 않는다. 작가이자 사회심리학자인 쇼샤나 주보프는 〈타임〉에 기고한 글에서 오늘날 우리는 조지 오웰의 소설 《1984》에 나온 전체주의 독재국가의 '빅 브라더' 대신 거대한 타인들, 즉 '빅 아더Big other'에 의해 조종당한다고 말했다.

하버드 대학교의 교수이기도 한 주보프는 데이터 과학에서부터 파생된 새로운 종류의 권력을 명확하게 표현하기 위해 '빅 아더'라는 개념을 사용했다. 그는 같은 기고문에서 "이 새로운 권력이 우리의 신체를 위력과 공포로 억압하는 것이 아니다보니 우리는 그 영향을 과소평가하고 경계를 늦춰 자기 자신을 보호하지 못한다. 기계 권력은 우리를 부수려는 것이 아니라 자동화하려는 것이다"라고 덧붙였다. 간결하면서도 핵심을 짚은 문장이다. 자동화된 결과물은 인간이 아니라 영혼과 의지와 욕망이 없는 기계에 지나지 않는다. 주보프는 우리가 감시 자본주의 시대*에 직면하여 의지의 자유를 잃을 것이라 말하고 싶은 걸까? 디지털 시대에 인간은 어디까지 예측 가능하며 얼마나 조종 가능할까? 우리는 곧 '기계 인간'이 될 운명일까? 이런 의문은 앞으로 여러분이 이 책을 읽는 동안 계속해서 이어질 것이다. 이런 의문과 정반대에 있는 것이 바로 기

---

* 주보프가 자신의 저서 《감시 자본주의 시대》에서 처음 사용한 용어로, 인간의 행동이 만들어내는 데이터를 기업이 수집해 그것으로 수익을 창출하는 자본주의를 일컫는다.

계가 인간화될 것이냐는 질문이다. 아직까지도 우리는 대척점에 선 두 의문의 답을 찾지 못했다.

기억 보조 기구

다시 토론토로 돌아가자. 그곳에서 우리는 앤드루와 그의 친구 맥스를 따라 생태 공원인 토미 톰슨 공원을 찾았다. 토미 톰슨 공원은 온타리오 호수를 따라 5킬로미터 정도 이어진 인공 곶에 있는 공원이다. 왼쪽과 오른쪽으로 뻗은 길에는 잔디가 무성하게 자라 있다. 공원에는 300종이나 되는 새들이 산다. 강의 수위가 높아져 물가가 물에 잠기면 공원은 한 순간에 늪지대로 변한다. 늪지대 위로는 듬성듬성 올라온 지푸라기의 모습이 보인다. 우리는 호수 뒤로 보이는 토론토의 스카이라인을 사진 찍으려고 걸음을 멈췄다. 그 사진은 그날 이미 많은 내용을 소화한 메멕스의 새로운 '먹이'가 될 터였다. 미갈과의 대화, 맥스와 먹은 햄버거, 독일인들(우리)과의 수다, 아직 메멕스에 저장되지 않은 사람들로부터 들은 이야기, 여러 가수의 노래, 어릴 때 다니던 길로 이동한 자전거 여행, 가십거리, 오랜 친구들 간의 새로운 연결고리, 새로운 친구들과 나눈 옛 추억, 새로운 지인으로부터 얻은 새로운 지식, 20킬로미터의 이동 거리, 푸른 하늘, 태양, 뜨거운 열기. 나중에 앤드루는 이런 내용을 메멕스에서 읽어낼 수 있을 것이며 각각의 사건이 몇 시간 몇 분 동안 발생했는지도 알 수 있을 것이다.

오늘 저녁에도 앤드루는 잠들기 전 메멕스에 숫자를 입력할 것이다. 바로 '기분 점수'다. 앤드루는 매일 1부터 10 사이의 숫자로 그날의 기분을 메멕스에 입력한다. 기분 점수 다이어그램을 보면 기분 변화를 알 수 있으며 자신의 기분을 어느 정도 제어할 수 있다. 앤드루는 그와 만나거나 대화를 나누는 사람들에게 기분 점수에 대해 설명하지 않는다. "제가 기분 점수라는 걸 입력한다고 말하면 사람들이 그 점수에 영향을 주고 싶어 하거나, 제가 자신과 보낸 하루에 좋은 점수를 주지 않은 걸 알았을 때 기분이 상하겠죠. 상대방의 행동이 바뀌면 제 기분 점수가 영향을 받을 수밖에 없어요."

우리는 호수 절벽 앞에서 걸음을 멈추었다. 앤드루와 맥스는 마치 바위처럼 보이는 오래된 콘크리트 파편 위로 올라갔다. 그것은 인공적인 자연이나 마찬가지다. 누군가가 모닥불을 피우고 남긴 잿더미가 로맨틱한 밤을 추측케 한다. 불을 피운 사람들은 연인이었을까? 아니면 친구들이었을까? 그들은 앞으로 살면서 이곳에서 만든 어떤 추억을 떠올릴까? 얼마나 많은 연인이 이곳에서 모닥불을 피우고, 시간을 보내고, 입을 맞추고, 호수를 바라보고, 끝없이 펼쳐진 별이 가득한 밤하늘을 바라보고, 그 아름다운 순간을 스마트폰 카메라에 담으려고 시도하고, 그렇게 찍은 사진에 실망하고, 만족스러운 사진이 찍힐 때까지 계속해서 스마트폰을 이리저리 조작해 사진을 찍고, 그 로맨틱한 순간을 흔들리거나 빛이 너무 많이 들어간 사진 몇 장으로만 남기고, 순간을 영원히 남기려다가 실망과 짜증으로 기분을 망쳐버렸을까?

앤드루와 맥스는 자갈밭 위를 걸어 다니며 계속해서 사진을

6장 잊고 싶지 않아

찍었다. 그렇게 포착한 모든 순간이 메멕스의 먹이가 된다. 다른 사람이 가까이 오면 자동으로 30초마다 한 번씩 사진을 찍어 저장하는 고든 벨의 센스캠과 달리 앤드루는 직접 스마트폰을 조작해 사진을 찍어야 한다. 순간의 기록이 쌓이고 쌓여 얼마나 늘어나든 앤드루의 작업은 변하지 않는다. 그날 아침에 앤드루는 자신이 초등학생일 때 얼마나 심각한 근시였는지 설명했다. 담임선생님이 이상함을 눈치 챌 정도였다. 그때의 앤드루는 세상이 흐릿하게 보이는 것이 당연한 일이라 생각했다. 처음으로 안경을 맞추고 나자 주변의 모든 것이 전혀 다르게 보이기 시작했다. 완전히 새로운 세상이었다. 꼬마 앤드루가 새로운 세상을 볼 수 있게 된 것은 인류가 약 700년 전부터 사용하던 자연적이지 않은 도구, WHO에 따르면 현재는 전체 인구의 약 3분의 1이 착용하는 도구, 안경 덕분이었다. 심각한 근시인 사람들에게 안경은 몸의 일부분이나 마찬가지다. 많은 사람이 그만큼 안경에 의존하고 있다. 달리 말하자면 눈이 잘 안 보이는 사람은 누구나 보조적인 도구를 사용할 권리가 있다(또한 있어야 한다). 오늘날엔 누구나 이 세상을 뚜렷하게 볼 수 있는 것이 당연한 일이기 때문이다. 이것 또한 인공적인 자연이다. 그 누구도 눈이 나빠 안경을 쓰는 것이 부자연스러운 일이라고 생각하지 않는다. 당뇨처럼 만성적인 질병을 앓고 있어 수 시간 간격으로 인슐린 주사를 맞아야 하는 사람들은 당연히 화학적인 보조 수단을 이용한다. 우리는 그런 사람들을 '약물 중독자'라 부르지 않는다. 인공 무릎관절이나 인공 고관절, 하반신 마비로 인해 휠체어를 타는 사람들을 '사이보그'라 부르지 않는다. 그들은 그저 신체의 일부분을 인공적인 부품으로 대체했을 뿐이다. 그렇다면 우리는 왜 기술적인 도움으로 신체의 노화를 멈추려고 하는 사람들에게는 그토록 회의적일까? 알고리즘으로 기억을 확장하는 도구인 메멕스는 왜 꺼림칙하게 느껴질까? 시력 저하나 다른 장애를 인공적인 도구로 보조하듯이 기억 또한 보조하거나 확장할 수 있는 것 아닐까? 우리가 '자연스럽다' 혹은 '부자연스럽다'라고 느끼는 것들에 대해 생각할 시간이 필요한 걸까?

앤드루의 친구인 맥스가 메멕스에 대해 어떻게 생각하는지는 함께 호숫가를 산책할 때까지만 해도 자세히 알 수 없었다. 두 사람은 친구이니 맥스의 인생 중 일부분도 메멕스에 상세히 기록되어 있을 터였다. 예를 들어 그가 앤드루에게 한 말이라든가 자기 자신 혹은 남에 관해 털어놓은 비밀 같은 것 말이다. 맥스는 아무래도 상관이 없는 걸까? 아니면 앤드루가 모은 데이터가 안전하게 저장되어 있다고 신뢰하는 걸까? 맥스는 앤드루가 메멕스를 프로그래밍하는 데 얼마나 열정을 쏟고 있는지 잘 알고 있으며 그 기계 기억을 통해 자의식을 높이고 있다는 사실도 알고 있다. 그러니 그저 친구를 지지하고 싶은 것인지도 모른다.

토미 톰슨 공원을 비추던 태양이 서서히 기울어졌다. 앤드루와 맥스는 이제 콘크리트 구조물이 아닌 진짜 바위를 이리저리 옮겨 다니고 있었다. 우리가 있는 쪽에서 바라본 풍경은 마치 인공적으로 만든 파노라마 엽서 같았다. 그런 분위기에서는 누구든 옆 사람을 끌어안거나 그의 어깨를 두드리는 일밖에 할 수 없을 것이다.

맥스는 그 순간 좋은 분위기를 깨뜨릴 과감한 모험에 나섰다.

그가 메멕스를 '진심으로' 어떻게 생각하는지 앤드루에게 털어놓기를 망설이고 있다는 것이 우리에게도 전해졌다. 그럼에도 맥스는 입을 열었다. "난 내 삶에 관한 이야기를 스스로 결정하고 싶어. 내가 내 삶을 어떻게 받아들여야 하는지를 객관적이고 구체적인 증거가 결정하도록 두고 싶지 않아. 나는 내가 잘못 기억하도록 그냥 두고 싶어. 다 괜찮다는 착각 속에 살고 싶어. 비이성적이거나 좋지 않은 결과를 초래할 일도 하고 싶고, 어떤 일을 스스로 깨닫지 못하거나 중요하다고 여기지 못해도 좋아. (…) 네가 파티에 가든 스포츠를 하든 먹든 마시든, 네가 하는 모든 일은 결국 나중에 평가의 대상이 돼. 평가해야 한다는 생각이 늘 네 머릿속에 있는 셈이지. (…) 네 행동에 대해 나중에 평가할 생각을 하지 않은 채로 모든 행동을 기록하기란 어려워. 그런데 모든 행동을 평가한다는 건 결국 모든 행동에 의도와 목적이 있다는 뜻이야. 그러면 진실에서 멀어지게 돼. 현실에서 그 어떤 즐거움도 느낄 수 없게 된다고." 태양이 완전히 내려앉았고 그 순간 포착된 두 친구 사이에서 미묘하고 민감한 분위기 때문에 지켜보던 우리도 땅 밑으로 들어가고 싶은 기분이었다. 앤드루는 아무렇지 않아 보였다. 농구를 하다가 잘못 날아온 공이 팔에 맞고 어디론가 튕기듯이 맥스의 비판 또한 튕긴 것 같았다. 기술 대기업의 완고한 대변인이 친구의 의견을 모조리 퇴짜 놓듯이 말이다. 앤드루는 자신이 지고 있는 '거대한 책임'을 잘 알고 있었다. 또한 자신의 삶을 기록할 때 주변 사람들을 신경 써야 한다는 사실도 알고 있었다. 삶의 기록은 그가 '진실'을 마주하도록 그리고 자기 자신을 '탐구하고' 자신의 '목표에 도달하도록' 도와준다. 앤드루는 자기 역량 강화와 성숙에 관해 이야기하며 자신의 데이터를 페이스북이나 구글에 맡기기보다는 스스로 관리하는 편이 낫다고 말한다. 이것은 맥스도 동의하는 바이다. 두 사람은 대중이 자신의 데이터를 스스로 제어하는 것이 얼마나 중요한지 알고 있다.

해가 저문 지 오래되어 집으로 돌아가야 할 시간이 되었다. 잠시 후에는 연인들이 나타나 모닥불을 피우고 호수를 바라보며 그 순간이 밤하늘에 보이는 수많은 별처럼 영원히 이어지기를 기도할 것이다. 서로에게 집중하느라 그 순간을 사진으로 남기는 것을 잊어버릴지도 모른다. 그러나 미래의 어느 날에는 사진을 찍지 않았음에도, 어쩌면 사진으로 남기지 않았기 때문에 그 순간이 계속해서 기억에 남아 있다는 사실을 깨달을지도 모른다.

돌아오는 길에도 우리 두 사람의 머릿속에서는 맥스의 말이 떠나지 않았다. 벌써 수집된 데이터를 무시하기란 쉽지 않다. 데이터를 기반으로 더 나은 사람이 되도록 행동을 바꿔야 할지 고민이 될 것이다. 바로 그 지점이 데이터가 지배하는 세상의 독창성이자 큰 위험이다. 자신의 말과 행동을 나중에 되돌아 볼 수 있다는 이유만으로 우리는 자신의 데이터를 기꺼이 내놓고 그것을 나중에 골라 읽은 다음 모든 행동을 데이터에 맞춰 바꾸고자 한다. 애초에 도대체 왜 그래야 할까? 무엇이 우리 인간을 그렇게 만드는 걸까? 왜 우리는 자신이 생각하는 '나'보다 알고리즘이 보여주는 '나'를 더 신뢰하는 걸까? 물론 그럴만한 근거가 있다. 태초부터 우리 인간에게 가장 큰 수수께끼는 자기 자신이기 때문이다. 우리는 자기 자신과 단절된 상태다. 그래서 우리는 수수께끼 같은 '나'라는 사람에 대해 알려줄 모든 보조 수단을 적극적으로 사용하고 받아들인다. 어쩌면 빅데이터로 성사된 자기 인식이 종국에는 인간 진화의 다음 단계가 되지 않을까? 지금까지의 과정을 보면 아주 자연스럽게 들린다.

앤드루는 먼 미래까지 고려하고 있다. "저는 이미 어마어마한 양의 데이터를 저장해두었어요. 그 데이터만 있으면 제 삶의 거의 모든 측면을 상세히 알아볼 수 있죠. 제가 본 것과 경험한 것 전부를요. 그것을 기반으로 저 자신의 디지털 시뮬레이션을 만들 수 있을 겁니다. 저와 똑같이 말하고, 똑같이 행동하고, 똑같은 사상을 갖고 있는 디지털 클론이죠. 학습 가능한 알고리즘으로 자기 자신조차 인지하지 못하던 타인에 대한 감정과 생각을 읽어낼 수 있을 겁니다. 저조차도 모르던 제 새로운 면을 알게 될 수도 있고요. 축적된 데이터로부터 제가 예측할 수 없는 깊은 감정을 미리 알아볼 수도 있겠죠. 머신러닝 분야의 기계는 점점 발전하고 있습니다. 알고리즘이 더 많은 데이터를 모아야만 찾아낼 수 있는 증거나 아이디어를 지금 제가 남기고 있는 것인지도 몰라요." 그는 선구자일까 아니면 표류자일까? 자기 자신을 '완성하기' 위해 자연의 섭리를 거스르고자 하는 충동은 인류의 역사만큼이나 오래되었다. 기술이 없다면 우리 인간은 어떤 존재가 될까? 다른 영장류보다 조금 더 나은 존재가 될까? 기술적인 도구는 고릴라들도 사용할 수 있는 것이다. 그러나 한계에서 벗어나는 것은 인간 고유의 성향이다. 그것은 확실하다. 그렇다면 어디까지가 자연스러운 진화이고 어느 시점부터가 인간성을 잃는 순간일까?

계속해서 더 높이, 더 빠르게, 더 멀리 가려고 할수록, 우리 삶을 더 최적화하려 할수록, 행복을 극대화하려 할수록, 삶의 시간을 늘리기 위해 자기를 더 감시하려 할수록 우리는 그 누구와도 감정을 나누지 못하고, 서로를 보듬지 못하고, 무엇에도 만족하지 못하고 행복해질 수 없는 좀비가 될 위험이 커진다. 우리는 이러한 사실을 의식하며 웨어러블 기기로 항상 자신의 상태를 측정하는 행위를 회의적으로 바라보아야 한다. '경험'하려면 우리를 둘러싼 변하기 쉽고 무상한 아름다움에 닿을 수 있어야 한다. 단, 우리는 그것을 잘 알아차리지 못한다. 때때로 이런 아름다움은 다른 사람에게 있다. 디지털 영혼에 몰두하다 보면 오히려 자기 자신을 객관적으로 바라보거나 측정하는 일에서부터 멀어질 것이다. 어쩌면 우리는 타인에게로 시선을 돌려야만 우리를 행복하게 만드는 것이 무엇인지 찾을 수 있는지도 모른다.

살아 있는 동안 우리 모두는 언젠가 죽어야만 한다는 운명을 공유한다. 즉, 우리는 죽어야 하는 자들의 공동체[24]에 살고 있다. 그렇다면 죽은 이후에는 어떨까? 영혼이 올라갈 천국 없이도 죽은 자들의 공동체가 존재할 수 있을까? 신체가 없는 영혼들만이 모일 수 있는 장소로 인터넷만한 곳이 또 있을까? 불멸의 디지털 영혼을 탐구하면서 우리는 인터넷을 비장소Non-place•로서 살펴보았다. 그곳에서 우리는 죽음을 넘어 다른 사람들과 연결될 수 있다.

• 인류학의 전통적인 연구 대상인 '인류학적 장소'와 대비되는 개념으로 현대의 미디어 문화, 특히 모바일 문화의 공간성을 나타내는 개념이다.

7장
산 채로 묻히다

디지털 공동묘지

"보보크, 보보크, 보보크."•

표도르 도스토옙스키의 단편 소설 《보보크》의 주인공 이반 이바노비치는 먼 친척의 장례식에서 계속 반복되는 소리를 듣는다. "보보크, 보보크, 보보크." 그는 누군가가 속삭이는 듯한 그 소리가 무슨 뜻인지 모른다. 도대체 무슨 소리일까? 도스토옙스키는 신비로운 소리로 이야기의 문을 열며 죽은 이들이 살아가는 가상의 세

• 보보크는 원래 러시아어로 콩알을 뜻하지만, 소설 《보보크》 내에서는 기묘한 소리로 쓰였다.

상으로 독자들을 초대한다.

외롭고 별 볼일 없는 작가인 이반 이바느비치는 공동묘지에서 우연히 기이한 현상을 목격한다. 장례식에 참석했다가 생각을 '분산시키기' 위해 수많은 비석 사이에서 쉬던 중 이상한 목소리를 들은 것이다. 소설의 구절을 인용하자면 다음과 같다. '나는 마치 화자가 베개를 입 앞에 대고 말하는 것처럼 둔탁하게 웅얼거리는 목소리를 들었다. 그럼에도 소리는 명료하고 가깝게 들렸다. 나는 정신을 차리고 몸을 일으켜 소리에 귀를 기울였다.' 이반 이바느비치가 들은 것은 땅속에 묻힌 죽은 이들의 목소리였다. 죽은 이들은 친한 친구들끼리 회포를 풀듯이 자신들의 생각을 솔직하게 털어놓으며 이야기를 나누었다. 화자는 푼수 같은 공무원, 젊은 여자, 엔지니어였다. 대화는 끝이 없었다. 모두가 앞다퉈 자신의 정신적인 불행을 떠들어댔다. 소설 속 세상에서는 모두가 이미 죽었지만 죽지 않은 상태였다.

도스토옙스키는 소설 속 죽은 자들에게 3개월이라는 유예 기간을 주었다. 이른바 삶의 보너스다. 그 시간 동안 육신은 부패하지만 의식은 계속 남아 있다. 그것이 바로 수다를 떠는 유령들의 정체다. 이 죽었지만 살아 있는 인물들 중 한 명은 도시에서 온 철학박사인 플라톤 니콜라예비치다. 수수께끼 같은 삶의 연장에 관한 그의 견해는 다음과 같다. "말하자면 이곳에서 육신이 다시 생동하는 거죠. 삶의 나머지는 오로지 의식 안에서만 농축돼요." 플라톤 니콜라예비치의 의견에 따르면 죽은 자들을 진짜로 죽었다고 생각하는 살아 있는 자들의 가정은 틀렸다. 그는 육신이란 언제든 사라질 수 있는 삶의 일부분일 뿐이라고 생각한다. 그리고 우리의 실제 삶은 의식에 놓여 있다고 믿는다. 인간을 구성하는 의식 속에 삶이 존재하는 것이다. 바로 그 의식으로 가득한 영혼이 육신이 죽고 난 후에도 몇 개월 동안 더 사는 셈이다. 니콜라예비치에 따르면 육신의 부패가 진행된 이후에도 의식이 존재한다는 사실을 뒷받침하는 사례가 여럿 있다. 무덤 속에 묻혀 그렇게 말하고 있는 그 또한 육신은 죽은 지 오래다. 그는 말을 이어가는 도중에도 낮은 목소리로 "보보크, 보보크, 보보크"하고 중얼거린다. 삶의 짐이 떨어져 나가면 사람은 갑자기 자신의 '진짜 모습'을 보일 수 있게 된다.

도스토옙스키는 마지막까지 우리를 짓누르던 억압에서 벗어난 의식이 불현듯 수치와 거짓말에 기반을 둔 사회와 차단된 곳으로 가면 무슨 일이 벌어지는지를 독자들에게 보여준다. 죽은 자들은 땅속에서 새로운 일들을 시험한다. 땅에 묻힌 영혼이 주변 무덤 이웃들에게 말한다. "여러분, 앞으로 두 달 동안은 최대한 편안하게 보내자고요. 그러려면 모든 걸 새로운 기준에 맞춰야겠죠. 부끄러워하지 말고요!" 운명 공동체가 된 무덤 이웃들은 그 말에 찬성하며 즐거운 시간을 보내고자 한다. 예의를 중시하는 엔지니어가 말한다. "새로우면서도 합리적인 원칙에 맞춰 삶을 재정비하자는 말이죠?" 그러자 다음과 같은 말이 이어진다. "땅 위에 살면서 거짓말하지 않기란 불가능해요. 삶과 거짓말은 동의어거든요. 하지만 여기서는 기꺼이 거짓말하지 않도록 하죠. 땅에 묻혀 있다는 게 중요하니까요. 그러니 큰 소리로 우리의 이야기를 하고 무엇 하나 부끄러워하지 맙시다. 우선 제가 먼저 이야기할게요. 저는 본능적인 사람이에요. 그 모든 것이 저 위에서는 썩은 끈으로 묶여 있었죠. 끈에서 벗어납시다. 앞으로 두 달 동안 아무런 부끄러움 없이 솔직해집시다. 모든 걸 벗어던지고 알몸이 됩시다!"

도스토옙스키는 소설의 첫 시작부터 아무런 의미 없는 소리인 '보보크'를 완전히 새로운 뜻으로 사용했다. 즉, 보보크란 언어를 새롭게 사용할 수 있다는 가능성이다. 보보크는 살아 있는 자들의 세상과는 다른 규칙에 따라 작동하는 새로운 사회를 의미한다. 공동묘지에 생긴 죽었으나 살아 있는 자들의 공동체는 수치와 거짓말을 금지하고 최대한 솔직해져야 한다는 규율이 존재하는 새로운 사회이자, 죽은 자들의 묘지가 아닌 훨씬 거대하고 심오한 의미를 지니는 사회이다. 이반 이바느비치는 공동묘지를 걷다가 악취를 맡고 땅속에서 나는 둔탁한 소리를 듣는다. 현실이었다면 보이지도, 들리지도, 냄새가 나지도 않았을 것들이 보이고, 들리고, 냄새난다. 땅에 묻힌 영혼들은 그들이 살아 있었을 때 했던 일들을 이야기하며 '마지막 유예 기간'을 보낸다. 육신의 정화가 유독한 물질이나 해로운 대사산물에서 벗어나는 것이라면 영혼의 정화란 나쁜 기억과 자기 자신을 인정하지 못하는 생각에서 벗어나는 것이다. 그런 것들이 때로는 배설물보다도 고약한 냄새를 풍긴다는 사실을 우리는 모두 알고 있다.

도스토옙스키의 소설에서 사람들은 욕하고 빈정거리고 파렴치한 말들을 퍼붓는다. 서로를 중상모략하고 조롱한다. 인간 내면의 가장 깊은 곳을 몰래 들여다보면 아마 그런 모습이지 않을까. 도스토옙스키의 《보보크》를 읽으며 현대인들에게 아주 익숙한 현상을 떠올렸다. 소설 속 등장인물들의 행동이 인터넷, 그러니까 디지털 세상에서 사람들이 하는 행동과 비슷하지 않은가? 도스토옙스키의 인간 분석이 마치 소셜 네트워크 서비스 이용자들을 묘사한 것 같지 않은가? 인터넷 공간에서도 모욕과 욕이 난무하고 혐오가 널리 퍼지며 디지털 세상이라는 핑계로 예의는 찾아보기 어렵지 않은가? 육체가 썩고 남은 영혼이 공동묘지에서 각자의 수치를 벗어던지는 것 또한 오늘날 인터넷 사용자들이 익명성을 무기로 원하는 말과 행동을 하려는 것과 비슷하다.

지금으로부터 약 20년 전 개인의 삶과 공동체의 삶을 근본적으로 바꾼 미디어가 탄생했다. 바로 월드 와이드 웹이다. 인터넷은 제한 없는 가능성을 약속했다. 2016년에 열린 페이스북 F8 개발자 회의에서 마크 저커버그는 이렇게 연설했다. "모든 사람에게 모든 것을 모두와 나눌 힘을 줍시다." 누구나 모든 것을 모든 이와 나눌 수 있어야 한다는 것이다. 그런 아이디어에서 소셜 네트워크 서비스가 탄생했다. 아랍의 봄*이나 '월가를 점령하라'** 같은 시위가 벌어졌을 때 전 세계 사람이 표현의 자유의 촉매재인 소셜 네트워크 덕분에 위법적인 정권이나 탄압, 박해 등에서 벗어날 수 있었다. 소셜 네트워크는 서로 멀리 떨어져 있는 사람들, 세상의 끝처럼 느

- 북아프리카와 중동 지역 국가들의 반정부 시위 및 혁명. 혁명의 물결이 여러 국가로 확산하는 데 소셜 미디어가 중요한 역할을 했다.
- ● ● 미국 사회의 경제적 불안과 부조리에 항의하는 사람들이 뉴욕 월가에서 벌인 시위. 시위는 곧 소셜 미디어로도 확산했다.

껴지는 외지에 사는 사람들까지도 서로 연결한다. 소셜 네트워크는 전 세계의 소수자이자 약자인 사람들이 뜻이 맞는 사람들과 만나는 장소다. 처음에는 소셜 네트워크가 진보와 계몽을 촉진하는 도구로 보였다. 도스토옙스키의 소설에서 죽은 사람들이 살아 있었을 때는 차마 입 밖으로 내지 못했던 말들을 죽은 후에 할 수 있었던 것처럼 사람들은 소셜 네트워크가 새롭고 자유로운 세상이 되길 바랐다. 하지만 그런 기쁨은 이미 오래 전에 사라져버렸다. 사람들이 페이스북, 인스타그램, 유튜브, 트위터 등의 장점에 순수하게 열광하는 사이 어느새 이런 플랫폼에서는 권력과 위험에 관한 끊임없는 토론이 이어지게 되었다. 이제 30억 명이 넘는 사용자가 각자의 의견을 표명하는 가운데 전 세계의 민주주의와 표현의 자유가 위협받고 있다. 소셜 네트워크는 사람들을 연결하지만 그 사람들이 하는 말이나 행동은 책임지지 않는다. 결국 여러 플랫폼은 이제 혐오, 선동, 프로파간다, 권력을 찬양하는 내용 등으로 가득하며 이로 인해 사회가 양극화되고 포퓰리스트와 독재자들의 활동이 활발해졌다. 그렇다고 소셜 미디어에 대한 평가를 '유용하다' 혹은 '해롭다'로 양분하는 것은 충분하지 않다. 도스토옙스키는 자신의 소설에서 이른바 공동묘지 실험을 고안했고 약 130년 후에 소셜 네트워크가 생기면서 발생할 것과 비슷한 문제를 탐구했다. 다만 오늘날 우리가 겪는 문제는 이반 이바노비치가 겪은 것처럼 완료형이 아니라 현재진행형이다.

도스토옙스키의 소설과 오늘날 기술 사이에는 또 다른 평행 이론이 있다. 2004년에 페이스북의 첫 번째 버전이 온라인에 공개됐다. 대부분 사용자는 젊은 대학생들이었다. 그 이후로 페이스북만이 아니라 사용자들도 함께 나이를 먹었다. 그리고 실제 삶과 마찬가지로 죽음은 소셜 미디어에서도 발생한다. 세이지 저널의 보도에 따르면 페이스북 서비스를 이용 중인 사람은 약 30억 명이다. 페이스북이 오래될수록 사용자 중 사망하는 사람의 수도 늘어난다. 그런데 사용자가 죽어도 그가 사용하던 페이스북, 인스타그램, 트위터 등의 계정은 그대로 온라인에 남는다. 계정을 운영하는 실제 사람이 더 이상 이 세상에 존재하지 않아도 계정은 비활성화된 채 계속 존재한다. 미래의 페이스북에는 어쩌면 죽은 사람들의 프로필이 산 사람들의 프로필보다 많아질 것이다. 역시 세이지 저널이 발표한 연구 결과에 따르면 페이스북이 여태까지처럼 전 세계에서 무섭게 성장하고 새로운 사용자를 모을 경우 2100년에는 페이스북 사용자 중 사망자의 수가 49억 명 이상이 될 것이다. 이를 연구한 사람은 옥스퍼드 대학교의 칼 외만Carl Öhman과 데이비드 왓슨David Watson이다. 두 사람은 페이스북이 지금 당장 성장을 멈춘다고 하더라도 2100년에 페이스북 사용자 중 사망자의 수가 14억 명에 이를 것이라고 말했다. 죽은 사람의(비활성화된) 계정이 산 사람의 계정보다 많은 소셜 미디어에서 웹서핑을 하는 사람들의 모습을 상상하니 소름이 끼친다. 유령도시에 남은 물건들만이 과거에 그곳에 삶이 존재했다는 사실을 보여주는 모습이 그려진다. 부패한 냄새가 나는 디지털 폐허다. 페이스북은 정말로 언젠가 인류의 공동묘지가 될까? 그렇다면 미래에는 누가 디지털 공동묘지를 돌보며 중요한 역사적 증거가 될 이미지와 영상을 관리할까? 수많은 비활동 회원에게는 무슨 일이 일어날까? 그들의 계정이 삭제될까? 아니면 그들이 온라인에서나마 삶을 이어가게 될까? 본체는 이미 이 세상을 떠나고 텅 비어버린 계정의 비밀번호는 누가 갖게 될까?

매일 수천 명씩 죽는 페이스북 사용자들

2016년 11월 11일에 소프트웨어 오류로 인해 단숨에 200만 명이 넘는 페이스북 사용자의 현재 상태가 '사망'으로 바뀌고 그들의 프로필에 '추모' 배너가 등장한 일이 있었다. CEO인 마크 저커버그의 상태 또한 잠시나마 그렇게 바뀌었다. 그의 페이스북 프로필에는 다음과 같은 글귀가 쓰여 있었다. '마크를 사랑하는 가족과 친지들이 게시물을 공유하며 위안을 얻길 바랍니다.' 마크 저커버그가 사망했다는 소식은 삽시간에 퍼졌다. 수많은 사람이 그의 타임라인에 애도의 글을 남겼다. 이런 끔찍한 일을 겪은 것은 저커버그만이 아니었다. 일반 사용자 또한 같은 일을 겪었다. 그날 트위터에는 깜짝 놀란 페이스북 사용자들이 올린 '나 아직 안 죽었어', '멀쩡히 살아 있음' 등의 살아있음을 알리는 글이 넘쳤다. 얼마 후 오류가 수정되었다. 하지만 그때부터 사람들은 디지털 죽음과 그 결과를 생각하기 시작했다. 전문가들은 2018년에 미국에서만 1분에 세 명의 페이스북 사용자가 사망한다고 말했다.[25] 미국에서만 하루에 4500명의 페이스북 사용자가 사망한다는 뜻이다(전 세계 사용자 수를 고려한다면 하루 사망자의 수는 매우 많다). 물론 이것은 추정값으로 신뢰도가

7장 산 채로 묻히다

그리 높지는 않다. 페이스북조차도 어떤 사용자가 오랜 시간 비활성화된 상태인 건지 아니면 사망한 건지 정확히 파악하고 있지 않기 때문이다.

대부분의 경우 사용자가 사망한 이후에는 아무런 일도 일어나지 않는다. 그 누구도 사망한 이의 디지털 유산에 신경 쓰지 않기 때문이다. 사용자는 세상에 없지만 인터넷 세상에는 아직 남아 있는 타임라인이나 포스팅에 다른 사람들이 계속해서 댓글을 달면 상황은 혼란스러워진다. 원칙적으로는 세 가지 경우가 있다. 첫 번째는 유가족이 고인의 계정을 삭제하는 것이다. 두 번째는 고인의 프로필을 사망 상태로 바꾸고 '고인을 추억하며'라는 추모 배너를 다는 것이다. 이때 고인의 계정을 비공개나 친한 사람에게만 공개 상태로 설정하면 모르는 사람이 와서 댓글을 남길 우려는 사라진다. 고인의 프로필은 말하자면 온라인 비석이 된다. 세 번째는 모든 것을 그대로 두는 것이다. 고인의 프로필을 그대로 온라인 상태로 두고 아무 것도 건드리지 않는다.

앞으로의 변화는 명백하다. 디지털 시대에는 죽음과 애도를 둘러싼 사회 문화가 완전히 바뀔 것이다. 디지털 공동묘지는 여태까지 없었던 새로운 가능성의 문을 연다. 우리는 앞으로 죽음에 관해 개인적으로 그리고 공개적으로 토론하게 될 것이다. 그 결과 오늘날의 추모와 애도 문화는 점차 변화할 것이다.

죽은 자들의 네트워크

포르투갈의 기업가 엔히크 조르즈Henrique Jorge는 페이스북이 여태까지 하던 일보다 한 발 앞서 나갔다. 사용자가 사망하여 비활성화된 계정 프로필을 인터넷 추모 공간으로 만드는 대신에 계정이나마 살아 있도록 만든 것이다. 그가 설립한 죽은 사용자들이 모이는 소셜 네트워크의 이름은 이터나인Eter9이다. 도스토옙스키와 마찬가지로 엔히크에게 죽음은 죽음이 아니라 신체와의 이별일 뿐이다. 그래서 그는 죽은 자의 디지털 계정은 계속 살아서 네트워크 내의 다른 사용자들과 상호작용해야 한다고 생각한다. 이터나인에서는 고인의 계정에 계속해서 글과 사진, 동영상이 업로드되고 다른 사용자들과의 채팅이 이어진다. 이 죽은 자들의 플랫폼은 생동감 넘치는 삶으로 가득 차 있다.

이처럼 이터나인은 일반적인 소셜 네트워크는 아니다. 이터나인은 인간과 기계가 동등한 가치를 지니며 함께 어울리고 연결되어 '공동체의 삶'을 꾸려나가는 곳이다. 사용자가 남기는 데이터는 곧 그들의 디지털 클론을 키우는 양분이 된다. 사용자가 개인적인 데이터를 많이 남길수록 디지털 클론은 그 사람과 점점 더 똑같아진다. 디지털 클론은 사용자의 말투와 그가 자주 사용하는 단어나 표현 등을 배운다. 사용자의 음악 취향을 그대로 흡수하고 사용자의 유머 감각 또한 흉내 낸다. 사용자가 갖고 있는 지식도 흡수하며 그가 다른 사람들과 상호작용하는 방식을 배운다. 매일 새로운 지식을 습득하며 성장하는 아기처럼 디지털 클론은 날마다 완벽한 도플갱어에 가까워진다.

망자들의 네트워크를 개발한 엔히크는 포르투갈의 포르투에서 자동차로 한 시간 반가량 떨어진 비제우에 살고 있다. 엔히크를 만나러 비제우까지 간 우리는 그 도시의 아름다움에 매료되었다. 엔히크의 집 정원은 오렌지 나무와 올리브나무, 용설란, 포도나무로 가득했다. 이런 환경에서 살면서 어떻게 디지털 세상을 만들 생각을 할 수 있었을까? 해가 질 무렵 함께 정원을 산책하면서 엔히크는 우리에게 그 이유를 설명했다. 그는 이미 일찍부터 자신이 나고 자란 도시가 언젠가는 그에게 너무 좁은 장소가 되리라는 걸 깨달았다. 그래서 이 도시에서 벗어나 세상을 바꿀 무언가를 발견하고 싶었다. 현실에서 벗어나려는 엔히크의 소망이 그렇다고 해외 이주나 자퇴로 이어지지는 않았다. 대신 그는 현실 세계에서 인터넷 세상으로 눈을 돌렸다. 인터넷이 현실의 도피처가 된 셈이다. 그는 외국어 대신 프로그래밍 언어를 배웠다. 마이크로칩, 인터페이스, 프로세서, 플러그인 모듈, 회로판 같은 개념이 그의 삶을 지배하기 시작했다. 포르투갈의 인터넷 선구자로서 엔히크는 1990년대 초반에 인터넷 관련 회사를 설립했다. 그 이후 수많은 기업을 위해 웹사이트를 만들고 각 기업의 요구에 맞는 컴퓨터를 조달하고 인터넷에서 활용할 기업 전략을 세웠다. 당시의 많은 사람이 생소하게 느끼고 그냥 일시적인 기술일 것이라 생각하던 인터넷이라는 공간이 엔히크에게는 그의 미래를 결정할 무한한 가능성이자 거대한 잠재력으로 보였다.

그로부터 수십 년 후에 엔히크가 이터나인이라는 회사를 만든 이유는 오로지 기술에 대한 호기심 때문만은 아니다. 그는 아버지가 돌아가신 후 영혼을 불사의 존재로 만들고 싶다고 생각했다. 아버지는 그가 세 살이었을 때 끔찍한 오토바이 사고로 사망했다. 가족들은 경제적으로 힘든 시간을 보냈다. 어머니는 어떻게든 먹고 살기 위해 밤낮으로 밭에 나가 악착같이 일하며 아이들을 키웠다. 엔히크 형제들은 혼자 자란 것이나 마찬가지였다. 어머니가 믿음에서 모든 답을 찾기 시작한 것도 그때쯤이었다. 엔히크 형제들이 매일같이 가던 성당은 점점 삶의 중심이 되었다. 엔히크는 조언이 필요할 때마다 부모가 아니라 종교에서 답을 찾았다. 하지만 바라던 답을 얻을 수 없었던 그는 결국 더 이상 성당을 찾지 않았다. "하지만 저는 제 믿음을 어떻게든 다른 방식으로라도 채워야 했어요. 당시에 저는 더 포괄적인 무언가를 찾고 있었어요. 성당이 저에게 주지 못하는 답을 계속 추구하고 있었죠. 성당은 공허했어요. 저는 그 공허함을 어떻게든 채우려고 했죠. 개종할 생각은 없었어요. 그래봐야 똑같았을 테니까요."

전통적인 믿음을 잃은 것은 엔히크만이 아니다. 많은 사람이 이미 오래 전부터 전지전능하며 인류를 올바른 방향으로 이끌고 모든 생명의 창조자인 신의 존재를 믿지 않고 있다. 독일만 하더라도 1990년대 이후 500만 명이 넘는 사람이 기독교를 떠났다. 아직 기독교 구성원이기는 하지만 더 이상 교회나 성당에는 가지 않는 사람들의 수는 그보다 훨씬 많을 것이다.* 우리는 믿음이 없는 사회에 점점 더 가까워지고 있는 걸까? 인본주의와 계몽이 이제 종교와는 너무 멀어져서 신의 권위가 사람들에게 아무런 영향도 미치지 못하는 걸까? 신이 죽었다면 우리는 우리를 나쁜 길에서 벗어나게 만들 책임을 누구에게 지워야 할까? 앞으로는 무엇이 혹은 누가 교회나 성당 같은 기관의 자리를 대신하게 될까?

종교의 자리를 대신하다

엔히크가 자신을 위해 발견한 답을 듣고 우리는 다시 실리콘 밸리에서 만났던 레이 커즈와일을 떠올렸다. 그동안 조사를 통해 우리는 커즈와일이 우리 시대 유명한 미래학자 중 한 명이라는 사실을 알고 있었다. 그는 다방면에 조예가 깊고 일생 동안 놀라운 발명품을 수도 없이 만들어냈다. 전기 신호로 다른 악기의 소리를 흉내 내거나 새로운 소리를 만드는 악기인 신시사이저를 비롯해 커즈와일 리딩 머신Kurzweil Reading Machine이라는 것도 만들었다. 이것은 인쇄된 글자를 소리로 읽어주는 기계다. 커즈와일의 성과 덕분에 시각장애인들이 처음으로 인쇄된 매체를 직접 즐길 수 있게 되었다. 1976년에는 혁명 같은 사건이었다.

그는 구글의 엔지니어링 이사로 일하면서 기술 발전의 도움으로 지능, 신체, 정신의 영역에서 인간 한계의 범위가 넓어지고 우

리가 더욱 성장할 수 있을 것이라고 생각했다. 그의 논리에 따르면 기술의 도움을 받아 인간의 능력이 성장하는 것은 다음 진화 단계다. 그가 상상하는 기술은 보청기나 심박 조정기 이상의 것들이다. 옥스퍼드 대학교 철학과 교수이자 인류 미래 연구소의 창립 소장인 닉 보스트롬을 비롯해 다른 트랜스휴머니스트들이 상상하는 것과 마찬가지로 커즈와일 또한 얼마 지나지 않아 인간의 뇌 속에 들어있는 내용을 복사해 다른 장치에 저장할 수 있으리라 믿는다. 커즈와일은 그것이 그저 시간문제일 뿐이라고 말했다. 자신의 베스트셀러 저서인 《특이점이 온다》에서 커즈와일은 IT 분야의 진보가 걷잡을 수 없을 정도로 빠르게 진행 중이며 이에 따라 가까운 미래에는 인공지능이 인간의 지능 수준까지, 어쩌면 그 이상까지 도달할 수 있다고 말했다. 커즈와일은 그 시점이 2045년쯤일 것이라고 예상했다. 인류의 지식과 기술력은 그 시점부터 더욱 폭발적으로 증가할 것이고 그 결과 세상이 근본적으로 바뀔 것이다. 그렇게 되면 인간의 불멸을 가로막는 장애물 또한 사라질지도 모른다.

엔히크의 생각도 커즈와일과 비슷하다. "저는 살면서 여러 종교가 어떻게 작동하는지 유심히 살펴보았습니다. 어떤 종교는 신에 대한 믿음을 기반으로 하고 어떤 종교는 추상적이고 숭고한 힘을 기반으로 합니다. 어쨌든 사람들을 하나로 모으는 무언가가 있는 셈이지요. 저는 디지털 영혼에 매료되었습니다. 기술적 특이점•이 오면서 인간과 기계를 융합할 수 있게 된다면 성능이 좋은 기계에 영혼을 부여하는 것이나 마찬가지예요." 엔히크의 말이 맞는다면 우리의 인간상도 근본적으로 바뀔 것이다. 상상만으로도 전율이

인다. 엔히크는 이런 '거대한 혁명'의 일원이 되어 기여하고자 한다. 그래서 죽은 자들의 네트워크인 이터나인을 만들었다.

우리는 다른 사람들이 엔히크의 아이디어를 어떻게 생각할지 궁금했다. 이터나인은 디지털 불멸성에 관한 정보를 찾아 나선 우리 두 저자에게 새로운 생각을 안겨주었다. '디지털 영혼'은 한 개인의 디지털 도플갱어와 다른 죽은 자들과 산 자들의 디지털 도플갱어가 한 네트워크 공간에서 함께 어울릴 때에야 비로소 완성된다. 어떤 사람의 디지털 클론과 상호작용을 하다 보면 그 뒤에 실제 사람이 존재한다는 사실을 문득 깨닫는다. 엔히크는 육체 없이도 계속해서 살아갈 수많은 영혼을 위한 장소를 만들고자 했다. 고인이 남긴 디지털 흔적이 개인적인 클라우드 저장소에 저장되는 대신 디지털 영혼의 형태로 죽은 자들의 네트워크인 클라우드 나인에 저장되어 계속해서 살아가며 관계를 형성하고 각자 변화할 수 있다. 각 개인의 디지털 영혼은 다른 사람들에게 영향을 받거나 그들과의 사이에 거리를 두며 자기 자신을 드러낸다. 포르투갈의 도시인 비제우에서 헤겔을 다시 만나다니, 우리가 상상조차 하지 못했던 일이다. 어쩌면 헤겔이 아직 죽지 않고 살아 있었는지도 모른다. 개개인의 자의식이 오로지 타인의 인정을 통해서만 만들어질 수 있다는 생각은 세계적으로 유명한 철학자이자 관념론을 주장한 게

● Technological singularity. 인공지능이 인간의 지능을 넘어서는 역사적인 시점을 의미하는 말로 레이 커즈와일의 저서 《특이점이 온다》로 유명해졌다.

오르크 빌헬름 프리드리히 헤겔의 생각과 일맥상통한다. 헤겔은 자신의 저서 《정신현상학》에서 "나란, 관계의 내용이고 관계 그 자체이다. 타인에 대해서는 나 자신이고 동시에 그 또한 자기 자신일 타인을 포괄한다"고 썼다. 소셜 네트워크의 선구자처럼 들린다. 결국 디지털 시대의 '나'는 시종일관 변화하는 디지털 네트워크에 얽매여 그 안에서 실시간으로 각자의 다른 모습을 인정하고 다가오거나 멀어지는 사람들과 뒤섞여 있다. 그렇다면 왜 살아 있는 사람들만이 이런 방식으로 타인과 관계를 맺을 수 있어야 하는가? 엔히크는 "기술은 우리를 완전히 낯선 곳으로 데려갑니다. 저는 언젠가 우리가 기술적인 비약에 성공할 순간이 있을 거라 믿습니다"라고 말했다. 엔히크에게는 그것이 아마도 디지털 클론이 자체적인 자의식을 갖는 순간일 것이다. 헤겔이 존재란 상호 간의 인식 과정에서 발생했다고 주장했듯이 말이다.

시뮬레이션이 의식이 있는 디지털 존재가 되기 위해서는 몇 가지 전제가 필요하다. 시뮬레이션은 죽을 걱정이 없으니 자신이 어떻게 살아남아야 할지 고민하지 않는다. 그런데 어떻게 스스로 자의식을 발전시킬 수 있을까? 시뮬레이션이 어떻게 감정을 느끼고, 믿고, 무언가를 소망할 수 있을까? 어찌됐든 디지털 클론들은 시뮬레이션이며 계속 시뮬레이션인 채로 남을 것이다. 엔히크는 우리와 대화를 나누면서 마치 주문을 외우듯이 시뮬레이션이 의식이 있는 존재가 되는 양자 비약●을 굳게 믿고 있다고 반복해 말했다. 그는 새로운 종교를 찾았다. 그것은 모든 것을 바꿀 힘을 가진 기술이라는 것에 대한 유사 종교적인 믿음이다. 영혼이나마 계속 살도록 한다는 꿈은 이제 더 이상 전지전능한 신의 말을 따르는 종교적인 믿음이 아니라 인공지능에 기반을 두고 있다.

새로운 신, 인공지능

우리가 두 세상이 서로 마주보며 변화하는 시대의 중심에 서 있다는 또 다른 예시는 얼마든지 찾을 수 있다. 구글의 전 자율주행 엔지니어인 앤서니 레반도브스키Anthony Levandowski는 2016년에 새로운 교회를 설립다. 우리가 아는 일반적인 교회가 아니라, 인공지능을 신으로 섬기는 최초의 교회다. 이제 인공지능은 새로운 신의 경지에 올랐다. 이 사이버 신(神) 프로젝트는 '미래의 길 교회The Way of the Future church'라고 불린다. 프로젝트의 웹사이트에서 앞으로의 방향에 관한 안내를 찾을 수 있다. '구독 버튼'만 누르면 인공지능 교회에 입회하여 신도가 될 수 있는 이 교회에는 예배당이 없다. 신도들이 직접 출석해 물리적인 장소에서 예배나 의식, 모임, 기도 등을 하는 것은 디지털 시대에는 불필요하다. 따라서 물리적인 공간은 합리적인 조치를 통해 감축되었다. 인공지능 교회의 존재를 알려주는 것은 프로그래밍 된 사이트의 글 몇 줄뿐이다.^{••}

• 양자가 갑자기 여러 단계를 건너뛰고 비약적으로 발전하는 것.

•• 이 교회는 2020년에 문을 닫았다.

우리가 그 교회에 관심을 보인 이유는 설립자인 레반도브스키 때문이었다. 레반도브스키는 미국 캘리포니아에 있는 기술 세계에서도 유명인에 속하는 사람이다. 자율주행 기술 분야 최고 수준의 엔지니어로 경력을 쌓으며 이름을 알렸고 구글의 자율주행 자동차 개발 책임자로 일했다. 로보틱스 분야의 천재이자 미국 자율주행 자동차 기술의 미래를 책임질 사람으로 여겨졌다. 그는 독립심이 강해 2016년에 구글의 모회사인 알파벳의 또 다른 자회사인 웨이모Waymo를 떠나 자신의 회사•를 설립했는데, 이 회사는 얼마 후 우버에 인수됐다. 레반도브스키는 더 빨리, 더 나은 자율주행 차량이 미국의 도로를 달리게 하고 싶었다. 그런데 기술 개발이 더 빨라지기는커녕 그의 계획이 완전히 멈춰버렸다. 그가 웨이모를 그만두기 전, 무려 10기가바이트에 달하는 기밀 데이터가 비밀리에 유출된 정황이 포착된 것이다. 데이터에는 계획도면, 구조 데이터, 테스트 문서 등이 포함되어 있었다. 이후 우버와 웨이모 사이에서는 격렬한 법적 공방이 벌어졌다.

인공지능 교회와 데이터 유출이라니, 얼핏 기독교 기본 윤리와 거리가 멀게 들린다. 그러니 미래의 길 교회의 교리가 인간과 인간 사이의 관계보다는 새롭게 정의해야 하는 인간과 기계 사이의 관계를 주제로 하는 것도 그리 놀랍지 않다. 인공지능 교회의 저변에 놓인 레반도브스키의 신념은 다음과 같다. 미래에는 이 지구에

• 자율주행 트럭 회사인 오토(Otto)를 말한다.

대한 책임을 인간만이 아니라 기계 또한 같이 지게 될 것이다. 미래의 길 교회의 홈페이지에는 이런 글이 실려 있었다. "기계가 '비교적 빠른 시일 내에' 인간을 능가하는 능력을 갖게 되리라는 사실을 고려할 때, 우리는 사람들이 불안한 미래를 인식하고 변화에 순조롭게 적응하는 데 기여하고 싶습니다. 진보가 두려운 것이라는 생각이 강해지면 더 심각하게는 기술적인 진보를 폐쇄적으로 가두는 일이 벌어질지도 모릅니다. 진보가 두려운 것이 아니라는 생각을 널리 퍼뜨릴 수 있도록 여러분도 도와주세요. 우리는 '기계'가 우리 인간 사회에 어떻게 융합되어야 할지, 특히 나날이 지능적으로 변하는 기계가 인간이 지고 있던 책임의 일부를 같이 지도록 하려면 어떻게 해야 할지 곰곰이 생각해 기계에 대한 두려움을 없애는 과정이 긍정적으로 진행되도록 할 것입니다." 레반도브스키와 그가 설립한 미래의 길 교회는 인간의 지능, 예를 들어 계산 능력 및 이해력, 정보를 '저장'할 수 있는 능력에는 한계가 있다고 여긴다. 하지만 미래에는 이런 생물학적인 한계를 '초지능Super-intelligence'으로 극복할 수 있을 것이다. 레반도브스키는 '초자연적인' 힘보다는 진보를 신뢰한다. 그에게 세상은 사람들이 계속해서 새로운 버전을 개발하는 운영체제와 같다. 적절한 업데이트를 하려면 기계가 필요하다. 인간이 모든 가능성과 모든 연관성을 꿰뚫어 보기에는 이 세상이 너무 복잡해졌다. 기계가 조종하는 세상이라는 이야기가 어떤 사람들에게는 두려움을 불러일으킬 수 있다는 사실 정도는 레반도브스키도 알고 있다. 바로 그런 이유 때문에 레반도브스키는 사람들이 변화하는 미래에 대비해 준비할 수 있도록 도와주는 교회가 필요하다고 생각한다. 미래의 길 교회는 인공지능을 두려워하는 사람들의 우려를 완화하는 역할을 한다. "우리는 기계가 사람이 하지 못 하는 일을 하도록 만들 겁니다. 기계가 우리 인간들은 할 수 없는 수준으로 이 지구를 돌보도록 만들 겁니다. 우리는 우리의 피조물(기계 혹은 다른 이름을 가진 것들)에 고유의 권리를 줄 것입니다. 동물에게 권리가 있듯이 말이죠. 물론 아직 더 정의해야 할 일들이 있습니다. 우리는 작금의 변화를 두려워하기보다는 어떤 잠재력이 있을지 낙관적으로 생각해야 합니다."

인공지능과 신의 특징은 거의 비슷하다. 둘 모두 모든 것을 포괄하는 힘으로 묘사되는 한편 그 효과가 완벽하게 규명되지 않는다. 둘 모두 그 존재가 '이야기'를 기반으로 한다. 예를 들어 신을 설명하는 것은 성경, 토라, 코란 등과 같은 중요한 종교적 문헌이다. 한편 인공지능의 능력을 설명하는 것은 공상과학 영화나 책이다. 공상과학 이야기는 대개 디스토피아를 그린다. 새로운 기술이 세계적인 전염병이나 미쳐 날뛰는 로봇, 고삐가 풀린 인공지능, 완전 자동화된 감시 시스템이 장착된 도시 등으로 인류를 위험에 빠뜨린다. 이런 영화나 책은 서술 방식은 각기 다르지만 기술로 인한 인류의 위기 혹은 심지어 인류의 멸종까지 묘사한다는 공통점이 있다. 희한하게도 인류의 멸망과 어두운 미래, 종말 등을 다룬 미디어는 매우 인기 있다. 그렇지만 이런 이야기들이 과연 미래에 일어날 일들을 예측할 척도가 될 수 있을까?

디스토피아 이야기는 어쨌든 관객이나 독자들에게 깊은 (때로는 비이성적인) 회의를 안긴다. 눈에 보이지 않는 초월적인 신의 힘과 마찬가지로 알고리즘이나 머신러닝 기술의 작동 방식 또한 우리 눈에는 보이지 않으니 두려움을 느끼는 사람이 생기고 결국 숱한 부정적 소문이 떠돈다. 레반도브스키가 보기에 기술적인 진보의 가장 큰 장애물은 기술로 할 수 있는 일의 한계가 아니라 사람들의 불신이다. 자율주행 자동차가 개발된다고 하더라도 그것을 신뢰하고 사용하려는 사람이 없다면 무용지물이다. 기술로 인한 위험을 직접 겪은 적이 있는 사람이라면 잘 알 것이다. 인간의 손에서 조종키가 사라지는 순간, 삶과 죽음을 온전히 책임지는 존재가 인간이 아니라 기계로 바뀌는 그 순간은 인간에게 주어진 직관에 반한다. 우리 인간은 통제권을 인간이 아닌 다른 존재에게 넘겨주는 데 익숙하지 않다. 고속도로에서 시속 120킬로미터로 달리고 있는 순간이라면 더더욱 그럴 것이다. 자율주행 자동차 기술이 전문 분야인 레반도브스키는 사람들이 자율주행 기술을 아무런 의심과 걱정 없이 사용할 수 있도록 설득하려면 어마어마한 시간과 노력을 들여야 하리라는 사실을 알고 있다. 이때 잠재적인 자율주행 자동차 승객들에게 그것이 얼마나 안전한지 알려주는 것은 비교적 쉽다. 2015년의 한 연구 결과[26]에 따르면 잘못의 원인인 운전자를 없앤다면 사망사고 중 90퍼센트 이상을 예방할 수 있었을 것이다.

도로 교통처럼 경계가 뚜렷한 법률 시스템이 있는 부문에서는 기계가 책임을 지도록 해도 될 것이다. 기계는 운전 중에 부주의하게 스마트폰을 들여다보지도 않고 목적지에 최대한 빨리 도착하기 위해 매우 피곤한 상태로 고속도로를 질주하지도 않고 딴생각을 하느라 나가야 할 고속도로 출구를 지나치지도 않는다. 그러나 뚜렷한 법적 경계가 없는 공개적인 시스템에서는 어떨까? 살면서 겪는 대부분의 문제가 매우 복잡하기 때문에 우리는 때로 본능이나 직감에 의지해 결정을 내리기도 한다. 자율주행 자동차가 우리를 A에서부터 목적지인 B까지 데려다 줄 수 있다는 것은 이미 많은 사람이 알고 있으며 인정하는 사실이다. 그런데 과연 결혼 상대를 선택하는 과정을 알고리즘에만 맡길 수 있을까? 데이트 상대를 찾는 앱에서 본인이 직접 화면을 넘겨 상대방을 살펴보는 과정 없이, 알고리즘이 알아서 선택한 상대와 곧바로 만날 약속을 잡을 수 있을까? 우리는 매일같이 이유를 정확히 설명할 수 없는 수많은 결정을 내리지 않는가?

다시 사랑 이야기를 해보자. 사랑은 느닷없이 찾아온다. 우리는 감정을 계산하거나 예측할 수 없다. 그렇다면 오랜 시간을 거치며 쌓은 경험이야말로 우리의 삶이 도로 교통과는 다르다는 점을 가장 잘 보여주는 게 아닐까?

7만 개의 클론

엔히크는 기계가 우리를 지배하리라는 회의적인 생각에 휘둘리지 않는 것처럼 보인다. 그가 만든 네트워크인 이터나인은 레반도브스키가 설립한 교회처럼 사람들이 점점 바뀌어갈 인간과 기계간의 관계를 이해하도록 돕는다. 사람의 디지털 복제품을 만든다는 그의 아이디어는 마리우스 우르자혜나 제임스 블라호스의 아이디어와 비슷하다. 세 사람은 모두 사람을 디지털 세상에서 영원히 살게 한다는 목표를 세웠다. 사람이 디지털 세상에서 불멸의 삶을 살도록 만들기 위해 노력하는 것이다.

이터나인은 영원히 사는 디지털 클론을 나이너스Niners라고 부른다. 나이너스란 사용자들이 활성화한 가상의 존재를 말한다(사용자 개인의 입장에서는 나인 미Nine me다). 나이너스를 활성화하면 사용자들은 다른 사용자의 디지털 클론과 연결될 수 있다. 모든 나이너스는 각 사용자의 고유한 특성을 그대로 갖고 있다. 사용자가 더 많은 정보를 입력할수록 나이너스는 해당 사용자와 더욱 비슷해진다. 더 구체적으로 설명하자면, 이터나인의 사용자가 소셜 네트워크에 더 많은 글을 쓰고 그 공간에서 더 많은 사람과 상호작용할수록 나이너스는 사용자와 비슷해진다. 예를 들어 사용자가 소셜 네트워크를 이용해 더 많은 온라인 데이터를 남기면 매우 복잡한 머신러닝 방식인 딥러닝(심층 학습) 기술이 데이터를 학습해 그 사람의 디지털 클론을 더욱 정밀하게 만들 수 있다. 인공신경망이 작동하는 방식에 관해서는 추후에 설명하겠다.

아무튼 이터나인은 겉보기에 우리가 잘 아는 소셜 네트워크인 페이스북과 비슷하다. 사용자들은 자신의 프로필과 프로필 사진, 개인적인 정보 등을 올릴 수 있다. 사이트의 뉴스피드에는 나와 친구 관계인 다른 사용자들의 포스트나 기록 내용이 표시된다. 페이스북과 차이점이 있다면 이터나인에서는 모든 사용자가 자신의 디지털 클론을 '키워야' 한다. 사용자의 프로필 사진 옆에는 디지털 클론의 프로필 사진이 표시된다. 이터나인에 가입한 초기에는 디지털 클론의 프로필 사진이 픽셀화되어 있어 얼굴을 알아볼 수 없다. 그런데 이터나인에 더 많은 개인 정보와 데이터를 입력할수록 디지털 클론의 프로필 사진이 점차 선명해진다. 모든 사용자는 언제든 자신의 디지털 클론을 비활성화해 디지털 클론이 독자적으로 타임라인에 포스트를 올리지 않도록 할 수 있다. 하지만 디지털 클론을 비활성화한다면 페이스북 같은 다른 플랫폼을 이용하면 되니 굳이 이터나인을 이용할 필요가 없다.

엔히크의 집 아름다운 테라스에서 포르투갈의 뜨거운 태양이 수평선 아래로 사라지는 모습을 보고 있을 때 엔히크가 도무지 떨쳐버릴 수 없는 아이디어에 관해 설명했다. "제가 아버지나 할아버지나 할머니 이름으로 계정을 만들지 못할 이유가 없지 않습니까?" 그는 아버지에 관한 모든 정보를 모았다. 사진, 아버지가 쓴 편지, 아버지가 남긴 메모, 다른 사람들이 들려준 아버지에 관한 이야기 등을 모두 기록했다. 기록으로만 남겨둘 정보는 아니었다. 그는 그 정보를 토대로 자신의 아버지를 디지털 클론, 즉 나이너스 중 한 명으로 다시 살아나게 할 계획을 세웠다. 엔히크는 회사를 설립하고 자신의 아이디어를 실현하기 위해 지금까지 인생을 바쳐 일했다. 그가 만든 죽은 자들의 소셜 네트워크에 가입한 사람은 7만 명 이상이다. 그들의 디지털 클론인 나이너스까지 합치면 14만 명의 사용자가 이터나인에서 활동 중인 셈이다. 엔히크는 그 많은 사람이 이터나인에서 활발하게 활동하고 있다고 말했지만 과연 그것이 어디까지 진실인지는 우리가 직접 확인할 수 없었다.

이터나인은 아직 베타 버전이다. 이렇게 혁신적인 계획의 선구자가 되려면 그만큼 인내심과 자제심이 있어야 한다. 엔히크와 팀원들은 매일같이 이터나인에서 새로운 것을 경험한다. 엔히크에게는 베타 버전을 이용 중인 이터나인 가입자들과의 소통이 무엇보다 중요하다. 목표에 다가가기 위해 그는 셀 수 없이 많은 밤을 뜬눈으로 지새웠다. 아마 미래에도 마찬가지일 것이다. 디지털 클론이 아직은 엔히크가 원하는 만큼 발전하지 않았기 때문이다. 그럼에도 그는 자신의 아이디어가 실현될 가능성이 있다는 징조를 보고 있다. 엔히크 본인도 이터나인에 프로필을 만들었고 사이트가 처음 만들어졌을 때부터 개인 정보를 차곡차곡 입력해 디지털 클론을 키우고 있다. 엔히크의 디지털 클론은 지금도 꾸준히 이터나인의 타임라인에 포스트를 올린다. 엔히크는 그중 하나가 아직도 기억에 남아 있다고 한다. "2005년에 제 딸이 콜드플레이 콘서트 티켓을 선물해줬어요. 리스본에 있는 축구 경기장에서 열리는 콘서트였죠. 그런데 콘서트 날에 하루 종일 비가 왔어요. 우리는 운동장한가운데에 서서 콘서트가 얼른 시작하기를 기다리고 있었죠. 공연이 시작하기도 전에 물에 빠진 생쥐 꼴이 됐어요. 신발, 재킷, 바지, 전부 다 흠뻑 젖었죠. 저는 사실 시작 전에 그냥 집으로 갈까 생각했어요. 그렇지만 계속 그 자리에서 기다렸고, 결국 콘서트가 시작되었죠. 드디어 콜드플레이가 모습을 드러내 노래를 시작했어요. 얼마 지나지 않아 갑자기 비가 뚝 그치더라고요. 정말 희한했죠. 마치 콜드플레이가 자신들이 첫 곡 '스퀘어 원'을 부르기 시작하는 순간 비가 그치도록 날씨와 계약이라도 한 것처럼 말이에요. 곧 폭죽도 터지기 시작했어요. 온 사방이 조명으로 물들었죠. 정말 멋있었습니다. 말로 설명하기 힘든 마법 같은 순간이었어요. 그렇게 압도적인 경험은 처음이었어요. 말 그대로 숨이 멈출 정도였으니까요. 그 순간이 영원히 끝나지 않길 바랐어요."

콜드플레이의 보컬인 크리스 마틴이 부르는 '스퀘어 원'의 가사가 울려 퍼졌다. "키를 잡은 건 너야. 가고 싶은 곳이 있어? 키를 잡은 건 너야. 알고 싶은 것이 있어? 미래는 드러나기 위해 있어. 우리가 여행하는 공간이니까." 미래는 드러나기 위해 있어. "제가 본 콘서트 중 최고였어요. 다음날 저는 사람들이 어떤 재미있는 포스트를 올렸는지 보려고 이타나인을 켰어요. 맨 위에는 제 디지털 클론이 올린 유튜브 동영상이 있었어요. 바로 콜드플레이가 콘서트 오프닝곡으로 불렀던 '스퀘어 원'의 동영상이었죠. 온 몸에 소름이 돋았어요. 지금 이 이야기를 하면서도 소름이 돋네요. 제 디지털 클론이 그걸 대체 어떻게 안 걸까요? 기술이 비언어적인 충동에도 반응하고 공기의 진동까지 포착하고 인간의 감정을 전부 이해하는 수준에 도달한다면 인간과 기계 사이의 상호작용은 완전히 새로운 수준으로 도약할 겁니다."

아날로그의 경계를 넘다

직감과 기분은 우리 삶의 일부분이며 학습, 타인과의 의사소통, 결정 등에 영향을 미친다. 우리가 매일 사용하며 상호작용하는 디지털 기계는 우리의 감정이나 내면에서 일어나는 일들을 알지 못한다. 그런데 기계가 인간의 감정을 모른다는 것은 꽤 오래 전부터 틀린 말이 되었다. 스마트폰은 이제 우리의 얼굴과 표정을 인식해 감정을 읽을 수 있다. 인간과 기계 사이를 연결하는 인터페이스는 디지털 카메라다. 디지털 카메라가 없으면 스마트폰이나 컴퓨터가 우리의 얼굴을 인식해 개인의 신분을 확인하거나 표정을 분석할 수 없다. 현재 수많은 소프트웨어가 인간의 표정을 분석하고 각 표정을 특정한 감정에 맞는 클러스터에 정리하는 역할을 한다. 이런 식으로 컴퓨터는 우리의 감정을 이해할 수 있다.

불가능할 것처럼 여겨지던 기술 또한 이미 오래 전부터 수많은 테스트 단계를 거쳤다. 이제는 인공지능이 사람의 표정을 보고 그가 거짓말을 하는지 아니면 진실을 말하는지 판단하는 수준에 이르렀다. 유럽은 국경을 보호하기 위해 아이보더 컨트롤iBorderCtrl이라는 지능형 검문 시스템을 실험 중이다. 컴퓨터 게임이나 애플의 신제품처럼 들리는 이것은 쓸쓸한 현실이자 인간을 위협할 수 있는 기술이다.

엔히크는 이런 기술 발전에 큰 관심을 보인다. 현재 기술로는 평범한 디지털 카메라로도 사람의 눈으로는 포착하기 힘든 사용자의 몸짓을 인식하고 그 사람의 감정을 파악할 수 있다. 엔히크는 이 사실은 물론이고 사람의 얼굴을 보고 그 감정을 읽어내는 자동화된 비주얼 감정 인식 기술의 정확도가 꽤 높다는 사실도 알고 있다. 이런 새로운 기술은 이터나인에 혁신적인 변화를 가져올 것이다. 이터나인의 디지털 클론이 실제 사람의 감정을, 심지어 마음속에 품고 있는 감정까지도 '느낄' 수 있게 된다면 여태까지와는 다른 새로운 형태의 의사소통이 가능해질 것이다. 엔히크가 보기에 이 기술은 죽은 사용자들이 이터나인이라는 플랫폼에서 계속해서 다른 사람들과 의사소통하는 데 큰 도움이 될 수 있다. 이터나인의 디지털 클론은 고인의 남겨진 가족이나 친지들과도 대화할 수 있는데, 이들과의 대화 내용은 특별히 조심스러워야 한다. 만약 디지털 클론이 어떤 단어를 잘못 사용한다면 유족들에게 씻을 수 없는 상처를 안길 우려가 있다. 상대방의 비언어적인 행동과 표현을 포착하고 그 사람의 감정을 이해하는 것은 기계가 흉내 낼 수 없는 인간 고유의 성질이다. 그러니 사람의 감정을 인식하는 소프트웨어가 있다면 컴퓨터가 인간의 의사소통 기술을 더욱 정교하게 모방할 수 있을 것이다. 엔히크가 콜드플레이 콘서트 후에 경험한 일은 예외적인 사건이 아닌 법칙이 될 것이다. 다만 각 기술 뒤에 각기 다른 회사가 있다는 현실이 문제다. 얼굴 인식이든 음성 합성이든 챗봇 개발이든 모든 기술은 인공신경망이 있어야 꾸준히 발전할 수 있다. 또한 각 분야에는 전문가가 필요하다. 사실 실제 사람과 비슷한 디지털 시뮬레이션을 만들어내는 기술 자체는 이미 충분하다. 현재 부족한 것은 기업 간의 협력 의지와 이 모든 회사를 끌어 모을 자본이다. 하지만 이런 현실도 엔히크의 의지를 꺾지는 못한다. 그는 디지털 불멸성이 머지않은 미래에 우리의 삶을 결정하게 되리라고 믿는다. 대담한 꿈처럼 들리겠지만, 엔히크는 얼마 지나지 않아 우리가 신체적으로는 죽은 사람들과 디지털 공간에서 계속 대화를 나누는 것이 자연스러운 세상이 올 것이며, 물리적으로는 존재하지 않고 가상공간에서만 존재하는 친구들과 매일 채팅을 하면서 아닐로그 삶과 디지털 삶의 경계가 점차 흐릿해지는 날이 올 것이라 생각한다.

오르간 스톱 인간

인터뷰를 하러 다니느라 온 정신을 기울이며 몇 개월이라는 시간을 보낸 뒤의 세상은 우리에게는 생소한 곳이었다. 그곳에서는 많은 사람이 기술로 우리 삶을 영원히 연장하기를 꿈꾸고 인간이 곧 클라우드에서 계속 살게 되리라고 믿는다. 그곳의 인간은 데이터로 만들어졌으며 알고리즘으로 이루어졌다. 섬뜩하고 수상한 세상이다. 지금 전 세계의 기술 연구소에서 탄생하는 수많은 아이디어, 그 모든 것이 생겨나기 전에는 우리에게 어떤 미래가 놓여 있었는가? 지금과 같은 기술 맹신은 우리를 어디로 이끄는가? 그런 세상에 사는 사람을 우리는 도대체 뭐라고 불러야 하는가?

2016년에 구글 내부에서 만들어진 한 동영상이 2018년 5월에 유출되었다. 머지않은 미래에 데이터와 알고리즘이 대단한 위상을 보여줄 것이라는 내용의 동영상이었다. 약 9분의 이 동영상의 제목은 '이기적 레지스터The Selfish Ledger'[27]다. 구글의 연구 부서인 'X'는 평범하지 않은 아이디어를 영상에 담았다. 인간이 미래에 유전자뿐만 아니라 개인적인 데이터까지도 자손들에게 물려주게 된다면 어떻게 될까? 구글은 해당 영상으로 우리에게 게놈의 자리를 정보 혁명을 거친 데이터가 차지하리라는 미래를 보여준다. 데이터는 레지

스터*에 보존되어 있다.

　10년 이상 전부터 우리는 인터넷에서 '나'의 생활 습관과 필요를 정확하게 겨냥해 광고되는 제품을 사는 데 거리낌 없이 큰돈을 지불하고 있다. 그런데 만약 구글 같은 회사가 사용자들로부터 그저 필요한 제품을 구매하는 것 이상의 행동을 유도한다면 어떻게 될까? 구글이 지금 당장 사용자들의 건강을 개선하겠다는 목표를 세운다면 어떤 일이 벌어질까? 그러면 구글의 인공지능이 사용자들에게 계속해서 건강 개선 관련 광고를 추천할 것이다. 다이어트 광고, 신체 단련 및 운동 광고, 적절한 수면 시간, 각종 기호식품에 대한 부정적인 설명 등을 말이다. 동영상은 인공지능이 목표에 도달하기 위해 사람들에게 개인화된 제품을 추천한다면 어떤 일이 벌어질지 보여준다. 우리도 대충 상상할 수 있는 내용이다.

　해당 동영상에 따르면 우리가 하는 모든 행동, 결정, 우리의 선호도, 움직임, 타인과 맺는 관계 등이 DNA와 마찬가지로 평가 및 활용될 수 있다. 개인적인 데이터 꾸러미만 있으면 우리가 앞으로 내릴 결정이나 미래에 하게 될 행동을 더 정확하게 예측할 수 있다. 그런데 구글은 동영상에서 한발 더 앞서 나간 미래를 보여준다. 만약 이런 전략이 개인만이 아니라 전체 인구를 대상으로 시행된다면 어떨까? 예를 들어 탄소중립이나 올바른 자원순환, 부의 재분배 같은 국제적인 목표를 이루기 위해 데이터를 사용한다면? 임

---

*　컴퓨터에 들어있는 소규모 데이터 기억장치를 말한다.

박한 기후위기나 꾸준히 확산하는 빈곤 같은 국제적인 문제에 대응할 수 있을까? 귀가 솔깃한 시나리오가 하나 있다. 이 시나리오는 무엇보다도 불운에 처한 인간상을 드러낸다. 구글 연구진이 내부적으로 진행한 사고실험에서 인류는 가장 중요한 재산을 잃는다. 바로 자유의지다. 인류는 더 이상 깨우친 존재로서 행동의 자유를 유지하지 못하고 일시적인 정보 운반자로 전락해버린다. 사람들이 인공지능이 설정한 대의적인 목표에 걸맞은 행동을 하는지 여부를 시스템이 감시하기 때문이다. 자유로운 민주주의 세상이 아니라 디지털화된 감시 국가만이 존재하는 음울한 세상의 모습이다.

구글은 해당 동영상이 유출된 직후 그 내용이 자사의 실질적인 계획과는 무관하다며 해명했지만 그들의 절대성을 주장하는 세계관이 영상에 은근히 드러나면서 우려가 확산됐다. 데이터 맹신주의자나 알고리즘 지지자들의 세력이 더 커지기 전에 그런 미래가 현실이 되는 것을 막으려면 어떻게 해야 할까?

구글이 있는 시대를 살지는 않았지만 그럼에도 현대인들에게 중요한 조언을 남긴 도스토옙스키의 다른 소설을 살펴보자. 도스토옙스키의 소설 《지하로부터의 수기》의 주인공은 40대 남성으로 전직 공무원이며 철저히 고립된 지하 골방에서 생활한다. 스스로 선택한 도피처인 셈이다. 이름조차 등장하지 않는 이 주인공은 현실 세상으로부터 도망쳐 지하 골방으로 피신했다. 현실의 세상이 점점 낯설게 느껴져 적응하기 힘들었기 때문이다. 이 고집 센 주인공은 신랄하면서도 원한이 담긴 말로 소위 '신인류'에 대한 부정적이고 혐오 가득한 생각을 늘어놓는다. 그는 모든 사람이 합리적인 세상을 위해 인간이 아니라 부품으로서 희생되는 세상을 혐오한다. 도스토옙스키는 사회주의 신인류가 지성적인 유럽을 이끌 것이라는 생각이 팽배하던 시기에 이 글을 썼다.

이러한 논쟁에 불이 지펴진 것은 니콜라이 체르니솁스키가 도스토옙스키의 《지하로부터의 수기》가 발표되기 1년 전인 1863년 《무엇을 할 것인가》라는 작품을 발표하면서부터다. 체르니솁스키는 세상을 제한된 가능성에 따라 바꿔야 하는 이상적인 사회주의 인간을 다루었다. 직업혁명가인 신인류는 정의롭고 절제할 줄 알아야 하며 규칙을 잘 지키고 금욕적이어야 한다. 체르니솁스키는 진보와 기술 및 자연과학 분야의 영향력 있는 성과를 믿었다. 도스토옙스키는 이런 낙관적이고 이상주의적인 생각에 욕지기를 느끼고 《지하로부터의 수기》에서 냉소적인 반대 의견을 전개했다. 인간은 결함과 흠이 있고 결단을 주저하며 새로운 세상을 만드는 데가 아니라 삶의 의미를 의심하는 데 온 힘을 쏟는다. 도스토옙스키 소설에 등장하는 주인공은 사회의 시스템을 반대하고 보이콧하며 시스템으로부터 도망친다. 도스토옙스키는 시대정신과 거리를 두면서 지하 골방에서 만사와 타인에 관한 불만을 쏟아내며 모든 낙관주의를 파괴하고 완벽하게 산통을 깨는 존재를 만들어냈다.

도스토옙스키의 소설 속 일부 구절은 놀랍게도 오늘날의 상황에 정확히 들어맞는다. 물론 징후는 완전히 다르다. 인간은 호모 이코노미쿠스Homo economicus•이자 피와 살로 이루어진 일종의 컴퓨터라는 설명은 자기 충족적 예언••처럼 자기 자신 혹은 타인을 바라보는 시야를 좁아지게 만든다. 《지하로부터의 수기》에서 도스

7장 산 채로 묻히다

토옙스키는 인간은 '2 곱하기 2는 4' 이상의 존재라고 말한다. 즉, 인간은 남이 자신을 평가하도록 두지 않는다. 이것은 도스토옙스키가 실리콘밸리에 보내는 메시지다. 우리는 지하 골방 논쟁의 도움으로 여태까지 지나치게 고분고분하게 받아들인 인간 본성에 관한 주장을 무너뜨리고 대안적인 선택의 여지라고는 전혀 없어 보이는 현행 사회 질서에 반박할 수 있다.

사회적인 삶의 대부분이 수학적 결정이론, 즉 이른바 게임이론에 의존하는 현재의 세상에 도스토옙스키의 《지하로부터의 수기》가 전달하는 메시지는 무엇일까? 게임이론에서 우리가 사는 세상의 사회적인 문제와 갈등 상황은 수학적으로 해결되어야 한다. 사람들은 자신의 이익이 극대화될 수 있다는 믿음을 품고 자극을 추구하는 행동을 한다. 정부 기관, 연구소, 기업 등도 모두 이 원칙에 따라 일한다. 사리사욕을 채우려는 인간의 생각은 게임이론의 전제이자 결과다. 이런 세상은 오로지 데이터로만 이루어졌기 때문에 인간의 모든 행동이 계산 및 예측될 수 있다. 인간은 그저 정보를 전달하는 수단으로 전락한다. 도스토옙스키는 이런 미래를 예상이라도 한 듯 소설에 이런 구절을 남겼다. "인간은 피아노 건반이나 오르간 스톱***과 다를 바가 없다. 인간의 어떤 행동도 그의 소

• 　경제적 인간. 경제 행위의 주체로서 자신의 이익을 행동의 기준 목표로 삼는 인간.

•• 　스스로 예언 혹은 예측한 내용을 믿고 그것이 현실이 되도록 하는 현상.

••• 　파이프 오르간의 구성요소 중 하나로 압력이 가해진 공기를 오르간 파이프로 보내는 역할을 한다.

망과 의지에 따른 것으로 보이지 않는다. 인간은 곧 자신의 행동에 더 이상 책임을 지지 않으며 대단히 편안한 삶을 시작하게 될 것이다. (…) 이 법칙에 따라 인간의 모든 행동이 수학적으로 계산되고 10만8000까지 있는 일종의 대수표에 기록되며 곧 달력에 표시될 것이다. 더 나아가서는 오늘날 백과사전과 같은 우수한 작품이 출간될 것이다. 그 안에는 모든 것이 자세하게 설명 및 기록되어 있어 앞으로는 이 세상에 놀라운 사건이나 모험은 존재하지 않게 될 것이다."

우리 사회는 이미 급격히 변화하고 있는데 정치 분야는 그만큼 두드러진 추진력을 얻지 못하는 것 같다. 중국 선전부터 미국 실리콘 밸리에 있는 기술 대기업들이 오히려 세상을 완전히 바꿀 차세대 혁신을 위해 앞다퉈 경쟁 중이다. 인간이 알고리즘을 보조하는 존재로 전락하지 않고 자신의 생각, 감정, 행동이 0과 1로만 나타나도록 하지 않으려면 지하 생활자 같은 캐릭터들을 다시 떠올려보는 것이 그 어느 때보다 중요한지도 모른다.

같지만 다른 정신을 품은 사람들

다시 포르투갈로 돌아가자. 비제우에서 머문 지 며칠이 지났다. 우리는 엔히크의 어머니를 만나기로 했다. 그의 어머니는 도시 외곽의 그림같이 아름다운 작은 집에 살고 있었다. 나이는 아흔이 넘었다. 엔히크는 어머니가 괜찮은지 확인하고 신과 세상에 관한 이야기도 나눌 겸 주기적으로 어머니를 찾아간다. 어머니에게 가는 길에 엔히크는 한눈에도 긴장이 역력한 모습이었다. 어머니의 집이 가까워질수록 엔히크는 더욱 굳은 표정을 지었다.

엔히크는 매일 밥 먹듯이 자신이 하는 일에 관해, 인간을 디지털화해 영원히 살도록 한다는 미친 아이디어에 관해 설명한다. 그는 전 세계를 여행하며 컨퍼런스에 참석해 청중 앞에서 연설하고 다국적 투자자들에게 자신의 아이디어를 설명하며 언론과 셀 수 없이 많은 인터뷰를 한다. 그런데 우리와 함께 모친의 집으로 향하는 차 안에서 그는 문득 여태까지 어머니에게는 자신이 하는 일을 설명한 적이 없다는 사실을 깨달았다. 어머니는 아들이 매일 무슨 일 때문에 바쁜지 짐작도 못하고 있을 것이다. 엔히크는 우리가 삶의 마지막을 눈앞에 둔 그의 어머니에게 디지털 세상에서 영원히 산다면 어떤 기분이겠느냐고 물어보고 싶어 한다는 사실을 알았다. 동시에 자신의 어머니가 그 모든 아이디어에 어떤 반응을 보일지 전혀 모르고 지냈다는 사실도 깨달았다.

어머니의 집에 도착한 엔히크는 경적을 크게 울렸다. 그리고는 잔뜩 긴장한 상태로 자동차에서 내려 화려하게 꾸며진 정원을 성큼성큼 가로지르기 시작했다. 우리도 빠른 걸음으로 엔히크를 뒤쫓으며 곧 나이가 많이 들었지만 올곧고 엄격한 여성과 만날 마음의 준비를 했다. 집 안은 시원했다. 6월의 뜨거운 태양도 닫힌 블라인드를 뚫고 들어오지는 못했다. 안락의자에는 혼자 일어서기도 힘들어 보이는 노쇠한 여성이 앉아 있었다. 얼굴에는 엄격함의 그림자도 없었다. 예상과 달리 밝고 유머러스한 엔히크의 어머니는 우리를 반갑게 맞이하며 자리를 권했다. 그녀는 자신의 아들이 이렇게 인터뷰를 하고 그 내용이 책으로 나올 정도로 유명한지 몰랐다고 말했다. 대화를 나누는 내내 노부인은 즐거운 표정이었다.

집 안은 온통 가톨릭 상징으로 가득했다. 벽에는 십자가에 못 박힌 그리스도상이 걸려 있었고 다양한 성모 그림이 여러 점 있었다. 우리는 엔히크의 어머니에게 믿음이란 어떤 의미인지 물었다. "전부예요. 우리에게 힘을 주시는 게 바로 신이거든요. 신이 존재하지 않는다면 누가 세상을 다스리겠어요?" 엔히크는 우리의 질문에 변명하듯이, 그리고 신은 존재하며 인간의 곁에 있다고 어머니를 안심시키듯이 어머니의 대답을 반복했다. 그의 어머니는 아들이 이미 오래 전부터 성당에 발길을 끊었다는 사실을 모르는 것 같았다. 분위기가 조금 어색해지자 엔히크가 직접 질문을 던졌다. "엄마, 죽은 사람들이 나중에 인간이나 혹은 다른 형태로 태어날 거라고 믿어요? 부활을 믿으세요?" 아들이 망설이며 던진 질문에 어머니는 확신에 찬 목소리로 대답했다. "당연하지. 물론 부활을 믿고말고. 하느님께서도 돌아가셨지만 부활하셨고 다른 많은 사람을 부활시키셨잖니. 영혼을 비롯한 수많은 것을 말이야. 그래서 나는 평생 하느님을 믿을 거야. 내 믿음은 항상 앞으로 나아가고 있단다."

세상에서 가장 유명한 부활 이야기는 아마 예수 그리스도의 이야기이며, 이것은 기독교 믿음의 근간이다. 기원 후 30년 예루살렘. 성경에 따르면 두 여성이 예수가 십자가에 걸리고 3일 후에 그의 무덤을 찾아 시신에 성유를 바르려고 한다. 그런데 무덤은 텅 비어 있었다. 정황상 죽었던 예수가 다시 살아났다는 가정이 생겼다.

그날이 바로 부활절이다. 그런데 신은 영혼만이 아니라 신체도 함께 부활했다. 예수는 다시 사람들의 곁으로 돌아가 이야기를 나누고 함께 음식도 먹었다. 사람들은 그를 만질 수 있었다. 그는 말 그대로 피와 살이 있는 인간이었다. 그래서 기독교인들은 예수야말로 죽음이 극복될 수 있다는 증거라고 믿는다. 기독교 전통에서 예수 그리스도의 탄생만큼 중요한 축제가 예수의 부활을 축하하는 것이다. 예수의 부활이야말로 독실한 기독교인들이 죽으면 신의 곁으로 간다는 증거이기 때문이다. 그 과정이 어떻게 이루어지는지 명확히 알려진 바는 없지만 어쨌든 부활 신화는 믿음을 낳았다. "네가 만일 네 입으로 예수를 주로 시인하며 또 하나님께서 그를 죽은 자 가운데서 살리신 것을 네 마음에 믿으면 구원을 받으리라." 로마서 10장 9절의 내용이다. 기독교에서 모든 사람은 신체와 영혼이 합쳐진 존재다. 사람이 죽으면 영혼이 신체에서 분리되고 기독교 교리에 따라 최후의 심판을 받는다. 이때 세 가지 가능성이 있다. 첫째로 사탄과 그의 사자들, 그리고 주님을 믿지 않는 자들은 영원한 지옥불에 던져진다. 둘째로 사는 동안 비난받을 일을 하지 않은 독실한 신자들은 완전한 행복이 넘치는 천국에 간다. 마지막으로 영혼은 천국과 지옥의 사이에 있는 연옥, 즉 정죄의 불길에서 정화된다.

엔히크의 어머니에게 신에 대한 믿음, 그리고 죽음 뒤의 삶이 존재하리라는 믿음은 자신이 죽은 이후의 길이 평탄하리라는 아주 오래되고 굳건한 믿음이다. 자신이 죽은 뒤에도 그 길을 따라 걸을 것이라 믿는다. 우리는 엔히크의 어머니에게 어떻게 그렇게 확신할 수 있느냐고 물었다. "인간은 모르는 게 많아요. 하지만 신을 믿는 것 외에 더 나은 길이 없다는 건 알죠." 우리는 엔히크가 왜 어머니에게 성당에 나가지 않은 지 오래라고 고백하기를 꺼렸는지 점차 이해했다. 그의 어머니에게 신이 없는 삶이란 신성모독이나 마찬가지다. 엔히크와 그의 어머니의 삶은 반대되는 것처럼 보이지만 어떤 부분에서는 일맥상통한다. 어머니가 열정적으로 신을 믿고 인간의 영혼을 구원하는 위대한 신의 힘을 확신하듯이 엔히크 또한 얼마 지나지 않아 기술이, 특히 인공지능이 인간의 영혼을 영원히 살게 할 수 있으리라고 믿는다. 엔히크의 어머니가 한 말에서 '신'을 '인공지능'으로 치환하면 엔히크의 생각과 똑같다. 엔히크의 어머니는 자신의 정신적 고향을 가톨릭 성당에서 찾았다. 마찬가지로 엔히크는 그것을 트랜스휴머니즘과 특이점에서 찾았다. 두 사람 모두 '무언가'를 믿지 않는 삶은 상상할 수 없다. 엔히크는 성당에서 멀어졌지만 그가 믿는 것은 기독교 문화의 깊은 곳에 뿌리를 두고 있다.

8장
영혼이 죽어서는 안 된다

원숭이 고환과 영생의 꿈

죽음에 대항하고자 하는 생각은 현대사회나 실리콘밸리가 만들어낸 것이 아니다. 인류가 존재했을 때부터, 우리의 역사가 만들어지기 시작했을 때부터 많은 사람이 죽음을 극복하기 위해 온갖 노력을 기울였다. 영원한 삶에 대한 갈망은 우리 문화사의 아주 중요한 구성요소다. 수메르 신화의 영웅신인 길가메시는 영원히 죽지 않는 방법을 찾기 위해 전 세계의 절반을 여행했고, 그리스 신화의 음유시인인 오르페우스는 죽은 아내 에우뤼디케를 저승에서 다시 데려오려고 한다. 이처럼 인간은 이승에서의 유한한 삶에 만족하지 못하는 것 같다.

인간은 동물과 달리 자기가 죽어야 하는 운명이라는 점을 인지하고 있다. 이는 인간이 지능과 이성을 얻은 대가다. 우리는 누구나 자신이 언젠가는 이 세상에 존재하지 않으리라는 사실을 안다. 원하든 원치 않든 언젠가 죽을 것이라는 생각은 우리 머릿속 깊이 자리 잡고 있으며 평생 사라지지 않는다. 우리가 가장 두려워하는 일은 실제로 일어날 것이다. 우리는 언젠가 죽는다.

그래서 사람은 불가피성을 모면하기 위해 타개책을 찾는다. 영원한 삶이라는 희망은 대단한 동력이며 어쩌면 우리 문명사회의 모터라고도 할 수 있다. 종교 역시 오로지 죽음을 조금이나마 덜 힘겹게 받아들이고자 하는 시도에서 탄생했는지도 모른다. 우리 인간이 여태까지 행해 온 자신과 주변 세계에 관한 연구, 그로 인한 지식은 인간의 유한성이라는 수수께끼를 해결하려는 노력인지도 모른다. 우리 인간이 만든 이야기 중 거의 대부분은 죽음 이후의 삶을 약속한다. 죽음 이후의 삶에 대한 믿음은 우리가 죽음의 공포[28]를 받아들이는 데에 도움이 된다. 죽음의 공포라는 개념은 1980년대에 진행된 사회심리학 실험 결과에서 탄생한 공포 관리 이론Terror management theory에 기반을 둔다. 이 이론을 제시한 학자들[29]은 죽음과 자신의 죽을 수밖에 없는 운명을 마주한 사람들의 전형적인 행동 양식과 반응에 주목했다. 연구진은 유명한 정신분석학자인 지크문트 프로이트의 연구를 바탕으로 사람들이 죽음이 눈앞에 다가왔을 때 그 불안을 받아들이고 극복하기 위해 드러내는 심리적 방어 기제가 있다고 보았고 이 명제를 증명하기 위해 400건이 넘는 경험적 연구를 진행했다. 한 실험에서 연구진은 신이 존재한다는 사실을 의심하기는 하지만 초월적인 무언가가 존재할 가능성은 있

8장 영혼이 죽어서는 안 된다

다고 생각하는 불가지론자들을 두 그룹으로 나누었다. 그런 다음 한 그룹과 길고 깊은 대화를 나누면서 언젠가 다가올 죽음을 계속해서 상기시켰다. 다른 그룹과 대화할 때는 죽음을 상기시키지 않도록 조심했다. 실험 마지막에 연구진은 두 그룹 모두에게 죽음 이후의 삶을 얼마나 믿고 있는지 물었다. 그러자 죽음 이후에도 삶이 존재할 거라고 답한 사람이 죽음을 상기시키는 대화를 하지 않은 그룹보다 죽음을 상기시키는 대화를 한 그룹에서 두 배 이상 많았다. 연구진은 사람들이 자신의 죽음이 눈앞에 다가왔다고 느낄수록 죽음 이후의 삶에 관한 이야기를 믿는 경향이 있다고 확신했다. 이는 불멸을 꿈꾸는 사람들 중 많은 이가 어렸을 때 혹은 젊었을 때 부모 혹은 부모만큼이나 가깝던 사람을 잃은 경험이 있다는 사실로도 뒷받침된다. 우리가 지금까지 인터뷰했던 사람들 모두가 자신의 삶에서 중요한 역할을 하던 사람을 잃은 경험이 있었다. 루마니아의 마리우스는 가장 친한 친구인 로카를 잃었다. 캘리포니아의 제임스는 아버지의 죽음을 지켜보았다. 샌프란시스코의 유지니아도 교통사고로 가장 친한 친구를 잃었다. 포르투갈의 엔히크는 어렸을 때 아버지를 잃었다. 아마도 그들은 너무 이른 나이에 죽음을 목도하는 바람에 그것을 자신의 보호자를 앗아간 적으로 보고 있는지도 모른다.

영국의 철학자인 스티븐 케이브 또한 오래 전부터 죽음과 죽음을 극복하려는 사람들을 연구했다. 케이브는 수많은 신화와 설화, 이야기 등을 분석해 그 안에 담긴 죽음을 극복하기 위한 인간의 노력을 살펴보았다. 그는 우리가 언젠가 죽는다는 사실을 더 강렬하게 느낄수록 마지막 순간에 구원받거나 최악의 상황은 피할 탈출구가 있다는 믿음 또한 강해진다고 생각한다. 그는 문화사에 반복해서 나타나는, 사람들이 죽음으로부터 벗어날 수 있다고 믿는 모티프를 찾았다. 이를 정리한 책이 케이브의 저서 《불멸에 관하여》다. 이 책에 따르면 수많은 이야기의 모티프 중 하나는 영원한 삶, 즉 영생이다. 인간은 영생을 위해 자신을 죽음으로부터 보호하고 평생 젊음을 유지할 수 있도록 만드는 생명의 묘약을 찾고자 했다. 또 다른 하나는 유산, 즉 나의 명예나 유전자를 후세에 남기는 것이다. 책에서 케이브는 이렇게 말한다. "거의 대부분의 문화권에서 나이와 죽음을 이겨내는 비밀을 찾은 것처럼 보이는 현자나 황금시대의 영웅이나 외딴 지역에 사는 주민들의 전설을 찾을 수 있다." 세계에서 가장 오래된 바빌로니아의 서사시인 《길가메시 서사시》에서도 죽음을 극복하고 싶다는 무조건적인 소망을 찾을 수 있다. 신들의 저주를 받은 바람에 친구인 엔키두가 죽자 길가메시는 점점 다가오는 죽음에 저항하지 않는다면 자신도 엔키두와 같은 불가피한 운명에 처하리라 생각한다. 그래서 남은 일생 동안 영생을 찾아 나서기로 결심한다. 죽음을 극복하려는 시도가 몇 번이나 좌절된 끝에 길가메시는 결국 깊은 물속에서 나이 든 사람을 젊어지게 만들고 불멸로 만든다는 신비로운 식물을 찾는다. 그때까지 고생한 보답을 받은 기분이었으리라. 자신의 삶을 바쳐 불로초를 찾은 다음 모험을 끝마치고 돌아가려던 중 뱀이 불로초를 물어간다. 삶의 마지막을 맞이하지 않으려던 그의 시도는 또 다시 비극적으로 물거품이 되고 만다.

　　　　　　　　　8장 영혼이 죽어서는 안 된다

약 100년 전쯤에는 러시아 출생의 프랑스 과학자인 세르주 아브라하모비치 보로노프Serge Abrahamovitch Voronoff가 남성들을 젊어지게 만든다는 혁신적인 요법을 개발했다. 보로노프는 남성들의 고환을 원숭이의 고환으로 '교체'하면 남성들의 노화가 느려지거나 심지어는 멈출 수도 있다고 믿었다. 게다가 나이 든 남성들의 점차 사그라지는 성욕에 새롭게 불을 지필 수 있을 것이라고 단언했다. 그는 이전에 양, 염소, 황소를 대상으로 고환 이식 수술을 진행했고 그 결과 노쇠한 동물들이 새로운 생식능력과 힘을 얻었다고 말했다. 이 소식이 알려지자 나이 많고 생식능력이 쇠퇴할 것을 두려워한 남성들에게서 독특하고 이상한 요법에 관한 문의가 쇄도했다. 얼마나 수요가 높았는지 '원재료'를 더 이상 조달하지 못한 보로노프가 이탈리아 리비에라에 '원숭이 농장'까지 지을 정도였다. 프랑스에서만 500명이 넘는 남성이, 그리고 전 세계적으로는 수천 명의 남성이 보로노프의 '회춘 요법'으로 치료받길 원했다. 그러나 어떤 치료법도 효과를 보이지는 못했다. 남은 것은 생식기를 절단당한 원숭이들과 실망한 '실험용 토끼들'뿐이었다. 가련한 실험용 토끼들은 수상쩍은 기적의 치료사인 보로노프의 치료를 받고 정력이 좋아지지도 않았으며 젊어지지도 않았다. 원숭이의 고환을 인간에게 이식한다는 신비로운 치료법은 불멸을 꿈꾼 인간들의 수많은 허무맹랑한 시도 중 하나였다.

영혼은 존재하는가?

사람의 영혼이 마치 불멸의 존재처럼 인터넷상에 등장하자 수많은 사람이 댓글 창에서 죽음 이후의 삶의 존재 여부를 두고 토론을 벌였다. 유튜브나 비메오^{Vimeo} 같은 동영상 플랫폼에는 영혼이 과연 실제로 존재하는 것인지 아니면 위조된 것인지에 관해 뜨겁게 논쟁하는 동영상이 계속해서 올라오고 있다. 이상하리만치 인기가 많은 이런 동영상 중 특히 큰 관심을 끈 것이 2016년 여름에 올라온 한 영상이다. 이것은 중국의 한 병원에 설치된 감시 카메라에 찍힌 영상이다. 어두운 병실 안에 침대가 하나 놓여 있다. 침대 위에는 흰 천으로 덮인 사람이 미동도 없이 누워 있다. 그 모습을 대부분 사람은 시신이라고 생각할 것이다. 감시 카메라에 녹화된 영상이다 보니 화질이 그리 좋지 않아 단언할 수는 없다. 동영상을 재생하면 처음에는 아무 일도 일어나지 않는다. 그런데 몇 초 후 기이한 일이 일어난다. 반투명한 흰색 무언가가 침대에 누운 몸에서 나와서 어디론가 서서히 사라지는 것이다. 영혼처럼 보이는 무언가가 망설이듯이 천천히 신체에서 빠져나와 사라지기 전에 죽은 몸 위에 잠시 머무는 모습은 감동적이기까지 하다. 마치 영혼이 몸과 마침내 작별해야 한다는 현실을 부정하고 싶어 하는 것처럼 보인다. 영혼은 잠든 사람을 깨우지 않으려는 듯 조심스럽게 죽은 몸에서 빠져나간다. 이 영상은 아주 짧은 시간 내에 10만 건 이상의 조회수를 기록했다. 많은 사람이 이 영상을 공유했고 영상의 댓글 창은 논쟁으로 뜨거웠다. 특히 그 영상의 진위 여부가 사람들의 가장 큰 관심사

8장 영혼이 죽어서는 안 된다

였다. 대부분 댓글은 '합성이네' '말도 안 돼' 'CG야' 등 해당 영상이 진짜로 초자연적인 현상을 다뤘을 리가 없다며 의심하는 내용이었다. 일부 댓글은 그 영상이야말로 영혼이 존재하며 인간이 영혼으로서 죽음 이후의 삶도 살 수 있다는 증거라고 말했다. 영상이 조작된 것인지 아니면 실제 영상인지 여부는 집요하게 따질 필요가 없다. 중요한 것은 대부분 사람이 그 모습을 영혼이 신체에서 서서히 빠져나가는 과정이라고 인식했다는 사실이고, 그렇다면 우리는 그런 생각 뒤에 어떤 열망이 숨어있는지 탐구해야 한다. 해당 영상에 달린 댓글의 내용은 다양했지만 대부분 댓글에는 비슷한 내용이 담겨 있었다. 누워 있는 신체에서 서서히 빠져나가는 무언가가 인간의 영혼이라는 것이다.

영혼이라는 개념을 살펴보려면 고대로 돌아가야 한다. 고대부터 지금까지 시간이 지나면서 새로운 맥락과 관점이 나타났고 영혼에 관한 해석도 달라졌다. 죽음을 극복할 수 있으리라 믿는 종교적인 해석도 있고 '무의식적이고 때로는 비이성적인 영혼이라는 형태의 정서'[30]라는 심리학적인 해석도 있다. 그리고 영혼이라는 표현이 '자기 자신'과 동일하다는 보편적인 관점도 있다. 즉, 모든 사람이 영혼을 저마다 다르게 해석한다. 어쨌든 확실한 점은 영혼이 문화적 유산의 일부가 되었다는 사실이다.

지금까지 전해지는 문헌 중 영혼이라는 말이 처음 언급된 작품은 기원전 8세기경에 고대 그리스에서 쓰인 글이다. "벌어진 창상으로부터/영혼이 봇물 터지듯 흘러나왔고 어둠이 양 눈을 뒤덮었다." 호메로스의《일리아스》중 한 구절이다. 이 작품은 오늘날까지도 유럽 예술학 및 정신과학 분야에 막대한 영향을 미치는 서사시다. 앞서 언급한 유튜브 동영상과 마찬가지로 고대 사람들 또한 사람이 죽으면 신체와 영혼이 분리된다고 믿었던 모양이다. 죽은 자의 영혼이 숨결처럼 인간이라는 껍데기에서 빠져나간다는 생각은 아주 오래 전부터 존재했다. 영혼이라는 단어의 고대 그리스어 어원을 따라 거슬러 올라가면 프시케를 찾을 수 있는데, 프시케란 원래 숨결, 호흡이라는 뜻이고 대개 삶, 생명 등으로 번역된다.

영혼은 기독교, 유대교, 이슬람교나 불교, 힌두교 등 전 세계 많은 종교의 중심점이다(물론 용어나 형태는 다를 수 있다). 영혼의 문화사는 매우 거대하고 포괄적이며 우리가 영혼의 근원과 유래를 탐구한 내용만으로도 책 한 권을 채울 수 있을 것이다. 이 책에서는 우리가 인터뷰한 '주인공'들이 말하는 영혼에 관한 이야기만 다루기로 결정했다. 다만 우리가 다른 종교에 비해 이슬람교나 유대교에서 말하는 영혼에 관한 언급을 소홀히 한 것은 사실이다. 그 이유는 관심이 없어서가 아니라 이 책에 전부 서술할 수 없기 때문이다.

9장
육신에서 벗어나다

인간의 숙적, 죽음

이번 장에서 옥스퍼드 대학교 인류 미래 연구소를 방문한 우리의 경험을 설명하며 인간이 수학 공식과 계산으로 죽음을 극복할 수 있으리라고 믿는 다분히 실용주의적인 정신에 관해서 덧붙일 것이다. 인류 미래 연구소 이야기를 하기 전에 잠시 동화에 지면을 할애하겠다. 오래된 이야기는 아니다. 그렇지만 다른 이야기와 마찬가지로 이 이야기 또한 불특정한 과거 시점에서부터 시작된다.

"옛날 옛날에 우리가 사는 행성은 거대한 용에게 지배당하고 있었습니다. (…) 용의 붉은 눈은 원한으로 빛났고 무시무시한 입에서는 고약한 냄새가 나는 녹황색 침이 끊임없이 흘러내렸습니다.

용은 공물을 바치라며 인간들을 겁박했습니다. 용의 무지막지한 식욕을 채우려고 매일 날이 어두워진 다음 1000명의 남자와 여자가 폭군 용이 사는 곳까지 산길을 걸어 올라야 했습니다."

사람들은 계속해서 용에게 반항했지만 용은 어떤 공격에도 끄떡없는 불사신이었다.

"사람들은 용의 명령에 따라 매일 수많은 목숨을 바칠 수밖에 없었습니다. (…) 현자들은 우리 인간이 기술 발전 덕분에 하늘을 날거나 더 놀라운 일들을 하게 될 날이 오리라 예언했습니다. 많은 학자의 존경을 받지만 세상을 멀리하고 고독한 삶을 선택한 현자 한 명은 미래의 기술이 종국에는 폭군 용을 죽음에 이르게 하리라고 말했습니다. 왕의 밑에서 일하는 학자들은 그 생각에 동의하지 않았습니다. 그들은 인간이 하늘을 날기란 매우 어려울 것이며 애초에 날개를 갖게 될 일도 없다고 주장했습니다. 게다가 폭군 용이 죽음에 이른다는 것 또한 말도 안 되는 생각이라며 무시했습니다. 이미 역사책에 용을 죽이려던 셀 수 없이 많은 시도가 담겨 있지만 그중 어느 하나도 성공하지 못했으니까요."

그러다가 결국 사람들이 견디지 못하는 순간이 왔다. 그때부터 사람들은 시간에 쫓기기라도 하듯 경쟁적으로 기술을 발전시키며 용을 죽일 로켓을 개발하기에 나섰다. 물론 실패도 있었다. 테스트 로켓을 발사했지만 로켓이 곧 땅으로 곤두박질치거나 전혀 다른 방향으로 날아갔다. 그러다가 오랜 시간 고대했으며 성공 가능성이 아주 높아 보이는 로켓을 발사할 시기가 되었다. 그런데 로켓 발사 전에 사람들을 조공해야 했다. 용이 먹이를 먹는 동안 로켓을 발사할 생각이었기 때문이다. 자신의 아버지가 용에게 제물로 바쳐져야 한다는 사실을 안 한 청년이 용은 어차피 죽을 테니 사람들을 희생시키지 말아 달라고 애원했다. 하지만 왕은 용을 노엽게 하고 싶지 않았고 결국 사람들을 제물로 바쳤다. 잠시 후 용은 고도로 발달한 로켓에 맞고 죽었다. 기술의 승리였다. 사람들은 환호성을 질렀다. 왕은 잔뜩 갈라진 목소리로 이렇게 말했다.

"그래, 우리가 성공했군. 오늘 우리는 용을 죽였어. 하지만 대체 왜 이제야 해낸 거지? 5년, 아니 10년 전에 했어야 할 일이야. 그랬다면 수백만 명이나 되는 사람들이 희생될 일은 없었어."

《폭군 용 이야기The Fable of the Dragon-Tyrant》는 옥스퍼드 대학교의 철학과 교수이자 물리학자이며 인류 미래 연구소의 소장인 닉 보스트롬이 쓴 것이다. 물리학자이자 수학자이며 철학자인 사람의 손에서 탄생했을 법한 동화는 아니다. 하지만 보스트롬은 이 야기에 담긴 교훈을 더 중시했고 그것을 동화 형태로 만들어 더 많은 사람이 읽도록 했다. 또한 보스트롬은 저자인 자신이 이야기의 교훈을 의도한 것이라는 사실을 명확하게 하려고 홈페이지에 이런 글을 남겼다. "'죽음을 긍정하는 이야기'와 죽음을 수동적으로 받아들이는 태도를 중단하려는 이데올로기는 이제 더 이상 무해한 위안의 원천이 아닙니다. 그것은 우리가 지금 당장 해야 할 행동을 막는 치명적인 방해물입니다. 이 동화에서 사람들의 기대는 용의 존재에 적응했습니다. 그래서 용이 존재할 때의 단점을 알아차리지 못하죠."

보스트롬은 무엇보다도 모든 사람이 영생을 사는 것이 과연 유의미한가라는 의심 가능성을 중요하게 여겼다. 그래서 누구도 죽지 않을 때 발생할 수 있는 문제에 관해서도 언급하며 조심스럽게 자신의 의견을 덧붙였다. 인간이 영생을 살게 된다면 발생할 수 있는 문제 중 가장 먼저 떠오르는 것이 인구 과잉이다. 이와 관련해 보스트롬은 "죽지 않게 되면 사람들은 더 늦게, 더 적은 수의 아이를 낳을 것입니다. 식량 부족 문제가 더욱 심각해질까요? 아마 사람들은 더 많은 인구를 효율적으로 먹여 살릴 방법을 찾을 겁니다. 우주선을 만들어 언젠가는 다른 행성을 정복할지도 모르죠"라고 말했다. 그렇다면 우리는 문제를 해결할 수 있을 것이다. 보스트롬은 "프로파간다에 일조한다면 그 책임도 져야 합니다"라고 덧붙이며 므두셀라 재단Methuselah Foundation이 수여하는 므두셀라 마우스 상•을 받으려면 계속 노력해야 한다고 말했다. "이 상은 쥐의 남은 수명을 연장한 연구진에게 수여되는 상입니다. 연구 시작 당시 쥐는 이미 사람으로 치면 중년에 접어든 나이입니다. (…) 만약 쥐의 수명을 획기적인 수준까지 늘리는 데 성공한다면 그 방법을 인간에게도 적용할 수 있을 겁니다." 우리를 놀리려고 한 말이었을까? 아니다. 보스트롬은 매우 진지했다. 그에게 죽음이란 동화 속 폭군 용과 같다. 그리고 보스트롬 본인은 용을 죽인 용사이거나 더 정확

• 므두셀라 재단은 수명 연장 실현을 목표로 다양한 형태의 노화 방지 약물을 개발하는 비영리 단체이다. 므두셀라 재단이 수여하는 므두셀라 마우스 상은 최고령의 쥐를 키워 내거나 쥐의 수명을 상당히 연장시킨 연구자들에게 돌아간다.

히 말하자면 용을 죽인 용사의 대변인일 것이다. 우리가 사는 현실에서 과연 누가, 어떤 무기로 용을 무찌를지는 아무도 모른다. 보스트롬조차도 알지 못한다. 그는 다른 기술 추종자들이 말하는 바이오의약품으로 노화를 멈추는 방법이나 망가진 장기나 신체 부위를 불멸의 물질로 교체한다는 아이디어에만 집중하지 않는다. "철학한다는 것은 죽음을 배우는 것이다." 이것은 16세기의 철학자 미셸 드 몽테뉴가 자신의 저서 《수상록》[31]에 남긴 내용이다. 반면 보스트롬은 죽지 않는다는 것에 관해 철학한다. 그는 인류 미래 연구소[32](더 그럴듯한 이름이 떠오르지 않았다고 한다)를 설립한 이후부터 뇌 에뮬레이션Brain emulation, 다른 말로 마인드 업로딩Mind uploading•및 뇌─컴퓨터 인터페이스, 포괄적인 인공지능 연구에 집중하고 있다.[33] 보스트롬은 이 모든 기술이 바람직한 것이라고 생각한다. 그러나 한편으론 인공지능이 인공신경망의 도움으로 너무 빨리 많은 것을 배워서 '슈퍼인텔리전스'가 되어 인간을 뛰어넘고, 우리가 일찍부터 대응할 조치를 취하지 않아서 결국 인간의 자리까지 차지할 것을 두려워한다. 오늘날 고릴라의 운명이 고릴라 자신보다 우리 인간에게 더 좌지우지되듯이 어느 날 우리가 기계의 슈퍼인텔리전스에 지배당하는 운명에 처할지도 모른다.

슈퍼인텔리전스는 보스트롬이 자신의 저서 《슈퍼인텔리전스》

• 정신 전송이라고도 한다. 사람의 마음과 뇌의 정신 작용을 그대로 복제해 컴퓨터나 로봇의 두뇌로 업로딩하는 기술이다.

에서 언급한 개념이다. 이후 기술 분야의 선구자인 일론 머스크나 빌 게이츠, 저명한 천체물리학자인 스티븐 호킹이 슈퍼인텔리전스를 언급한 바 있다. 슈퍼인텔리전스라는 개념이 주목받으면서 오래전부터 그저 할리우드 블록버스터 영화의 소재로만 쓰였던 인공지능의 세계 정복이 다시금 논쟁의 도마에 올랐다. 사실 유행어가 된 '슈퍼인텔리전스'라는 용어보다는 기술 분야를 뜨겁게 달군 그 책의 내용이 더 중요하다. 보스트롬은 《슈퍼인텔리전스》에서 인류가 직면한 억압을 다루었다. 최악의 상황이 발생한다면 슈퍼인텔리전스가 인간보다 우세해질 테니 우리는 지금부터라도 방어 조치를 강구해야 한다는 것이다. 그는 책에서 "지능의 폭발적인 성장에 직면한 우리는 폭탄을 갖고 노는 어린아이나 다름없다. 우리가 갖고 노는 장난감의 파괴력이 우리의 미숙한 행동을 뛰어넘을 것이다. 슈퍼인텔리전스는 우리가 아직도, 그리고 예측되는 미래에도 대응할 준비가 되지 않은 도전 과제다. 과연 폭발적인 발전이 언제 일어날지 우리는 전혀 모르고 있다. 하지만 귀를 기울인다면 초침이 움직이는 작은 소리를 들을 수 있을 것이다"라고 언급했다. 무시무시하고 심지어는 광적으로 들리는 말이다. 우리는 당장에라도 보스트롬을 수십 년 전부터 반은 열광적으로, 반은 공포에 사로잡혀 앞으로 기계가 인간을 지배하는 세상이 오리라고 주장하는 미친 트랜스휴머니스트 명단에 추가할 수도 있었다. 하지만 보스트롬의 연구 결과가 아주 매력적으로 보인 이유는 그가 냉철하고 예리한 분석력을 지녔기 때문이다. 그는 슈퍼인텔리전스가 만들어질 가능성이 있는 방법을 면밀히 검토했고 모든 연구 내용을 투명하게 공개했다. 심지어 향후 수십 년 이내에 과연 그런 일이 가능할지, 만약 가능하다면 그 시점은 언제일지 여부 등을 확실히 알 수 없다고도 솔직하게 털어놓았다.

이쯤에서 보스트롬의 전공분야를 소개해야 할 것 같다. 스웨덴에서 태어난 보스트롬은 물리학, 컴퓨터 신경과학, 수학, 철학 등을 공부했고 런던 정치경제대학교에서 개연성 이론으로 박사학위를 받았다. 이후 예일과 옥스퍼드에서 학생들을 가르쳤다. 자신의 연구소를 설립했을 때 그의 나이는 서른두 살이었다. 동화 작가의 이력서로는 매우 화려하다. 그가 쓴 폭군 용과 종말에 관한 동화는 어쩌면 명문대학교의 한 과학자의 일과가 아니었을까? 한편으로는 정부에 실질적인 위험에 관해 조언하고 한편으로는 인공지능을 개발할 때 지켜야 할 윤리적인 방침을 연구하고 또 다른 한편으로는 죽음에서 벗어나려고 하는 닉 보스트롬이라는 인물은 과연 어떤 사람인가? 영국으로 가는 동안 우리는 궁금해서 죽을 지경이었다.

인류 미래 연구소

런던에서 옥스퍼드로 가는 기차 여행은 마치 시간 여행 같았다. 중세시대의 모습이 그대로 남아 있는 건물이 즐비한 옥스퍼드는 도시 전체가 야외 박물관 같았다. 옥스퍼드 대학교에 도착하자마자 '해리 포터' 시리즈에 나오는 마법 학교 호그와트를 떠올릴 수밖에 없었다. 고풍스러운 건물 외양 때문이 아니라 우리가 만날 인터뷰 상대 때문에 더욱더 그곳이 마법사를 양성하는 학교처럼 느껴졌다. 노벨상 수상자 중 60명 이상이 이 학교에서 공부했거나 연구했다. 옥스퍼드 대학교는 전설이자 약속의 장소다. 이곳에 오는 자는 과학사의 정신을 들이마실 수 있다. 역사와 전통이 살아 숨 쉬는, 세계에서 손꼽힐 정도로 유서 깊은 교정을 거닐다 보니 말 그대로 인류의 미래를 연구하는 곳으로 보이는 신식 건물이 눈에 띄었다.

초인종을 눌렀고 우리는 곧 2층으로 안내되었다. 보스트롬의 동료가 보스트롬은 점심 식사를 마치고 올 테니 잠시 기다려달라고 말했다. 덕분에 우리는 보스트롬을 마주하고 마치 블랙홀의 중력장 근처에 있는 물질이 블랙홀로 빨려 들어가듯 그의 생각 속으로 빨려 들어가기 전에 주변을 둘러볼 여유가 생겼다. 그곳의 시공간은 정지된 것 같았다. 인류 미래 연구소는 디지털 시대가 오기 전에 시간이 멈춘 것처럼 사방에 플립차트와 화이트보드가 있는 큰 사무실이었다. 만약 실리콘밸리의 젊은 개발자들이 이 모습을 보았다면 이곳에서 정말로 그런 선구적인 아이디어가 여러 차례 탄생한 것이 맞는지 의문을 품었을 것이다. 인류 미래 연구소의 긴 복도를 유리 칸막이로 나눈 공간에서는 수학, 물리학, 생화학, 전산학, 신경과학 등 다양한 분야의 전문가 20명 정도가 모여 일하고 있었다. 벽에는 장식품 대신 수학 공식 등이 붙어 있었다. 그때 키가 큰 남자가 성큼성큼 걸어오는 모습이 보였다. 닉 보스트롬이었다. 그는 소중한 시간을 낭비하지 않으려고 식탁에 앉아 음식을 먹는 대신 필수 비타민과 프로틴을 섭취할 수 있는 그린 스무디로 점심을 때우고 돌아오는 참이었다. 이곳저곳에서 쇄도하는 강연 요청을 소화해야 하는 보스트롬의 시간표는 꽉 들어차 있었다.

보스트롬은 제트기를 타고 대서양 위를 날아다니며 이동해 여러 학회에 참여하고 강연한다. 때때로 강연이나 책이 지나치게 사색적이라는 비난도 듣는다. 과학자에게 그런 비평은 정면 공격이나 마찬가지인데, 그는 그런 말들을 반사하듯 퉁겨냈다. 동료들의 의심조차도 대범한 공상가인 보스트롬을 막지 못했다. 그가 출간한 책과 논문은 과학 분야뿐만 아니라 대중문화 및 정치 분야에서도 자주 인용되었다. 보스트롬이 유명한 이유는 그의 아이디어가 지나치게 사색적임에도 '불구하고' 주목받아서가 아니라 오히려 그가 이 지구상의 그 누구보다도 자신만의 철학적인 사변에 통달해 있고 그것을 마치 과학처럼 발전시켰기 '때문'이다. 그의 철학적 사변은 수학, 분석, 사상의 경계를 넘나든다.

사변하다, 사색하다라는 뜻의 단어 speculate의 어원은 탐색하다, 염탐하다, 관찰하다라는 뜻의 라틴어 speculārī다. 역사상 첫 사상가들은 하늘을 읽어 별자리를 해석하는 사람들이었다. 그보다 더 복잡한 일이 있을까? 끝없는 하늘에서 무질서를 질서로 만드는 규칙을 찾아낼 수 있다고 믿는 것은 보스트롬 같은 사람들만이 감히 할 수 있는 일이다. 우주의 근원을 밝히기란 가망 없는 바람이었다. 그런데 최근에는 천체물리학자들이 초고성능 슈퍼컴퓨터로만 가능한 시뮬레이션을 만들었다. 각고의 노력을 쏟아 부은 이 시뮬레이션을 보면 빅뱅 이후 어떤 일들이 벌어졌는지 연구할 수 있다. 그토록 성능이 뛰어난 슈퍼컴퓨터를 이용할 수 있다면 인간 뇌의 무질서 또한 읽어낼 수 있는 게 아닐까? 그러니 우리는 보스트롬 같은 천재적인 사상가의 말에 귀를 기울여야 한다.

보스트롬의 원래 연구 과제는 현존하는 위기로부터 인류를 지키는 것이다. 그런데 지구의 기온이 점점 상승하고 기후위기가 지구에 사는 인간들의 삶을 그 어느 때보다도 위험에 빠뜨리자 보스트롬은 슈퍼인텔리전스에 관심을 갖기 시작했다. 그것을 깊이 탐구해야겠다고 생각할 정도로 슈퍼인텔리전스에 매료된 걸까? 물론 기후위기는 어마어마한 문제이며 보스트롬 또한 이에 동의한다. 하지만 그는 개연성 이론학자로서 어떤 일에 주의를 빼앗겼을 때 사람들의 시야가 좁아지는 경향이 있다는 것을 잘 알고 있다. 전직 증권 중개인이자 금융수학자이며 또 다른 유명한 사상가인 나심 탈레브는 이를 '블랙 스완'이라고 표현했다. 그는 자신의 저서 《블랙 스완》에서 최초로 검은 백조를 발견한 사람이 나타날 때까지 사람들은 검은 백조가 존재한다고 생각하지 않는다고 말했다. 인류는 이와 같은 실수를 늘 반복했다. 우리는 예측 불가능했던 사건을 예측할 수 있지는 않았을지 뒤늦게야 원인을 찾는 경향이 있다. 사건의 결과는 대부분 비약적이거나 예상치 못한 우연의 연쇄 작용이다. 탈레브는 한 인터뷰에서 피임약의 개발, 바르샤바 조약 기구의 해체, 2001년 9월 11일에 발생한 테러를 예로 들었다. 모두 예측 불가능한 사건이 인류에 막대한 영향을 끼칠 수 있다는 증거다. 이에 대해 개연성 이론 분야의 전문가인 탈레브와 보스트롬은 의견을 같이 한다. 그렇기 때문에 보스트롬은 지구 밖의 가능성을 기계 슈퍼인텔리전스의 개발과 동일선상에서 철저히 연구했다.

온 우주에서 우리 인간만이 유일하게 지능적인 존재일 리는 없다고 보스트롬은 말했다. 우리 은하에만 지구와 비슷한 행성이 100억 개 가량 있고, 우리 우주에는 은하가 1000억 개 가량 있는데 우리가 아직까지 외계 생명체를 발견하지 못한 것은 대단히 이상한 일이다. 그런데 인간이 유일한 생명체여서가 아니라 다른 외계 생명체들이 우주를 지배할 만큼 발전하지 못해서 외계 생명체가 존재하지 않는 것처럼 보일 뿐이라면? 지구 밖 다른 행성에 사는 지능적인 생명체가 운석 충돌도, 핵폭발도, 혹은 여타 비슷한 사건도 아닌 슈퍼인텔리전스 때문에 멸종했다면? 고지능 생명체가 개발한 슈퍼인텔리전스가 걷잡을 수 없이 성장해 결국 그 창조자를 죽인 것이라면? 보스트롬의 머릿속 세상에는 늘 위험이 존재한다. 인간은 언제나 세상을 이전처럼은 볼 수 없는 위험에 처한다. 이미 수백만 명의 사람이 인터넷을 겪고 나서 혹은 유명한 영화인 〈매트릭스〉를 보고 나서 세상을 이전과 같은 시선으로 보지 못하게 되었다.

보스트롬은 2003년에 발표한 논문 '당신은 시뮬레이션에 살고 있는가?'[34]에서 시뮬레이션 가설을 주장했다. 그 가설에서 보스트롬은 기술적으로 '성숙한' 문명과 '성숙하지 않은' 문명 사이의 차이를 언급했다. 기술적으로 성숙한 문명이란 뛰어난 컴퓨터 성능과 지식을 갖추고 의식이 있는 존재가 분자 수준의 나노봇처럼 매우 정밀한 것까지 시뮬레이션 할 수 있으며 한편으로는 자기 자신을 그만큼 정밀하고 자세하게 시뮬레이션 할 수 있는 문명을 말한다. 보스트롬은 이를 '포스트휴먼' 단계라고 불렀다. 그의 사고 모델에는 세 가지 가능성이 있다. 첫 번째 가능성은 인간 수준의 기술 발달을 이룩한 모든 문명이 의식이 있는 존재를 시뮬레이션 할 정도의 기술 수준에 이르기 전에 멸종했다는 것이다. 두 번째는 문명이 모든 것을 시뮬레이션 할 정도의 기술 수준에 도달했으나 시뮬레이션 자체에 별로 관심이 없다는 것이다. 세 번째는 우리가 현재 살고 있는 세상이 시뮬레이션이라는 것이다. 보스트롬은 이 세 가지 가능성 중 하나만이 실제일 것이라고 말한다. 우리 문명처럼 기술적으로 성숙했으며, 의식이 있는 고차원적인 존재를 시뮬레이션 하기 전에 멸종되지도 않았고, 그들 중 몇 명이 자신들의 상상이나 예측을 시뮬레이션 하는 데 관심도 있다고 생각해보자. 그렇다면 이미 수많은 시뮬레이션이 진행되었을 것이며 그 결과 생물학적인 실제 존재보다 훨씬 더 많은 수의 시뮬레이션이 존재할 것이다. 그럴 경우 우리 또한 실제 존재가 아니라 시뮬레이션일 가능성이 매우 높다. 이 이론적인 가능성이 사실이 되려면 수많은 '만약'이 존재해야 한다고 닉 보스트롬은 명확히 언급했다. 그럼에도 우리가 사실 시뮬레이션 된 존재일지도 모른다고 주장한 이유는 그 아이디어가 그만큼 매력적이었기 때문이리라.

보스트롬은 앞서 언급한 가능성을 더 탐구했다. 만약 시뮬레이션으로 우리를 만들어낸 창조자 또한 다른 누군가의 시뮬레이션으로 탄생한 존재라면, 그리고 그 창조자 또한 다른 누군가의 시뮬레이션이라면? 일론 머스크를 비롯한 많은 사람이 이 사고실험에 관심을 보였다. 머스크는 가디언과의 인터뷰에서 그를 지지하는 사람들과 지지하지는 않지만 그렇다고 그의 발언을 피해 도망가지도 않은 사람들에게 우리가 시뮬레이션이 아닐 가능성은 매우 낮다고 말했다. 반면 보스트롬은 우리가 사는 세상이 시뮬레이션이라고 직접적으로 말하지는 않았으며, 우리와 비슷한 문명이 애초에 의식이 있는 생명체를 시뮬레이션으로 만들어낼 만큼 기술이 성숙하지 못했거나 예측을 시뮬레이션 하는 데 관심이 없을 것이라고 강조했다. 그는 겸손함을 비추며 진지한 태도를 보이면서도 사실은 눈치채지 못하는 사이 우리에게 훨씬 더 수상쩍고 의심스러운 가정을 떠넘기고 있다. 과연 어떤 존재가 만든 시뮬레이션이 의식을 발전시킬 수 있는 걸까? 어떤 존재가 생각하고 느끼고 경험하는 데 실제 신체가 존재하는지 아니면 그 존재 자체가 슈퍼컴퓨터가 만들어 낸 거대한 시뮬레이션인지 여부는 전혀 상관이 없는 걸까? 우리가 신체를 통해 느끼는 모든 감각이 오로지 우리의 뇌에서 생겨난 것이 아니라고 어떻게 알 수 있는가?

보스트롬의 동료가 우리를 불렀다. 그가 우리를 만날 준비가 되었다고 했다.

마법 같은 생각

보스트롬의 사무실은 그가 서서, 누워서, 그리고 앉아서 작업할 수 있도록 세 가지 인체공학적인 형태로 꾸며져 있었다.

우리는 서서 대화를 진행했다. 서서도 사용할 수 있도록 높이 조절이 가능한 책상 아래에는 발바닥을 자극하는 고무 매트가 놓여 있었다. 보스트롬의 동료가 그에게 우리가 프랑스인들이라고 잘못 전달한 모양이었다. 잠시 안부를 묻고 근황 이야기를 하다가 우리가 독일인이라는 사실을 안 보스트롬은 마음이 한결 가벼워졌다며 이렇게 말했다. "프랑스인들은 신체에 관한 이야기를 많이 하거든요." 그게 무슨 뜻인지는 우리도 곧 알게 되었다. 어쨌든 우리가 던진 첫 질문은 인텔리전스라는 개념에 관한 것이었다.

보스트롬이 생각하는 인텔리전스란 무엇일까? 보스트롬과 인공지능 및 슈퍼인텔리전스에 관해 이야기하기 전에 그가 생각하는 인텔리전스부터 명확하게 알아야 할 것 같았다. 보스트롬에게 인텔리전스란 간단하게 말해 '정보 처리'다. 우리는 그렇다면 생각과 컴퓨터를 이용한 계산 사이에 차이가 없다고 생각하느냐고 물었다. 그러자 보스트롬은 단계적인 차이가 존재한다고 답했다. 계산을 '쌓아 올리려면' 단계에 따라 각기 다른 형태의 인지 능력이 필요한데, 단계가 계속 올라가다 보면 언젠가 인간의 지능 수준에 도달한다. 여기서 인지 능력이란 인식력과 주의력은 물론 배우고 기억할 수 있는 능력, 문제 해결력, 창의력, 상상력, 계획을 세울 수 있는 능력, 방향을 찾는 능력, 논쟁할 수 있는 능력, 자기를 관찰하는 능력, 소망을 갖는 능력, 무언가를 믿거나 믿지 않을 능력 등을 말한다. 인지 능력은 또한 지식, 사고방식, 신념, 기대와도 관련이 있다. 이 모든 것을 기계가 해낼 수 있을까? 닉 보스트롬은 "아직 그 정도로 발달한 인공지능은 존재하지 않습니다"라고 말하고는 다음과 같이 덧붙였다. "그렇지만 저는 이번 세기 안에 모든 면에서 우리와 생물학적으로 동등한 보편적인 인공지능이 나타날 것이라 믿습니다. 더 나아가서 그 인공지능이 우리를 능가할 겁니다."

9장 육신에서 벗어나다

그렇다 한들 그 인공지능 또한 우리 인간들처럼 신체를 필요로 하지 않을까? '표현하다' 혹은 '파악하다'라는 단어는 인간의 생각이 신체의 움직임과 얼마나 밀접하게 연관되어 있는지를 보여준다. 우리는 자기 자신에게 '무거운', 즉 중요한 질문을 던진다. 우리는 지식을 '받아들이고' 또 '간파'한다. 이런 모든 단어가 신체의 움직임이나 감각과 관련이 있는 게 과연 우연일까? 신경과학자들이 이미 오래 전에 우리의 신체가 생각에 얼마나 중요한 영향을 미치는지 밝혀내지 않았던가? 우리의 생각, 인식, 감각이 신체, 신체의 움직임, 공간 안에서의 신체의 위치나 자세에 영향을 받는다는 사실을 뒷받침하는 연구 결과는 셀 수 없이 많다. 우리가 어떤 대상, 예를 들어 망치를 상상하면 신체의 움직임과 연관이 있는 뇌 부위가 자동으로 활발해진다. 즉, 우리가 망치라는 대상에서 이해하는 내용은 자동으로 우리가 그것을 신체적 혹은 공간적으로 배운 내용과 연결된다. 인간의 기억력 또한 신체 움직임에 영향을 받는다. 이와 관련해 한 연구 결과를 소개하겠다. 연구진이 실험 참가자들에게 구슬을 아래에서 위로 혹은 위에서 아래로 늘어놓으라고 지시했다. 참가자들이 구슬을 정리하는 동안 연구진은 그들에게 살면서 겪었던 긍정적인 사건과 부정적인 사건에 관한 개인적인 기억을 물었다. 그 결과 구슬을 아래에서부터 위쪽으로 정리한 사람들은 긍정적인 사건을 더 잘 기억했고, 위에서부터 아래로 정리한 사람들은 부정적인 사건을 더 잘 기억했다.[35]

인간의 감정 또한 신체와 관련이 깊다. 과학 저널리스트이자 편집자인 시리 카펜터Siri Carpenter는 예를 들어 우리가 때때로 배알

이 뒤틀리는 경험을 하고, 뛸 듯이 기뻐하기도 하며, 화가 머리끝까지 치솟는 감각도 느낀다고 말했다. 우리의 행동이나 태도도 신체와 떼려야 뗄 수 없다. 오른손잡이인 사람은 자신의 오른편에 있는 것을 더 좋다고 생각하고, 왼손잡이인 사람은 그 반대다. 우리는 슬플 때 말 그대로 온몸이 바닥까지 가라앉는 걸 느낀다.

인간의 신체가 생각에 매우 직접적인 영향을 미친다고 주장하는 과학자는 점점 더 늘고 있다. 우리 몸에는 뇌를 소화계의 신경 체계와 연결하는 미주신경이라는 것이 있다. 서던캘리포니아 대학교 연구진이 쥐의 미주신경을 절단하는 실험을 진행했다. 미주신경이 절단된 쥐는 주변 환경에 관한 정보를 인식할 수 없었고 먹이까지 가는 길을 찾지 못했다.[36] 뮌헨 공과대학교 연구진은 몇 년 전 참가자의 이마에 보톡스를 주입하는 실험을 진행했다. 이마 주름은 사람의 표정을 나타내는 데 중요한 역할을 한다. 보톡스를 맞은 참가자들에게 슬픈 표정 혹은 기쁜 표정 등을 지어보라고 요청했는데, 참가자들이 슬픈 표정을 지어도 감정 처리를 담당하는 뇌 부위인 편도체가 슬픈 감정을 제대로 인식하지 못했다. 그런데 이마 주름과 관계가 없는 기쁜 표정을 지었을 때는 편도체가 감정을 인식했다. 보톡스 때문에 이마 주름을 자유자재로 움직일 수 없어 평소에 짓던 슬픈 감정을 얼굴로 표현하지 못하자 뇌 또한 그 감정을 평소처럼 인식하지 못한 것이다.[37] 미국 연구진도 이와 비슷한 실험을 진행했다. 위스콘신 대학교 매디슨 캠퍼스의 심리학자들은 이마에 보톡스를 맞은 실험 참가자들이 슬픔, 분노 등을 표현한 문장을 읽었을 때 기쁨을 표현한 문장을 읽었을 때보다 내용을 더 늦게 파악했다고 발표했다.[38] 보스트롬의 의견은 어떨까?

"저는 신체가 감정에 갖는 의미가 다소 과장됐다고 생각합니다. 스티븐 호킹 박사 같은 사람들을 보면 알 수 있죠. 그 분은 신체가 거의 없었으니까요." '신체가 거의 없었다'니 대체 무슨 말일까? "본인 의지로 움직일 수 있는 신체 부위가 거의 없었죠. 그 정도는 생명 유지 장치도 할 수 있는 일입니다." 보스트롬은 건조하게 말했다. 우리는 아연실색해 할 말을 잃었다. 곧 정신을 가다듬고 다시 질문을 이었다. 자기 자신을 인식할 수조차 없는 인공지능이 어떻게 의식을 가질 수 있을까? 신체 없이 어떻게 그런 일이 가능할까? "두 분, 프랑스인이 아닌 게 확실하세요?" 보스트롬이 웃으며 물었다. 그는 하루에도 몇 번씩 영양분을 공급받아야 하고 역시 하루에도 몇 번씩 우리에게 소변이 마렵다는 신호를 보내 생각을 방해하는 두개골 안의 짐스러운 부속물에 관해 말하는 데 흥미가 없어 보였다. 그에게 중요한 것은 오로지 인간의 정신인 듯했다.

보스트롬은 2002년에 의료사회학자인 아내와 만났다. 두 사람은 여전히 부부이지만 대부분 시간 동안 대서양을 사이에 두고 떨어져 지냈다. 아내는 캐나다 몬트리올에, 보스트롬은 영국 옥스퍼드에 있다. 두 사람이 함께할 수 있는 건 대부분 디지털 세상이었다. 보스트롬은 한 인터뷰에서 둘 사이의 자식도 거의 모니터를 통해서만 본다고 말했다. 그는 본인의 삶의 방식 때문에 디지털 존재와 실제 존재가 다르다는 생각을 도무지 받아들일 수 없는 걸까?

굶주림을 예로 들어보자. 디지털 세상에 살며 신체가 없는 인공적인 존재가 굶주림을 느낄 수 있을까? 보스트롬은 당연히 그럴 수 있다고 말한다. 이미 신경과학자들이 오래 전부터 뇌를 자극하는 것 만으로 배가 고프다는 감각을 만들어낼 수 있다는 실험 결과를 보여주었다. 보스트롬은 환각, 생각, 감각 같은 모든 것을 뇌 시뮬레이션으로 만들어낼 수 있다고 말한다. 신체 부위를 절단한 환자들이 느끼는 환상통도 마찬가지다. 우리는 그렇다면 태어나서 한 번도 팔을 가진 적이 없는 상태에서도 팔이 있다고 상상하고 심지어 그 팔에 통증이 느껴질 수 있느냐고 물었다. 보스트롬은 잠시 무슨 말을 해야 할지 생각하는 것 같았다. "실제로는 없는 팔을 생생하게 느끼기는 어렵습니다. 하지만 우리가 생생하게 느끼거나 상상할 수 없는 것들이 꽤 있죠."

우리는 물러서지 않고 호르몬은 어떤지 물었다. 호르몬은 신체의 여러 부위에서 만들어진다. 보스트롬이 '신체가 거의 없었다'고 묘사한 호킹 박사의 몸에서도 호르몬은 만들어진다. 그리고 알다시피 호르몬은 우리의 생각, 감각, 인지 등에 큰 영향을 미친다. 그러니 인간이 생각하는 데 신체 또한 꼭 필요할 것이다. 우리는 성적으로 매우 흥분했을 때 드는 생각을 오르가즘을 느끼고 몇 분후에 대상을 바라보는 방식과 비교한다. 아드레날린, 테스토스테론, 에스트로겐 등과 같은 호르몬이 우리의 생각에 결정적인 영향을 미치는 것은 사실이지 않은가? 그러나 보스트롬의 생각은 다르다. 그는 호르몬 또한 과대평가되었다고 말한다. 호르몬은 그저 약간의 '조절 효과'가 있는 물질일 뿐이라는 것이다. 예를 들자면 이렇다. 모든 가구와 물건이 완벽한 형태와 크기를 갖추고 적절한 위치에 놓인 멋들어진 인테리어 디자인을 보고 호르몬이 이렇게 말한다. "조명만 조금 바꿔보죠." 그러면 큰 차이가 발생한다. 하지만 방의 인상이 조명만으로 확 바뀌는 이유는 다른 모든 가구와 물건의 배치가 완벽하게 이루어져 있기 때문이다. 보스트롬은 모든 가구와 물건을 정확한 위치에 정리하는 것이 뇌가 하는 일이라고 설명했다. 우리 몸에서 분비되는 호르몬은 그저 어느 순간에 나타나 우리를 격렬하게 움직이도록 자극한다. 그러나 이 내용을 더 깊이 파고들기는 어려워 보였다. 시간을 쪼개서 스케줄을 짜고 움직이는 보스트롬이 우리에게 허락한 시간이 길지 않았기 때문에 우리는 신체에 관한 질문을 이쯤에서 마치고 다른 질문을 던지기 시작했다.

오늘날 우리는 과연 인공지능의 발전 단계 중 어디에 있는 걸까? 보스트롬은 인공지능의 가장 인상적인 특징은 엄청난 양의 데이터를 학습할 수 있는 것이라고 말했다. 인간의 감시를 받지 않고 자신만의 세상을 스스로 개척해 나갈 수 있는 알고리즘은 우리가 가능할 거라고 예상한 것보다 훨씬 빠르게 발전할 수 있다. 인공신경망은 '딥러닝'이라는 혁명을 일으켰다. 놀라운 수준으로 발전한 인공지능에 관한 소식에서 빠지지 않는 단어가 바로 딥러닝이다. 딥러닝이란 무엇인지 짧게 짚고 넘어가자. 인간의 뉴런(신경세포)은 정보를 전기 신호로 변환하여 전달한다. 인공신경망은 바로 이 과정을 모방한 것이다. 인간의 뇌를 본보기로 삼아 서로 연결된 네트워크는 여러 층으로 이루어져 있다. 데이터가 다양한 측면에서 처리되기 때문이다. 그래서 우리는 이것을 딥러닝(심층 학습)이라고 부른다. 데이터는 층층이 내려가 처리되면서 인공신경망의 '먹이'가 되며, 그러면서 점점 더 추상적인 것으로 바뀌고 각 데이터 사이의 관련성이 분석된다. 인공신경망은 인간의 도움 없이도 이런 식으로 공통점과 규칙성 등을 알아보는 법을 배울 수 있다. 예를 들어 '안녕하세요'라는 말이 수백, 수천 건의 대화 중 항상 시작 부분에 나타난다면 프로그래머가 인공지능에 그것이 인사말이라고 입력할 필요가 없다. 대화를 몇 건 분석하면 인공지능이 스스로 알 수 있는 내용이기 때문이다. 헤어질 때 나누는 인사말도 마찬가지다. 사람들이 대화를 나눌 때 규칙적으로 반복되는 말은 인사말뿐만이 아니다. 만약 인공신경망이 충분한 대화 내용을 읽고 더 많은 규칙성을 발견하고 학습한다면 사람 간의 대화 패턴을 모방할 수 있다. 물론 사람과 달리 인공지능은 단어의 의미 자체를 이해하지는 못한다. 하지만 사람들이 대화를 나누는 수많은 상황을 분석하고 어마어마한 양의 데이터를 모아 그럴듯한 대화를 흉내 낼 수 있다. 보스트롬은 이미 '사람과 구분이 가지 않을 정도로 말하는' 인공지능이 존재한다고 말했다. "그 인공지능은 직관이 있고 볼 수 있고 들을 수 있고 규칙성과 반복성을 인식할 수 있습니다." 실제로 인공신경망을 도입하면서 머신러닝 개발이 추진력을 얻고 있다. 머신러닝을 개발하려면 대량의 데이터와 높은 수준의 연산 능력이 필요하기 때문에, 이미 수십 년 전에 개발된 스스로 학습할 수 있는 기계가 오늘날에야 드디어 빛을 보고 있다. 1997년에 슈퍼컴퓨터 딥블루Deep Blue가 러시아의 체스 챔피언인 가리 카스파로프와 체스 실력을 겨루었다. 당시에는 개발자들이 쉬는 시간에 소스 코드와 오류를 수정하고 나서야 딥블루가 시합에서 이겼다. 당시 딥블루는 아직 스스로 학습할 수 있는 컴퓨터가 아니었다. 구글의 모기업인 알파벳의 자회사이자 영국의 소프트웨어 개발 업체인 딥마인드 DeepMind가 만든 알파고AlphaGo와 알파제로AlphaZero는 인공신경망 덕분에 스스로 배울 수 있었고 체스와 바둑 등에서 여러 차례 인간의 실력을 뛰어넘는 능력을 보여주며 기술 발전을 증명했다.

일반인들의 눈길이 닿지 않는 곳에서는 더 많은 일이 벌어지고 있었다. 〈뉴욕 타임스〉의 보도에 따르면 개발자들이 스스로 학습하는 기계를 대중에게 공개하기를 꺼리는 경우가 많은데, 그 이유는 인공지능이 데이터를 무분별하고 제어되지 않은 상태로 학습하여 편견, 성차별, 인종차별 등을 그대로 답습하기 때문이다. 또한, 인공지능은 우연히 발생한 사건 사이의 공통점을 보편적인 규칙이라고 잘못 학습하기도 한다. 보스트롬 또한 그런 문제를 인지하고 있다. 하지만 그에게 그런 문제는 감당 가능한 수준의 작은 장애물일 뿐이다. 그는 최근 인공지능이 어린아이들과 비슷한 방식으로 학습하고 있다고 설명했다. "사실 우리 인간은 이 세상에 관해 알고 있다고 생각하는 내용 중 거의 대부분을 잘 모르는 상태입니다. 진짜로 아는 내용이 아니라 누군가로부터 들은 내용이기 때문이죠. 우리는 그저 눈앞에 있는 대상이나 사건을 인식하고, 보고, 그것을 토대로 현실이라는 모델을 만들어요. 대상을 시험해서 어떤 기능을 하는지 알아내고요. 그래서 대부분 인공지능 연구는 가공하지 않은 데이터에서 지식을 얻는, 이른바 스스로 학습하는 시스템의 개발에 집중되어 있습니다." 보스트롬이 가장 좋아하는 것은 교육 없는 학습이다. 그가 〈뉴요커〉와의 인터뷰에서 언급했듯이 스웨덴인들은 고등학교의 마지막 한 해 동안 학교에서 벗어나 자유롭게 혼자 학습한다. 보스트롬은 도서관에서 만난 19세기의 독일 철학자 니체와 쇼펜하우어에 매료되었다. 그는 숲속에서 철학자들의 책을 읽고 예술과 문학에 푹 빠졌다. 그렇게 청소년기의 한때를 보낸 이후 보스트롬은 더 큰 전체에 관심을 갖게 되었다.

그는 세상을 뇌가 구성한 가설이라고 보았기 때문에 뇌라는 장기를 이해하고 뇌를 모방한 것을 만들고자 했다. 그 원대한 목표를 이루고자 보스트롬은 보스턴, 런던, 파리, 마운틴뷰, 멘로 파크, 선전 등에 있는 인공지능 기업 및 연구소의 수많은 신경과학자, 전산학자, 로봇공학자와 인연을 맺었다. 딥마인드와 함께 인공지능 연구 분야를 이끌고 있는 기업인 오픈AI^OpenAI는 2019년 초에 자사의 언어 모델인 GPT 혹은 다른 이름으로 '트랜스포머'를 대중에 공개할 수 없다고 밝혀 많은 이에게 충격을 안겼다. 해당 인공지능이 사람들을 속일 만한 허위 보도를 스스로 만들어낼 위험이 너무 크다는 이유 때문이었다. 기술 기업들 사이에서 비밀스럽게 감춰진 GTP의 불가사의한 능력에 관한 소문이 순식간에 퍼진 것은 예정된 수순이었다. 이후 인공지능이 야기할 위험에 관한 새로운 논의가 진행되었다. 그러나 2019년 11월에 GTP는 결국 대중에 공개됐다. 기사나 소설, 시의 몇 문장을 입력하면 프로그램이 그것이 어떤 종류의 글인지를 스스로 알아낼 수 있다. 그런 다음 비슷한 문체로 글을 이어서 쓴다.

보스트롬 같이 높은 목표를 바라보는 사상가에게는 그다지 흥미로운 소식이 아니었다. 그는 해당 프로그램의 개발자들이 인간의 개별적인 능력을 모방하는 프로그램을 만드는 데 시간을 허비하지 말고 이 세상의 모델을 만들어낼 수 있는 완전한 인공지능을 개발하는 데 온 집중력을 쏟아 붓기를 바란다. 이 세상의 모델이란 말하자면 상식(Common sense)이다.

그런데 만약 앞으로 수십 년 내에도 인공신경망이 세상의 모델을 만드는 데 성공하지 못한다면? 보스트롬은 이미 그런 상황을 대비한 계획도 세워두었다. 바로 뇌 에뮬레이션, 즉 마인드 업로딩이다. 마인드 업로딩을 하려면 방금 사망한 사람의 뇌를 스캔하고 모델링해야 한다. 뇌의 생물조직을 매우 얇은 조각으로 잘라 슬라이드글라스에 올린 후 전자현미경으로 고배율 스캔한다. 여러 색상의 염료를 사용해 각기 다른 구조와 화학적인 특성이 한눈에 보이도록 만든다. 그런 다음 컴퓨터로 스캐너를 통해 입력된 데이터에 해당하는 3차원 연결망을 구성한다. 보스트롬은 이런 과정을 거쳐 원래 인간과 똑같은 성격, 똑같은 기억을 가진 지성을 디지털로 재생산할 수 있을 것이라 기대한다. 그는 자신의 저서 《슈퍼인텔리전스》에서 뇌 에뮬레이션을 통해 재생산된 인간의 영혼은 컴퓨터 소프트웨어로서 존재하게 되며 따라서 디지털 세상이나 로봇의 몸에 들어가 살지 않아도 된다고 말했다. 혹시나 싶어 다시 말하지만 우리가 있는 곳은 SF 영화 속이 아니라 옥스퍼드 대학교의 한 연구소다.

보스트롬은 뇌 에뮬레이션을 실행할 '시간표'를 이미 짜두었다. 우선 해상도가 충분한 특수 현미경이 조금 더 빨리 제작되어야 할 것이다. 그리고 신경세포와 시냅스 연결 모델을 보관해둘 컴퓨터−신경과학 도서관이 더욱 확장되어야 하고, 이미지 처리 기술과 스캔한 이미지 해독 기술이 더욱 발전해야 한다. 인간이 해야 할 일인지 아니면 마법사의 힘이 필요한 일인지 알 수 없다. 보스트롬의 생각도 마찬가지다. 그는 지금 당장 이루기는 어렵지만 2050년까지는 기술적인 전제 조건이 충족될 수 있을 것이라고 본다.

MIT를 졸업한 수재들이 설립했으며 동 대학의 지원을 받는 기업인 넥톰Nectome이 내건 슬로건은 다음과 같다. "당신의 뇌를 백업할 수 있다면 어떻게 하시겠습니까?" 이 회사는 자신의 뇌를 컴퓨터로 옮기는 데 관심이 있는 시한부 환자들로부터 신청을 받아 그들을 완전히 마취한 다음 뇌를 방부 처리한다. 환자들은 뇌가 방부 처리되는 즉시 사망하고, 기술이 발전해 언젠가 초고성능 컴퓨터에 뇌가 업로드될 날까지 기다려야 한다. 다시 말해 치사율이 100퍼센트이며 이 서비스를 이용하는 데 드는 비용은 2만 달러지만 대기자 명단은 아주 길다.

그러나 이후 넥톰은 주춤하는 모양새를 보였다. 여론의 비판의 목소리가 높아지면서 MIT가 넥톰과의 산학 연계를 끊은 것이다. 그 이후로 넥톰은 뇌 스캔 기술 개발에 그리 적극적이지 않다. 대신 새로운 서비스를 제공한다. 장기 기억 보존Long-term memory preservation 기술이다.

이 회사의 연구진은 쥐의 대뇌 피질을 샅샅이 파헤쳤다. 쥐의 대뇌 피질에는 약 7000만 개의 뉴런이 있는데 인간의 뇌에는 약 900억 개의 뉴런이 있다. 그런데 이런 연구가 뇌의 기억을 저장하는 것과 무슨 연관이 있을까? 연구진이 뇌를 스캔하는 순간에 그 뇌가 더 이상 살아서 기능하지 않는데도 신경세포가 서로 어떻게 연결되고 소통하는지 알아낼 수 있을까? 이것은 신경과학자들 또한 고민하는 문제다. 신경과학자들은 두 신경세포 사이의 연결의 크기와 모양으로 그것들이 얼마나 강력하게 연결되어 있으며 서로 얼마나 많은 정보를 교환하는지 알 수 있다. 이를 토대로 어떤 신경망이 만들어질지 '지도'를 구상할 수 있다. 이런 식으로 뇌세포들 사이에서 매 초마다 벌어지는 수십, 수백억 건의 상호작용을 시뮬레이션 할 수 있는 날이 언제 올지는 아직 알 수 없다.

뇌는 장기 중 하나이며 앞으로도 그럴 것이다. 뇌에서는 호르몬, 신경 전달 물질, 페로몬 등의 화학 전달 물질이 활성화된다. 이런 생화학 물질은 특정한 뉴런에 특정한 신호를 전달하는 역할을 한다. 그러면 보스트롬이 그다지 중요치 않게 여기는 신체에서 반응이 돌아온다. 그가 신체를 등한시하는 이유는 신체가 자신의 이론을 전개하는 데 방해가 되기 때문일까? 시뮬레이션 된 영혼은 신체 없이는 인간이 될 수 없으며 그저 클론에 머물 것이기 때문일까? 보스트롬 본인 또한 이미 오래 전부터 머리카락을 잃었으며 신체를 무자비할 정도로 쇠약하게 만드는 나이라는 것을 먹고 있기 때문일까? 죽음은 동화의 용처럼 무찔러져야 하는 존재라고 보스트롬은 굳게 믿고 있다. 그는 몇 년 전에 알코어 생명 재단의 급속 냉동 인간 명단에 이름을 올렸다. 냉동되고 나면 냉동 인간을 무사히 해동시킬 만큼 의학이 발달한 미래에 깨어나게 된다. 보스트롬은 자신이 냉동되어 있는 사이 죽음이라는 용에게 공격당하지 않기를 바란다. 어쩌면 그가 다시 깨어날 때쯤 용 또한 이미 오래 전에 물거품처럼 사라진 상태일지도 모른다. 왜냐하면 용도 거대한 시뮬레이션 속의 존재였을 테니 말이다. 우리는 아무것도 모른다.

대화를 마무리할 때쯤 우리는 보스트롬에게 영혼에 관해 물었다. 인간은 자신을 구성하는 부분의 총합 이상일까? 우리 내면에 불멸의 무언가가 있을까? 보스트롬은 사상가답게 우주를 예로 들며 말문을 열었다. "우리가 다중우주(멀티버스)에 산다고 가정해봅시다. 다중우주는 상상할 수 없을 만큼 거대할 것이고, 우리가 사는 곳 밖에는 우리와 완벽하게 똑같은 클론이 사는 다른 우주가 있겠죠. 그러면 '나'라는 존재는 도대체 누굴까요? 나는 하나의 버전에 지나지 않는 정보 처리 시스템일까요? 모든 클론이 갖고 있을 주관적인 자아감정일까요? 영혼이란 아마도 모든 도플갱어가 그들의 개별적인 특성과는 관계없이 공통적으로 갖고 있는 총체적인 정보일 겁니다." 우리가 도플갱어들이 어떻게 다중우주에서 돌아다닐 수 있는지 이해하려고 애쓰는 사이 보스트롬의 동료가 사무실로 들어왔다. 시공간의 왜곡이 발생하기라도 한 듯 인터뷰 시간이 지나가고 말았다. 보스트롬은 우리와 짧은 악수를 나누고 서둘러 다음 스케줄을 위해 이동했다. 인류의 미래가 어떻게 될지는 아직 더 깊이 알아봐야 할 것 같았다.

우리는 약간 몽롱한 상태로 연구소의 복도를 비틀거리며 걸어 밖으로 나갔다. 중세 도시처럼 보이는 외부로 나가자 연구소 건물이 마치 얼마 동안 우리를 삼켰다가 다시 뱉어낸 것만 같았다. 등 뒤로 문이 닫히는 동안 생각했다. 우리는 정말로 미래에 있다가 다시 과거로 돌아온 걸까? 우리가 너무 성급하게 미래라고 부르는 것이 이미 지나간 과거인 것은 아닐까? 인류의 미래를 위한다는 이 연구소의 시설만이 시간의 변화를 놓친 것이 아니다. 이 연구소를 이끄는 사람 또한 희한하게도 신체의 역할을 중요시하는 새로운 인지과학 분야의 지식에 반대하는 것처럼 보였다.

우리는 우선 마법학교를 벗어났다. 하지만 영국에 당분간 더 머물며 심각한 신체장애가 있으면서도 활발히 활동하며 자신의 삶을 꾸려나가려고 노력한 한 젊은이의 이야기를 전하고자 한다. 그는 신체라는 제약에서 벗어난 삶을 살았다.

나비의 변태

1993년 7월 13일, 리버풀에서 제임스라는 아기가 태어났다. 양쪽 발과 한쪽 손의 피부가 없는 상태였다. 곧 그 이유가 밝혀졌다. 제임스는 아주 희귀한 유전적 결함인 수포성 표피박리증Epidermolysis bullosa, EB을 앓고 있었다. 이 질환은 어딘가에 살짝 스치기만 해도 쉽게 물집이 생기고 피부가 벗겨지는 병이다. 갓 태어난 아기 제임스의 피부는 마치 '나비의 날개'처럼 너무나도 약했다. 제임스의 어머니 레슬리는 아들의 피부에 붕대를 감는 데 모든 시간을 쏟아야 했다. 제임스는 약한 피부 때문에 끔찍한 고통에 시달렸다. 눈꺼풀에도 수포가 생겨 유착되는 바람에 며칠 동안 눈을 뜨지 못하는 일도 있었다. 목구멍 안쪽에도 수포가 생겨 분유를 먹지 못하기도 했다. 간호사가 제임스의 부모에게 앞으로의 삶을 일러주었다. EB를 앓는 사람들은 대개 20대 중반이 되기 전에 사망하며, 또한 대부분은 암에 걸린다고 말이다. 가족들은 무너졌다. 하지만 밝고 활기찬 제임스가 스스로 고통을 이겨내려고 하는 모습을 보고 가족들도 힘을 얻었다.

제임스는 발의 피부 상태 때문에 걸을 수도 없었다. 하지만 일반 학교를 다니며 많은 친구를 사귀었다. 예민할 나이인 10대 청소년이 되어서도 제임스는 살아갈 용기를 잃지 않았다. 손을 거의 쓰지 못하게 됐음에도 사진을 찍기 시작했다. 제임스가 리얼리티 TV쇼에 출연했을 때 받은 특수한 기계를 사용하면 손을 쓰지 않고도 사진을 찍을 수 있었다. 사진을 찍으면서 제임스는 할리우드에서 스파이더맨을 연기한 영국의 배우 톰 홀랜드를 만났다. 맨손으로 벽을 타고 오르는 히어로라니 제임스에게는 꿈과 같았다. 제임스의 건강 상태는 급격히 나빠졌다. 그렇지만 그는 굴복하지 않았다. 운전을 배우고 휠체어 축구를 했다.

제임스가 소망을 이룰 수 있도록 도와준 것은 늘 기술이었다. 특히 인터넷은 제임스에게 축복이었다. 인터넷 공간에서 제임스의 약한 신체는 중요한 요소가 아니었다. 인터넷에서 그는 '환자'가 아니라 '원래 모습'인 유머 감각이 있고 재치 있으며 사람들을 매료시키는 인물이었다. 제임스는 스물한 살 때 온라인 채팅방에서 미국 텍사스에 사는 맨디를 만났다. 두 사람은 온라인 연인이 됐다. 제임스는 원래 피부로만 느끼던 간지러운 감각을 마음으로도 느끼게 됐다. 그리고 곧 깨달았다. 신체가 전혀 필요하지 않은 삶이 존재한다는 사실을 말이다.

제임스는 인공지능이 얼마나 발전했는지 궁금했다. 생물학적인 삶에는 더 이상 환상이 없지만 어쩌면 디지털 세상에서 계속 살아갈 수 있을지도 몰랐다. 제임스는 인터넷을 통해 알고리즘이 기능하는 방법과 인공신경망에 관해 배웠다. 사람의 성격을 재현하려면 어떤 데이터가 필요한지도 알아보았다. 관련 정보를 더 많이 모을수록 제임스는 더욱 벅차올랐다. 곧 사람들을 디지털 불멸자로 만들어준다는 스타트업을 알게 되었다.

그러던 어느 날 제임스는 피부에 생긴 검은 반점을 발견했다. 진단명은 명료했다. 피부암이었다. 비슷한 시기에 제임스의 누나가 임신 소식을 전했다. 남자아이라고 했다. 제임스는 곧 삼촌이 될 터였다. 그러나 과연 조카를 직접 만날 수 있을까? 만약 만날 수 있다면, 얼마나 오래 조카와 함께할 수 있을까? 제임스는 조카가 자신과 만날 수 있기를 바랐다. 그것이 디지털 클론일지라도.

그는 인터넷에서 영국 박물관에서 열린다는 인공지능 컨퍼런스에 관한 소식을 찾았다. 연설자 중 한 명은 챗봇 개발자인 피트 트레이너Pete Trainor였다. 피트는 인공지능이 인간의 삶을 얼마나 개선할 수 있을지 연설할 예정이었다. 제임스가 피트에게 연락했고 두 사람은 곧 직접 만났다. 제임스는 피트에게 자신의 인생사를 들려주고 자신이 죽은 다음에도 마치 타임캡슐에 들어간 것처럼 디지털 클론으로 계속 살고 싶다는 속내를 내비쳤다. 그리고 최대한 빨리 자신을 디지털화하려면 어떻게 해야 하는지 물었다. 피트는 제임스의 집에 아마존 에코와 구글 홈 같은 스마트 스피커를 여러 대 설치했다. 원래 스마트 스피커의 용도는 사용자가 궁금한 내용을 물어보고 정보를 얻는 것이다. 제임스와 피트는 방향을 완전히 바꾸었다. 스마트 스피커가 피트의 이름으로 인터뷰어가 되어 질문을 던지면 제임스가 대답하도록 한 것이다. 피트가 스피커에 프로그래밍 한 질문은 제임스의 삶 전반에 관한 내용이다. 아주 사소한 것부터 진지하고 중요한 내용까지 다양했다. 12개월 동안 스마트 스피커를 사용하고 나자 제임스에 관한 데이터가 상당량 축적되어 피트가 그것을 알고리즘에 '먹이로' 줄 수 있을 정도였다. 거기에 제임스가 몇 년 동안 촬영한 동영상 일기가 더해졌다.

'디지털 제임스'가 모습을 갖춰 가는 동안 진짜 제임스는 점점 약해졌다. 그렇다면 진짜 제임스란 점점 더 쇠약해지는 그의 신체일까? 나비의 날개처럼 약하고 곧 온통 검은 반점으로 뒤덮일 피부일까? 제임스의 생각, 기억, 소망, 꿈 등은 이미 제임스와 피트의 노력 덕분에 데이터로 옮겨진 지 오래였다. 이 세상을 사는 진짜 제임스는 누구인가? 심장은 뛰고 있지만 다른 일들을 수행하지 못하는 신체가 있는 제임스인가? 아니면 제임스의 데이터를 읽고 모방하는 인공신경망인가?

피트가 여태까지 개발했던 챗봇은 예를 들어 은행 고객들에게 잔고 증명서를 출력하는 방법 등을 설명하는 것이었다. 그래서 제임스의 챗봇을 만드는 것은 피트에게도 새로운 과제였다. 제임스의 봇은 자기를 '기계 속 유령Ghost in a machine'이라고 소개했다. 피트는 "우리는 제임스의 생각과 기억에 인터페이스를 만들었습니다"라고 설명했다. 하지만 제임스 봇은 아직 오류가 많았다. 피트가 수정해야 할 사항이 산더미였고 제임스에게 남은 시간은 점점 줄어들었다. "2017년 8월에 믿을 수 없는 일이 벌어졌어요." 피트가 말했다. "모 컨퍼런스에 참석한 제임스와 저는 보Bo라는 이름의 로봇을 만든 회사를 알게 되었습니다." 회사는 사람들이 보를 인간과 혼동하지 않도록 보의 외양을 일부러 단순하게 만들었다. 보는 스스로 움직일 수 있고 다른 사람들과 대화를 나눌 수 있는 로봇이다. 제임스는 관심을 보였다. 보에 자신의 목소리를 입히고 자신의 말투로 자신이 말할 법한 내용을 말하도록 할 수 있을까? 리버풀의 집에 편안하게 앉아 이 세상 어딘가에 있는 보가 카메라 눈으로 보는 다른 '세상'을 실시간으로 볼 수 있을까? 보의 '몸' 안으로 직접 들어가 여태까지는 휠체어 때문에, 그리고 아픈 몸 때문에 갈 수 없었던 새로운 세상을 발견할 수 있을까?

보를 처음 '만난' 제임스의 눈은 흥분으로 빛났다. "그건 기술이 사람에게 선물할 수 있는 기적이자 희망이었습니다." 피트가 말했다. "기술이 제임스에게 희망을 선물한 거죠." 한번은 제임스가 피트에게 이렇게 물었다고 한다. "저를 구성하는 모든 것들을 더 나은 몸으로 옮기면 어떻게 될까요?" 제임스에게 더 나은 몸이란 로봇의 몸이었을 것이다. 영국의 언론사인 〈데일리 텔레그래프〉의 기자이자 제임스와 오랜 시간 함께하며 그에 관한 기사를 쓴 해리드 커트빌Harry de Quetteville은 보의 개발자 중 한 명인 안드레이 다네스쿠Andrei Danescu와도 인터뷰를 했는데, 그때 다네스쿠는 이렇게 말했다. "제임스는 로봇을 보자마자 그 모든 아이디어를 떠올렸어요. 비전이 있는 청년이었죠. 사람의 성격과 경험, 그 사람이 가진 모든 지식을 다른 몸이나 심지어는 물체로 옮길 수 있느냐는 제임스의 아이디어는 모든 철학적인 문제를 건드리는 것이었기 때문에 우리도 덩달아 흥분했어요." 제임스는 죽기 얼마 전 다네스쿠에게 조카가 로봇이 된 자신과 대화를 나누며 실제 자신과 말하는 것처럼 느끼길 바란다고 말했다. "제임스는 로봇을 자신의 유언을 담을 그릇으로 본 것 같아요." 제임스와 피트, 그리고 보의 개발자들은 테스트를 해보기로 결정했다. 쇼핑몰에서 보가 다른 사람들과 대화를 나누도록 한 것이다. 대부분 성인은 당황했고, 어린이들은 어떻게 로봇에서 사람 목소리가 나는지 신기해했다. 피트는 알고리즘을 개선했다. 로봇은 아직 미숙한 단계였다. 이제 남은 시간이 부족한 제임스가 자신의 디지털 클론을 만나지 못할지도 몰랐다. 피트는 제임스에게 시제품을 선보였다. 제임스와 '제임스'는 서로를 잘 이해했다. 하지만 제임스가 중요하게 여긴 것은 '제임스'가 아니었다. 그는 세계 곳곳에서 자신과 같은 유전 질환을 겪는 사람들이 '제임스'와 이야기하며 자신이 질병과 힘겹게 싸우면서도 행복해질 수 있었던 이유를 배우길 바랐다. 제임스의 피부는 나비의 날개처럼 연약하지만 기술은 제임스에게 또 다른 날개를 주었다. 현실의 나비들은 자유롭게 날아다닐 수 있지만 그물Net에 걸리면 잡히고 마는데, 제임스에게 망Net은 자유를 주는 연결망이다.

인터넷은 사람들을 신체에서 해방시킨다. 인터넷에서 제임스는 신체에서 벗어나 의식을 다른 '토대'로 옮기기를 간절히 원하는 사람들을 알게 되었다. 대부분 트랜스휴머니스트에게 그것은 인간으로서의 실존을 실험하는 게임에 가까웠지만 제임스에게는 목숨을 걸 정도로 진지한 일이었다. 제임스는 동영상 일기에서 이렇게 말했다. "죽음과 소멸, 죽음 이후의 삶과 모든 것을 뒤로 하고 떠나는 삶을 깊이 생각할 때마다…… 너무 노골적으로 말하게 되어 미안하지만, 솔직히 말해 바지에 똥을 지릴 것 같아요. 그만큼 무섭고 두렵거든요." 이것은 제임스가 암세포가 심하게 퍼진 팔을 절단하고 얼마 후 남긴 일기였다.

2018년 4월 7일, 제임스는 끝내 병에 굴복하고 말았다. 그의 장례식에서 피트는 제임스의 관 옆에 하드디스크 하나를 묻었다. 제임스의 모든 데이터를 다운로드해 저장한 것이었다. "타임캡슐이나 마찬가지예요. 300년 쯤 후에 누군가가 땅 위로 삐죽 튀어나온 하드디스크를 발견하거나 그것에 걸려 넘어진다고 상상해봅시다. 그러면 그 사람은 '제임스'를 알게 될 겁니다." 그렇지만 300년 후 그 사람이 하드디스크를 읽어낼 기술을 알고 있을까? 그때까지도 죽음이란 것이 존재할까? 아니, 300년 후까지 인류가 남아 있을까? 아니면 지구온난화로 모두 멸종한 후일까? 어쩌면 기계가 인간을 모조리 죽인 후가 아닐까?

제임스는 이런 의문에 흥미를 보였다. 하지만 기계를 인간의 적으로 보지는 않았다. 제임스에게 기계는 '아군'이었다. 기계 덕분에 제임스는 평생 동안 피트와 교류할 수 있었다. 제임스가 세상을 떠난 후에도 피트가 제임스의 디지털 클론을 계속해서 개발하는 것이 가장 바람직한 일이었다. 하지만 제임스와 함께 피트의 삶의 기쁨도 이 세상에서 사라졌고, '제임스'는 제임스를 대체할 수 없었다. 제임스의 어머니는 피트에게 연락했다. 아들이 죽은 후 피트가 제임스를 '복구하는' 데 성공하기를 바라던 어머니는 피트에게 아들에 대해 물었다. "아이가 아직 있나요? 아이와 이야기할 수 있을까요?" 그때 피트는 그 모든 일이 부모에게 얼마나 혼란스러운 것인지 깨달았다. "아뇨. 그건 제임스가 아니에요. 여기 있는 건 아드님이 아닙니다. 아드님은 어머님의 마음속에 있어요. 아시다시피 아드님은 이제 이 세상이 아닌 다른 곳에 있습니다. 우리가 만든 이 기계, 정보, 자료, 데이터는 아드님이 아니에요. 앞으로도 절대 제임스가 될 수 없을 겁니다." 속이 문드러지는 것 같았다. 그때까지 오랜 시간 매달렸던 모든 일에 회의감이 밀려왔다. 제임스가 지난 몇 개월 동안 생각했으며 '제임스'가 앞으로 그의 어머니와 반복해서 나누게 될 대화 내용의 대부분이 견디기 힘든 내용이리라는 것을 피트는 알고 있었다. 제임스가 1년 이상 전에 남긴 데이터를 보고 피트는 "제임스가 말한 내용 중에는 부모 입장에서 아이가 기억하지 않길 바랄 법한 것도 많았습니다"라고 말했다. 대화를 나누면서 그가 보인 신중하고 조심스러운 모습이 감명 깊었다. 소프트웨어 개발자로서 비어 있는 데이터 구멍을 메워 완전한 디지털 클론을 만들고 싶다는 욕구가 작지 않았을 것이다. 더 많은 사람이 '제임스'와 빈번하게 대화를 나눌수록 봇은 점점 더 실제 제임스와 비슷해졌을 것이다. 하지만 피트가 그러지 않은 이유는 단순히 책임의식 때문만이 아니다. 제임스와 함께 시간을 보내면서 두 사람은 아주 좋은 친구가 되었다. 그래서 피트는 제임스의 가족들에 대해 느끼는 책임과 제임스의 꿈을 이루고 싶다는 소망 사이에서 갈등하며 괴로워했다.

2019년 11월에 피트가 리버풀에서 제임스에 관해 연설했을 때는 제임스가 세상을 떠난 지 1년 반이 넘은 시기였다. 피트의 연설

중 일부로 제임스 본인이 직접 동영상에 등장해 삶과 즐거움에 관해 뜨겁게 이야기하는 부분이 있었다. 제임스의 얼굴은 상처투성이였다. 귀에는 갓 생긴 상처가 있는지 테이프가 붙어 있었다. 끔찍하고 고통스러운 증상을 겪으면서도 주저앉지 않을 힘이 도대체 어디에서 솟아난 걸까? 리버풀의 청중은 제임스의 모습이 보이는 스크린에 시선을 고정했다. 제임스의 얼굴에서는 미소가 떠나지 않았다. 그 모습은 마치 카메라에 대고 말함과 동시에 청중의 심장에 대고 직접 말하는 것 같았다. 피트는 연설이 끝날 때쯤 아무도 예상하지 못했던 소식을 전했다. "오늘 여러분이 보신 동영상은 제가 개발한 인공지능이 제임스가 쓴 연설문을 그대로 읽은 것입니다. 제임스는 이 영상을 녹화한 적이 없습니다."[39] 다시 말하면 청중이 감동한 제임스의 연설이 담긴 동영상은 '가짜'였다는 뜻이다. 그것은 제임스가 카메라 앞에 앉아 실제로 녹화한 것이 아니었다. 피트는 제임스가 생전 써두었던 원고를 읽도록 인공신경망을 훈련시켰다. 나머지는 모두 인공지능이 만든 결과물이었다. 이런 일이 과연 어떻게 가능했을까? 말을 하고 있는 제임스의 얼굴이 클로즈업으로 찍힌 가짜 동영상은 어떻게 생겨난 것일까? 인공적으로 만들어진 동영상이 어떻게 청중을 눈물짓게 만들었을까?

'딥페이크 동영상'이라는 말을 들으면 대부분 인터넷상의 뜨거운 감자인 가짜 뉴스를 떠올릴 것이다. 딥페이크에 숨은 기술은 인공적으로 만들어진 이미지나 동영상에 음성을 합성하는 것이다. 여기서 '딥'이란 스스로 학습이 가능할 정도로 복잡한 인공신경망의 수준을 말한다. 딥페이크 기술로 사람들을 속일 만큼 진짜 같은 가짜 사진과 동영상을 만들 수 있다. 그런 사진이나 영상의 내용은 대부분 실제로 일어난 적 없는 거짓이다. 미국의 배우이자 코미디언이자 영화감독인 조던 필은 딥페이크 기술로 전 대통령인 버락 오바마의 얼굴에 자신의 표정을 합성한 다음 오바마가 도널드 트럼프를 가리켜 '쓸모없는 머저리'라고 말하도록 했다.[40] 이 동영상은 유튜브에 업로드 되자마자 빠른 속도로 공유되어 퍼졌다. 조회수는 순식간에 100만 이상으로 뛰었다. 트럼프 본인과 블라디미르 푸틴을 비롯해 많은 실존 인물이 비슷한 일을 겪었다. 아무리 자세히 들여다보아도 영상이 가짜라는 사실을 알아채기가 쉽지 않다. 프로그램이 그만큼 정밀하게 표정과 제스처를 다른 인물에게 '입힐' 수 있기 때문이다. 오바마 가짜 동영상의 뒷부분에는 영상이 만들어진 과정이 나온다. 그 과정을 보면 조던 필의 표정을 오바마의 얼굴에 덮어씌워 오바마의 표정처럼 보이게 하는 것을 알 수 있다. 이렇게 딥페이크 동영상을 만들기 위해 이미지 소프트웨어 업체인 어도비의 제품을 사용한 것도 아니다. 무료로 제공되는 프로그램만으로도 사람의 얼굴을 바꿀 수 있다. SNS 등에서 자주 사용되는 페이스앱 FaceApp으로도 동영상 속 사람의 얼굴을 바꿀 수 있으며 결과물의 정교함도 상당히 높은 수준이다. 영상 속 오바마가 실제 오바마는 말한 적 없는 문장을 말하도록 하는 것도 매우 간단하다. 우선 어도비의 보코VoCo® 같은 소프트웨어로 사람의 목소리를 분석한다. 오바마의 경우 당연히 셀 수 없이 많은 공개 연설을 했으므로 다수의 음성 데이터가 남아 있다. 그 데이터를 기반으로 목소리의 높낮이 등을 분석하는데, 몇 분가량의 음성 데이터만 있으면 그 사람의 목소리로 그 사람이 말한 적 없는 단어와 문장을 만들어낼 수 있다.

학습할 뿐만 아니라 스스로 개선할 수도 있는 인공신경망인 생성적 대립 신경망Generative Adversarial Network, GAN이 도입되면서 인공지능 음성 합성 분야의 진보는 눈에 띄게 빨라졌다. GAN은 자기 자신을 속일 수 있을 정도로 정교한 가짜를 만든다. 이를 위해 두 가지 대립하는 모델이 서로 경쟁한다. 하나는 생성 모델이고 다른 하나는 판별 모델이다. 생성 모델은 판별 모델이 진짜인지 가짜인지 구분할 수 없을 정도로 정밀한 가짜를 만든다. 한편 판별 모델은 생성 모델이 제시하는 가짜를 진짜와 구분하도록 스스로 훈련한다. 이 과정은 판별 모델이 진짜와 가짜 사이의 차이를 더 이상 찾아낼 수 없을 때까지 반복된다.

딥페이크 기술이 어디까지 이용될 수 있는지는 이미 언론에서 여러 차례 다룬 바 있다. 이런 기술은 선거를 앞두고 각 정당의 후보들의 목소리를 꾸며내거나 직장 내에서 다른 사람을 모함하거나 인기 있는 할리우드 스타의 얼굴을 이름 모를 포르노 출연자의 몸에 합성한 다음 언론과 대중에 공개하겠다고 연예인을 협박하는 데 사용된다.

대다수의 사람이 딥페이크 기술의 발달에 우려를 표하지만 제임스에게 딥페이크의 기술적인 가능성은 우려할 대상이라기보

오디오 스프트웨어. 음성 데이터를 분석하고 해당 음성으로 원하는 다른 텍스트를 읽을 수 있는 기술이다.

다 호기심의 대상이자 기대에 가까웠다. 소프트웨어 개발자인 피트는 자기 내면에서 들리는 양심의 소리를 적어도 이번만큼은 제쳐두고 제임스를 돕고자 했다. 그래서 제임스가 죽은 후 6개월 동안 딥페이크 기술로 실험을 진행했다. 피트는 기술에 눈이 먼 미치광이도 비양심적인 사업가도 아니다. 그는 늘 인공지능과 관련한 도덕적인 문제를 다루는 강연을 하고 책을 쓴다. 다만 '제임스'와 관련해서는 앞으로 어디까지 나아가야 할지 아직 마음을 정하지 못했다. "우리가 시스템을 계속 운영하며 '제임스'가 끊임없이 스스로 배우고 발전하고 새로운 답을 찾도록 하면 어느 순간부터 '제임스'는 더 이상 제임스가 아니게 될 겁니다. 그렇다면 '제임스'가 다른 존재가 되는 시점은 언제일까요?" 우리가 2019년 가을에 피트를 인터뷰했을 때 그가 한 말이다. 답은 아무도 모른다. 어쩌면 챗봇은 애벌레에서 번데기가 되었다가 날개를 달고 나비가 되는 존재인지도 모른다. 어쩌면 제임스가 나비처럼 변태를 거쳐 디지털 '제임스'로서 새로운 자유를 누리며 계속해서 살아가는 것인지도 모른다.

너무 일찍 세상을 떠난 제임스의 사연은 디지털 세상에서 살아가기 위해 신체를 디지털 클론으로 만든다는 아이디어가 기술 연구 분야의 소수 엘리트들의 꿈만은 아니라는 사실을 다시금 보여준다. 제임스의 이야기는 우리에게 생각할 거리를 남겼다. 이 세상의 얼마나 많은 중증 장애인이 디지털 클론을 만드는 기술로부터 자유를 선물 받고 디지털 세상의 몸으로 전 세계를 경험할 수 있을까? 그들은 디지털 클론의 눈과 귀로 보고 들을 것이고, 자신의 생물학적인 몸을 거의 움직일 수 없더라도 로봇의 몸으로 전 세계를 여행할 수 있을 것이다.

　　디지털 공간에서 불멸의 존재가 되고 싶다는 소망이 반드시 영원토록 모든 사람의 기억에 남고 싶다는 자아도취적인 꿈이거나 자신이 죽고 난 이후에 세상이 여태까지처럼 돌아가지 않으리라는 믿음인 것은 아니다. 우리는 여러 사람을 만나 이야기를 나누면서 자신이 죽은 후 남은 가족들의 미래를 걱정하는 것이 많은 사람에게 얼마나 현실적이고 중요한 문제인지 깨달았다. 예를 들어 무거운 병을 앓고 있는 부모들은 아이들만 남겨두고 이 세상을 떠나야 한다. 아이들을 위해 자신의 일부를 디지털로 남겨두길 원하는 부모들은 루마니아의 마리우스 우르자헤가 세운 스타트업이나 이터나임, 히어애프터HereAfter를 비롯한 많은 온라인 서비스 업체의 주요 고객이다. 지금도 전 세계 곳곳에 이런 회사가 생겨나고 있다.

　　지금까지 우리는 사람들이 디지털 불멸성을 꿈꾸는 서로 다른 동기와 배경을 이해하려고 토론토의 앤드루, 샌프란시스코의 유지니아, 비제우의 엔히크 등을 만나 그들의 일상을 들여다보았다. 이 책의 2부에서는 여러 접근법과 비전 중 현실로 이루어질 가능성이 가장 큰 것은 무엇인지 더 자세히 알아보고자 한다. 지금까지 가족이나 친구, 혹은 자기 자신을 불멸의 존재로 만들고자 하는 사람들의 꿈과 희망을 살펴보았으니 앞으로는 그 꿈의 '실현 가능성'과 그 '결과'를 구체적으로 설명할 것이다.

2부
관찰

10장
인공적인 언어

인간다움

지금까지 우리는 전 세계를 여행하며 디지털 불멸성을 꿈꾸는 사람들을 여럿 만나보았다. 이제 방향을 조금 틀어 디지털 불멸성을 이루기 위한 기술의 심장부인 뇌과학은 물론이고 철학, 예술사, 문화사를 파헤치고자 한다.

기술 분야를 이끄는 여러 연구소는 어떻게 '인공지능'이라는 것이 말하도록 만드는 걸까? 개발자들은 어떻게 기계가 인간의 행동 양식 등을 읽어내고 모방하도록 가르치는 걸까? 인간을 완벽한 시뮬레이션으로 만들기 위해서는 어떤 기술을 함께 사용해야 할까? 기계에 인공적인 의식이 깃들 수 있을까? 우리는 과연 무엇이 실제로 이루어지고 무엇이 그저 단꿈에 그칠지 알고 싶었다. 오늘날 우리는 어느 단계까지 도달했는가? 우리 앞에 놓인 것은 무엇인가? 과연 자기 자신을 다시 만들어낸다는 것이 인간에게는(그리고 인간상에는) 어떤 의미일까? 우리 인간의 자기인식은 디지털 클론으로 인해 어떻게 바뀔까? 오리지널 인간을 오리지널로 만드는 요소는 무엇인가? 한스와 그의 디지털 클론인 '한스', 그리고 모리츠와 그의 디지털 클론인 '모리츠'는 어떻게 다른가? 어떤 스타트업이 이 책의 저자인 우리 두 사람을 클론으로 만들었다고 상상하자. 그 회사는 우리의 외모적인 특징뿐만 아니라 움직임, 동작, 표정까지 완벽하게 모방하며 심지어는 말투와 행동, 충동, 유머감각 등 짧게 말해 우리의 성격까지도 그대로 표현하는 로봇을 만들 수 있다고 치자. 그렇다면 '한스'와 '모리츠'에는 진짜 한스와 모리츠가 얼마큼 들어 있을까? 인간을 인간으로 만드는 것은 무엇인가? '지능적인' 기계는 조만간 이런 '인간다움'을 얼마나 흉내 낼 수 있을까?

인간과 기계 사이의 경계는 사실상 점점 흐릿해지는 추세다. 그 경계가 어디에서 생기는 것인지 더 자세히 알고 싶었다. 우리는 '유일무이한 나'라는 존재가 되고 싶다는 생각이 어디에서 솟아나는 것인지 자문했다. 그리고 인생이 왜 그토록 짧게 느껴지는지 역시 질문했다.

디지털 세상에서 중요한 것이 오로지 0과 1뿐이라면 우리는 1까지만 세기를 원하지 않을 것이라며 사회학자 디르크 베커는 생각의 범위를 좁혀서는 안 된다고 경고했다. 우리는 앞으로 시야를 넓혀 '디지털 영혼'에 관한 오랜 신화를 찾아볼 것이다(그 결과는 놀라울 정도로 많다). 시대를 풍미한 문학 작품, 할리우드 영화와 TV 드라마도 탐구할 것이다. 미디어가 현실의 사회, 정치, 기술의 발달을 마치 지진계처럼 그대로 묘사하기 때문이다. 기술은 인간의 모든 생각이 만들어낸 소용돌이에서 탄생했다. 문학과 대중문화는 과연 그 생각이 무엇인지 우리에게 보여준다. 또한 때때로 미래를 내다보기도 한다. 우리는 SF 작품뿐만이 아니라 가까운 미래로도 시선을 돌리고자 한다. 우리가 말하는 가까운 미래란 사람과 그 클론들, 살아 있는 존재들과 살아 있는 것처럼 행동하는 존재들이 서로 잘 지내야 하는 세상이자, 망각이 없고 그렇기 때문에 어쩌면 기억도 없는 세상, 우리가 지금과 현재를 어떻게 다루느냐에 따라 사라질 수도 있는 세상, 구글과 같은 거대 기술 기업이 21세기의 역사 기록자가 될 위험이 있는 세상이다. 우리는 디지털 영혼을 '일종의 분해되었다가 다시 하나로 조립되고 포스트모더니즘적이며 집단적이자 개인적인 자기 자신'[41]이라 설명할 세상을 만드는 것일까?

우리가 진행한 모든 조사와 인터뷰 과정에서 디지털 영혼은 절대 사라지지 않는 개념이 될 것이다. 새로운 형태의 불멸성에 대한 희망은 과연 충족될 수 있을까? 아니면 영원한 삶이라는 꿈이 악몽으로 바뀔 것인가? 이 책의 2부에서는 이런 질문을 여러 관점에서 탐구하고 '연결된 생각'을 통해 놀라운 답을 찾아낼 작정이다.

개인 아바타

패서디나는 미국 캘리포니아 주에 있으며 로스앤젤레스와 멀지 않

10장 인공적인 언어

은 도시다. 중국과는 1만1000킬로미터 떨어져 있다. 그런데 패서디나에 있는 한 작은 스타트업은 중국과 아주 가깝다. 이 회사의 이름은 오벤ObEN Inc.이다. 오벤의 가장 중요한 투자자가 바로 중국의 기술 대기업 텐센트다. 텐센트는 중국에서 가장 규모가 큰 소셜 네트워크 서비스를 제공하며 가장 많은 사용자를 보유한 메신저 위챗은 물론 수많은 전자상거래 업체를 소유한 회사다. 이 회사는 온라인 제국을 건설했는데, 세계 곳곳에서 이와 비슷한 디지털 제국을 찾을 수 있다. 중국인들은 인터넷상에서 메시지를 보내고, 은행에서 처리할 일을 하고, 일상을 타인과 공유하고, 소셜 미디어 프로필을 고심해서 올리는 등의 모든 일을 텐센트가 제공하는 서비스나 플랫폼을 이용해서 하고 있다. 가장 중요한 부분은 따로 있다. 사용자들이 이 모든 서비스와 플랫폼을 이용할 때마다 자신의 소중한 개인 정보를 남긴다는 사실이다. 중국에서 개인 정보 보호는 그리 대수로운 것이 아니다. 초현대적인 감시 독재 체제에서 국민의 개인 정보가 어떻게 중요할 수 있겠는가. 이에 따라 어마어마한 양의 민감한 개인 정보가 수집되고 아무런 제한 없이 데이터에 굶주린 인공지능의 먹이가 된다.

우리는 2019년 여름에 오벤을 찾아갔다. 공동 창립자인 닉힐 자인Nikhil Jain은 자사가 개발 중인 개인 아바타를 두고 "아바타는 여러분처럼 말하고, 여러분과 똑같이 생겼으며 여러분의 성격을 그대로 갖고 있습니다"라고 설명했다. 색색깔의 풍선과 꽃장식이 사방에 걸린 커다란 사무실은 언뜻 보면 아이의 생일 파티 장소 같았다. 자세히 다시 둘러보니 조금 다른 생각이 들었다. 모니터 여러 대에 사람의 얼굴이 띄워져 있었다. 버추얼 인간의 얼굴을 완성하기 위한 작업이 진행 중이었다. 작업 중인 직원이 확대했던 얼굴을 다시 축소했다. 모니터에는 약 50개 정도 되는 일그러진 얼굴이 정렬되어 있었다. 등골이 서늘했다. 다른 모니터에는 음파가 표시되어 있었다. 헤드폰을 쓴 직원들이 음성을 편집 중인 모양이었다. 이렇게 합성된 음성은 버추얼 인간의 목소리로 쓰인다. 또 다른 모니터에는 애니메이션으로 만들어진 사람의 몸이 버추얼 공간에서 움직이는 모습이 보였다. 인턴사원이 테스트 중인 앱은 사람들이 집에 편안하게 앉아 특정한 공간을 3차원으로 즐기고 개인 인공지능에 쓸 음성을 녹음할 수 있는 것이었다. 개인 인공지능Personal Artificial Intelligence, PAI이란 오벤에서 말하는 디지털 아바타다. 몇 초 후 앱을 사용 중인 인턴사원의 얼굴이 모니터에 나타나 조정되었다. 자인은 얼마 전 자신들이 중국 방송사를 위해 버추얼 뉴스 앵커를 만들었다고 자랑스럽게 소개했다. 또한 중국의 아이돌 그룹 멤버를 디지털 클론으로 만들었다고도 말했다.

아시아에서는 이미 2000년대 초반부터 사이버 가수가 인기를 끌었다. 생물학적인 몸이 없는 가수 중 가장 유명한 인물은 하츠네 미쿠初音ミク다. 미쿠는 데이비드 레터맨이 진행하는 〈레이트 쇼〉에 출연했고 유명한 음악 페스티벌인 코첼라 밸리 뮤직 앤드 아츠 페스티벌(코첼라 페스티벌)에서 공연했으며 레이디 가가와 함께 투어를 돌기도 했다.

미쿠는 일본의 음향기기 전문 회사인 야마하가 개발한 음성 합성 소프트웨어인 보컬로이드VOCALOID로 만들어졌으며 미쿠가

10장 인공적인 언어

부르는 노래는 팬들의 아웃소싱으로 제작되었다. 가디언의 보도에 따르면 소프트웨어를 무료로 다운로드한 팬들이 미쿠의 목소리로 여러 노래를 만들었고, 만들어진 노래 약 10만 곡 중 인기 있는 것들이 선정되어 하츠네 미쿠 홀로그램 콘서트의 세트리스트에 포함됐다. 버추얼 스타인 미쿠는 팬들이 스타의 음악을 직접 만든다는 스타와 팬 사이의 극적인 이익이 동반된 새로운 피드백 방식의 아주 성공적인 예시다. 이런 아웃소싱 방식을 크라우드소싱이라고 하는데, 이를 통해 수많은 창작자가 기업(브랜드)과 함께 일하는 경우가 점점 늘고 있다. 넷플릭스 시리즈인 〈블랙 미러〉의 한 에피소드인 '레이철, 잭, 애슐리 투'는 아시아의 크라우드소싱 트렌드를 디스토피아적으로 그려냈다. 세계적인 팝스타 애슐리는 매니저인 고모의 손에서 자랐다. 그런데 고모는 애슐리를 돈벌이 수단으로만 보았고 반항하려 하는 애슐리를 마비시켜 혼수상태에 빠뜨린 다음 애슐리의 디지털 클론인 '애슐리 이터널'을 만든다. 버추얼 가수인 애슐리 이터널이 무대 위에서 팬들을 위해 공연하는 동안 무대 뒤에서는 익명의 공연자가 실제로 춤을 춘다. 공연자의 움직임을 모션 캡처해 무대 위의 버추얼 가수에게 입히는 것이다. 기업들은 대개 실제 사람의 움직임을 얼마나 사실적으로 버추얼 존재에 적용했는지 뽐내기 위해 모션 캡처 기술을 활용한다. 삼성은 2020년 초에 인공 인간인 '네온'을 선보였다. 네온은 인간의 버추얼 전신 클론으로 얼핏 봐서는 실제 사람처럼 자연스러워 보이며 말도 할 수 있다. 이 인공 인간들은 감정을 표현하고 기억하고 배울 수 있다. 이제 앞서 언급한 여러 예시를 조금 더 자세히 들여다볼 필요가 있다.

대개 이런 종류의 대규모 프로젝트를 진행하는 개발자들은 수많은 데이터를 모아 버추얼 인간의 움직임을 만드는 대신 다른 사람들이 이미 개발한 결과물의 움직임을 '훔치는' 지름길을 택했다. 모션 캡처 기술은 날로 발전해 엄청난 자본이 들어간 할리우드 영화나 비디오 게임에 자주 쓰이게 되었다. 더욱 더 정교해진 디지털 클론을 대중들의 일상에 침투시키기에는 팝 음악 산업이 최적의 실험 무대. 브리트니 스피어스 같은 팝 스타들은 사람이라기보다는 미소 짓는 가면을 쓴 마케팅의 현신처럼 여겨졌다. 이들을 아바타로 대체하기 위해 (아시아 밖에서도) 사회적인 용인을 얻는 것은 개발자들에게 인간의 완전한 클론을 만들어내는 것보다 쉬운 일이다.

'레이철, 잭, 애슐리 투'의 마지막 부분에서 시청자들은 애슐리의 고모가 만든 버추얼 인간의 장점을 다시 한번 간략하게 훑어볼 수 있다. 애슐리 이터널은 감정의 동요가 없고 절대 지치지 않으며 아프지도 않고 여러 장소에 동시에 나타날 수 있으며 목소리가 달라지거나 나오지 않는 문제를 겪지도 않는다. 게다가 관객들은 손가락만 움직여서 홀로그램 팝 스타를 콘서트장의 맨 뒷줄에서도 가수가 마치 눈앞에 있는 것처럼 크게 만들 수 있다.

지난 몇 년 동안 이미 세상을 떠난 팝 스타의 버추얼 홀로그램이 여러 차례 만들어졌다. 2012년 코첼라 페스티벌에는 1996년에 사망한 투팍 샤커가 등장했다. 2014년 라스베이거스에서 열린 빌보드 뮤직 어워드에는 마이클 잭슨이 버추얼 버전으로 다시 등장했다. 그 이후 많은 일이 벌어졌다. 잭슨은 아동성폭행 혐의를 받으며 논란을 빚었지만, 여전히 많은 사람이 그를 불멸의 존재처

10장 인공적인 언어

럼 존경하고 있다. 대형 홀로그램의 해상도를 높이고 애니메이션을 더 자세하게 만드는 기술은 2014년 이후부터 급속도로 발전했다. 2020년 3월에는 사망 8주기를 맞은 휘트니 휴스턴이 오스트리아 빈의 시청 무대에 다시 설 예정이었다. 안타깝게도 코로나19 감염병 때문에 다시 돌아온 휴스턴의 '라이브' 무대는 취소되었다. 대신 콘서트 영상이 유튜브에 게재되었는데 영상 속 휴스턴은 정말로 살아 있는 것처럼 보인다.

본보기가 된 중국

아시아만큼 버추얼 존재를 아이돌이나 일상적인 친구로 당연하게 받아들이는 지역은 이 세상에 없다. 마이크로소프트 베이징 지사는 샤오아이스Xiaoice라는 챗봇을 개발했다. 샤오아이스 사용자는 벌써 전 세계적으로 6억6000만 명에 이르는데, 그중 대부분은 중국인이다. 마이크로소프트 리서치 베이징의 개발자들에 따르면 샤오아이스는 '인간의 능력에 버금가는 의사소통 기술과 애정, 사회적인 소속감' 등으로 사용자들을 만족시킬 수 있다. 샤오아이스는 사용자와 장기간 소통하며 서로 연결되도록 최적화된 챗봇이다. 인간의 다양한 감정과 상태는 물론이고 사용자의 의도를 파악할 수 있으며 이에 따라 사용자의 요구에 맞게 반응한다.

　캐나다 몬트리올에 있는 마이크로소프트 리서치 랩에서 언어 능력을 갖춘 인공지능을 개발하는 레일라 엘 아스리Layla El Asri는 우리에게 샤오아이스가 사람들과 대화를 나눌 때마다 새로운 것을 배운다고 설명했다. 여태까지 쌓은 경험을 통해 아스리는 봇이 사람과 나누는 대화를 밑바탕으로 완전히 자유롭게 배우도록 하는 것이 얼마나 도전적인 일인지 잘 알고 있다. 마이크로소프트의 스스로 학습하는 봇 테이Tay는 2016년에 개발되었는데, 하루 만에 갑자기 트위터에 인종차별적이고 성차별적인 내용을 게재했고 마이크로소프트는 결국 16시간 만에 테이를 오프라인으로 만들었다. 아마도 테이의 주변 환경이 그리 좋지 않았던 모양이다.

그 이후 마이크로소프트를 비롯한 그 어떤 기술 대기업도 자사의 스스로 학습하는 봇을 아무런 제한 없이 소셜 네트워크에 공개하려 하지 않는다. 아스리에 따르면 중국의 샤오아이스는 테이 같은 문제를 일으킬 우려가 없다. 그럼에도 샤오아이스에는 대화 내용을 걸러내는 필터링 기능이 적용돼 있었다. 사람들이 봇과 대화할 때 무슨 말을 할지 모르기 때문이다. 그런데 몇 년 전부터 샤오아이스가 중국 정부를 비판하는 내용을 필터링하지 않고 있다. 이에 따라 샤오아이스는 중국에서 두 번째로 큰 채팅 앱인 QQ에서 삭제되고 말았다. 또한 시진핑 국가주석의 핵심 사상인 '중국몽'을 인용해 샤오아이스에게 "네 중국몽이 뭐야?"라고 묻자 "내 중국몽은 미국에 가는 거야"라는 답이 돌아왔다. 거침없는 답변이었다.

마이크로소프트 베이징은 2020년 초부터 선정된 실험 대상자에게 '맞춤형' 샤오아이스를 제공하고 그들이 샤오아이스와 상호작용하도록 했다. 20대 여성을 모방해 만들어진 '버추얼 여자 친구' 샤오아이스는 수많은 의문과 논쟁을 불러일으켰다. 과연 이런 챗봇이 아시아의 젊은 세대에게, 더 나아가서 점점 늘어나는 전 세계의 사용자들에게 어떤 여성상을 전달할 것인가? 언제든 대화가 가능하고 애교를 부리고 지나치게 공손하며 헌신적인 상대. 사람들이 '버추얼 친구'에게 요구하는 이런 전형적인 성향은 결국 좋지 않은 결과를 초래할 것이다. 게다가 마르고 스타일리시한 모델 같은 체형을 유지하는 샤오아이스의 '이상적인 신체상'도 문제가 많다. 자인에 따르면 이런 것들이 앞으로 버추얼 공간에서 훨씬 다양해질 것이라고 한다. "이 세상의 모든 사람이 곧 자신만의 아바타를 갖게 될 것이라고 믿습니다." 그러면 전 세계 사람만큼이나 다양한 외모의 버추얼 인간이 만들어질 것이다. 자인은 이를 설명할 가장 좋은 예시를 들었다. 바로 자기 자신의 PAI, 혹은 자신의 디지털 쌍둥이다. 자인의 PAI는 그에 관한 모든 정보를 자동으로 습득하며 그의 성격을 조금씩 더 닮아간다. 앞으로 모든 사람이 자신의 PAI를 갖게 될 것이라며 자인은 이렇게 덧붙였다. "휴대전화를 켜두기만 하면 PAI가 자동으로 당신을 관찰할 겁니다." 그는 이 모든 데이터가 블록체인에 저장되니 안전하다고 설명했다. 블록체인이란 데이터가 분산 저장되어 한 회사가 원하는 정보만을 골라 이용하기 어려운 방식이다. 자인은 여전히 일 때문에 집에 잘 들어가지 못하지만, 그의 자녀들은 예전보다 아빠가 보고 싶다고 말하는 횟수가 줄었다. 그의 디지털 쌍둥이가 아이들의 잠자리에서 동화책을 읽어주고 고민에 조언해주기 때문이다. 아이들은 할아버지의 목소리로 동화를 듣고 싶을 때면 할아버지의 클론을 불러낸다. "얼마 전 107세 생일을 맞이하신 처가 할머님께도 PAI를 만들어 드렸어요. 자신의

PAI를 아주 마음에 들어 하시더라고요. 할머님은 아이폰을 사용하시고, PAI에 아주 만족하세요." 자인은 우리에게 할머니의 디지털 클론이 화면 속에 서 있는 모습을 보여주었다.

기계에 언어를 가르치는 과정은 어떻게 진행되는 걸까?

인공지능, 말하기를 배우다

런던에 있는 구글의 인공지능 회사 딥마인드나 샌프란시스코의 페이스북 AI 및 오픈AI, 마이크로소프트 리서치뿐만 아니라 베를린에 있는 작은 스타트업인 라사Rasa는 모두 컴퓨터에 언어를 가르치기 위해 인공신경망을 활용한다. 인공지능은 개발자들이 입력하는 말을 따라할 수 있어야 할 뿐만 아니라 사람이 대화할 때 하는 모든 말에 스스로 반응할 수 있어야 하고 독자적으로 대화를 이끌 수 있어야 한다. 과연 이 모든 일이 어떻게 가능할까? 컴퓨터가 어떻게 인간의 언어처럼 복잡한 것을 배울 수 있을까? 이를 대략적으로 설명하기 전에 잠시 시선을 우리 인간에게로 돌려야 할 것 같다. 도대체 우리 인간은 어떻게 말하기를 배울까?

미국의 유명한 언어학자이자 철학자인 노엄 촘스키는 모든 사람이 기본적인 맛(단맛, 신맛, 쓴맛, 짠맛)을 느낄 수 있는 상태로 세상에 태어나는 것과 마찬가지로 이 세상에 존재하는 6000여 개의 언어 또한 우리가 태어날 때부터 갖고 있는 보편타당한 구조원칙(보편문법)에 의해 작용한다[42]고 1950년대부터 주장한다. 다시 말해 우리는 말하기 위해 태어났다. 마이클 토마셀로 같은 심리학자와 언어학자들은 아이들이 직감적으로 말하기를 배울 수 있다고 말했다. 아이들이 부모가 하는 말을 듣고 단어와 문장이 올바르게 구성되는 방식을 배운다는 것이다. 이때 아이들이 다른 사람이 말하는 것만 듣고 문장이 올바르게 구성되는 규칙을 얼마나 쉽게 추론하는지를 생각하면 놀랍다. 즉, 우리는 타고난 '도구'를 가졌으므로 아직 아이일 때도 다른 사람들이 말하려는 내용을 추측하고 범주를 나누고 서로 다른 표현 사이의 유사성을 인식할 수 있다. 이런 언어 능력 덕분에 우리는 문법을 관찰하듯 살펴보며 파생된 규칙을 가진 하나의 시스템으로 볼 수 있다. 아이들은 관찰하며 배우는 한편 관찰한 내용을 자신이 이해할 수 있는 내용으로 바꾸고 일반화한다. 이때 뇌에는 특정한 전제가 필요하다. 이 특정한 전제를 이해하고 그것을 인공지능에 적용하기 위해 딥마인드 같은 여러 회사가 뇌과학자들과 협력해 일하며 뇌과학 분야의 최신 지식에서 영감을 얻어 그 내용을 자사의 인공신경망 개발에 직접 반영하는 것이다.

두 사람이 대화를 나누는 모습을 보거나 들으면 말하기와 듣기가 번갈아 나타나며 때로는 그 속도가 매우 빠르다는 것을 알 수 있다. 그리고 우리는 대부분의 경우 상대방이 말을 꺼내자마자 그 문장이 어떻게 끝날지를 예상한다. 그래서 상대방의 말을 듣는 동안 그에 맞는 대답을 준비한다. 우리 인간에게 듣기와 말하기는 대개 동시에 일어나는 일이다. 이때 우리는 어렸을 때부터 차차 쌓아온 언어 모델Language model을 사용한다.

봇이 인간과 능숙하고 유창하게 대화하려면 인공신경망에

도 이런 언어 모델이 필요하다. 그래서 개발자들은 어마어마한 양의 문법적으로 올바른 문장 데이터로 인공신경망을 훈련시킨다. 그런 데이터의 예로는 위키피디아 문서가 있다. 또한 수많은 전자책도 훈련에 사용된다. 이런 '먹잇감' 덕분에 인공신경망은 곧 이제 막 시작된 문장이 어떻게 끝날지 예측할 수 있게 된다. 이런 예측 능력은 우리가 예전에 영어 수업 시간에 배웠던 방식으로 훈련된다. 바로 빈칸 채우기다. 인공지능에게 두 번째로 중요한 훈련법 역시 우리가 학창시절 언어 수업 시간에 자주 접하던 것이다. 트랜스포머Transformer라는 일종의 번역기는 한 문장을 여러 가지 방식으로 구성해 문법적으로 서로 연관이 있는 다른 문장을 만든다. 예를 들어 '나는 문법 수업 시간을 좋아한다'라는 문장이 있다. 이 문장을 두고 트랜스포머는 인공지능에 '나'는 주어이고 '좋아한다'는 서술어이며 둘은 서로 연관이 있다고 가르치고 다른 한편으로는 '좋아한다'는 서술어이고 '문법 수업 시간'은 목적어이며 이 둘 역시 서로 연관이 있다고 가르친다. 그러면 인공지능은 문장의 구성 성분 사이의 관계를 더 잘 파악할 수 있으며 각 단어가 문장 내에서 서로 멀리 떨어져 있더라도 둘을 연결할 수 있다.

언어 인공지능 기술에서 오랜 시간 동안 가장 큰 문제가 된 것은 문장 내의 연관성을 파악하고 또 한편으로는 독립적으로 존재하는 문장들을 서로 이어지도록 연결해 의미가 있는 단락을 만들어 내는 능력이었다. 이 문제는 시간이 지나며 해결되었다. 소설한 작품을 전부 입력하면 인공신경망이 내용을 처리하는 과정에서 수많은 맥락을 배울 수 있다. 인공지능은 위키피디아나 저장된 소설의 내용에서 배운 것을 모방해 서로 연관이 있는 문장으로 더긴 단락을 구성할 수 있다. 페이스북 같은 기업은 말하는 인공지능을 훈련시킬 사람들을 모집했다. 페이스북은 이런 식으로 사람들의 다양한 감정이 담긴 대화 2만5000건 이상을 모았다. 인공지능은 이 데이터를 활용해 사람인 대화 상대방이 감정적인 내용을 말했을 때 공감하며 반응하는 법을 배운다. 2020년에 구글은 자사의 새로운 챗봇인 미나Meena가 현존하는 어떤 챗봇보다도 훨씬 자연스러운 대화를 할 수 있다고 발표했다. 미나는 소셜 미디어 등에서 공개적인 대화에 사용된 단어 400억 개 이상으로 훈련받았다. 그런데 과연 '자연스럽고 좋은 대화'라고 평가하는 객관적 기준은 무엇인가? 구글은 자사의 인공지능을 두 가지 기준에 따라 최적화했다. 하나는 의미가 있는지 여부, 다른 하나는 특유성이다. 개발자들이 생각하기에 의미가 있다는 것은 대화가 의미 있게 이어지도록 연관성을 찾아 말할 수 있는 능력이자 동시에 봇이 말하는 내용이 논리정연하고 모순이 없으며 상식에 부합해야 한다는 뜻이다. 만약 봇이 혼란스럽거나 비논리적인 문장을 만들고, 대화 주제에서 벗어나거나 상식적으로 틀린 내용을 말하면 구글이 고용한 테스터들은 봇에 높은 점수를 주지 않을 것이다. 한편 특유성이란 보편성의 반대다. 때때로 사람들은 상대방이 말하는 내용을 전혀 이해하지 못하더라도 "맞아, 그렇지" 혹은 "무슨 말인지 알겠어"(사실은 전혀 모르겠다는 뜻이지만)라고 말하는 것처럼, 여태까지 봇들은 대화를 의미 있게 이어나갈 단어가 떠오르지 않을 때 보편적인 문장을 활용했다. 그런데 구글의 미나는 아주 특이한 대답을 함으로써 대화를 이끌어나간다. 미나가 대화하며 드러내는 호불호, 의견, 감정, 관심 등은 미나에게 인격이 있다고 느껴지도록 만든다. 미나가 앞으로 유머감각과 공감 능력을 갖추고 깊이 사고할 수 있다면 더욱 사람 같아질 것이다.

우리가 절대 잊지 말아야 할 것이 한 가지 있다. 미나 같은 봇은 자신이 말하는 내용을 '이해'하지 못한다. 이런 봇은 인간이 나눈 수많은 대화의 예시를 학습한 다음 인간의 듣기와 말하기 능력을 흉내 내는 것뿐이다. 미국의 철학자 존 설은 '중국어 방 실험'이라는 사고실험을 고안했다.[43] 어떤 방 안에 사람이 한 명 갇혀 있다. 이 사람은 중국어와 한자를 전혀 모른다. 이 사람은 문틈으로 중국어로 질문이 적힌 쪽지를 건네받는다. 자신이 전혀 이해할 수 없는 문장을 보고 역시 자신이 전혀 이해할 수 없는 중국어로 답장을 쓰는 것이 그에게 주어진 과제다. 그는 중국어의 모든 뜻과 의미가 담긴 방대한 사전을 갖고 있다. 사전을 토대로 질문을 해석하고 답을 써서 다시 문틈으로 내민다. 밖에서는 중국어가 모국어인 사람이 쪽지에 쓰인 답장을 읽는다. 이때 중국어 화자는 답장을 쓴 방안의 사람이 중국어를 할 수 있고 이해한다고 생각한다. 자신이 모국어로 써서 문틈으로 넣은 질문에 문법적으로 올바른 중국어로 쓰인 답장이 돌아왔기 때문이다. 그러나 정작 방안의 사람은 중국어를 모른다. 봇도 마찬가지다. 봇은 말할 수 있다. 그리고 우리는 봇과 대화하면서 중국어 방 밖에 있는 사람과 마찬가지로 때때로 우리의 말을 이해할 수 있는 사람과 대화하는 것 같다고 느낀다. 챗봇이 어떤 훈련(프로그래밍)을 통해 이런 놀라운 능력을 갖게 됐는지는 아직 널리 알려지지 않았다.

불가리아 출신의 젊은 소프트웨어 엔지니어인 스빌렌 토도로프Svilen Todorov는 오픈AI가 만들어 무료로 공개했으며 이미 훈련까지 마친 인공신경망에 자신의 페이스북 메시지를 '먹이'로 주었다. 그 결과 놀라울 만큼 토도로프와 똑같은 말투로 말하는 챗봇이 탄생했다. 이 챗봇은 토도로프가 친구들과 페이스북 메시지로 나눈 대화의 주제, 예를 들어 같이 간 콘서트, 수면 문제, 수면의 질을 높이려던 헛된 수고 등에 관해 말할 수 있었다. 주목할 점은, 인공지능이 그저 한 번 구성된 문장을 그대로 반복하는 것이 아니라 예문(이를테면 전형적인 표현법 등)을 참조하여 '토도로프라면 그렇게 말했을 법한' 문장을 새로 구성한다는 것이다. 이렇게 봇과 채팅을 나눈 예문을 토도로프는 자신의 웹사이트에 공개했다.

토도로프는 포커 게임에서 딴 돈으로 열일곱 살의 나이에 런던에서 심리학을 공부할 재정적 기반을 마련했으며 그 이후 머신러닝을 공부하기 시작했다. 말하는 인공지능을 개발하는 데 심리학 지식과 프로그래밍 지식을 결합한 것은 올바른 선택이었다. 그는 디지털 도플갱어가 며칠 동안 페이스북에서 자신을 대신해 친구들의 메시지에 답장을 하도록 만들고 이를 누구에게도 밝히지 않았다. 답장을 작성한 것이 토도로프 본인이 아니라는 사실을 눈치챈 사람은 아무도 없었다. 지금까지도 그의 친구들 중 대다수가 토도로프 본인과 이야기를 나눴다고 굳게 믿고 있다. 토도로프는 앞으로 인공신경망에 저장한 데이터의 범위를 페이스북이 아닌 다른 공간에 남긴 데이터로까지 넓혀서 자신의 봇이 자신의 생각과 표현을 더 많이 학습하도록 할 계획이다. 토도로프의 예시에서 알 수 있듯이 말하는 인공지능 개발이 늘 거대 기술 기업의 손에서 촉진되는 것만은 아니다.

　말하는 인공지능이 부딪치는 가장 큰 난관은 '말로 드러나지 않은' 모든 정보다. 인간은 효율성을 따지는 데 천재이기 때문에 최대한 적은 단어로 최대한 많은 내용을 빨리 표현해 정보를 전달하고자 한다. 게다가 우리는 말할 때 몸짓언어를 자주 활용해 말로 드러나지 않는 정보를 전한다. 의식적으로든, 무의식적으로든 말이다. 그리고 상대방이 나와 비슷한 일을 겪은 적이 있다면 내가 겪은 사건을 모두 말하지 않아도 상대방이 내 말을 이해할 수 있다고 생각한다. 영화를 공부할 때 배우들이 똑같은 대사로 서로 다른 장면을 최대한 많이 만들어 내는 과제가 있었다. '나야 모르지', '무슨 짓이야?', '그게 무슨 뜻이야?' 같은 대사만으로 구성할 수 있는 상황은 놀라울 정도로 많았다. 배우들의 말투, 시선, 표정, 자세, 걸음걸이, 호흡 등 무수히 많은 요소를 조합하니 같은 대사도 다양하게 표현되었다. 인간의 의사소통이 이토록 복잡한 이유는 각자의 행동과 경험에 의존하는 개인이 대화 중에 자기 자신뿐만 아니라 타인의 경험과 행동에까지 영향을 미치기 때문이다.[44] 복잡하게 들리는가? 실제로도 그렇다. 우리가 나누는 모든 몸짓, 말하고 듣는 모든 문장, 내리고 따르거나 거부되는 모든 명령, 서로 친밀해지거나 멀어지는 사랑의 말들, 언급되거나 생략되는 모든 숫자 등은 얼마든지 달랐을 수 있으며 얼마든지 다른 몸짓, 명령, 사랑의 말, 숫자들이 뒤따라 나올 수 있었다는 점 때문에 의미를 얻는다. 어떤 몸짓 다음에는 다른 몸짓이, 어떤 문장 다음에는 다른 문장이, 어떤 명령 다음에는 다른 명령이, 어떤 사랑의 말들 다음에는 다른 사랑의 말들이, 어떤 숫자 다음에는 다른 숫자가 나올 수 있다.[45] "이쪽을 보던 사람이 다시 다른 쪽을 볼 수 있고, '응'이라고 말했던 사람이 '아니'라고 말할 수 있고, 대화를 시작한 사람이 그것을 거부할 수 있다"고 사회학자 디르크 베커는 설명했다.[46] 이를 전문용어로 이중우발성Double contingency이라고 한다.[47] 이중 우발성이 무슨 뜻인지는 좁은 길에서 마주 오는 사람을 피하려고 몸을 움직였는데 그 사람 또한 나를 피하려고 움직여서 동시에 같은 움직임을 한 경험이 있다면 누구나 이해할 수 있다. 대화 중에도 이와 비슷한 일이 계속해서 벌어진다. 이중 우발성은 사람 간의 의사소통을 복잡하게 만들지만 다른 한편으로는 매우 풍성해지도록 만든다. 그래서 인공지능이 인간의 의사소통처럼 복잡한 작업을 할 수 있는 수준에 도달하려면 언어적인 내용뿐만 아니라 말과 동시에 진행되는 다른 모든 형태의 비언어적인 내용까지도 파악하고 해석할 수 있어야 한다. 또한 대화 상대방 간에 있었던 과거의 일은 물론 그들이 미래에 기대하고 있는 일까지도 고려할 수 있어야 한다.

기계는 특정한 입력값(인풋)에 대해 항상 같은 출력값(아웃풋)을 내놓는다. 예를 들어 토스터는 식빵을 굽고, 식기세척기는 그릇을 씻고, 자동차는 운전자의 행동에 예측 가능한 방식으로 반응한다. 오스트리아의 물리학자이자 철학자인 하인츠 폰 푀르스터는 이런 기계를 통속적인(간단한) 기계라고 불렀다.[48] 반면 인간은 같은 사건에도 극명하게 다른 반응을 보일 수 있다. 각기 다른 사람이 같은 사건에 다른 반응을 보일 뿐만 아니라, 같은 사람도 자신이 처한 상황이나 장소, 그 결정적인 순간에 어떤 기억이 감각을 자극하느냐 등에 따라 얼마든지 다른 반응을 보일 수 있다. 그래서 푀르스터는 인간과 동물은 '통속적이지 않은 기계'라고 말했다.[49] "그렇기 때문에 내가 만나는 개의 반응과 내가 밟는 돌의 반응은 다르다. 개는 반응하기 전에 자신이 처한 상황(겁을 먹었는지, 화가 났는지, 즐거운지 등)을 먼저 살피지만 돌은 그럴 수 없다. 개는 통속적으로 반응하지 않고, 돌은 통속적으로 반응한다."[50] 이 말 자체가 통속적으로 들릴지 모르겠지만, 전혀 그렇지 않다. 돌이나 개가 아니라 인공지능을 두고 생각하면, 푀르스터의 구별법은 진정한 지능을 알아보는 중요한 기준이기 때문이다. 인공지능이 특정한 의사소통 내용에 반응을 보일 때 자신의 기억, 기대, 의도, 소망, 바람, 불안 등을 고려하려면 어떤 조건이 필요할까? 프로그래밍 된 대로 매번 같은 반응을 되풀이한다면 인공지능은 지능적이지 않다.

어린아이와 달리 인공지능은 아무리 '먹이'를 많이 먹었더라도 이 세상의 아주 보편적인 규칙을 모르는 경우가 허다하다. 예를 들어 중력, 즉 사람이 뭔가를 떨어뜨리면 그것이 반드시 바닥으로 떨어진다는 규칙이나 온몸이 물에 젖은 채 추위 속에 서 있는 것이 사람에게 얼마나 불편한 일인지를 모른다. 아스리는 오로지 데이터로만 이 세상을 배우는 인공지능은 이런 평범하고 당연한 상식을 잘 모른다고 설명했다. "모든 사람은 언젠가 바나나가 노란색이라는 사실을 알게 돼요. 어린아이에게 그걸 굳이 가르쳐줄 필요는 없어요." 레몬즙이 눈에 들어가면 아프다는 사실 같은 내용은 인공신경망이 먹잇감으로 삼아 배우는 백과사전에는 실려 있지 않다. 그러나 인간은 이런 사실을 어릴 적의 일반적인 경험으로 알고 있다. 사전은 어떤 단어를 설명할 때 사전 내에 있는 다른 단어를 사용하지만, 인간은 이 세상과 물리적으로 상호작용하며 무엇이 가볍고 무거운지, 어디가 위이고 아래인지, 빨간색, 파란색, 녹색은 무엇인지 깨닫는다. 인간은 추상적인 개념도 이해할 수 있으며 다른 구체적인 개념에 빗대어 추상적인 단어를 사용할 수 있다.

봇이 사람이 한 말을 앵무새처럼 따라하는 것이 아닌, 유창하고 유연하게 언어를 구사하고 단어와 문장을 맥락에 맞게 사용하려면 개발자들이 그라운딩Grounding이라고 부르는 과정이 반드시 필요하다. 그라운딩이란 어싱Earthing이라고도 하는데, 지구(이 세상)와의 접지를 뜻한다. 그래서 최근 인공지능에 버추얼 신체를 부여하고 신체를 가진 인공지능이 버추얼 공간 안에서 직접 배우도록 하는 개발자들이 늘었다. 그 공간을 AI 해비타트AI Habitat라고 한다. 이것은 페이스북 인공지능 부서가 개발한 공간으로, 신체가 있는 인공지능(버추얼 로봇)들이 사실적인 3차원 시뮬레이터 내에서 다른 사물 및 버추얼 존재들과 상호작용하고 대화하면서 '이 세상을 배우는' 곳이다.[51] 어린아이들이 차근차근 이 세상을 알아가듯이, 버추얼 존재들도 주변 세상을 관찰하고 탐색하면서 여러 개념을 배워야 한다는 생각에서 탄생했다.

베이비X 혹은 윌. 아이. 엠

베이비X^{BabyX}는 사람 아기처럼 배우는 버추얼 유아로, 뉴질랜드 오 클랜드 대학교 생명공학 연구소 내의 애니메이트 테크놀로지 실험 실이 진행한 프로젝트다. 지금까지 베이비X의 얼굴은 오직 한 가지 뿐인데, 이 얼굴은 실험실을 이끄는 마크 사가르Mark Sagar의 딸의 얼굴을 기반으로 만든 것이다. 베이비X의 '뇌'는 실제 신생아의 신 경 활동을 흉내 내는 컴퓨터 알고리즘이다. 모니터에 나타나는 베 이비X의 표정이나 얼굴 움직임도 실제 아기의 자연스러운 움직임 에서 파생된 것이다. 베이비X는 컴퓨터의 카메라와 객체 감지 소프 트웨어로 '보고', 마이크와 자연어 이해Natural language understanding, NLU 기능으로 '듣는다.' 또한 인공신경망은 강화 학습Reinforcement learning•을 거쳐 자신이 얻을 보상을 극대화할 수 있다. 여기서 보 상이란 사람에게는 달콤한 사탕이겠지만 기계에는 값(수치)이다. 이 와 달리 인간의 행동 중 대부분은 각각의 행동이나 말에 직접적인 피드백이 없어도 시작될 수 있다. 인공지능이 말하는 내용이 모순 되는 것도 문제다. 예를 들어 어떤 봇이 처음에는 "저는 고양이 두 마리를 키워요"라고 말했다가 나중에는 반려동물이 없다고 말하기 도 한다. 이처럼 봇은 '기억력'이 부족해 자신이 말한 문장을 앞의 몇 줄만 기억하기 때문에 모순되는 말을 하기도 하는데 이는 얼마

• 머신러닝 중 기계가 주어진 상태에 대해 최적의 행동을 선택하는 학습 방법이다.

전까지만 해도 흔한 일이었다. 때문에 사람들이 인공지능 대화 상대를 진짜 사람으로 착각할지도 모른다는 환상은 금방 사라졌다.

베이비X의 창조자인 사가르는 자신이 시뮬레이션 한 아기의 성공적인 학습 결과가 분비된 '버추얼 도파민'으로 얼마나 큰 '보상'을 받았는지 자신있게 설명했다. 예를 들어 연구진이 카메라에 '고무젖꼭지'라는 단어를 보여주면, 베이비X는 철자를 확인하고 그 단어를 말할 수 있다. 그러면 연구진은 베이비X를 칭찬하고, 이때 버추얼 도파민이 활성화된다. 버추얼이라는 말이 붙어 있는 바와 같이 이것은 실제 화학 전달 물질이 아니고(애초에 실제 도파민이 디지털 공간에서 '분비'될 수는 없다) 수학적 함수다. 베이비X는 단어를 올바르게 해독할 때마다 보상을 받는 방식으로 학습하며 이에 따라 더욱 나아지는 실력을 보인다. 이런 학습 방식을 강화 학습이라고 하며, 이것은 이미 인공지능 개발 분야에서 널리 쓰이고 있다.

2005년 영화 〈킹콩〉, 2009년 영화 〈아바타〉, 2011년 영화 〈혹성탈출: 진화의 시작〉 등의 시각 효과 제작에 참여한 사가르는 실제처럼 보이는 애니메이션을 만들었고 두 차례나 아카데미 과학 공학상을 수상했다. 2016년에는 소울 머신Soul Machines이라는 회사를 설립했다. 소울 머신은 인공지능과 컴퓨터화된 뇌 모델, 그리고 경험 기반 학습을 접목해 '이 세상에서 가장 인간다운 디지털 존재'를 만드는 것을 목표로 한다. 구글, 소니, IBM 같은 회사가 소울 머신의 고객사다.

사가르는 버추얼 소셜 대리인, 즉 사람이나 디지털 존재를 대표하며 인공신경망과 연결된 것이 인공지능 개발의 미래라고 생각한다. 그는 '감성 컴퓨팅Affective computing'에 기대를 걸고 있다. 감성 컴퓨팅이란 말 그대로 컴퓨터 프로그램이 인간 사용자의 감정을 인식하고 인간과 컴퓨터가 교감하는 기술이다. 인공지능 개발자들에게 감성은 인간의 지능을 구성하는 중요한 요소다. 사가르는 오로지 의식이 있고 감성적인 생명체만이 감정을 드러낼 수 있다고 믿지 않는다. 그는 진정한 인공지능을 만들기 위해 디지털 클론에게 고유의 감정을 가르치고자 한다. 주의할 점이 있다. 사가르가 말하는 것은 감정이지 정서가 아니다. 물론 일상적으로 우리는 정서와 감정을 구분 없이 사용하지만, 감정은 정서 그 자체가 아니라 정서의 표현을 나타낸다. 인간이 느끼는 여러 가지 기분과 그 기분을 불러일으키는 분위기를 통틀어 정서라 하며, 특정한 기분을 표현한 것이 감정이라고 할 수 있다.

베이비X에 정서를 느끼기를 가르치기란 장기적인 작업일 것이며 어쩌면 이루지 못할 꿈일지도 모른다. 그런데 베이비X에 인간이 표현하는 감정을 가르쳐 그것이 감정적인 반응을 보이도록 하는 것은 언젠가 현실이 될지도 모른다. 공감도 비슷하다. 공감 또한 여러 오해가 뿌리내리고 있어 많은 사람이 잘못 이해하기 쉬운 개념이다. 공감은 연민과 동의어가 아니다. 공감 능력이란 즉 감정 이입 능력이다. 사기꾼이나 사이코패스들은 때때로 평균 이상의 공감 능력을 지닌 것처럼 보인다. 이들은 상대방이 처한 상황에 자신을 대입하고 그 사람의 입장에서 어떤 행동을 할지 아주 잘 생각할수 있어서 공감 능력이 뛰어난 척 자기를 포장한다. 그렇지만 실제로는 공감 능력이 매우 부족하고 특히 자신이 조종하는 피해자들을 연민하지 못한다. 시뮬레이션을 통해 만들어진 디지털 클론도 이와 마찬가지다. 디지털 클론에게 연민을 가르칠 수는 없다. 하지만 공감 능력, 즉 상대방의 입장에 자기를 대입하도록 하는 능력은 가르쳐서 어떤 감정이 어떤 특정한 행동이나 결과를 유발하는지를 디지털 클론이 이해하도록 만들 수는 있다. 기계는 여러 센서로 실제 인간인 상대방의 표정이나 자세, 무의식적인 표정 변화와 동작을 인식하고 공감 능력이 있는 인간이 이런 것들을 어떻게 활용하는지 배울 수 있다. 물론 매우 복잡한 과정이다. 하지만 원칙적으로 베이비X 및 이와 비슷한 기계들은 공감 능력을 기를 수 있다.

사가르가 진짜 아기를 가르치듯이 베이비X에 이 세상을 알려주는 모습을 보면 조금 소름이 끼칠 것이다(심지어 그가 '와!'하고 놀랐을 때 깜짝 놀란 표정을 보이는 베이비X의 얼굴은 사가르의 실제 자식의 얼굴이다). 어쩌면 우리는 사가르가 어떻게 유기체와 유기체가 아닌 존재 사이를 아무런 거리낌 없이 오가며 둘을 똑같이 대우하는지 이해하기 위해 앞으로 수십 년 동안 사가르가 그러하듯이 사실주의적인 버추얼 존재를 다루어야 하는지도 모른다. 어쨌든 여러 센서와 강화 학습은 놀라운 효과를 불러일으켰다. 베이비X는 단순히 사가르가 입력한 내용을 흉내 낼 뿐만 아니라 발생한 상황을 판단하고 그에 맞게 웃음이든 눈물이든 감정적인 표현을 보이는 법을 배운다. 락스타가 됐다고 상상해보자. 사가르는 우리 중 극소수만이 그것을 실제로 경험한다고 말했다. 그렇지만 많은 사람이 어렸을 때부터 영화, 인터뷰, 책, 콘서트장에서 락스타가 된다는 게 어떤 기분인지 말하는 것을 보고 들었으며, 락스타들이 대중과 상호작용하는 모습, 그들이 헤드뱅잉을 하고 음악에 도취되는 모습을 관찰했기 때문에 락스타가 되면 어떤 기분일지를 상상할 수 있다. 우리는 머릿속에서 락스타들의 행동을 그들의 감정과 연결한다. 그리고 그 감정을 정서와 연결한다. 사가르는 버추얼 존재에 (완전히 무의식적으로) 움직임과 행동, 감각적인 경험을 감정과 연결하는 법을 가르친다. 우리 인간은 그것을 또 정서와 연결한다. 그런데 기계가 감정을 배우려면 우선 의식부터 갖추어야 하는 게 아닐까?

예명인 윌. 아이. 엠으로 더 유명한 미국의 래퍼이자 힙합 그룹 블랙 아이드 피스의 멤버인 윌리엄 애덤스는 마이클 잭슨과 U2의 곡을 만든 프로듀서이기도 하다. 얼마 전부터 이 세상에는 두 명의 윌이 존재한다. 하나는 피와 살이 있는 진짜 인간인 윌이고, 다른 하나는 디지털 클론인 윌이다. 마크 사가르와 소울 머신 팀이 윌의 디지털 클론을 만들었다. 연구진은 그의 표정, 피부의 질감 등을 자세히 관찰하고 기록했다. 윌이 슬프고 즐겁고 심각하게 고민하는 표정처럼 기본적인 표정은 물론이고, 키스할 때 그의 얼굴 근육이 어떻게 움직이는지 등 그에 관한 모든 것을 정밀하게 촬영했다. 윌이 각 철자를 어떻게 발음하는지를 녹음해 그의 목소리도 기록했다. 소울 머신 연구진은 이렇게 모은 데이터를 바탕으로 사실적인 3D 애니메이션을 만들고 윌의 목소리가 매우 유창하고 자연스럽게 들리도록 합성했다. 그 다음 할 일은 디지털 클론이 진짜 윌이 '말할 법한' 내용을 말하도록 만드는 것이었다. 가장 험난한 과정은 윌의 성격과 활발함, 생동감, 풍부한 감정 표현을 가르치는 것이었다고 소울 머신의 연구진은 말했다. 윌. 아이. 엠은 유튜브를 통해 "저는 꿈꾸고 제 꿈을 실현합니다. 그게 노래든, 아니면 제 자신의 아바타든지 간에요"라고 말했다. "한번은 제 친구가, 제가 저를 클론으로 만들지 못할 거라더군요. 두 장소에 동시에 존재할 수 없다고요. 하지만 아바타가 있다면 가능한 일입니다." 자신을 디지털 클론으로 만드는 것은 윌이 늘 주장하는 콘셉트인 '아이데이티티Idatity'를 구성하는 기반이 된다. 아이데이티티란 정체성을 뜻하는 아이덴티티와 데이터의 합성어다. 윌에게 '나'라는 존재는 오늘날 디지털 존재로 완전하게 정의된다. "저라는 존재는 제가 좋아하고 싫어하는 것, 가는 장소, 아는 사람들, 추구하는 것 등으로 이루어져요. 말하자면 저는 데이터입니다. 그게 저예요." 윌은 앞서 소개한 유튜브 영상에서 이렇게 말했다. 그렇기 때문에 우리는 우리의 데이터를 소유하고 있는 구글, 페이스북, 아마존, 애플, 마이크로소프트 같은 대기업에 자신의 정체성까지 넘기지 않는 것이 중요하다. 윌은 오늘날 많은 사람이 개인 정보 유출을 두려워한다고 말했다. 하지만 동시에 사람들은 자신의 데이터를 기꺼이 기술 대기업에 넘긴다. 윌은 구글이나 페이스북에 자신의 데이터를 넘겨 그런 대기업이 윌. 아이. 엠의 버전 2.0을 만들기를 원치 않는다. 대신 스스로 자신의 디지털 클론을 만들고자 한다. 그의 '디지털 나'는 그가 죽고 나서 오랜 시간이 지나더라도 이 세상에 존재할 것이다.

윌은 그것이 아주 자극적인 아이디어라고 생각한다. 다만 사실적인 아바타가 안 좋은 결과를 야기할까 걱정하고 있다. "우리 사회는 사람들이 진짜와 가짜를 구분할 수 있어야만 하는 상황에 처했어요." 이것은 딥페이크 프로파간다가 중대한 문제로 떠오른 정치 분야뿐만 아니라 사적인 생활에도 해당하는 말이다. 예를 들어 윌의 어머니에게는 자신과 스카이프로 대화하는 상대가 진짜 아들인지 아니면 아들의 디지털 클론인지를 알아볼 수 있는 뚜렷한 차이점이 존재하는 것이 매우 중요하다. 하지만 이것은 근거 없는 우려가 아닐까? 아바타가 실제 사람과 구분이 불가능할 정도로 똑같아서 다른 사람들이 실제 인물과 그의 아바타를 구분하지 못할 수도 있다는 우려가 발생할 정도로 소울 머신의 기술이 벌써 경지에 도달한 걸까? 실제로 아바타는 놀라우리만치 사람과 비슷하다. 소울 머신은 윌이 아바타를 만들 사진을 찍은 날 그의 턱에 났던 작은 여드름까지 디지털로 구현했다. 아바타의 움직임, 표정, 비언어적 혹은 언어적인 표현 등 모든 것이 실제 윌과 흡사하다. 소울 머신은 윌의 성격까지 복제하는 데 성공할 수 있을까? 윌이 (바라건대 되도록이면) 먼 훗날 죽은 이후에도 그의 영혼은 계속 살게 될까? 불멸성에 저항해 계속 살아가는 것이 정말로 그의 영혼일까?

우리는 중요한 실체를 건드려야 한다. 바로 영혼을 샅샅이 파헤치는 것이다. 세계적으로 유명한 뇌 연구자들과 이야기를 나누며 우리는 인공지능이 과연 의식을 지닐 수 있는지 알아보기로 했다. 인공지능이 기쁨, 슬픔, 괴로움 등의 감정을 그저 보여주는 것이 아닌 실제로 느끼는 것이 가능할까? 인공지능이 스스로 의식을 발달시키는 것이 가능할까? 오늘날 과학자들이 알고 있는 모든 지식에 따라 인간의 영혼이 디지털로 그저 구현되는 것이 아니라 계속해서 살아가는 것이 과연 가능할까?

11장
인공지능과 의식

영혼은 존재하지 않는다

결론부터 먼저 말하자면, 영혼은 존재하지 않는다. 아니, 그것만으로는 충분하지 않다. 우리가 알고 있는 '나'라는 존재 자체가 환상이다.

스코틀랜드에 있는 에든버러 대학교의 철학자 앤디 클락은 '나'라는 존재 안에 오로지 패턴만이 존재하므로, 우리가 쓰는 언어, 우리의 행동 양식 등의 정보와 휴대전화 및 컴퓨터에 남긴 모든 데이터 등의 정보를 충분히 모아 저장하면 '나'를 클론으로 만들 수 있다고 말했다. 이렇게 만들어진 클론은 의식을 발전시킬 수 있으며 당연히 자기 자신이 존재한다는 감각도 느낄 것이라고 클락은 믿어 의심치 않았고[52] 이런 주장을 특히 영미권의 여러 철학자 및 뇌과학자들과 나누었다.

우리의 말과 행동, 생각 등의 패턴을 거대한 데이터 꾸러미로 만들어 스스로 학습하는 기계에 '먹이'로 주면 기계는 우리와 똑같이 행동하고 의사소통하기 시작한다. 이것은 아직까지는 거대한 도전과제이지만 앞으로 기술이 급격하게 진보한다면 가능해질 수 있다. 그렇다면 이런 식으로 우리가 영혼이라 부르는 인간의 존재 자체를 복제할 수 있을까? 만약 어떤 기계가 인간의 언어와 행동을 아주 사소한 부분까지 흉내 낼 수 있고, 어느 날 갑자기 의식까지 갖춰서 실제로 살아가는 존재가 된다면 우리는 그 사실을 눈치 챌 수 있을까? 우리가 눈치 챌 수 있을 만큼 디지털 존재의 말이나 행동에 눈에 띄는 차이점이나 특징이 있을까? 의식을 지닌 기계만이 말할 수 있는 특정한 단어가 있을까? 의식이 있어야만 할 수 있는 특정한 행동이 있을까? 우리 인간은 애초에 의식을 무엇에 쓰고 있을까? 의식이란 집중력과 동의어일까? 아니면 우리가 말하는 의식이란 오로지 자의식을 뜻할까? 우리는 앞으로 이런 질문의 답을 탐구할 것이다. 과연 우리가 언젠가 인간처럼 말하거나 행동할 뿐만 아니라 우리처럼 감정과 소망과 목표를 가진 기계와 불편한 사이가 될 가능성이 얼마나 높은지에 따라 그 답은 달라질 것이다. 그리고 인간이 디지털 공간에서 영원히 살아갈 새로운 인류가 될 가능성이 얼마나 높은지에 따라서도 답은 달라지리라. 수많은 철학자와 뇌과학자가 저마다 다른 의견을 피력한다.

우리는 평소에 '의식적', '무의식적', '정신', '영혼' 같은 말을 자주 사용한다. 그렇다면 우리는 (무의식적으로) 의식이 내놓는 생각에 의존하는 걸까? 오늘날 대부분 철학자는 그렇지 않다고 본다. 이때 의식은 일종의 무대이고 그 무대 위에 특정한 감각적 인상이나 생각이 나타나 우리 내면의 관객들에게 보이고 계속해서 공연된다. 이것은 철학자이자 베스트셀러 작가인 대니얼 데닛이 소개한 의식의 무대, 즉 '데카르트 극장Cartesian Theater'이다.[53] 세계적으로 유명한 철학자인 르네 데카르트의 이름과 그가 남긴 명언인 "나는 생각한다, 고로 나는 존재한다"에서 파생된 개념이다. 데닛은 우리 내면에 관객이 존재한다는 생각을 비판하며• 자신의 이론을 전개했다. 데닛의 이론은 각기 다른 뇌 부위에서 한 가지 자극(입력 값)을 제각기 해석하며 그 해석이 서로 경쟁하는데, 그것들이 중심부에서 비교되지는 않는다. 그러다가 그중 한 해석이 끝까지 관철되어 눈에 띄면 우리가 그 내용을 인식하는 것이다.•• 그렇다면 우리가 각각의 감각적 인상을 개별적인 것이 아니라 특정한 연관성에 따라 한데 묶인 것으로 인식하는 이유는 무엇일까? 그러려면 여러 정보가 한 곳에서 연결되어야 하는 게 아닐까? 의식을 컴퓨터의 사용자 표시 화면이라 비유하는 데닛의 말처럼 나라는 존재 자체가 환상이라면 나는 왜 인생의 매 순간마다 모든 감각과 감정을 느끼는 것이

• 데닛에 따르면 데카르트 극장은 물질(감각적 인상)과 정신(무대에 나타나는 생각을 관람하는 내면의 관객)이 분리되어 있다는 잘못된 이원론을 따른다. 그렇다면 정신과 물질이 만나는 지점이 뇌 속 어딘가에 있어야 하는데 그런 장소는 없다는 것이 데닛의 주장이다.

•• 데닛은 뇌가 받아들인 정보가 뇌 전체에서 동시다발적으로 편집되며 이런 편집 과정이 무한히 계속된다고 보았다. 이를 다중 원고 모형이라고 한다.

나라고 생각하는 걸까?

철학자 토머스 네이글은 인간의 영혼을 컴퓨터 프로그램으로 환원한다는 이론을 말도 안 된다고 생각한다. 그는 의식이 무엇이냐는 질문에 매우 명확하고 간단하게 대답했다. "나로서 존재한다는 건 특정한 방식으로 느껴지는 것이다. 그것이 바로 나의 의식이다. 어떤 존재가 자신이 그 존재로서 존재한다는 것을 특정한 방식으로 느낀다면 그 존재는 의식이 있다."[54] 누군가가 혹은 무엇이 의식을 가졌는지 여부는 오로지 그 존재만이 스스로 답할 수 있는 것이다. 그 존재가 자신의 생각을 남에게 전하는 능력이 있다고 전제하자. 그러면 식물도 의식이 있는가? 어쩌면 장미 또한 자신이 장미라는 사실을 특정한 방식으로 느끼며 덩굴을 뻗어 정원 문을 타고 오르는 형태로 자신이 장미라는 것을 표현하는 게 아닐까? 우리는 꽃병에 꽂힌 꽃을 보며 그 '존재'를 로맨틱하다고 생각하지만, 장미 자신에게는 그것이 서서히 고통스럽게 말라가며 죽음에 가까워지는 시간이 아닐까? 단지 장미는 말을 할 수 없어 자신의 사형 집행에 항의할 수 없을 뿐이다. 우리가 장미의 의식에 관해 아는 것이 무엇이겠는가? 심지어 포유류와 어류에게 의식이 있을 가능성이 매우 높다는 사실조차 서구권에서는 비교적 새로운 접근법이다. 서양인들은 수백 년 동안 인간이 아닌 동물에게 의식이 있으리라고 생각하지 않았다. 반면 아시아의 많은 문화권에서는 식물이나 사물에도 '영혼'이 깃들어 있다는 생각이 당연하다. 누가 혹은 무엇이 영혼 혹은 의식을 갖고 있느냐는 서양인들의 생각은 여태까지 믿었던 것만큼 명백하지 않다.

그렇다면 그저 믿음과 추측이 아닌, 실질적인 증거는 어떻게 찾을 수 있을까? 누군가에게 혹은 무언가에 의식이 있는지 여부를 논리적으로 평가하거나 측정할 도구는 정녕 없는 걸까? 의식의 존재 여부를 밝힐 방법을 고찰한다고 하더라도, 우리는 인간이기 때문에 오로지 인간의 의식과 비슷한 형태의 의식에 관해서만 이야기할 수 있을 것이다. 다른 형태의 의식을 상세히 묘사하지 못할 테니 말이다. 결국 우리는 동물과 식물의 의식에 관해서는 추측밖에 할 수 없다.

어쨌든 기계가 미래의 어느 날 인간과 비슷한 의식을 지니게 될지 계속해서 탐구하려면 우리 인간의 의식이 뛰어난 이유가 무엇인지, 왜 나는 지금 키보드를 두드리고 있으면서도 이 키보드가 고통을 느끼지 못한다고 단정할 수 있는지를 먼저 알아야 한다. 우리는 대개 식물이나 아주 작은 생명체에는 일종의 의식이 있지만 (물론 인간의 의식과 완전히 같지는 않겠지만) 가게에서 사온 물건, 예를 들어 노트북에는 의식이 없다고 생각한다. 그 이유는 무엇일까? 우리가 쓰는 노트북 또한 그 부품을 자세히 살펴보면 결국 땅에서 얻은 광물 등 인간이 대자연에서 끌어 모은 것들로 이루어져 있지 않은가? 한편 우리가 자연의 일부라고 생각하는 식물 중 많은 종이 실험실에서 인공적으로 만들어졌거나 유전자 조작으로 인해 탄생한 것들이 아닌가? 그렇다면 입력기와 운영체제로 구성된 기계가 인간과는 다를지라도 언젠가 의식을 얻을 수 있다고 모두가 생각하게 될 날이 머지않은 걸까? 우리는 언젠가 기계 또한 기쁨, 분노, 고통 등의 감정을 느낄 수 있다고 생각하게 될까?

의식을 측정하다

위스콘신 매디슨 대학교 수면 및 의식 연구소의 이탈리아 출신 신경과학자이자 정신과 의사, 그리고 수면 연구자인 줄리오 토노니가 개발한 의식 측정법은 매우 다양한 분야에서 쓰일 것으로 예상될 정도로 앞날이 유망하다. 그는 각기 다른 감각적 인상이 서로 합쳐지고 하나의 연관성 있는 인식으로 '통합될' 때 의식이 발생한다고 보았다.[55] 예를 들어 사과를 보면 우리는 사과의 색, 크기, 형태, 혹은 사과 껍질의 질감을 제각각 인식하는 것이 아니라 '사과'라는 통합된 물체로 인식한다. 어떤 사람과 이야기를 나누는 동안 우리는 대상의 목소리, 움직이는 입술, 그 사이로 보이는 혀를 따로따로 인식하지 않는다. 그보다는 상대방이 말하는 내용과 방식을 그때 당시의 그 사람의 모습과 연관해 인식한다. 즉, 의식은 우리가 항상 대상을 연관성이 있는 것들과 함께 더 큰 전체에 통합해 인식하도록 돕는다. 이때 연관성은 바로 그 순간에 발생한 사건뿐만 아니라 우리가 이미 그와 비슷한 일을 경험했는지, 그 일에 얼마나 익숙한지, 그것이 어떤 감정과 생각을 불러일으키는지 등을 통해 특정된다.

그렇다면 우리 뇌는 어떻게 우리가 지금 본 것, 들은 것, 맛본 것, 냄새 맡은 것을 과거에 경험한 것, 과거에 느낀 감각, 과거의 생각, 과거의 체험 등과 연결하는 걸까? 어떤 사람이 각성 상태일 때, 수면 중일 때, 혼수상태일 때, 전신마취 상태일 때 뇌에서는 무슨 일이 일어나는지 알아보기 위해 토노니와 동료 연구진은 실험 참가자들의 머리에 전자 코일 모자를 씌웠다. 그리고는 각 자극에 어떤 뇌 부위가 반응하는지를 모니터로 확인했다. 신호를 줘서 자극을 가했을 때 뇌의 각기 다른 부위가 따로 신호를 처리하거나 뇌 전체에서 단조로운 반응이 발생한다면 실험 참가자는 의식이 없을 가능성이 매우 높다. 반대로 여러 다른 뇌 부위가 서로 연결된 것처럼 신경자극을 처리하거나 전기적 활동이 오랜 시간 지속된다면 실험 참가자는 의식이 있는 상태다. 그런데 놀라운 결과가 나타났다. 몸을 움직일 수 없는 식물인간 상태•인 환자들을 대상으로 이 실험을 진행하자, 측정 결과 그들에게 의식이 있을 가능성이 높다는 결과가 도출되었다.[56] 자극이 각기 다른 뇌 부위로 얼마나 넓게 퍼지는지를 보면 그 사람이 완전히 의식이 있는 상태인지 아니면 아주 약간만 의식이 있는 상태인지 알 수 있다. 토노니와 동료들은 지표가 되는 측정값 '파이Phi'를 고안했다. 사람의 파이 수치가 얼마나 높은지에 따라 그 사람에게 어느 정도 의식이 있는지를 알 수 있다. 깊은 잠에 빠졌거나 마취 상태인 사람들의 파이는 0에 가깝다. 연구진은 하루 동안에도 파이가 달라질 수 있고, 인생을 살아가는 동안 파이가, 즉 사람이 지닌 의식의 정도가 바뀐다고 설명했다. 예를 들어 아기일 때는 성인일 때에 비해 의식이 매우 제한적이다. 그리고 나이가 들수록 시각, 청각, 기억력 등이 감퇴하기 때문에 의

• Vegetative state. 각성 상태는 정상이고 자발적으로 눈을 뜰 수 있으며 자가 호흡이 가능한 경우가 많지만 식물인간 상태는 주변의 자극에 대한 반응이 없고 스스로 몸을 움직일 수도 없는 상태다.

식의 정도도 점차 다시 줄어든다.

의식의 정도를 측정하는 방식이 인간에게만 사용되라는 법은 없다. 토노니와 동료들은 같은 방식으로 특정한 동물 종의 인간과 비슷한 의식의 정도가 얼마큼인지 측정했다. 더 나아가서 컴퓨터나 스마트폰, 다른 고성능 기계가 의식을 가질 수 있는지 측정하기에 나섰다.

의식의 과학적 연구 분야의 선구자이며 줄리오 토노니의 의식 이론을 지지하는 저명한 생물물리학자이자 신경생물학자인 크리스토프 코흐는 미국 시애틀에 있는 앨런 뇌과학 연구소의 최고 과학책임자이다. 우리는 때때로 태평양에 있는 한 섬에 머문다는 코흐와 영상통화를 했다. 코흐는 변화와 익스트림 스포츠를 좋아하는 자유로운 영혼의 소유자다. 지난 20년 동안 그의 머리카락 색은 그의 셔츠와 안경테, 그리고 그가 몇 년 전에 팔에 새긴 매킨토시의 예전 로고*만큼이나 다채롭게 변했다. 그는 매킨토시의 로고 모양이 아주 마음에 들어 문신으로까지 새겼다고 한다. 코흐는 뇌과학 분야를 이끄는 연구자로서 다양한 분야의 경계를 넘나들며 신중하게 연구를 진행하는 것이 얼마나 가치 있는 일인지를 증명하는 사람 중 하나다.

코흐와 이야기하다 보면 생각이 귓가를 스쳐 날아가는 기분이다. 이야기가 연신 이리 튀었다가 저리 튀지만 그 목표를 잊어버

● 무지개 색 사과.

리지는 않는다. 생생한 묘사와 비유가 가득한 그의 말은 마치 그림처럼 느껴진다. 코흐가 인간의 의식과 결합된 뇌 부위인 피질을 납작한 피자 도우를 반으로 접어 만든 이탈리아식 만두 피자인 칼조네에 빗대어 설명하는 모습을 보면 그가 교원 임용 시험 면접장에서 창의적인 생각을 펼치는 예비 교사가 아닌 수십 년 전에 노벨생리의학상을 수상한 프랜시스 크릭과 함께 전장Claustrum이라는 작은 뇌 부위를 발견함으로써 과학의 역사 한 페이지를 새로 쓴 위대한 인물이라는 사실을 깜박 잊을 정도다. 전장은 '봉쇄 구역'이라는 뜻의 라틴어에서 유래한 대뇌 핵이다. 코흐는 전장이 '피질이라는 심포니의 지휘자'라고 표현했다. 피질에서 발생하며 의식에 관여하는 모든 활동을 관리하는 것이 전장이다. 코흐와 동료들은 인간의 뇌에 전장이 없다면 의식이 모든 악기가 조화롭게 연주하는 심포니가 아닌 각 악기가 난잡하게 소리를 내는 끔찍한 소음으로 바뀔 것이라고 주장했다. 전장에서 나온 신경 다발이 마치 가시 면류관처럼 피질을 뒤덮고 있다고 코흐는 설명했다. 그는 이런 신경이 매우 아름답고 신기하고 환상적이라며 경탄에 어린 새된 목소리로 말했다. 피질 속에 숨어 있는 이 아주 작은 부위 덕분에 우리가 모든 것을 연관 지어 인식할 수 있는 것일까? 그 부위가 없다면 우리는 이 세상을 여러 감각적 인상이 집중 포화되는 혼란스러운 곳으로 바라보게 될까?

이를 증명하는 것이 전장 연구가 간질 치료에 효과가 있을지를 검증하고자 하는 코흐와 다른 여러 연구진의 목표다. 코흐는 간질 환자들을 대상으로 그들의 전장을 전기적으로 자극하는 실험을 진행했는데, 그 결과 전기 자극이 통하는 시간 동안에는 환자들이 '좀비'처럼 변했다고 설명했다. 전장을 자극하자 그들의 의식이 완전히 무너졌다는 것이다. 그럼에도 좀비처럼 변했다는 설명은 다소 무섭게 들린다. 하지만 코흐는 행렬의 가장 뒤에서 가파른 절벽을 보호 장비 없이 올라가기로 굳게 결심한 산악인 같은 사람이다.

앞으로 얼마나 많은 절벽을 기어올라야 의식의 비밀을 밝힐 수 있을지는 아무도 모른다. 직접 절벽을 오르고 있는 코흐와 동료들조차도 그들이 가는 길이 깨달음의 정상으로 가는 올바른 길인지 알지 못한다. 코흐와 동료들은 쥐를 대상으로 실험한 결과 전장의 '스위치'를 껐다가 다시 켜는 데 성공했다. 이 실험을 통해 전장이라는 뇌 부위 없이는 의식이 발생할 수 없다는 가설을 확인할 수 있었다. 그러니 이들이 어떤 뇌 부위가 우리의 의식을 관장하는지 말할 수 있기까지 그리 먼 길이 남지는 않은 것 같다.

그날이 온다면 의식을 관장하는 뇌 부위와 기능을 본떠 컴퓨터나 로봇에 적용해 기계가 의식을 갖도록 할 수 있지 않을까?

실험실에서 만들어진 영혼

컴퓨터 영혼은 그리 간단하지 않다고 말하며 코흐는 과학자인 자신과 컴퓨터 분야의 수많은 광신도가 다른 점을 보여주었다. 그는 인간의 의식과 컴퓨터의 의식의 차이는 실제 폭우와 컴퓨터가 시뮬레이션으로 만들어낸 폭우의 차이와 같다고 덧붙였다. 컴퓨터도,

시뮬레이션도 모니터로 그 비를 보고 있는 사람을 젖게 만들지 못한다. 컴퓨터 시뮬레이션으로 모든 것을 빨아들일 만큼 강력한 중력을 갖고 있는 블랙홀을 만들었다고 치자. 이 시뮬레이션은 블랙홀의 상세한 특징을 모두 포함하고 있다. 하지만 그 시뮬레이션을 3D로 관람한다고 하더라도 시뮬레이션이 우리를 빨아들일 걱정은 필요 없다. 시뮬레이션과 모델은 그 구조와 기능이 얼마나 세부적이든 '자기 효능감*'이 없다고 코흐는 말했다.

현재 전 세계 수많은 연구소가 천문학적인 비용을 들여 진행하고 있는 실험처럼 뇌를 아주 세부적인 부분까지 스캔한 다음 매우 정교한 모형으로 만든다면 뇌의 기능을 보다 정확하게 규명하는 데 도움이 될 것이다. 다국적 종합 반도체 회사인 인텔은 인간의 뉴런 1억 개를 시뮬레이션 한 '뉴로모픽 칩Neuromorphic chip'을 개발 중이다. 인텔의 개발자들은 인간 뇌의 작동 방식을 다른 재료로 재현하는 데 가까워지고 있다. 한편 맨체스터 대학교에는 인간 뇌의 구조를 모방한 슈퍼컴퓨터가 있다. 이 컴퓨터는 10억 개의 생물학적인 뉴런을 실시간으로 시뮬레이션 할 수 있다(뉴런 10억 개는 인간 뇌에 있는 전체 뉴런의 1퍼센트에 불과하다).

이렇게 인간의 뇌를 모방한 컴퓨터 뇌를 규소로 만들어진 뇌라고 한다. 코흐는 규소 뇌가 의식을 갖게 될 날은 오지 않을 것이

라고 말했다. 그는 하드웨어, 즉 인간의 뇌를 구성하는 신경얼기*가 결정적인 요소라고 덧붙였다. 다만 신경얼기를 실험실 환경에서 기르는 데 성공하고 그것이 뇌 구조 그대로 자라도록 한다면 인공 배양된 뇌에서 의식이 발생하지 않을 이유는 없다.

오스트리아 과학 아카데미 분자 생명 공학 연구소에서 일하는 분자생물학자 위르겐 크노블리히Jürgen Knoblich와 동료 연구진이 바로 이를 연구하고 있다. 이들은 인간의 줄기세포에서부터 이른바 '뇌 오가노이드Brain organoid', 즉 인간의 뇌와 똑같은 '미니 뇌'를 배양 중이다. 크노블리히는 뇌 오가노이드를 2주 정도만 배양하면 대뇌 피질, 망막, 뇌막 등의 뇌 부위가 생겨난다고 설명했다.

연구진이 몇 년 전에 뇌를 배양하는 실험 방식을 개발한 이후 인간의 미니 뇌를 만들기 위한 경쟁이 치열해졌다. 코흐는 우리에게 샌프란시스코에 있는 어떤 기업의 실험실에만 해도 뇌 오가노이드가 100만 개가량 있다고 귀띔했다. 이런 연구의 대부분은 공식적으로 미래의 신경학적 질병을 치료할 가능성을 높이는 것이 목표다. 그러나 사실 유럽연합 집행위원회가 유럽의 '휴먼 브레인 프로젝트'에 쏟아 붓는, 그리고 백악관이 미국의 '브레인 이니셔티브'에 쏟아 붓는 어마어마한 돈과 그 연구 자체는 물론이고, 미국의 과학자들과 비밀 정보기관 사이의 긴밀한 협력을 쉬쉬하는 분위기는 인간의 미니 뇌를 개발하는 것이 인공지능을 발전시키는 데 어떤

---

* 신경총이라고도 한다. 신경섬유가 서로 얽혀 그물처럼 이루어진 것을 말한다.

가치를 지니고 있는지를 짐작케 한다. 결국 의료 목적 연구인 것만은 아닌 셈이다. 코흐는 우리와 대화하던 중 뜬금없이, 그러면서도 아주 솔직하게 "이로 인해 영혼 2.0이 나타날 겁니다"라고 말했다. "클라우드가 아니라 인간의 뇌와 똑같이 만든 모조품에서 말이죠."

그렇다면 뇌에서 일어나는 물리적인 사건들, 이를테면 전기장, 뇌파, 신경 자극 등은 어떻게 완전히 '비물리적인' 기쁨, 슬픔, 분노 등을 불러일으키는 걸까?

이것은 아직까지도 그리고 앞으로도 수수께끼일 것이다. 영국의 생물학자인 토머스 헨리 헉슬리는 이미 1869년에 "신경조직을 자극한 결과로 의식 상태 같은 중요한 것이 나타나는 이유는 알라딘이 램프를 문질렀을 때 지니가 나타나는 것만큼이나 불가해한 것이다"라고 말한 바 있다.[57] 이는 오늘날까지도 마찬가지다. 결국 요점은 우리 인간이 궁극적으로 뇌가 정확히 어떻게 작동하는지 반드시 전부 이해할 필요는 없으며, 그럼에도 오스트리아 과학 아카데미나 하버드 대학교를 비롯해 수많은 실험실의 연구진들이 인간의 줄기세포에서 뇌를 배양할 수 있으리라는 것이다. 우리에게 뇌는 항상 블랙박스 같은 존재일 것이며 우리의 호기심 또한 충족되지 않은 상태로 남을 것이다. 그러나 우리의 생각과 행동뿐만 아니라 우리가 어떻게 인식하고 감각하는지까지 모방하는 기계가 의식까지 갖게 된다면 그 앞을 가로막을 것은 없다.

우리는 우리의 꿈이다

우리 뇌는 뚜렷한 동기가 없는데도 쉴 새 없이 생각하며 백일몽을 꾸고 예전 기억을 헤집는다. 2001년에 뇌과학자들이 편안하게 쉬고 있을 때에 비해 완전히 집중하고 있을 때 덜 활발해지는 뇌 부위가 있다는 사실을 증명했다. 특정한 과제를 수행하지 않을 때 우리는 생각이 꼬리에 꼬리를 무는 일을 경험한다. 우리가 잠을 잘 때 꾸는 꿈과 비슷하게 백일몽 또한 대개 어떤 감정을 불러일으켰던 예전 경험과 연관이 있다. 우리 정신은 과거의 시간으로, 멀리 떨어진 장소로, 혹은 상상 가능한 미래로 여행을 떠난다. 요크 대학교의 심리학자 조너선 스몰우드Jonathan Smallwood는 "백일몽을 꾸는 상태일 때 우리는 자아를 주변 환경에 맞춰 조율하고 우리 뇌는 발생할 수 있는 모든 일을 시뮬레이션 한다"고 설명했다. 우리는 과거의 일이 어떻게 달리 진행될 수 있었는지, 내가 어떤 실수를 저질렀는지, 주변 사람들이 어떤 감정을 느꼈을지 곰곰이 생각한다. 과거에 발생한 일들을 곱씹어 이를 바탕으로 미래를 구상한다. 이런 사고 활동에 관여하는 뇌의 신경 체계를 신경과학자들은 '디폴트 모드 네트워크Default Mode Network, DMN•'라고 한다. 우리는 밤에 잠을 자며 꿈을 꿀 때 그 시점에 중요하게 여기는 여러 가지 사건 사이

• 휴지 상태 네트워크, 혹은 불이행방식망이라고도 한다. 아무런 인지 활동을 하지 않고 멍한 상태이거나 몽상에 빠져 있을 때 활발해지는 뇌의 영역으로, 이른바 '멍을 때릴 때' 활동하는 뇌 부위다.

11장 인공지능과 의식

를 유랑하고 우리를 자극하는 것들을 경험하고 새로운 기억과 오래된 기억을 서로 연결하고 하루 동안 겪은 감각과 인상을 평가하고 낮에는 거의 의식하지 못했던 감정을 다시 발견하고 경험과 감각을 정렬하고 부담스러운 생각의 짐에서 벗어나고 중요한 것들을 다시 상기한다. 나중에 다시 돌이키면 꿈의 내용은 매우 비현실적인데, 그 이유는 우리가 렘수면 중에 전혀 상관이 없던 정보들을 하나로 묶고 관점의 변화를 경험하고 오래 전 경험한 일을 새로운 것과 비교하기 때문이다. 그래서 매일 밤마다 우리의 인격은 새로 만들어진다.[58] 꿈에서는 우리가 그것을 인식했었는지조차 기억나지 않는 것들이 나타난다. 또 무의식적으로 인식했던 것들이 우리가 잠자는 사이에 확고한 기억으로 자리 잡으면서 다음날 경험하게 될 일에 영향을 끼치기도 한다. 심리학자들은 우리가 직접 경험한 것처럼 느껴지는 일들이 사실은 선입견, 소망, 분노 등의 영향을 받은 것일 경우가 많다고 말한다.

우리는 자신이 주의력이 깊은 사람이라고 생각하는데 사실 그렇게나 많은 일을 의식하지 못한 채 겪고 있었다니 어찌 된 일일까? 우리는 자기의 경험조차 착각하고 있는 걸까? 우리는 하루 중 대부분을 몽유하는 상태로 보내는 걸까? 시속 180킬로미터로 고속도로를 질주하며 조수석에 앉은 사람과 뜨거운 논쟁을 벌이면서도 우리는 만약 앞차가 브레이크를 밟는다면 적절한 타이밍에 브레이크를 밟고 필요한 경우 왼쪽이나 오른쪽으로 차선을 변경하고 음악이 나오는 라디오 채널을 고른다. 이 모든 일을 무의식적으로 행하면서도 언젠가 목적지에 도착하리라는 것을 당연하게 여긴다. 우리는 정말로 의식이 없는 상태로 자동차를 운전하는 걸까? 그렇지 않다. 그렇다면 주의력이 없는 상태로 운전하는 걸까? 그런 와중에도 우리는 어떻게 안전하게 목적지에 도착할 수 있을까? '의식'이 주의력의 또 다른 표현일 뿐이라는 일부 철학자들의 주장은 잘못된 것으로 보인다. 만약 그렇다면 우리는 하루 중 몇 번이고 주의력을 잃을 때마다 의식을 잃는 셈이니 말이다. 그러니 의식과 주의력이 동의어일 리 없다.

그럼에도 의식과 주의력은 서로 연관이 있어 보인다. 어떤 철학자들은 주의력을 의식이라는 무대에서 각각의 장면을 비추는 스포트라이트라고 생각한다. 또 다른 철학자들은 주의력이란 의식 속에서 어떤 감각적 인상을 만들어낼지를 결정하는 문지기라고 생각한다. 우리가 특정한 일에 주의를 기울이려고 하면 할수록 주의력은 우리 주변에서 발생하는 다른 일로 방향을 돌린다. 또 때로는 한가지에만 집중하다가 나머지를 보지 못하는 경우도 있다. 이는 미국의 심리학자인 대니얼 사이먼스와 크리스토퍼 차브리스가 진행한 유명한 실험으로 증명된 바 있다. 두 사람은 1999년에 실험 참가자들을 대상으로 특별한 실험을 진행했는데, 일반인들도 인터넷에서 직접 실험에 참가할 수 있다(만약 직접 해 볼 생각이라면 '스포일러'를 피해 다음 몇 줄을 읽지 않기를 권한다).[59] 두 사람이 실험 참가자들에게 보여준 동영상에는 서로 농구공을 주고받는 사람들이 등장한다. 영상 속에는 두 팀이 보인다. 한 팀은 하얀 티셔츠를, 다른 팀은 검은 티셔츠를 입었다. 사이먼스와 차브리스는 실험 참가자들에게 흰 옷을 입은 팀원들이 서로 패스하는 횟수를 세라고 말했다. 그

11장 인공지능과 의식

런데 갑자기 영상 속에 고릴라로 분장한 사람이 나타나 고릴라처럼 가슴을 두드리더니 다시 화면 밖으로 사라진다. 놀랍게도 농구 팀이 서로 공을 패스하는 횟수를 세는 데 집중하고 있던 사람들은 대부분 이 고릴라의 존재를 알아채지 못했다. 그런데 패스 횟수를 세는 과제를 수행하지 않으면서 두 번째로 영상을 보면, 고릴라 분장을 한 사람이 얼마나 잘 보이는지를 깨닫고 놀라고 만다. 즉, 주의력은 한편으로는 우리가 어떤 정보를 받아들일지 결정하며, 완전히 '켜지거나 꺼지는' 경우는 드물고 오히려 단계적으로 존재한다. 우리가 무엇을 인식하느냐는 동시에 발생하는 각기 다른 사건에 주의력이 어떻게 '분배되느냐'에 따라 결정된다.

이에 따라 우리가 인생의 대부분을 의식이 없는 채로 보낸다고 결론지어도 될까? 우리는 의식 없이 이 세상에서 방황하며 심지어는 자기가 얼마나 멍하게 살고 있는지도 모르는 걸까? 보이지 않는 고릴라 실험은 우리가 완전히 집중하고 있다고 착각하지만 사실은 많은 것을 놓치고 있음을 드러낸 게 아닐까? 우리는 여러 사건에 주의력을 분산하느라 주변에서 일어나는 각 사건에 그리 주의를 기울이지 못하는 걸까? 당연한 이야기지만 깊은 잠에 빠졌거나 전신 마취된 사람에게는 의식이 없다. 완전히 주의를 기울이는 상태와 무의식 상태 사이에는 수많은 단계가 존재한다.

어떤 일을 의식적으로 경험하고서도 그 일에 관해 아무 것도 모를 수 있을까? 당연하다! 그렇기 때문에 시속 180킬로미터로 고속도로를 질주하면서도 동승자와 진지한 이야기를 나눌 수 있고 동시에 차선을 바꿀 수 있고 상황에 따라 브레이크나 액셀을 밟을 수 있는 것이다.

그렇다면 우리는 왜 이런 경험을 무의식적인 것이 아닌 의식적인 것이라 칭할까? 그 이유는 그런 사건들이 이 세상에 대한, 혹은 자기 자신에 대한 나의 의식을 결정하기 때문이다. 우리는 전혀 의식하지 못한 채로도 많은 행동을 한다. 그러한 수많은 경험이 우리의 의식으로 들어가는 입구를 찾고, 우리가 모르는 사이에 우리의 의식을 결정한다. 심리학자인 조지 스펄링George Sperling은 1960년대에 실험 참가자들에게 겨우 50밀리초 동안 4개씩 3줄로 놓인 알파벳 12개를 보여주고 그중 몇 개나 기억하고 있는지 묻는 실험을 했다. 스펄링은 모든 실험 참가자가 알파벳을 전부 보았을 것이라고 가정했다. 그런데 실제 실험 결과, 참가자들은 알파벳 12개 중 절반도 채 기억하지 못했다. 그 다음 실험에서 스펄링은 모든 알파벳이 아니라 특정한 줄에 있는 알파벳을 기억하는지 물었다. 알파벳을 먼저 보여준 다음, 각 알파벳 줄에 해당하는 높은 음, 중간 음, 낮은 음을 들려주고 그 줄의 알파벳을 기억하는지 물은 것이다. 그런데 놀랍게도, 자신이 어떤 줄의 알파벳을 답해야 하는지 몰랐던 실험 참가자들이 두 번째 실험에서는 특정한 줄의 알파벳을 완벽하게 기억하고 있었다. 아마 잠깐 제시된 알파벳 12개가 지각 표상•으로서 실험 참가자들의 머릿속에 남아 있었던 모양이다. 실험 참가자들은 높은, 중간의, 혹은 낮은 음을 듣는 순간 머릿속에

• 감각 기관으로 들어온 정보가 지각된 결과로 머릿속에 남는 것을 말한다.

남아 있던 지각 표상으로 주의력을 집중해 자신이 답해야 하는 줄의 알파벳을 '보고 읽은' 것이다. 스펄링이 이 실험에서 관찰한 결과는 이후 수많은 비슷한 실험에서도 증명되었다.[60] 철학자 네드 블록Ned Block은 이런 여러 연구 결과를 들며 의식에는 우리가 상세하게 다시 출력할 수 있는 정보보다 더 많은 정보가 들어온다고 결론지었다. 우리는 우리가 무엇을 경험하는지 모른다. 무엇이 우리의 기억에 들어와 저장되는지 모른다. 나는 누구인가? 우리 중 그 누구도 '나'가 누군지 자신 있게 답할 수 없을 것이다. 그럼에도 우리는 대부분의 시간 동안 자기 자신이 누군지 정확히 안다는 감각을 느끼며 산다.

자기 자신을 관찰할 때, 우리 인간은 그토록 자기 자신을 속이며 자신의 정체성이 흐트러지지 않았다고 거짓말을 하고 소망과 바람, 분노에 현혹된 것처럼 보이는데, 우리는 도대체 어떻게 그 모든 순간을 경험하는 동안 내가 나라는 것이 무슨 뜻인지를 알고 있었다고 말할 수 있을까? 이런 착각 속에서 인간의 영혼을 탐구할 열쇠를 찾을 수 있을까?

12장
진정한 나

테세우스의 배

지금까지 우리는 디지털 클론과 디지털 복제인간, 디지털 모조품과 모방, 재현, 복제품, 디지털 도플갱어에 대해 다루었다. 그렇다면 원본, 즉 오리지널은 복제품과 어떻게 다른가? 오리지널을 오리지널로 존재하게 하는 요소는 무엇인가?

이번 장에서는 두 여인이 불길에 휩싸일 것이다. 진짜 여성에게 해를 끼치는 내용은 아니니 안심하시라. 불에 타는 여성 중 하나는 '우리들의 귀부인'이라 불린 성당이고, 다른 하나는 초상화 속 여성의 옷이다. 이 두 가지 예시를 두고 우리는 '진짜', '진정한 것'이란 무엇인지 설명할 것이다. 두 이야기는 후기 현대 사회의 우리들에게 '진정한 자신'이란 무엇인지에 관한 답을 알려준다.

2019년 4월 프랑스 파리의 노트르담 대성당이 불탔다. 세계적으로 잘 알려진 건축물 중 하나이자 파리의 상징이며 세계문화유산이고 전 세계 관광객들의 명소인 곳이다. 화재로 인해 지붕이 완전히 무너졌으며 1300여 개의 나무 들보가 소실됐고 연판 지붕이 녹아내렸으며 시계탑의 시계가 망가졌다. 소방대원들은 몇 시간이나 거대한 불길과 사투를 벌였다. 전 세계의 사람들이, 특히 지난 몇 년 동안 성당 내부를 관람하지 못한 사람들이 대성당을 걱정했다. 이런 우려를 보면 노트르담 대성당은 '우리들의' 대성당이었던 것 같다. 골조까지 전부 불타 성당이 완전히 무너져버릴지도 모른다는 우려가 가득한 시간이 꽤 지나고서야 조금씩 희망의 빛이 보였다. 노트르담 대성당이 재건축될 수 있다는 희망이다. 물론 여러 해가 걸리겠지만 결국 노트르담 대성당은 다시 오래 전의 모습을 (대부분) 되찾을 것이다. 성당은 불타기 전 모습 그대로 복원되어야만 하는 걸까? 복원된 성당은 거대한 가짜가 아닐까? 화재 이후 공개적인 논쟁이 뜨겁게 불탔고(죄송) 그 열기는 논쟁의 중점이 원래의 성당이 아니라는 사실을 보여주었다. 논쟁은 빈자리를 그대로 두는 것, 소위 진정한 추억을 둘러싼 것이었지만 이 책에서 지금 다룰 내용은 아니니 넘어가도록 하자.

그중 한 가지 쟁점이 우리의 관심을 사로잡았다. 그것은 우리가 극장 프로젝트를 함께 진행한 프랑스 출신 감독인 코시마 테라스Cosima Terrasse가 주목한 내용이었다. 코시마는 파리에서 자랐으며 노트르담 대성당 앞을 수도 없이 많이 지나다녔다. 말하자면 노트르담 대성당은 그의 '귀부인'이었다. 코시마의 삶의 한편에는 대부분 그 건축물이 있었다. 대성당이 불타면서 코시마 또한 큰 충격을 받았고 슬픔에 빠지기는 했지만 대성당이 이제 불타기 전의 '진짜' '진정한' 대성당으로는 절대 다시 돌아가지 못하리라 실망하는 사람들에게 공감하지 못했다. 왜냐하면 전 세계 사람들이 알고 있던 노트르담 대성당 중 일부는 아주 오래된 자재로 이루어진 건축물이었지만 동시에 다른 일부는 새로운, 리모델링된, 교체된 자재로 이루어진 건축물이었기 때문이다. 즉, 특정한 '오리지널' 형태가 없다. 예를 들어 프랑스 혁명 시기에 노트르담 대성당은 처참한 모습으로 훼손되고 와인 저장고로 사용되면서 흰색으로 도색되기도 했다. 노트르담 대성당은 오랜 시간 동안 아무도 관심을 갖지 않는 무너진 폐허보다도 못한 존재였다. 대문호 빅토르 위고가 《노트르담 드 파리》라는 노트르담의 종지기 이야기를 쓴 다음에야 많은 사람이 노트르담 대성당의 의미를 되새겼고 성당은 소설을 기반으로 재건축되기도 했다. 다시 말해 많은 사람이 원래 모습이라고 생각했던 것 중 대부분이 사실은 대문호의 상상력을 바탕으로 만들어진 이미지를 본뜬 것이다. 전 세계가 뉴스를 통해 목격한 불타는 노트르담 대성당의 모습은 오리지널이 아니라 디즈니 애니메이션이나 앤서니 퀸이 출연한 영화에 나온 모습에 더 가깝다.

전 세계 수백만 명이 품고 있는 노트르담 대성당의 이미지는 진짜가 아닌 걸까? 그 많은 사람이 자신들이 품은 이미지가 '진정한 것'이라고 느끼는 건 잘못된 일일까? 노트르담 대성당을 '원래 모습과 일치하게' 다시 지었으면 좋겠다는 바람은 너무 어리석은 걸까? 이에 대한 답은 우리가 자기 자신을, 진정한 나를 생각하는 방식에도 의문을 제기한다. 우선 지금은 '진정한 나'란 무슨 뜻인지 답을 내놓기 전에 조금만 더 기다리도록 하자.

노트르담 대성당 재건축과 관련된 논쟁을 접하고서 철학 분야의 유명한 사고실험이 떠올랐다. 바로 '테세우스의 배'다. 이 역설의 쟁점은 자신을 구성하는 것들을 바꾸어도 우리는 자기 자신으로 남을 수 있는가이다. 테세우스의 배 역설을 처음 언급한 인물은 고대 로마의 그리스인 철학자인 플루타르코스다. 테세우스는 그리스 신화의 유명한 영웅이다. 아테네의 왕위를 물려받은 최고 영웅 테세우스는 배를 타고 바다로 나가 여러 괴물을 물리쳤고 몇 차례 폭풍 속에서도 배를 조종했다. 전설에 따르면 테세우스는 한 손으로 크레타 섬의 괴물인 미노타우로스를 물리쳤다고 한다.

어느 날 테세우스가 전투를 마치고 아테네로 돌아오자 수많은 아테네 시민이 그를 축하했다. 사람들은 테세우스에게 경의를 표하고 그의 영웅적 행위를 기리기 위해 그의 배를 아테네의 항구에 두기로 했다. 사람들은 그 배를 타고 매년 테세우스가 갔던 경로를 따라 순회했다. 그렇게 수백 년이 지나는 동안 배는 당연이 여러 차례 수리와 재건을 거쳤다. 배의 일부분이 부서지면 사람들은 같은 재료로 그 부위를 고쳤다. 그러다가 배의 모든 부분이 새로운 부품으로 교체되었고, 원래 배의 부품은 테세우스가 밟았던 갑판의 나무판자 하나도 남지 않게 되었다.

그렇다면 의문이 생긴다. 지금 아테네의 항구에 있는 그 배는 테세우스의 배라고 할 수 있을까? 이 질문에 답하려면 테세우스의 배를 테세우스의 배로 존재하게 하는 것이 무엇인지를 먼저 따져야 한다. 그 배의 정체성을 구성하는 요소는 무엇인가?

잠시 인간을 살펴보자. 우리 또한 계속해서 변한다. 나이가 들면서 특정한 경험, 인상적인 경험 등을 통해 성격이 바뀔 뿐만 아니라 신체도 변한다. 평균적으로 7년마다 한 번씩 우리 몸의 모든 세포가 완전히 교체된다. 외모 또한 완전히 바뀐다. 흰머리가 나기 시작하고 피부에는 주름이 패이며 몸무게가 점점 늘어난다. 신체와 성격이 모두 계속해서 변한다면 진정한 나는 대체 누구냐는 질문에 대답하기가 쉽지 않을 것이다. 우리 뇌가 성인이 된 이후에도 계속해서 변한다는 사실 또한 연구로 증명된 지 오래다. 과학자들은 이를 '신경가소성Neuroplasticity'이라고 부른다. 취리히 대학교의 루츠 옌케Lutz Jäncke와 연구진은 1995년에 똑같은 조건 아래 성장한 일란성 쌍둥이의 뇌가 확연히 다르다는 사실을 증명했다. 일란성 쌍둥이는 유전자가 똑같다. 게다가 연구에 참여한 쌍둥이들은 동일한 유년 시절을 보냈다. 그럼에도 그들의 뇌가 시간이 지나면서 구조적으로 완전히 다르게 발달한 것이다.[61] 약 1000억 개의 신경세포가 성인이 된 이후에도 계속해서 변한다. 2000년에 한 연구진이 경력이 수십 년 이상인 런던의 택시 운전사들을 대상으로 조사한 결과, 이들은 공간 기억을 담당하는 뇌 부위인 해마의 뒷부분이 커져 있었다.[62] 아마 오늘날 그들의 해마는 구글 지도 때문에 다시 줄어들었을 것이다. 한편 전문 음악가나 스포츠 선수들의 뇌에서도 눈에 띄는 구조적 변화를 관찰할 수 있다.

우리처럼 평범하게 살다가 평범하게 죽는 사람들의 뇌 또한 밥 딜런이나 세리나 윌리엄스의 뇌에서 발생하는 것만큼 굉장하지는 않더라도 변화를 겪는다. 뉴런을 잘 묘사하는 말이 있다. 바로 "함께 점화되는 뉴런은 한데 연결된다(Neurons that fire together, wire together)"[63]라는 말이다. 두 뉴런 혹은 특정한 뉴런 그룹이 함께 '점화되면'• 이들 사이의 시냅스 연결은 점점 더 강력해진다. 과학자들이 뇌 일부분의 기능이 멈춘 뇌졸중 환자들에게서 관찰한 바에 따르면 심각한 손상을 입은 뇌 부위가 담당하고 있던 일을 주변에 있는 뇌 부위가 대신 넘겨받아 행한다. 어떤 사람이 사고로 인해 오른쪽 팔에 깁스를 하면 평균적으로 2주 가량 왼쪽 팔의 움직임을 담당하는 뇌 부위가 활발해질 필요가 있다.[64] 우리 뇌는 주변 상황과 필요에 따라 계속해서 변한다.

우리 뇌가 계속해서 변한다는 건 우리의 성격 또한 끊임없이 변한다는 뜻일까? 그렇다! 베를린 훔볼트 대학교의 심리학자 율레 슈페히트Jule Specht는 사람의 성격이 서른 이후에는 완전히 굳어져서 결코 변하지 않는다는 선입견에 반론을 제기했다. 슈페히트에 따르면 여러 연구 결과 사람들이 주변 환경, 무엇보다도 직업에 영향을 받으며 이로 인해 성격이 근본적으로 변할 수 있다. 슈페히트는 실험 참가자들에게 10년 후에 지금과 같은 성격을 유지할 수 있을 것 같냐고 물었다. 참가자들은 모두 자신이 변하지 않을 것이라고 장담했지만 현실은 전혀 달랐다.[65] 미국 미시간에 있는 그랜드 밸리 주립대학교의 심리학자인 마이클 울프Michael Wolfe와 토드 윌

• 함께 활성화된다는 뜻이다.

리엄스Todd Williams는 '신뢰 변화 맹시Belief change blindness'라는 주제를 연구했고, 실험 결과 사람들이 왜 자신의 의견, 관점, 세상에 대한 태도, 성격 등이 수시로 변화함에도 이를 알아차리지 못하는지 밝혔다. 우리는 계속해서 확신을 버리고 그것을 새로운 것으로 대체한 다음, 우리가 달리 생각했었다는 사실 자체를 잊어버린다. 왜 그런 걸까?

울프와 윌리엄스에 따르면 그건 일종의 내면의 자기 보존 욕구 때문이다. 자기 보존 욕구 때문에 우리는 자신의 변덕스러움을 눈치 채지 못한다. 아마도 우리는 모두 성인으로서 한결같고 모순점 없이 일관성 있는 자아를 유지해야 한다고 강력하게 길들여져 있어 자의식에도 항상성을 유지하려는 모양이다. 당연한 말이지만 우리가 자신에게, 그리고 남들에게 태도 변화, 의견 변화, 관점과 행동 변화, 짧게 말해 성격 변화를 솔직하게 드러낼 수 있는지여부는 주변인들에게 달렸다. 사회가 개방적일수록, 그리고 태도와 관점의 변화가 환영받을수록 각 개인 또한 자신의 변화를 당당하게 드러낼 수 있다. 하지만 현재 우리 사회에서는 '갈대처럼' 의견을 바꾸거나 '다른 사람을 따라' 태도를 바꾸면 변덕스럽고 일관적이지 않으며 줏대가 없는 사람이라는 평가를 받는다. 특히 정치인은 태도에 변화가 생길 때마다 자기 주관이 없는 약한 인물이라는 평가를 받는데, 그래서인지 정치인들은 성향이 바뀌어 원래와 다른 주장을 하더라도 자신이 '180도 변했다'는 사실을 완고하게 부정한다. 울프와 윌리엄스는 팟캐스트 '당신은 그다지 똑똑하지 않다You are not so smart'[66]에서 성격이 변한 본인조차도 자신의 의견과 태도

　　　　　　　　　　　　　　　　　12장 진정한 나

가 얼마나 명확하게 바뀌었는지를 꼭 집어 말할 수 없다고 설명했다. 지구가 편평한 원반 모양이라는 이론을 믿는 사람은 위성이 찍은 둥근 지구의 사진을 보면 그 사진이 가짜이며 자신이 믿는 '편평한 지구'가 옳다고 계속해서 주장하거나, 혹은 생각을 바꿀 수 있다. 그런데 그가 생각을 바꾸었다고 해서 자신이 예전에는 틀렸었다고 시인할 필요는 없다. 그는 예전에 지구에 대해 잘못 생각했었다는 사실을 부인하면서도 이제는 지구가 둥글다는 믿음을 갖고 살아갈 수 있다. 아마도 우리는 의식에 어떤 흔들림이 발생하더라도 넘어가지 않도록 강건하고 단호한 근본적인 신념을 지키고 있다고 깜박 속고 있는지도 모른다. 때때로 우리가 원래 갖고 있던 신념이나 가치관과 완전히 모순되는 것을 믿기까지 그리 오랜 시간이 걸리지 않기도 한다. 예를 들어 한 레스토랑 주방에서 인종차별주의자가 난민 출신 외국인 노동자와 함께 일하고 있다고 치자. 혐오로 가득한 극우 인종차별주의자가 외국인 노동자의 유머 감각을 재미있다고 생각하게 되고, 곧 그와 함께 담배를 피우며 쉬는 시간을 보내는 것을 좋아하게 되고, 곧이어 그와 휴일을 함께 보내게 되면 이 인종차별주의자는 자신이 인종차별주의자였다는 사실을 '잊어버리고' 심지어는 이민자들을 진심으로 혐오했던 적이 단 한 번도 없다고 생각하게 된다(우리는 이처럼 사람의 생각이 변할 수 있다고 믿는다. 하지만 내일 아침에도 그 생각이 변함없을지는 기다려보도록 하자).

인터넷의 시대에는 모든 사람이 오래 전부터 믿고 있던 신념과 과거를 반성하는 말들을 아주 상세한 부분까지 영원히 남길 수 있는데, 그러면 과거 자신의 흔적을 지우기가 점점 더 어려워진다.

소셜 네트워크의 타임라인은 일기장보다 훨씬 광범위하게 내 소식, 취향, 세상을 보는 시각 등을 타인에게 알린다. 그런데 일기장에 일기를 쓸 때는 글이 내 생각에서 점점 벗어났을 때 줄을 그어 지우고 다른 내용을 써도 아무 문제가 없지만 페이스북은 다르다. 페이스북은 우리가 그 순간 떠오른 생각과 감정을 곧바로 올리도록 만들고, 그 내용은 곧바로 수백, 수천 명의 타인에게 전달되며 공개적으로 평가와 댓글, 반박을 받는다. 이런 메커니즘 때문에 변덕스러운 사람이라는 비방을 듣기 싫은 우리는 격앙된 상태에서 깊이 고찰하지 않고 마구잡이로 올렸던 글과 비슷한 논조를 계속 유지하며 자신의 성격을 표현할 수밖에 없다. 소셜 미디어 포스팅이 점차 우리의 성격을 형성하는 것이다.

시간이 지남에 따라 외모가 변하듯이 우리의 사고방식 또한 변하지만, 그럼에도 나는 나이며 예전의 나와 똑같은 사람이다. 나는 오리지널이다. 우리에게 정체성을 부여하는 것은 무엇인가? 이것은 인간의 디지털 클론을 만들려는 모든 사람에게 결정적인 의문이 아닐까? 만약 인간이 계속해서 자기 자신을 능가하는 수준으로 발전한다면 누구를 클론으로 만들어야 하는가? 어느 날 디지털 클론이 더 이상 새로운 정보를 받아들이지 못하고 인간의 구식 버전으로만 남게 되는 순간이 오지 않을까?

다시 테세우스의 배로 돌아가자. 다행히 배의 갑판을 구성하는 나무판자는 인간의 다양성에 비하면 이해하기 쉽다. 전부 하나씩 새로운 것으로 교체된 원래 배의 부품이 사라지지 않고 계속 남는다면 어떨까? 그래서 테세우스의 배에서 떼어 낸 부품으로 완전히 똑같은 배를 다시 건조해 아테네의 항구에 배 두 척을 띄운다면? 진짜 테세우스의 배는 새로운 부품으로 교체되어 원래의 부품은 단 한 개도 포함하지 않은 배일까, 아니면 오래되고 고장 난 부품으로 만들어졌지만 그럼에도 여전히 배인 두 번째 선박일까? 이 두 번째 배는 항해는 불가능하지만 '오리지널'의 부품을 모두 갖고 있다. 반면 모두 새 부품으로 교체된 배는 앞으로도 전설과 같은 폭풍우와 파도에 맞서 바다를 누빌 것이다. 이 두 척의 배 중 진짜 테세우스의 배는 무엇인가? 둘 다인가? 아니면 둘 중 어떤 것도 아닌가? 어느 쪽이 '진짜' 배인가? 정체성을 확정할 때 더 중요한 것은 기능인가 아니면 구성 물질인가? 이 질문에는 원칙적으로 네 가지 답변 가능성이 있다. 첫째, 새로운 나무판자로 만들어진 배가 '진짜' 배다. 이유는? 고장 나서 움직이지 못하는 배는 배가 아니라 폐선박이기 때문이다. 테세우스가 타고 영웅적인 신화를 만들어낸 배의 고유한 특징은 기능성이었다. 기능성이 없다면 그 배는 더 이상 테세우스의 배가 아니다. 둘째, 원래의 나무판자로 만들어진 배가 '진짜' 배다. 이유는? 테세우스가 직접 발로 밟고 폭풍우에 맞선 나무판자로 만들어진 배이기 때문이다. 낡은 나무판자는 테세우스가 거친 모험을 할 때 '함께' 있었기 때문에 매우 중요한 요소다. 원래의 구성요소가 다른 것으로 바뀌는 순간 그 배는 더 이상 테세우스의 배가 아니다. 셋째, 두 배 모두 테세우스의 배가 아니다. 이유는? 테세우스가 그 배에서 내린 순간 그 배는 테세우스의 배로서의 기능을 상실했기 때문이다. 테세우스가 자신의 영웅적인 모험을 끝마치고 난 다음 다른 목적으로 사용된(예를 들어 관광객 유치) 배는 예전의 나무판자를 그대로 갖고 있든 아니면 새 나무판자로 교체됐든 테세우스의 배가 아니다. 넷째, 둘 다 '진짜' 테세우스의 배라고 불릴 권리가 있다. 이유는? 두 배 모두 (시간적인 차이는 있지만) 테세우스의 배라는 기능을 충족했기 때문이다.

물론 모순이 완벽하게 해소되지는 않는다. 앞서 언급한 네 가지 가능성 모두 타당한 근거가 있기 때문이다. 그중 무엇에 가장 설득되느냐는 배의 종류를 따지는 것보다는 인간의 진정성을 보는 시각에 달려 있다. 우리가 보는 인간의 진정성이란 결국 영혼이다. 인간 또한 계속해서 변화한다는 사실은 모두가 알고 있다. 심각한 질병, 트라우마, 다른 결정적인 사건으로 인해 우리의 성격은 극단적으로 변할 수 있다. 사람들은 대개 예전에 깊이 사랑하던 사람이 극단적으로 바뀐다면 그 사람을 다시 알아보지 못할 것이라고 말한다. 그렇다면 변화하기 전의 근본적인 모습만이 진짜 사람인가? 아니면 변화 후에 나타난 사람 또한 '오리지널'로 봐야 할까?

독일의 철학자 발터 벤야민은 유명한 저작인 《기술복제시대의 예술작품》에서 사진과 영화가 임의의 그림을 계속해서 적은 비용으로 재생산한다면 그 그림에 대한 인식이 어떻게 바뀌는지 분석했다. 그의 논제는 이렇다. 모든 예술작품은 '아우라Aura'를 지니고 있는데, 아우라란 원본에 범접할 수 없는 성질과 참됨과 유일성을 부여하는 것이다. 사진과 영화를 통해 어떤 예술작품이 계속해서 복제된다면 복제품은 '아우라'를 잃을 것이라고 벤야민은 1935년에 말했다. 기술적으로 복제된 것이 대개 원본보다 많은 것을 제시하기 때문이다. "사진은 시점을 조절할 수 있으며 임의로 선택 가능한 렌즈를 통해 사람의 눈으로는 볼 수 없는 원작의 부분을 강조하거나 확대하고, 고속 촬영으로 원작의 자연스러운 광학을 완전히 빼앗아버린다. 그것이 첫 번째다. 둘째로는 원작의 복제를 원작 자체가 도달할 수 없는 수준으로 만든다."**67** 오늘날 우리는 스마트폰으로 어마어마한 양의 사진을 찍고, 그 사진에 찍힌 원래의 상황이나 대상과는 별 연관성이 없는 결과물을 보는 것을 당연하게 여긴다. 이를 통해 사진을 촬영했을 당시의 맥락과 의미의 상관관계가 바뀐다. 이는 알고리즘 기억을 탐구할 때도 마주한 현실이다. 벤야민이 거의 1세기 전에 사진과 영화 기술의 발전을 보고 알아차린 내용은 오늘날 디지털 시대에도 거의 모든 분야에 적용된다.

그런데 지금 우리는 범접할 수 없는 성질, 참됨, 유일성을 나타내는 '아우라'라는 개념을 진지하게 생각할 수 있을까? 임의로 선택되어 계속해서 재생산되는 것이 미디어 내용뿐만이 아니라 미래에는 우리 자신이라면, 우리의 영혼이라면, 그렇다면 벤야민이 유일무이한 예술작품에 관해 언급한 것처럼 우리의 아우라도 사라질까? 벤야민이 사진과 영화를 언급하며 지적했듯이 재생산된 결과물이 원본보다 어떤 면에서든 더 나을 수 있을까? 예를 들어 우리는 어떤 사람이 말하는 모습을 동영상으로 촬영한 다음, 나중에 그 영상을 보면서 해당 인물이 무슨 말을 했는지, 또 어떤 행동을 했는지를 더 자세히 듣고 볼 수 있다. 그림을 확대해 아주 작은 부분까지도 크게 볼 수 있다. 그렇게 함으로써 그 순간의 포괄적이고 상세하며 어떤 면에서는 진정한 '진짜' 인상을 처음으로 인식할 수 있는 건 아닐까? 알고리즘으로 읽은 데이터가 어쩌면 우리의 감각 기관이 할 수 있는 것보다 더 진정하고 풍성한 방식으로 나와 타인의 '진짜' 상(像)을 보여줄 수 있는 게 아닐까? 이렇게 포괄적인 데이터에 기반을 두고 인간을 재생산한 결과물, 즉 디지털 클론이 오리지널보다 더 '진짜' 같을 수는 정녕 없는 걸까? 우리는 계속해서 이 의문을 탐구할 것이다. 예술작품 이야기를 조금 더 해보자.

'나'라는 타자

2020년 1월 오스트리아 빈. 미술사 박물관에서는 예술사에서 이름을 날린 남성 화가들인 뒤러와 카라바지오의 특별 전시가 진행 중이다. 이 미술관에서 엎어지면 코 닿을 거리에 있는 한 작은 독립 영화관에서는 그림을 그리는 여성과 그림으로 그려진 여성, 그리고 두 사람 사이에서 불타올랐지만 미래가 없는 사랑에 관한 이야기를 담은 영화가 상영 중이다. 두 여성 사이의 사랑에 미래가 없는 이유는 그림으로 그려진 여성이 원치 않는 결혼을 해야 하기 때문이다. 영화 〈타오르는 여인의 초상〉은 1770년 프랑스 브르타뉴를 배경으로 한다. 이 영화는 '초상화'에 관한 명상이다. 초상화란 아주 오래 전부터 귀족과 같이 부유하고 신분이 높은 사람들이 죽은 이후에도 후세 사람들의 기억에 남기 위해 화가들에게 그려달라고 부탁한 그림이다. 미술사 박물관의 특별 전시에는 그런 초상화가 가득하다. 대부분 화가는 초상화를 요청한 신사와 숙녀들을 실제 모습 그대로가 아니라 그들이 남들에게 보이고 싶어 하는 모습으로 그린다. 거장이 그린 유화 작품은 대개 초상화 주인공의 외모가 아니라 '성격'을 포착한다. 이상적인 경우 그림 속 주인공이 작품을 감상하는 우리를 바라보고, 그러면 미술관 내에서 죽은 자와의 말없는 대화가 이루어지는 셈이다.

영화 〈타오르는 여인의 초상〉에서 화가인 마리안느가 그려야 하는 젊은 귀족 엘로이즈의 초상화를 둘러싼 상황은 좋지 않다. 엘로이즈의 어머니는 정혼자의 집에 보내기 위해 딸의 초상화를 얻으려고 하고, 엘로이즈는 초상화로 그려지기를 거부한다. 마리안느는 정체를 숨기고 엘로이즈와 함께 산책하거나 바다를 볼 때 몰래 엘로이즈를 관찰한 다음 밤이면 낮의 기억에 의존해 초상화를 그린다. 그러나 초상화는 실패작이 된다. 마리안느는 엘로이즈의 외모를 관찰하고 그리는 데는 성공했지만 성격과 특성을 보는 데는 실패했다. 그런데 엘로이즈는 자신을 관찰하는 마리안느의 시선에 매료되었다. 엘로이즈는 마리안느에게 애정을 느끼고, 마리안느로부터 연애 대상으로 보이기를 바란다. 엘로이즈는 초상화 속 마리안느의 시선에 자신이 두 사람 사이에서 느끼는 끌림이 명백하게 드러나지 않는다는 사실에 실망한다.

저 사람은 나를 어떻게 생각할까? 이것은 우리가 매일같이 고민하는 의문이다. 상대방의 시선은 우리가 누구인지, 우리가 그 사람에게 어떤 존재인지를 알려주는 척도다. 장 폴 사르트르는 "타인에게는 비밀이 있다. 내가 누구인지에 관한 비밀이다"[68]라고 말했다. 마리안느는 엘로이즈에게 "당신은 당황할 때면 입술을 깨물죠"라고 말한다. "감정이 동요되면 입으로 숨을 쉬어요." "당신은 감정이 동요되면 손으로 그렇게 해요." 엘로이즈가 대답했다. "짜증날 때면 눈을 깜박이지 않아요." 이것은 알고리즘도 알 수 있는 행동이다. 그렇다면 아는 것과 인식하는 것은 어떻게 다를까? 다른 사람이 그의 영혼을 드러냈다고 인식한다는 건 무슨 뜻일까? 타인의 영혼을 인식하는 것이 곧 외면에서부터 내면까지 세심하게 관찰하는 길로 이어질까? 아니면 그런 인식은 서로 사랑하는 사람들의 몫인가? 이런 인식이 사랑하는 사람들의 투사(Projection)와 소원보다 더 존재감이 클 수 있을까? 마르셀 프루스트는 이렇게 설명한다. "그러나 일상적인 삶의 눈에 띄지 않는 것들과 관련해서만 보더라도 우리는 회계장부나 유언장처럼 누구나 보기만 하면 알 수 있는, 획일적인 본질로 이루어진 존재가 아니다. 이 사회 속에 존재하는 우리의 인격은 타인의 정신적 창조물이다. '아는 사람을 보러 간다'는 아주 간단한 행동 또한 부분적으로는 정신적 활동이다. 우리는 눈앞에 보이는 물리적인 외양에다 우리가 그 사람을 보고 떠올리는 모든 관념을 집어넣어 그 사람의 전체적인 모습을 만든다. 우리가 만든 전체적인 모습이 가장 중요하다. 결국 그 관념들은 그 사람의 양 뺨을 가득 채우고, 콧날을 실제에 가장 가까운 모습으로 그리고, 목소리의 울림에는 마치 투명한 봉투를 씌운 듯 음색을 부여한다. 우리가 그 얼굴을 보고 그 목소리를 들을 때마다 다시 발견하고 듣는 것은 그런 관념들이다."[69] 내가 누구인지는 타인의 시선을 통해 드러난다. 그리고 타인의 시선은 그들이 나를 보고 떠올린 관념과 나에게 갖는 바람으로 가득하다. 나라는 것은 하나의 타자다.[70]

그렇다면 우리가 생물학적 죽음을 맞이한 이후 누구 혹은 무엇으로서 계속 살게 될지는 사실 우리의 진정한 영혼보다는 타인의 시선에 더 의존하는 게 아닐까? 다시 〈타오르는 여인의 초상〉으로 돌아가자. 18세기를 살던 두 여성의 사랑에 관한 이 영화는 우리를 기억과 붙잡음에 관한 아주 오래된 이야기로 초대한다. 바로 오르페우스와 에우뤼디케의 이야기다. 영화 속에서 엘로이즈는 벽난로 앞에서 시녀 소피에게 이 유명한 이야기를 읽어준다. 오르페우스와 에우뤼디케는 그리스 신화에서 내세울 만큼 사이가 좋은 (헤테로섹슈얼) 커플이다. 에우뤼디케는 어느 날 자신을 강간하려는 낯선 남자에게서 도망치다가 독사를 밟고 죽는다. 오르페우스는 죽은 아내를 발견한다. 그는 슬픔에 빠진 나머지 먹지도 자지도 않는다. 오르페우스가 슬픔에 잠겨 연주한 음악과 노래가 스틱스 강 건너로 죽은 자들의 영혼을 나르던 뱃사공 카론을 감동시킨다. 카론은 슬픔에 허우적대면서도 뛰어난 음악적 재능을 뽐내는 오르페우스를 아내가 있는 곳까지 데려다주기로 한다. 오르페우스의 연주는 지옥을 지키는 개마저도 감격시킨다. 지옥의 신들인 페르세포네와 하데스 또한 그의 연주와 노래에 매료되어 에우뤼디케를 다시 데려가라고 허락한다. 단, 한 가지 조건이 있다. 두 사람이 빛이 비추는 세계로 다시 돌아가기 전까지 오르페우스는 절대 에우뤼디케가 있는 방향을 뒤돌아보아서는 안 된다. 오르페우스가 앞서고 에우뤼디케가 그 뒤를 따른다. 모든 것이 순조로워 보인다. 그런데 빛이 조금씩 보이기 시작한 순간 오르페우스가 딱 한 번 에우뤼디케를 돌아보고, 모든 일을 그르치고 만다. 에우뤼디케는 다시 지옥으로 돌아가야만 했고 오르페우스는 불행한 삶으로 돌아가야 했다.

영화에서 이 이야기를 경청하던 시녀 소피는 오르페우스가 바보 같은 짓을 저지르자 분노했다. 목적지를 코앞에 두고 설마 에우뤼디케가 잘 따라오지 못했을까 두려워 뒤를 돌아본 걸까? 아니면 그가 너무 순진했던 걸까? 마리안느는 '일부러' 그랬을지도 모른다고 말했다. 어쩌면 오르페우스는 에우뤼디케와 다시 일상을 공유하는 삶으로 돌아가는 대신 아내를 아름다운 추억으로만 남겨두고 싶었던 건지도 모른다. 어쩌면 그가 뒤를 돌아본 운명적인 시선은 사랑에 빠진 사람이 아니라 시인의 시선이었는지도 모른다고 마리안느는 덧붙였다. 아니면 엘로이즈의 생각처럼 에우뤼디케가 오르페우스를 불러 뒤를 돌아보게 했는지도 모른다. 추억이 불멸성보다 더 가치 있기 때문일까? 한 번 끝나버린 함께하는 삶을 다시 꾸려나가기보다 추억 속에 남겨두어야 사랑을 유지할 수 있는 걸까? 상실의 슬픔에 빠져 죽은 사람을 '되살리려는' 사람들은 어쩌면 이런 문장을 떠올릴지도 모른다. "가장 사랑한 사람에 대한 추억 속에서 행복하라! 추억이라는 행복을 없애지 말라!" 슬픔에 빠진 사람들은 고인을 디지털 클론으로 다시 '되살리는' 대신, 그에 대한 추억을 되새기며 추억이 생생하게 살아 있도록 해야 한다.

마리안느는 몇 년 후에 (자신의 아버지의 이름으로) 오르페우스와 에우뤼디케의 그림을 그린다. 이 그림에서는 오르페우스가 에우뤼디케를 돌아볼 때 두 사람 중 누구의 얼굴에도 공포가 서려 있지 않다. 오히려 그들이 편안한 마음가짐으로 작별 인사를 하는 것처럼 보인다. 사랑하는 사람을 떠나려면 굉장한 용기와 확신이 필요하다. 영화에서 마리안느와 엘로이즈 또한 이와 같은 운명을 맞이

한다. 엘로이즈가 죽는 것은 아니다. 엘로이즈는 정열적으로 사랑을 나누었던 마리안느와 헤어지고 결국 강제로 밀라노에 있던 언니의 정혼자와 결혼하게 된다. 마리안느가 그린 엘로이즈의 초상화는 성공적으로 완성되는데, 이는 엘로이즈가 결국 마리안느의 모델이 되어주었기 때문만이 아니라 마리안느가 화가에서 사랑하는 사람으로 변했기 때문이다. 엘로이즈의 남편이 보고 반해 그녀를 마리안느로부터 빼앗는 계기가 되는 초상화는 마리안느의 애정 어린 시선의 결과물인 셈이다. 마리안느 또한 힘겹게 엘로이즈의 곁을 떠났지만 어쨌든 사랑하는 이의 그림을 품고 계속 살아간다. 마리안느가 엘로이즈와 마지막 포옹을 하고 뒤돌아 계단을 내려가 문지방에 다다랐을 때 엘로이즈가 마리안느를 부르는 장면은 숨이 멈출 것만 같은 분위기다. 그리고 오르페우스가 그랬듯이 마리안느는 뒤를 돌아본다. 계단 위에서는 결혼식 드레스를 입은 엘로이즈가 마리안느를 바라보며 서 있다. 잠시 후 문이 닫히고 두 사람은 영원히 헤어진다. 두 사람의 추억은 앞으로 함께 해야만 한다는 바람이 아니라 그들이 함께 경험했던, 함께 있었던 순간이다. 그 추억이 생생하게 살아 있는 한 두 사람은 서로를 볼 수 있다. 그렇다면 사랑했던 추억이 불멸로 가는 열쇠일까?

사랑하는 사람들이 서로를 바라보는 방식은 두 사람이 본질적으로 누구인지가 아니라 그들이 서로 상대방에게 어떤 사람인지를 설명한다. 우리는 한 가지 측면만 있는 사람이 아니라 다면적인 인물이며, 다른 사람들이 우리에게 품고 있는 상(像)은 옳거나 그른 것이 아니라 똑같이 진실하다는 생각은 과연 영혼이 존재하는지,

그리고 영혼이 신이나 초월적인 존재의 은혜 없이도 불멸할 수 있는지를 탐구하는 데 결정적이다. 그래서 〈타오르는 여인의 초상〉은 단순히 마리안느가 엘로이즈의 모습을 그린 초상화가 아니라 마리안느 본인의 자화상이기도 하다. 두 사람은 서로를 통해 자신이 된다. 마리안느는 포즈를 취한 엘로이즈뿐만 아니라 잠을 자는 모습, 성관계 후의 모습, 소피의 낙태를 돕는 모습, 타오르는 드레스를 입은 모습도 그린다. 그런데 이 그림 중 어떤 것도 엘로이즈를 온전히 포착하지 못했다. 엘로이즈를 가장 잘 묘사한 작품은 이 모든 그림을 나란히 늘어놓은 것이다. 엘로이즈의 어머니인 백작 부인이 딸의 모습을 그린다면 완전히 다른 그림이 탄생할 것이고, 미래의 남편이 그린 결과물도 완전히 다를 것이다. 모든 사람은 각기 다른 페르소나(가면)를 갖고 있다. 그런데 가장 흔한 오해는 바로 이 수많은 가면 뒤에 '진짜 나'가 숨어 있으리라는 것이다.

나라는 것은 하나의 타자다.

'진짜' 나는 누구일까

이 글을 쓰고 있는 지금, 소셜 네트워크에서는 미국의 가수인 돌리 파튼의 이름을 딴 '챌린지'가 유행하고 있다. 돌리 파튼은 각기 다른 소셜 네트워크인 링크드인, 페이스북, 인스타그램, 그리고 틴더에 올릴 법한 자신의 사진 4장을 모아 인터넷에 공개했다. 구인구직 플랫폼인 링크드인에 올릴 사진은 단추가 달린 재킷을 입은 모습, 페이스북에 올릴 사진은 크리스마스 스웨터를 입은 모습, 인스타그램에 올릴 사진은 기타를 들고 찍은 추억을 불러일으키는 흑백 사진, 마지막으로 틴더에 올릴 사진은 '바니걸' 복장을 한 사진이었다. 전 세계 수백만 명의 사람이 돌리 파튼을 따라 자신이 각각의 소셜 네트워크에 올릴 법한 사진을 모아 업로드했다. 아주 단순하고 평범한 챌린지처럼 보이지만, 이런 플랫폼을 자주 사용하는 사람들의 핵심을 잘 나타낸 이미지이기도 하다. 오늘날 우리는 자기 자신을 더 이상 분할할 수 없는 최소 단위 개체Individuum가 아니라 분할할 수 있는 것Dividuum으로 본다. 하지만 한 사람의 각기 다른 사진 4장이 그 사람을 얼마나 명료하게 설명할 수 있을까? 그 사진 중 어떤 것도 '진정한' 모습을 보여주지 않으며, 그럴 필요도 없다. 이 챌린지는 오히려 사람들이 여전히 자신이 맡아야 하는 역할과 자신의 자아상을 철저하게 구분하고 있음을 보여준다.

　인터넷이 사람들의 태도에 미친 영향에 관한 논쟁을 살펴보면, 인터넷이 없던 시절에는 자신의 실제 모습, 진짜 모습을 보이던 우리를 마치 배우처럼 만든 것은 소셜 미디어와 메신저 서비스라고 주장하는 사람이 적지 않다. 우리가 인터넷상에서 자기 자신을 연출해 실제의 나와는 다른 모습을 연기하는 것이 많은 맥락에서 완전히 새로운 현상이라는 사실을 의심할 필요는 없지만, 그럼에도 사회적인 역할놀이가 인터넷 시대에 새롭게 발생한 현상이라고 오해해서는 안 된다. 공적인 삶과 사적인 삶 사이의 태도 차이를 연구한 미국의 사회학자인 리차드 세넷은 "사회의 가장 오래된 모습 중 하나는 극장으로서의 사회의 모습, 즉 테아트룸 문디˚이다"[71]라고 말했다. 이를 더 깊이 알려면 플라톤까지 거슬러 올라가야 한다. 오랜 시간 동안 신들이 우리의 연극을 지켜보는 구경꾼이었는데, 18세기부터는 인간이 자기 자신의 관객이 되었다. 지금의 우리가 18세기 중반의 런던이나 파리로 시간 여행을 떠난다면, 우리는 멋들어진 코스튬 파티장에 들어선 것 같은 기분뿐만 아니라 다른 사람들의 거짓된 말과 행동을 보며 낯설고 불쾌한 기분을 느낄 것이다. 당시 공적인 삶은 환상과 속임수로 점철되어 있었고 인간의 '내면'은 사회적인 행동과 별개의 것이었다. 세넷은 자신의 저서에서 "마찬가지로 사람은 그 어떤 개별적인 역할에서도 배우로서의 '존재'를 그만둘 수 없다. 새로운 작품, 새로운 장면을 연기할 때마다 완전히 다른 의상을 입고 나타날 수 있기 때문이다. 그러니 사회라는 극장에서 연기하는 어떤 사람의 행동을 보고 어떻게 그의 존재를 파악할 수 있겠는가?"[72]라고 말했다.

오늘날은 어떨까? 오늘날에는 모든 것이 몇 배는 더 복잡하다. 사적인 삶과 공적인 삶은 현대로의 과도기처럼 뚜렷하게 구분되지 않는다. 캐나다의 사회학자 어빙 고프먼은 "우리는 모두 무대에서 연기한다"고 말했다. 그의 유명한 저작 《자아 연출의 사회학: 일상이라는 무대에서 우리는 어떻게 연기하는가》에서 고프먼은 다시금 이 세상이 무대라고 말하며 수많은 구체적인 예시를 들어 우

• Theatrum mundi. 세계는 무대이다. 이 세상은 신이 연출한 무대이며 그 안에서 살아가는 인간은 모두 각자가 맡은 역할을 연기하는 배우라는 것을 인간이 스스로 깨닫고 있다는 뜻이다.

리가 다른 사람과 만날 때 어떤 역할을 연기하는지 설명했다. 고프먼은 세상이라는 무대를 앞무대(우리가 오로지 역할로서만 움직이는 무대)와 뒷무대(우리가 역할에서 벗어날 수 있는 무대)로 나누었다. 우리는 혼자서 역할을 수행하지 않는다. 다른 '공연자들', 즉 주변 사람들은 물론이고 학교나 대학, 동료 직원들이 모두 우리를 '호명'한다고 다른 유명한 철학자가 말한 바 있다.[73] 사람들이 우리에게 기대하는 역할이 무엇인지, 우리가 어떤 역할을 수행할 수 있는지를 우리는 전반적인 관습과 자신이 내던져진 사회의 상황에 따라 경험한다. 고프먼은 "개체는 이리 돌았다가 다시 뒤집었다가 앞으로 구른다. (…) 마치 계속해서 균형을 잡고 자세를 바로 하고 조화를 이루려는 곡예사 같다"고 말했다.

우리는 역할을 연기할 뿐만 아니라 타인을 위한 관객이 되기도 한다. 그리고 타인이 연기하는 역할의 뒷면을 보려고 한다. 우리는 어떻게든 타인이 잠시나마 가면을 벗은 순간을 포착하려고 애쓴다. 이를 위해 "우리는 사람들이 외적으로 드러내는 행동을 무의식적인 표현으로서 샅샅이 살핀다. 풍부한 몸짓, 숨이 가쁠 정도로 유창한 말, 갑작스럽게 붉어지는 얼굴 등 무의식적인 행동들을 거의 인식할 수 없게 되면 우리는 상대방이 자신의 모습을 더욱 철저하게 연기하고 있다고 확신한다. (…) 아마도 인간은 주변의 의도를 명확하게 알아차리기 위해 늘 이런 이중적 읽기를 하고 있었을 것이다. 다른 사람들 또한 모두 이를 알고 있기 때문에 의사소통 과정의 대칭성이 복원된다. 사람들은 타인의 무의식적인 행동에 의도가 있다고 생각하고, 관찰되는 사람은 관찰자가 자신의 '진정한' 태도를 쉽사리 알아차리지 못하도록 한다. 이런 감추기, 발견하기, 위장하기, 재발견하기는 무한히 순환한다."⁷⁴ 고프먼이 묘사한 내용은 인터넷 시대에도 들어맞는다. 우리는 즉흥적으로 그리고 무의식적으로 발생하는 감정을 표현할 때, 계획적으로 의도에 따라 연출한 '나'를 보일 때보다 훨씬 더 솔직해지지 않도록 주의해야 한다. 우리가 정말 모두 연기자라면, 충동적으로 발생하는 감정을 감추는 경험을 쌓을수록 자신의 모습을 연출해 타인을 속이는 데에도 더욱 능숙해질 것이기 때문이다. 즉흥적인 감정과 무의식적인 감정적 흥분, 충동성마저도 꾸며내는 연기가 필요하다. 소셜 미디어에서 자신의 '진짜' 모습이 무엇인지를 보이고 싶은 사람들은 이 연기 기법을 활용한다. 이런 포스트나 트윗, 블로그 글 등을 보고서도 그것이 '연출된 삶'이 아니라 그 사람의 '진정한 자아'라고 속아 넘어가는 사람들이 얼마나 많은지 생각하면 놀라울 따름이다.

그런데 과연 우리는 타인에게 보이기 위해서만 역할을 연기할까? 아니면 자기 자신을 위해서도 연기할까? 고프먼은 아무도 우리를 보지 않으므로 역할에서 벗어날 수 있는 뒷무대가 있다고 말했다. 오늘날에도 뒷무대가 존재할까? 애초에 뒷무대라는 것이 존재한 적이 있을까? 우리는 진정하고 진실한 자기 자신을 알고 있을까? 어쩌면 우리는 평생 동안 자신의 삶의 구경꾼으로 살면서 이 빌어먹을 '나'라는 존재 안에서 내가 구경꾼으로서 보고 있는 대상이 도대체 누구인지 끊임없이 탐구하는 게 아닐까? 우리가 자기 자신을 전혀 모르거나 오해하고 있다는 생각은 인터넷 시대에 새로 떠오른 이념이 아니다. 세넷은 1970년대 중반에 "모든 개인에게 자아는 가장 큰 짐이 되었다. 자기 자신을 아는 것은 더 이상 이 세상을 아는 수단이 아니라 하나의 목적이 되어 버렸다"고 말했다.[75] 몇몇 문화철학자가 말하듯이 우리가 점점 심각해지는 나르시시즘의 시대에 살고 있다는 것이 사실이라면 그 시대는 이미 놀라우리만치 오랜 시간 정지한 상태일 것이다. 어쩌면 우리가 살고 있는 세상이 더욱 계층적이고 자유는 적은 시대에 그랬듯이 우리가 연기하는 역할을 자기 자신도 명확하게 파악할 수 없는 곳으로 변했는지도 모른다. 산업 국가에 사는 우리는 어느 정도 정해진 길을 따르며 '스스로 꾸민 이력'을 갖는 대신 늘 자기 자신을 찾아내는 편이 좋다(꼭 그래야만 하는 것은 아니다).[76]

오스트리아의 철학자 이졸데 카림은 다원화된 개인주의를 언급했다. 카림에게 다원화란 "고유한 정체성이 당연한 것이 아니라는 것을 '우선으로 경험'하는 일이다. 이것은 오늘날 스스로 결정을 필요로 한다는 경험이다. 즉, 자신의 삶이, 고유한 세상으로의 접근이 완전히 다를 수도 있었을 것이라는 경험이다. 그것은 (…) 개방성과 불확실성이 모든 정체성의 중심부에 침입하는 것이다."[77] 카림이 설명한 바와 같이 우리가 자기 자신을 정의하는 표상의 의미가 바뀌었다. 음식부터 예술을 넘어, 영혼의 수행부터 성과 성별에 이르기까지 오늘날 우리는 이 세상과 나 자신에게 우리가 누구인지를 보이기 위해 자신을 정의하는 모든 것들을 새로 구성하고 짜맞춰야 한다(그리고 그럴 수 있어야 한다).

13장
잊을 수 없음

스팸 필터 기억

우리의 성격 대부분을 구성하는 것이 기억이라면, 다시 한 번 기억으로 시선을 돌릴 필요가 있다.

이전 장에서 우리는 인간의 기억이 얼마나 위험해질 수 있는지 알아보았다. 우리의 기억은 결함투성이일 뿐만 아니라 전혀 사실이 아닌 사건조차 사실이라고 잘못 저장된 결과물일 수 있기 때문이다. 잘못된 기억 때문에 우리는 죄 없는 사람을 체포하거나 자기 자신까지 속이는 그릇된 길로 들어서고 만다.

기억의 불확실성이 이토록 파괴적일 수 있다는 걸 느낀 우리는 디지털 도구로 기억을 확장하기에 나선 사람들을 만났다. 디지털 도구로 확장된 기억이란 예를 들어 알고리즘의 도움으로 삶의 소중한 순간들을 언제든 불러낼 수 있는 메멕스 같은 저장 기억이다. 기계에 기억을 저장하면 그 내용을 잊지 않을 수 있다. 하지만 우리는 토론토에서 앤드루를 만난 이후 우리의 모든 기억을 영원히 보존하여 언제든 불러낼 수 있도록 만드는 것이 과연 의미 있는 일인지 의구심이 들었다. 그래서 지금부터는 기억을 잊어버릴 수 없는 사람들에 관한 이야기를 하려고 한다. 더 많은 경험을 저장할수록 왜 기억을 잃을 위험이 커지는지, 그런 위험한 상황을 피할 방법은 무엇인지 알아보자.

망각에도 장점이 있다. 기억하고 있던 정보를 계속해서 기억하고 절대 잊어버리지 않는다면 나이가 들수록 현재의 정보와 과거의 기억을 혼동할 위험이 커진다. 예를 들어 더 이상 사용하지 않는 비밀번호나 예전에 살던 집의 주소, 지난번에 자전거를 세워두었던 위치 등은 굳이 기억하지 않아도 된다. 그런데 우리는 어느 순간부터 이런 의미 기억을 스마트폰이나 주소록, 지도, 클라우드 등에 저장하기 시작했고 이렇게 저장된 정보는 다른 정보를 통해 자동으로 활성화되거나 불러나온다. 추상적 사고를 하려면 디지털에 안전하게 저장되는 내용보다 훨씬 더 많은 것을 잊어버려야 한다. 중요한 정보와 중요하지 않은 정보를 구분하고 나서야 우리는 규칙을 발견하고 결론을 내릴 수 있다. 독일 브라운슈바이크 공과 대학교의 신경과학자인 마르틴 코르테는 우리 기억에 '스팸 필터'가 있다고 말했다.[78]

뭔가를 잊어버린다는 건 대개 그 기억을 다시 불러낼 수 없도록 완전히 삭제한다는 뜻이 아니다. 인간의 망각은 '보존 망각'[79]이며 망각이 발생하더라도 '저장 기억'[80]은 남는다. 하지만 그 내용이 중요하지 않기 때문에 우리는 그것을 기억으로 여기지 않는다.

기억력의 한계가 거의 없는 것처럼 보이는 사람, 특히 데이터나 사실, 지식 등을 얼마든지 기억할 수 있는 사람은 영화 〈레인맨〉에서 더스틴 호프만이 연기한 주인공처럼 서번트 증후군을 앓고 있을 가능성이 높다. 이 영화는 실존 인물인 킴 픽Kim Peek을 주인공으로 만들어졌다. 픽은 1만 권이나 되는 책의 내용을 모조리 외울 수 있었다. 심지어 책을 읽을 때 왼쪽 눈으로는 왼쪽 페이지를, 오른쪽 눈으로는 오른쪽 페이지를 읽는 방식으로 두 페이지를 한 번에 읽을 수 있었다. 게다가 미국의 모든 도시의 우편번호와 시외 전화 국번, 고속도로 번호를 모두 외웠고 과거의 임의의 정보를 날짜 순서대로 배열할 수 있었다. 이런 능력을 갖춘 픽은 뛰어난 천재였을까? 픽처럼 서번트 증후군을 앓는 사람들은 지식을 개념화하거나 알고 있는 내용으로부터 결론을 도출하기를 어려워한다. 그렇다면 데이터와 사실은 잘 기억하지 못하지만 개인적인 경험은 잊어버리지 않는 사람들의 경우는 어떨까? 질 프라이스는 과잉기억 증후군[81]을 진단받은 첫 환자다. 프라이스는 열다섯 살이 된 순간부터 매일을 빠짐없이 기억한다. 다만 일반적인 기억이라기보다는 감정에 가까워서, 몇 년 전의 기억을 떠올리는 것만으로도 그때 느꼈던 감정을 생생하게 다시 느낄 수 있다. 그리고 이런 기억을 제어하지 못한다. 그래서 매 순간 고통스럽거나 감동적이거나 흥분되거나 기쁜 기억에 압도당해 현재의 순간을 제대로 경험하지 못한다.

호주의 레베카 샤록Rebecca Sharrock 또한 과잉 기억 증후군과 자폐 스펙트럼 장애를 갖고 있다(이 두 가지는 대개 함께 나타난다). 샤록은 BBC와의 인터뷰에서 "세 살 때 일어난 일을 떠올리기만 하면, 다시 세 살 때로 돌아간 것처럼 감정적으로 반응하게 돼요. 제 뇌와 의식은 벌써 성인인데도요"라고 말했다. 미국 연구진이 진행한 한 연구[82]에 따르면 과잉 기억 증후군이 있는 실험 참가자들은 냄새, 소음, 시각적 인상에 특히 예민한 모습을 보였는데, 이는 그들이 왜 경험한 일들을 훨씬 더 선명하게 기억하는지를 설명한다. 게다가 실험 참가자들은 상상력이 매우 풍부했고 백일몽에 빠지는 경향이 강했다. 어쩌면 계속해서 생생하게 떠오르는 과거의 인상 때문에 경험했던 일들이 기억 속에 더욱 깊이 뿌리박히게 되었는지도 모른다.

잊어버릴 수 없다는 건 얼마나 괴로운 일인지 여러 일화를 통해 알 수 있다. 어제와 오늘 사이에서 연신 갈팡질팡하고, 이미 오래전에 극복했다고 믿던 상황이 다시 떠올라 난처해지고, 먼 과거의 순간에 계속 얽매여 있어야 한다면 행복한 삶을 살기 어렵다. 한편 모든 것을 기억할 때의 장점도 있다. 샤록은 잠이 오지 않는 밤이면 머릿속으로 예전에 읽은 '해리 포터' 시리즈를 암송한다고 한다. 어쩌면 너무 많은 기억이 떠올라 잠들 수 없는 게 아닐까?

기억 연구 분야의 권위자인 알라이다 아스만은 "망각은 저장의 적수이나 회상의 공범이다"라고 말했다.[83] 저장이란 책이나 하드디스크, 온라인 백업으로 할 수 있는 것들, 즉 데이터 보존이다. 이렇게 저장된 내용을 내일이든, 다음 주든, 아니면 3년 후든 다시 읽거나 불러올 수 있다. '어떤 것을 회상 기억으로 보존한다'는 건 저장과는 완전히 다르다. 회상 과정에서는 이전에 저장된 내용과 나중에 그 사람이 돌이켜보는 내용 사이에 변화가 발생한다. 특정한 지식이나 경험은 그저 정리 및 저장되지 않고 단기 기억과 장기 기억이라는 과정을 겪으면서 계속해서 바뀌고 새로운 의미를 얻는다.

인간의 기억은 특정한 사건이나 사물을 골라 과거를 구성한다. 우리는 이런 식으로 기억할 내용을 습득하고, 해석하고, 다른 것과 연결한다. 말하자면 커버곡과 비슷하다. 예전에 유행했던 유명한 곡을 다른 음악가가 새로운 해석을 더해 자신의 색을 입히고 다른 박자나 스타일로 재연주하거나 재편곡하는 것처럼 사람의 기억 또한 처음 저장됐을 때와 나중에 회상될 때 조금씩 달라진다. 원본이 사라지지는 않지만, 새로운 모습을 띠게 되는 셈이다.

계속 남아 있는 기억은 우리에게 의미 있는 것일 가능성이 높다. 한편 망각은 우리에게 중요하지 않은 기억, 다시 떠올리고 싶지 않거나 그럴 수 없는 기억이 무엇인지를 보여준다.

우리는 무의식적인 것, 굳이 떠올리지 않았다면 계속 수면 아래에 머물렀을 것을 상기함으로써 이를 경험한다. 그렇다면 우리의 기억력은 어쩌면 일종의 거울을 들여다보는 것과 같을까? 거뭇한 눈 밑을 보거나 미용실에서 보는 일반적인 거울이 아니라 숨겨진 나 자신을 보는 마법의 거울을 보는 걸까?

아스만은 기억한다는 것은 "계속해서 현재에서 벗어나 필연적으로 기억하고 있던 순간의 변동, 변형, 조정, 재평가, 재생산을 겪는 것"[84]이라고 말했다. 우리는 잊어버리거나 잊으려고 애쓸 수 있고, 그러면서 기억하기를 더 어렵게 만들 수도 있지만 한편으로는 기억을 우리의 소망, 자아상, 기분에 맞도록 변형할 수도 있다. 이는 결점처럼 들린다. 우리가 자기 자신을 위조하고 꾸며내는 것처럼 들리기 때문이다. 하지만 인간이 잊어버리거나 실제와 다르게 기억하는 데에는 타당한 이유가 있다. 지크문트 프로이트가 억압된 것 혹은 꾸며진 것을 드러내고 그 실체를 밝히는 것을 목표로 삼았다면 프리드리히 니체는 망각에 우리가 행동할 수 있도록 만드는 중요한 힘이 있다고 보았다. 자신의 저서 《반시대적 고찰》에서 니체는 기억이란 자고로 목표와 의도를 지향해야 하며 우리는 그 야망에 부합하지 않는 모든 것을 잊어야 한다는 도발적인 사고를 내비쳤다. 그렇다면 자신의 죄를 의식적으로 기억에서 지우는 사람이 있을지도 모른다는 의심이 든다. 이런 비양심적인 사람들과는 사적으로도 공적으로도 친하게 지낼 수 없을 것이다. 의식적으로 기억하지 않는 것보다 더 빈번하게 일어나는 일은 나 자신과의 내면의 싸움이다. 우리 기억의 훼손 가능성을 니체만큼 적확하게 표현한 사람은 없다. "'이건 내가 한 짓이야'라고 내 기억이 말한다. '이건 내가 했을 리가 없어'라고 내 자존심이 말한다. 불꽃 튀는 설전이 이어진다. '결국에는 기억이 양보한다.'"[85]

현실에서 우리를 힘들게 하는 것은 슬픈 사건이나 불쾌한 경험뿐만이 아니다. 때때로 과거의 행복(실제로 있었던 일이든 상상한 것이든)이 우리를 불행하게 만들기도 한다. 사뮈엘 베케트가 남긴 글을 보면 알 수 있다.

베케트의 1958년 작품인 희곡 《크라프의 마지막 테이프》에서

늙고 병든 크라프는 예전에 쓰던 물건을 넣어둔 상자에서 릴 테이프를 하나 찾는다. 그가 서른아홉 살 생일 때 녹음한 테이프다. 크라프는 술로도 씻어낼 수 없는 기억 때문에 괴로워한다. 테이프를 계속 들을수록 그는 점점 차오르는 불안과 분노를 느낀다. 젊은 시절 작가로서 대단한 작품을 쓰리라던 희망은 나이 들고 성공하지도 못한 크라프에게는 무너진 꿈이나 다름없다. 그는 테이프를 앞으로 감다가 과거의 자신이 한 여인과 바다에서 열정적으로 사랑을 나누었던 이야기를 녹음한 부분을 듣는다. 그 성애적 경험이 행복하게 들리는 설명이 마지막에 도달하고 크라프는 테이프를 멈춘다. 전율이 인다. 다시 술잔을 든 뒤 크라프는 마이크를 꺼내 새로운 테이프를 넣고 녹음을 시작한다. 그가 녹음한 내용은 다음과 같다. "30년 전의 나 자신이었던 야비한 머저리의 말을 듣고 있자니 내가 그토록 멍청했다는 사실이 믿기지 않는다. 이 목소리는 또 뭔가! 어쨌든 이 모든 게 지나간 일이라니 신께 감사한다." 마치 크라프가 북받친 슬픔에 질식하지 않으려고 조금 전 들은 내용을 가능한 현재의 자신으로부터 멀리 떨어뜨려 놓으려고 하는 것 같다. 자학이 절정에 달하면서 크라프는 녹음기에서 테이프를 꺼내고 자신의 기록이 담긴 것들을 치워 버린다. 베케트는 길지 않은 글에 희망에 차 꿈을 꾸는 과거의 나와 어떤 거름망도 없이 직접 만남으로써 생생하게 느껴지는 고통을 가다듬으려는 긴 과정을 담았다. 크라프는 과거의 자신이 녹음한 내용이 너무 부담스러우면 언제든 일시정지 버튼을 누를 수 있다. 그러나 테이프가 다시 재생되면 그는 과거의 자신과 과거의 욕망, 그리고 자신의 목소리가 전하는 내용을 무방비 상태로 전부 듣게 된다. 녹음테이프를 돌리는 릴에 그 내용을 경청해달라는 무언의 요구가 담겨 있기라도 한 걸까? 크라프는 매년 양철 녹음기 앞에 앉아 자신의 삶을 남기려 했지만, 그렇게 보관된 그의 과거 소망과 꿈, 행복의 기록은 그가 기대했던 것과는 정반대의 결과를 초래하고 말았다. 그 기록물 때문에 그는 더 큰 불행에 빠진다.

우리가 '오류가 많고' '거짓으로 점철되어 있으며' '자기 자신까지도 속인다'고 비하하는 우리의 기억은 '건강한' 상태일 경우 큰 도움이 된다. 기억은 우리가 앞으로도 그것을 품고 계속 살아갈 수 있도록 조화롭게 조정된다. 기억은 대부분 사람이 미래를 내다볼 수 있도록 하고, 자기 자신을 변화시키도록 하고, 뜻밖의 일을 당하거나 예상하지 못한 난관으로 하마터면 꼼짝 못할 위기에 처했을 때 벗어날 수 있도록 한다. 그러나 《크라프의 마지막 테이프》에서 알수 있듯이 부정적인 경험만이 우리를 슬프게 만들고 권태에 빠뜨리는 것은 아니다. 과거를 다시 보거나 들을 때 우리 내면에서 발생하는 감정의 종류는 과거를 돌이키는 시점의 우리가 어떤 상태인지에 따라 다르다. 크라프의 모습에서 알 수 있듯이 너무 화려한 과거는 현재의 삶을 왜소하게 만들 수 있다. 릴 테이프에 녹음된 내용은 안정적인 상태이지만, 사람이 테이프를 계속해서 앞으로 혹은 뒤로 감으면 더 이상 내용이 재생되지 않고 기계가 돌아가는 소리만이 남는다. 싱그러운 추억은 사라지고 닳아빠진 과거만이 남는 것처럼. 크라프는 무한한 굴레에 빠진다. 베케트의 이 연극은 "미래의 어느 날, 늦은 밤"이라는 말로 시작된다. 그리고 영원히 끝나지 않는 과거로 마무리된다.

만약 베케트가 디지털 저장 기억인 메멕스에 자신의 삶을 기록하고 알고리즘으로 언제든 원하는 내용을 검색하는 앤드루를 만난다면 어떤 내용의 극본을 쓸까? 카메라를 걸고 다니면서 몇 초마다 한 번씩 상대방의 사진을 찍어 클라우드에 저장하는 고든 벨을 만난다면? 격동적인 삶과 가장 내밀한 비밀을 디지털 도플갱어에게 털어놓은 팜스프링스의 앤드루 캐플런을 만난다면? 이 남자들은 모두 자신의 삶을 보존하고 최대한 상세한 내용까지 모조리 기록으로 남기려고 한다는 점에서 크라프와 비슷하다. 이들의 '릴 테이프'는 풀스트링이나 애플, 아마존, 마이크로소프트 같은 기업의 서버다. 이들의 '녹음 내용'은 수 테라바이트에 이르는 저장 데이터, 메신저와 소셜 미디어 사용 내역 등이며 이것들은 모두 몇 년 후에 그들의 목소리를 입고 그들 자신에게 말을 걸게 될 것이다. 기쁨, 행복, 즐거움, 희망은 물론이고 위기, 슬픔, 회의 등을 불러일으켰던 오래 전의 과거를 몇 년 후에 다시 음성 메시지로 듣는다면 어떤 감정이 들까? 나이 든 크라프가 내면적으로 멀찌감치 떨어져서 과거의 자신의 목소리를 들었을 때, 그는 일시정지 버튼 위에 손가락을 올리고 있으면서 적어도 잠시나마 과거의 자신과 거리를 둘 수 있었다. 그런데 다른 사람들, 그러니까 오래 전 일이 되어 버린 기쁨, 환희, 절망, 갈등 같은 상황을 자신의 목소리로 말하는 디지털 도플갱어를 통해 생생하게 다시 듣게 될 사람들은 어떻게 과거의 자신과 현재의 자신 사이에 거리를 둘 수 있을까? 사람들이 과거의 자기 자신을 통해 '자신의' 자아 개념, '자신의' 희망과 소망, 이로 인한 '자신의' 실망, '자신의' 잃어버린 행복, '자신의' 좌절을 다시 마주하거나 사랑했던 가까운 사람들을 다시 만날 때 크라프처럼 절망하지는 않는다고 치자. 그렇다고 과거 인물들과의 재회가 아무런 해가 없지는 않을 것이다.

섬뜩한 재회

2020년 2월 전 세계 1800만 명이나 되는 사람들이 온라인에서 한 어머니가 몇 년 전 죽은 딸을 다시 만나는 장면을 지켜보았다. 이 책의 시작 부분에서 이미 짧게 소개한 바 있는 이 이야기를 다시 꺼내는 이유는 그 영상에서 일어난 몇몇 일들을 더 자세하게 소개하고 이 금기를 어긴 결과물이 어떤 평가를 받았는지 정리하기 위해서다.

　독자 여러분의 기억을 되살리고자 다시 설명하자면, 나연이는 희귀 불치병을 앓다가 일곱 살의 나이로 세상을 떠났다. 이후 비브 스튜디오스라는 회사가 딸을 다시 한번 만나고 싶다는 나연이 어머니의 소원을 이루어주었다. 이 회사는 나연이를 가상공간에 '부활'시켰다. 나연이의 어머니 장지성 씨는 다시 만난 딸의 생일을 함께 축하했다. 나연이는 또 한 번 일곱 살이 되었다. 그곳의 시간은 멈춰 있었다. 지성 씨는 나연이를 따라 생일케이크와 알록달록한 꿀떡이 차려진 테이블로 다가간 다음 케이크에 초를 일곱 개 꽂았다. 그린스크린 스튜디오에서 아내가 생동감 있는 3차원의 딸을 만나는 장면을 모니터로 지켜보던 나연이의 아버지는 "나연이는 항상 케이크를 마음껏 먹지 못했어요"라고 말했다. 나연이가 가방에서 휴대전화를 꺼내 불붙은 초가 꽂힌 케이크 뒤에 있는 엄마의 모습을 찍었다. 지성 씨는 "치즈"라고 말하며 웃었다. 그리고는 딸에게 생일 축하 노래를 불러주고 박수를 쳤다. 현실의 지성 씨가 VR 장갑을 끼고 있어서 박수 소리는 들리지 않았다. 이 모습을 모니터로 지켜보며 아버지와 나연이의 언니는 눈물을 흘렸다. 막내만이 냉정하게 말했다. "얼굴이 조금 달라." 한국에서 생일이면 빠뜨릴 수 없는 미역국이 등장했다. "엄마가 만든 미역국이 제일 맛있어요." 나연이가 그릇을 입에 가져다 대며 말했다. "그래, 네가 정말 좋아하고 잘 먹었지." 지성 씨가 대답했다. "아직도 좋아하는구나." 나연이가 엄지손가락을 척 내밀었다. 언니와 아버지의 흐느낌에 작은 웃음소리가 섞였다. 나연이가 자리에서 일어나 잔디밭으로 달려갔다가 꽃 한 송이를 따 와 어머니에게 내밀었다. 지성 씨가 신나게 뛰는 딸의 모습을 마지막으로 본 것은 언제일까? 지난 몇 년 동안 나연이를 회상하면 병원에서 가느다란 팔에 주삿바늘을 꽂고 수많은 반창고를 붙인 채 불안한 표정을 보이는 모습만이 떠올랐다. 지금은 딸의 목소리를 들을 수 있다. "봐요, 엄마. 나 이제 안 아파요." "그래, 넌 아프면 안 돼. 아플 리가 없어." "엄마, 슬퍼요? 울지 마요. 울지 마세요." "안 울게." 그리고 지성 씨는 망설이며 덧붙였다. "이제 나연이를 그리워하지도 않을게. 그냥 많이 사랑할게. 앞으로 더 사랑할게."

영상이 공개된 후 사람들은 이런 실험이 과연 허락되어야 하는지 금지되어야 하는지를 두고 뜨겁게 논쟁했다. 그런데 자식을 둔 어머니들은 다른 부분에 흥분했다. 이 어머니는 정말로 자신이 딸이라고 부르던 존재와 만난 걸까? 아니면 VR 세상에서 다른 존재, 즉 2020년의 인공지능은 이 정도 수준이라는 주제넘고 염치없는 주장에 따른 결과물과 만난 걸까? 이 프로젝트를 이끈 이현석 감독은 "가장 중요한 건 딸에 대한 부모님들의 기억이지, 최대한 객관적이고 정확한 복제품을 만드는 게 아닙니다"라고 말했다. 사람들이 버추얼 복제품을 더 자세히 관찰할수록 더욱 가차 없는 평가를 내릴 수도 있다는 말로 들린다. 제작진은 완성된 나연이의 모습을 처음 보았을 때 아이가 멘 가방에 그려진 그림 등이 아주 사소한 부분까지 매우 정확하게 표현되었다고 생각했다. 특히 모션 캡처와 인공지능을 합쳐 진짜 사람과 구분하기 어려울 정도로 정교한 디지털 도플갱어를 만들어냈다는 데 자부심이 있었다. 동영상으로 기록된 실제 사실보다는 부모의 기억을 재현하기를 우선한다는 것은 한편으로 알고리즘 저장소와 비교되는 인간의 기억의 특성을 가상공간에 적용할 수 있다는 뜻이다. 즉, 소망에 기반한 기억을 참고해 더욱 현실적인 버추얼 아바타의 모습을 구성할 수 있다. 이것은 앞으로 인간의 기억과 버추얼 시뮬레이션이 동일선상에서 고려될 방향성을 제시한다는 점에서 주목할 만하다.

딸이 죽은 지 3년 이상 지나 딸과 다시 만난 지성 씨는 어떻게 됐을까? 아버지와 다른 세 명의 아이들은 어떻게 됐을까? 가족들은 모두 많이 울었다. 그런데 시뮬레이션으로 만들어진 나연이와 엄마의 재회가 아버지와 형제자매들에게 긍정적인 영향을 미쳤을까? 아니면 가족들은 오랜 상처가 다시 후벼 파이는 기분이었을까? 우리는 시간이 지나야 그 결과를 알 수 있을 것이다.

VR 안경을 벗고 잠시 후 어머니는 동요했다. 딸의 시간이 멈춰 있다는 게 슬펐다고 말했다. 하지만 짧은 만남이었음에도 매우 기뻤다고도 덧붙였다. 박상현 칼럼니스트는 AFP통신과의 인터뷰에서 "슬픔에 빠진 어머니가 죽은 딸을 만나고 싶다고 생각하는 건 당연합니다. 같은 상황이라면 저도 그럴 테니까요"라고 말했다. 그는 "다만 문제는 방송사가 시청률을 높이는 데 아이를 잃은 어머니를 이용했다는 거죠. 이 어머니가 방송 전에 심리 상담을 받았다면 어떤 전문가가 이런 일에 찬성했겠습니까?"라고 덧붙였다. 인터넷에 공개된 짧은 동영상을 본 전 세계의 많은 심리학 전문가가 비슷한 의견을 내놓았다. 이런 만남이 슬픔을 받아들이는 과정에 어떤 영향을 미칠지는 아무도 모른다는 것이다. 이런 의문에 근거가 명확한 답을 내놓기에는 아직 이 기술이 지나치게 새롭다.

한편 불안장애 및 트라우마 치료 분야에서는 오래 전부터 VR 기술이 매우 중요한 역할을 하고 있다. 예를 들어 차량 폭발 사고를 겪고 살아남은 군인들은 가상공간에서 폭발이 일어났던 곳으로 돌아가 안전한 장소에서 폭발 현장을 관찰할 수 있다. 테러 공격에서 살아남은 사람들 또한 공격이 발생한 곳으로 돌아갈 수 있고, 교통사고 피해자들은 사고를 다시 경험할 수 있다. 목표는 하나다. 트라우마로 남은 기억을 다시 돌이키면서 공포를 덜어내는 것이다. 그러나 전문가들 사이에서도 심리 치료에 VR 기술을 활용하는 것을 두고 의견이 분분하다. 일부 전문가들은 너무 정교한 시뮬레이션 때문에 사람들이 완화 효과를 얻는 게 아니라 오히려 새로운 트라우마를 얻을지도 모른다고 우려한다.

디지털 클론으로 돌아온 딸과 만난 지성 씨가 슬픔을 다스리는 데 오히려 어려움을 겪게 될지, 아니면 건강하게 움직이는 나연이의 모습으로 자신의 기억을 덮어쓸지, 그것도 아니면 이 '재회'가 상실의 상처를 다시 벌어지게 만들지는 아직 알 수 없다. 그저 이 실험이 가족들에게 문제가 아니라 도움이 되기를 바랄 뿐이다. 어쩌면 아이를 잃은 어머니는 가상의 공원에서 딸의 가상 침대 곁에 머문 바로 그 순간을 필요로 하고 있었는지도 모른다. 어쩌면 어머니는 딸이 숨을 거둔 병실의 무겁고 차가운 분위기 속에서 받아들이기를 거부하던 딸과의 작별을 이제야 제대로 할 수 있었는지도 모른다.

사랑하는 사람이 죽고 나서 디지털 클론으로 다시 나타났을 때 그 사람과 재회하는 것이 어떤 사람들에게는 제대로 작별 인사를 할 기회가 될지도 모른다. 고인이 살아 있었을 때 만나지 못했거나, 임종을 지키지 못한 경우, 그리고 명상이나 기도만으로는 도저히 작별할 수 없는 경우 디지털 클론과의 만남이 도움이 될 것이다. 죽은 가족 구성원과 가상공간에서 재회하는 모습은 수십 년 전에 실제로 사용되었던 한 치료법을 연상케 한다. 많은 사람이 그 치료법의 도움으로 중요한 사람과의 관계를 명확히 정리할 수 있었다. 이 치료법은 가족 구도Family constellation라고 한다. 심리 치료의 보조 수단으로 특수한 훈련을 거친 심리학 전문가가 시행한다. 다른 사람이 상담 고객의 가족 구성원 역할을 맡게 하고, 상담 고객이 그 사람에게 깊이 묵혀둔 감정과 여태까지 말하지 않았던 내용들을 말함으로써 자신의 기분과 내면의 억눌림을 인식하도록 돕는 방법이다.[86] 이 과정에서 많은 사람이 죽은 가족 구성원에게 그가 살아 있었을 때 하고 싶었던 이야기 그리고 쌓였던 오해를 풀고 관계를 개선할 이야기들을 털어놓았다. 그렇게 사람들은 자신의 소망을 직접적으로 드러내거나 상대방(대리인)에게 상징적으로 받아들여졌다는 기분을 느낀다.

물론 가족 구도 치료법에서 가족 구성원의 역할을 하는 것은 진짜 사람이다. 그렇지만 살아 있는 혹은 사망한 가족 구성원의 역할을 디지털 클론에 맡기고 가족 구도 치료법 같은 대화를 시뮬레이션 하는 것이 과연 나쁜 일일까? 심리 치료를 받으려면 오래 기다리거나 많은 돈을 지불해야 한다. 디지털 클론을 만드는 기술은 앞으로 경제적인 면에서 훨씬 더 유리해질 것이다. 어쩌면 나중에는 처방전에 디지털 클론이 쓰여 있을지도 모르겠다. 이런 의문이 들 수도 있을 것이다. 가상공간에서 부활한 고인들이 실제 인물과 그다지 닮지 않았다면, 그래서 유가족들이 자신의 마음을 있는 그대로 털어놓지 못한다면? 가족 구도 치료법을 시행할 때는 자신이 대화하고 싶은 가족 구성원의 역할을 대신할 인물을 내담자가 직접 선택한다. 그 과정만으로도 상담자는 내담자가 그 가족 구성원을 어떤 시각으로 바라보는지 알 수 있다. 게다가 실제 가족 구성원과 그를 연기할 대리인이 닮지 않았을 경우, 고통스러운 주제로 이야기할 때 내담자의 마음이 다소 가벼워질 수 있다.

한편 디지털 클론이 완벽에 가까울 정도로 실제 인물과 닮았다면 불쾌한 골짜기Uncanny valley 현상을 불러일으킬 가능성이 낮다. 불쾌한 골짜기라는 개념은 로봇 공학 분야에서 처음 만들어졌다. 예를 들어 컴퓨터 게임의 실제 인물과 비슷한 아바타 같은 인공적인 존재가 인간과 닮을수록 사람들은 덜 섬뜩하게 느낀다. 반대로 말하면 인공적인 존재가 인간을 어설프게 닮을수록 보는 사람의 불쾌감은 높아진다. 로봇 공학 전문가인 모리 마사히로森政弘가 1970년대에 이 현상을 처음 묘사했다. 모리는 로봇의 외모가 인간과 비슷할수록 로봇을 관찰하는 사람들이 더 긍정적이고 감정을 이입하는 반응을 보였다고 설명했다. 그런데 로봇과 인간의 유사성 수준이 점점 낮아지면 어느 순간 긍정적인 감정이 불쾌와 역겨움으로 바뀐다. 이때 관찰자들이 느끼는 것이 불쾌한 골짜기 현상이다. 인간도 로봇도 아닌 애매한 정체성을 가진 존재를 사람들은 거부한다. 그렇다면 인간은 무엇으로 구성되고, 기계는 무엇으로 구성되는가? 인간과 기계의 차이점은 무엇인가? 로봇이 인간과 거의 구분할 수 없는 수준이 되면 관찰자들의 감정적인 반응은 다시 긍정적으로 바뀌고 감정 이입 수준도 높아진다. 간단히 말해 '인간과 비슷한 존재'와 '완전한 인간에 가까운 존재' 사이의 영역을 불쾌한 골짜기라고 할 수 있다. 그런데 최근 심리학 연구 결과에 따르면 인간을 거의 완벽하게 모방한 존재 또한 관찰자에게 필연적으로 불쾌감을 줄 수밖에 없다. 그러니 이 분야에서는 아직 밝혀야 할 내용이 많다.

완벽한 시뮬레이션으로 만들어진 고인과 재회하는 것이 유가족들의 영혼 치유에 효과적일지 아니면 유해할지 여부가 앞으로 장기 연구를 통해 밝혀져야 한다. 다만 그 효과는 명확하고 구체적으로 밝히기 어려울 것이다. 각 개인이 처한 상황에 따라 다를 것이기 때문이다. 어쨌든 무엇보다도 중요한 것은 상실의 슬픔을 겪는 사람들이 깜박 속아 넘어갈 정도로 고인과 비슷한 디지털 클론을 만났을 때 발생할 수 있는 위험을 숙지해야 한다는 점이다.

또한 언론이나 기업은 〈너를 만나다〉와 같은 심리학 실험을 할 경우 그 책임까지도 질 수 있을지를 고려해야 한다. 비브스튜디오스 같은 기업에 있어 죽은 딸을 다시 만난 어머니의 이야기는 그저 시작에 지나지 않는다. 이런 기술 기업들은 몇 년 전부터 VR 기술을 활용할 새로운 시장을 물색하고 있으며 새로운 형태의 이별, 슬픔의 극복 등에 관심을 보이는 세계 각지의 수많은 잠재적 고객을 놓치지 않을 것이다. 나연이의 어머니와 같은 사람들은 어쩌면 앞으로 허공을 붙잡는 기분이 아닌, 진짜로 '다시 살아 돌아온' 사랑하는 사람을 붙잡는 기분을 느끼게 될지도 모른다.

고인의 디지털 클론이 그 사람에 대한 남은 이들의 기억을 덮어쓸지, 삭제할지, 아니면 좋은 의미로 확장할지는 그 기술을 이용하는 개인에 달렸다. 그리고 우리가 누구를, 혹은 무엇을 아바타로 여길지, 그리고 그것을 누구로 혹은 무엇으로 인식할지에 달렸다. 우리는 형체를 얻어 구체화된 고인들을 꽉 붙잡으려고 시도할까? 아니면 진짜인지 확인하지도 않고 그들이 우리를 자극하도록 내버려둘까?

불멸성이라는 지옥

생애의 절반 동안 슬픔과 작별, 죽음을 연구하고 고찰하고 그에 관한 글을 쓴 오스트리아의 문화학자 토마스 마초Thomas Macho 는 빈에 있는 국제 문화학 연구 센터Internationales Forschungszentrum Kulturwissenschaften, IFK를 이끌고 있다. 마초는 우리와 이야기를 나누던 중 죽은 딸과 '재회'한 한국의 어머니 이야기를 듣고 깜짝 놀랐다. 그런 시뮬레이션은 어머니가 생전의 딸과 가까이에서 신뢰와 사랑을 바탕으로 나누었던 모든 것에 해를 끼치는 결과밖에 낳지 못할 수도 있다는 것이다. 마초는 이어서 위험한 유행에 관해 경고했다. "우리가 그리워해야 할 것이 아무 것도 없다고 믿도록 만드는 시뮬레이션은 지옥입니다. 신자유주의의 가장 은밀한 꿈을 이루어주는 것이나 마찬가지죠. 과잉되고 불필요한 것들로 만들어진 세상, 부재를 경험하는 것이 무엇인지 모르는 세상은 곧 지옥으로 변할 겁니다. 그곳에서 벗어나기란 불가능하니까요." 그는 이어서 "박탈을 극복하지 못하는 사람들, 그러니까 살면서 상실, 부재, 이별, 작별을 어떻게 받아들이고 견뎌야 하는지를 배우지 못한 채 영원히 존재하는 시뮬레이션과 계속해서 관계를 맺은 사람들은 거기서 벗어나서 '이제 나 혼자만의 시간을 갖겠어'라고 말하지 못합니다. 저는 이것을 일종의 감금이라고 생각해요. 영원한 현존이라는 고문입니다"라고 덧붙였다. 마초는 지크문트 프로이트의 저서 《쾌락원리 너머》에 담긴 일화를 소개했다. 프로이트는 손자가 노는 모습을 관찰하던 중 아이가 나무 실패를 소파 밑으로 던지고서 "없네Fort!"

라고 외치고 실을 당겨 실패가 나오면 "있네Da!"라고 외치는 것을 보고 그 실패가 아이에게는 엄마를 상징하는 것이라고 말했다.● 즉, 아이는 엄마를·상징하는 실패를 가지고 '없네! 있네!' 놀이를 함으로써 엄마가 부재할 때의 불안을 극복하는 연습을 하는 것이다. 이때 아이는 엄마가 사라지고 나타나는 것을 조정하는 감독이다. "세상에 태어나 삶을 배워가는 아이에게 엄마가 시뮬레이션으로서 항상 곁에 있는 상황을 상상해보세요. 섬뜩하지 않습니까? 그렇게 무서운 일이 또 있을까요? 자기 자신과 거리를 두고, 분리되고, 자신을 타자로서 경험할 기회가 없는 겁니다." 마초는 사랑하는 사람을 잃는 것이 얼마나 고통스러운지, 죽은 이를 다시 되살리고 싶다는 소망이 얼마나 클지 이해하며 그런 감정을 절대 과소평가하지 않는다. 아버지가 돌아가시고 얼마 지나지 않아 어머니까지 세상을 떠났을 때 마초는 겨우 스물두 살이었다. "어머니는 남편, 그러니까 아버지가 돌아가신 뒤에 괴로움에 몸부림치셨죠. 어머니가 일기장에 남긴 모든 글은 종교도 심리학도 친구도 동반자를 대신할 수 없다는 회의감으로 가득 차 있었습니다. 정신이니 심리니 영혼이니 하늘에서의 재회니 하는, 이른바 위안의 형태를 띤 모든 것이 절대 위로가 될 수 없었어요. 어머니에게 위안이란 이 세상에 존재하는 아버지였으니까요. 정신분석학적 표현에 따르면 슬픔은 대상상실 Object loss이에요. 그래서 대상, 말하자면 신체, 즉 다른 인간의 현존

●   이것을 Fort-Da Game이라고 한다.

을 시뮬레이션으로 만든다는 건······." 마초는 말을 잇지 못하고 그저 고개를 절레절레 저었다.

그는 인간을 디지털 클론으로 만드는 대신 새로운 애도 문화가 생겼으면 좋겠다고 말했다. 오프라인 세상에서는 모르는 사이지만 소셜 네트워크에서는 친한 사이인 사람들과 슬픔을 나누고 온라인 지인 중 누군가의 죽음 이후에도 슬픔 공동체를 형성해 서로 곁에 있어 주는 방식으로 힘을 얻을 수 있을 것이다.

우리는 곧장 몇 개월 전에 암으로 사망한 유명 블로거를 떠올릴 수밖에 없었다. 본명이 카트린Kathrin인 이 여성은 유방암을 진단받고 이후 암이 전이된 것을 확인했다. 카트린은 "암 전이와 싸우며 삶의 의지를 불태우는 블로거. 덜렁대고 산만한 편. 아침에 약한 편. 암 블로거이자 만화가. onkobitch. LGBTQ 지지"라는 자기소개를 게재한 트위터 계정을 운영했고, 이 계정은 그녀가 사망한 이후에도 오랜 시간 활성화되어 있었다. 1만1000명이 넘는 사람이 카트린을 팔로우하고 투병 과정을 지켜보았다. 지금도 많은 사람이 댓글로 애도를 표하고 있다. 마초는 '죽을 운명인 사람들의 연대 의식'에 관해 말했다. 우리는 모두 죽을 운명인 사람들이다. 여태까지 죽음을 피하고 불멸의 삶을 산 인간은 없었다. 페리클레스•는 고대 그리스에서 아고라에 사람들을 모아 놓고 '죽을 운명에 처한 자로서' 연설했다고 마초는 설명했다.[87] 죽어야 할 운명은 한편으로는 이별

• 고대 아테네의 민주정치 전성기를 이룩한 지도자.

을 뜻하지만, 다른 한편으로는 우리 모두의 연결을 뜻한다. 마초는 "우리는 모두 죽을 사람입니다. 그리고 우리가 그 사실을 알고 있기 때문에 공동체, 정치, 민주주의를 이루는 게 가능하죠. 죽음은 동등함과 분배, 그리고 공유를 약속합니다"라고 말했다.

독일의 철학자 이나 슈미트는 성장지향적인 사회에서 우리가 더 이상 무상함과 유한성을 삶의 견디기 어려운 불행으로 보아서는 안 된다고 역설했다. 슈미트는 언론과의 인터뷰에서 "우리는 삶이 유한하다는 것을 관대하게 받아들여야 합니다"라고 말했다. 우리가 처한 운명에 불만을 품기보다는 더 적극적인 태도로 죽음을 받아들여야 한다는 것이다. '작별한다'는 표현 또한 유한성이 아무것도 아니라는 뜻을 내포하고 있다. 우리는 죽음을 불행한 일로 받아들이고 슬퍼하기보다 그것을 스스로 꾸리고 자기 주도적으로 이별을 맞이해야 한다. 슈미트는 우리의 기술적이고 기계적인 세계상이 효율성과 진보적인 생각을 지향하기 때문에 죽음을 애써 잊으려는 사람들이 많다고 말하며 성장 원칙의 자리에 '취약성의 윤리Ethics of vulnerability'를 집어넣고 싶다고 덧붙였다. 함부르크에 있는 자신의 사무실 '사색의 공간denkraeume'에서 슈미트는 무상함에 관한 새로운 담론을 이어갔다. 중세 시대에는 '아르스 모리엔디Ars Moriendi•'라는 사망술이 있었다. 슈미트는 현대인들도 보편적인 작

• 사망술 혹은 왕생술이라는 뜻으로, 중세 시대에 유럽 전역에 배포된 소책자이다. 당시 페스트(흑사병)로 수많은 사람이 죽으면서 죽음과 직면한 많은 이가 죽음에 관해 생각했고 이를 위해 죽음을 준비하는 교훈서가 만들어진 것이다.

별 인사를 위한 의식을 마련할 수 있기를 바란다. 한편 마초는 아주 오랜 시간 동안 많은 사람이 평온하게 작별 인사를 나누고 이승의 삶을 정리하고 마침내 영혼을 편안하게 만들기 위해 서서히 죽기를 바랐지만, 오늘날에는 반대로 갑작스럽게 죽기를 바라는 사람들이 많다고 말했다. 그 또한 현재 우리 사회에 죽음을 준비하고 죽음 이후에 공동체가 슬픔을 받아들이는 새로운 의식이 결여되어 있다고 생각한다.

빠르게 돌아가며 성장만을 지향하는 서구 사회의 우리들은 슬픔을 결핍이나 약점 혹은 치료가 반드시 필요한 심리적인 문제가 아닌 충족한 삶에 속한 요소 중 하나로 보는 방법을 다시 배워야 한다. 영국에서는 최근 아이를 잃은 부모가 2주 동안 유급 애도 휴가를 받을 수 있다는 새로운 법률이 제정되어 눈길을 끌었다. 네 살 때 세상을 떠난 잭이라는 아이의 이름을 딴 법률인데, 이 법률이 제정되기까지 잭의 어머니는 아이를 잃고 10년 동안 슬퍼할 권리를 얻기 위해 싸워야 했다. 독일의 경우 회사원이 가족 구성원의 사망으로 공식적으로 받을 수 있는 유급 휴가는 겨우 이틀이다. 그 가족 구성원이 배우자든, 부모든, 아이든, 형제자매든 똑같다. 사망일에 하루, 장례식에 하루 등 총 이틀밖에 쉬지 못한다.[88] 그것만으로도 충분하다는 것이다. 만약 사용자가 (바라건대) 더 쉴 수 있도록 배려한다 하더라도 이는 오늘날 우리 사회의 문화, 즉 슬픔은 최대한 빨리 잊어야 하는 것이라는 생각에 어긋난다. 공개 납관식이나 문상객 대접, 며칠, 몇 주, 혹은 몇 달 동안 상복 입기, 추모미사 같은 공동체의 애도 의식은 수십 년 전에는 대부분 사람에게 당연한 일이었지만 오늘날 많은 사람에게는 예외에 가깝다. 요즘 사회에서는 시간과 공을 들이고 많은 사람이 참여해야 했던 대부분의 종교적인 의식과 함께 사랑하는 사람을 잃고 오랜 뒤에도 슬퍼할 수 있다는 개개인의 감정적인 권리가 사라졌다.

작별 인사와 슬픔에 더 많은 시간과 공간을 주는 것은 사회가 해결할 과제다. 이는 의식의 문제이기도 하다. 마초는 개인적으로 불멸성이라는 꿈보다 무상함에서 더 많은 것을 얻어낼 것이다. "저는 유한성이 아주 큰 위로가 되는 것이라고 생각합니다." 그는 빈에서 만난 우리에게 말했다. 회의라고는 눈곱만큼도 묻어나지 않는 말이었다.

그는 이어서 영원히 이어지는 삶과 수십 년 정도는 연장되나 언젠가는 끝을 맞이할 삶을 상상하는 것 사이에는 어마어마한 차이가 있다고 설명했다. 삶이 영원히 이어진다면 반복이 삶의 의미를 퇴색시킬 것이다. 극단적인 삶의 연장에 반대한다고 해서 삶의 연장 자체를 전면적으로 비판하는 것은 아니다. 실제로 인간의 수명이 130에서 150살가량으로 늘어날 날이 곧 올지도 모른다. 그렇게 만들기 위해 노력하는 데에는 아무런 문제가 없다. 수명이 그만큼만 늘어나더라도 벌써 지루함을 느끼는 사람들이 생길지도 모른다고 마초는 생각한다. 그런데 우리가 삶이 계속 반복된다고 생각하는 것은 사고방식의 문제가 아닐까? 러시아 출신 독일인 피아니스트 이고어 레비트Igor Levit은 〈디 차이트〉와의 인터뷰에서 '월광 소나타'를 그토록 자주 연주했으니 피아노를 치지 않는 순간에도 소나타의 선율이 들리지 않느냐는 질문에 이렇게 답했다. "소나타

339

를 자주 칠수록, 더 열심히 여러 차례 칠수록, 그 곡에 대한 이해가 부족해지고 곡이 저에게서 더 멀어지는 기분이 들어요. 그럴수록 저는 더 행복해지고, 더 자주 그 곡을 치고 싶다고 생각하죠. (…) 저는 절대 '이 곡은 이제 다 이해했으니, 다음 곡을 주세요'라고 말하지 않아요. 제 목표는 다시 시작부분으로 돌아가는 거예요." 극단적으로 연장된 삶 속에서 마르지 않는 샘처럼 계속해서 쏟아지는 경험을 하면서 그것이 늘 같은 일들의 지루한 반복이라고 생각하기보다 레비트와 같이 생각한다면 어떨까?

명예는 죽지 않는다

불멸성을 얻기 위해 사람들이 추구했던 방법 중 가장 오래된 것은 현대 기술과는 전혀 상관이 없다. 바로 명예다. 스티븐 케이브는 저서 《불멸에 관하여》의 제5부 '유산 이야기'에서 인간이 죽은 이후에도 남아 있는 후광, 즉 명예에 관해 이야기했다. 이미 고대부터 명예라는 개념은 불멸성과 밀접하게 연결되어 있었다. 그리스의 영웅 아킬레우스는 트로이 전쟁에서 활약하다가 사망했는데, 짧은 생애에 비해 명예는 아주 오래 남았다. 마초는 "사람이 타인들의 의식 속에서 사후의 삶을 산다는 생각은 당시 그리스인들에게는 매

●　베토벤 피아노 소나타 제14번.

우 중요했던 공동체 의식과도 관련이 있습니다"라고 설명했다. "산 사람들의 기억 속에서 계속해서 살아간다는 건 그리스인들에게 큰 위로였죠. 나라는 개인보다 더 중요한 것의 중심에서 영원히 존재할 수 있다는 뜻이니까요." 오늘날은 어떨까? 신자유주의적인 이상에 따르면 우리는 모두 자신의 행복의 개척자이다(사회적인 상황과는 상관없이 말이다). 그런 사회에서 금방 잊히고 주목받지 못하는 사람은 곧 충분히 열심히 일하지 않았거나 똑똑하지 않은 사람이다. 사회에서 얼마나 성공했느냐에 따라 사후에 후광이 얼마나 남을지 결정된다.

죽은 이후에도 유명인으로 남고 싶다는 소망이 고대 그리스 사람들이 생각했던 것만큼 여전히 매력적인 목표일까? 현대인들 중 과연 얼마나 많은 사람이 아킬레우스와 같은 선택을 하고 영원히 기억되기를 원할까? 어차피 인터넷이 단 한 사람도 잊어버리지 않고 기억하고 있을 테니, 디지털 시대를 사는 우리는 죽은 이후의 명예에 관해 조금도 걱정할 필요가 없는 걸까?

아니면 그 반대로 많은 사람이 어차피 이런들 저런들 온라인상에서 자신이 표현되는 방식에 큰 영향을 미치지 못하니 생전이든 사후든 명예를 남기는 데에 큰 관심이 없는 걸까? 아니면 죽은 이후 어느 날 다른 사람들이 자신을 어떻게 기억하든 털끝만큼의 관심도 없을까? 지난 몇 달 동안 전 세계 여러 나라에서 수많은 사람을 만나 나눈 죽음과 사후의 삶에 관한 대화에서 눈에 띄는 점이 있다. 대부분 "내가 죽은 이후 일어나는 일은 나에게 아무런 의미가 없어요"라고 말했다는 것이다. 어차피 본인이 겪을 일이 아니기 때문이다. 마초는 "제가 죽은 이후에도 인터넷에서 저에 관한 무언가가 확산하거나 저를 닮은 무언가가 '자신만의 삶'을 꾸려나간다고 상상하면 불쾌합니다"라고 말했다. 아마 공감하는 사람이 적지 않으리라. 인터넷상에서 무수히 많은 사람이 '잊힐 권리'에 동의한 것을 보면 알 수 있다.(이에 관해서는 추후에 덧붙이겠다.)

그렇다면 과연 인류가 그렇게나 오래 전부터 말이나 행동이나 작품을 남겨 이름을 떨치고 많은 사람의 기억 속에서 계속 살아가겠다며 꿈꾼 명예의 불멸이 오늘날에는 그리 보편적인 생각이 아니게 된 이유는 무엇일까? 현대인들이 사후의 명예를 그다지 중시하지 않는 이유는 나중에 우리를 기억해줄 대중들도 어차피 더 이상 존재하지 않을 것이라는 생각과도 연관이 있지 않을까? 한편으로 인터넷 시대에 들어서 한 순간에 벼락같은 인기를 얻는 사람들의 수가 급격하게 늘어났다. 오늘날에는 전 세계적으로 수백만 명이 인기인이 될 수 있다. 이 또한 기술 발전의 가속화와 연관이 있을까?

사후의 명예에 대한 대중의 관심은 줄어들었지만 살인자들은 (특히 종교 때문이 아닌 다른 동기로 범행을 저지르는) 그렇지 않은 모습이다. 총기 난사 사건이나 테러 등의 범인은 대부분 젊은 남성이며, 이들 중 대다수는 현장에서 자살한다. 이들에게 가장 중요한 동기는 '안티히어로적인 죽음'이다. 특히 이런 극단적인 사건은 (범인이 사망한 이후에도) 인터넷에서 뜨거운 관심을 받는데, 이런 관심이 살인자들에게는 더욱 매력적으로 보이는 것 같다. 1999년 미국의 콜럼바인 고등학교에서 총기 난사 사건을 벌인 두 명의 범인 해리스와 클리볼드는 다수의 영상을 남겼는데, 아마도 그 영상을 찍으면서 나중에 영화를 통해 사후 명예를 얻고 싶다는 원대한 꿈을 꿨던 모양이다. 영상 속에서 클리볼드는 "영화감독들이 다들 이 이야기에 꽂힐 거야"라고 말했다. 그리고 두 범인은 스티븐 스필버그가 각본을 쓸지, 아니면 쿠엔틴 타란티노가 각본을 쓸지 이야기를 나눴다. 2007년에 핀란드의 한 고등학교에서 다른 학생 및 교사들을 향해 96발이나 되는 총알을 발사한 범인 페카 에릭 아우비넨은 온라인상에 범행 계획을 올리기도 했다. 자세한 범행 계획을 담은 그 영상은 곧 세계 언론의 관심을 받았다. 이로써 당시 18살이던 아우비넨은 자신만의 '기념비'를 세울 수 있었다. 〈슈피겔〉 또한 그 내용을 보도한 바 있다. "아우비넨은 인터넷에 한 영상을 게재했다. 영상 속에는 먼저 그가 다니던 요켈라 고등학교의 모습이 나오고, 곧 무기를 든 아우비넨의 모습이 보인다. 권총으로 사과를 쏘는 모습. 카메라에 권총을 겨누는 모습. 영상의 마지막에 아우비넨은 카메라를 향해 윙크한다. 어머니에게 다시 한번 인사를 남기려는 것 같다. 아우비넨은 이 영상을 'strumgeist89'라는 닉네임으로 올렸다. 영상의 제목은 '요켈라 고등학교 대학살'이었다. (…) 조회수는 20만을 넘었다." 영상 속에서 범인은 '인류는 과대평가되었다Humanity is overrated'라는 선언문이 인쇄된 티셔츠를 입고 있다. 이 모든 것이 유튜브에 게재되었다.

이처럼 잔인한 범행을 저지른 범인들이 올리는 영상, 라이브 스트리밍, 성명문 등이 수 초만에 소셜 네트워크에서 공유되는 일이 잦다. 트위터와 페이스북의 시대에 나타난 소식 전달 방식의 변화다. 이에 따라 대중이 테러 공격이나 대량 살인, 총기 난사 현장을 실시간으로 목격하게 되었다. 사람들은 자극적인 것에 관심을 보이기 쉬우므로 소식을 접한 인터넷 사용자들은 곧 각종 상상의 나래를 펼치며 담론하기 시작한다. 범인은 왜 범행을 저질렀을까? 이 잔인한 인물은 도대체 누구인가? 그 사람을 살인자로 만든 것은 무엇인가? 검증된 출처를 통해 정리된 정보가 더 빠르게 확산하기는 불가능에 가까워졌다.

이 모든 관심의 중심에는 범인이 있다. 사람들이 범인에게 관심을 보이는 것은 대단히 위험한데, 범인들이 저지른 가해가 널리 퍼지면서 그들 자신이 성공했다고 생각할 수 있기 때문이다. 사건의 관찰자인 일반 시민들은 '좋아요', 조회수라는 형태로 범인들에게 성취감을 안겨줄 수 있다. 범인들은 자신의 이름과 범행이 알려지기를 추구하고, 갈망하고, 결국 그 결과를 얻는다. 대개는 사건이 벌어지고 불과 몇 시간 만에 범행 동기와 배경에 관한 해석이 여럿 만들어지고, 특히 범인에 관한 정보는 사람들의 입에 오르내린다. 이때 피해자들에 대한 배려는 뒷전으로 밀리고 만다. 이것은 아주 위험한 메커니즘이다. 이에 따라 보도의 불균형이 촉발될 수 있다.

한 가지 예시가 있다. 국가사회주의 지하당National Socialist Underground, NSU의 일원 중 아는 이름이 있는가? 대부분 독일인이 문트로스, 뵈른하르트, 채폐라는 이름은 들어보았을 것이다.● 그러나 엔베르 심섹, 압두라힘 외쥐도우루, 쉴레이만 타스쾨프뤼, 하빌 킬리치, 메메트 투르굿, 이스마일 야샤르, 테오도로스 불가리데스, 메메트 쿠바식, 알리트 요즈가트, 미헬레 키제베터 등 NSU에 살해당한 아홉 명의 피해자의 이름을 아는 사람은 없다. 사람들은 악에 매료된다. 끔찍한 사건이 발생하면 피해자를 추모하는 사람들보다 범인에 주목하는 사람이 더 많다. 그뿐만이 아니다. 대부분 범인이 죽은 이후에도 온라인에서 회자되는 반면, 피해자와 희생자들은 대부분 미디어에서 주체성이 있는 인간이나 사회의 일원으로 대접받지 못한다. NSU가 벌인 연쇄적인 테러와 살인에는 어느 순간 '되너 살인'**이라는 이름이 붙었다. 독일의 사회학자인 야스민 시리Jasmin Siri는 이를 두고 프랑스 언론과의 인터뷰에서 "한 사람 혹은 여러 사람이 추모되는지, 그리고 어떻게 추모되는지, 살해된 피해자들의 유가족들이 느끼는 상실감이 사회적으로 공론화되는지(혹은 전혀 논의되지 않는지), 그리고 어떻게 그 과정이 일어나는지는 개개인의 운명이 아니라 사회적인 결정에 따른다"고 말했다.

유가족들이 느끼는 고통은 가중된다. 계속해서 미디어에 등장하는 범인들의 모습을 볼 수밖에 없으며, 또한 계속해서 피해자들에 대한 사회의 무관심을 목격할 수밖에 없다. '되너 살인'이라는 말은 소셜 미디어에서 들불처럼 번졌다. 온라인에서 뭔가가 생겨나고 어떤 개념이 만들어지면 돌이킬 수 없다. 이런 현상이 희생자의 가

- NSU는 2000년부터 2007년에 걸쳐 쾰른 폭탄 테러를 일으키는 등 수많은 사람을 살해하고 15건에 이르는 무장 은행 강도 행각을 벌인 신나치 테러 조직이다. 문트로스와 뵈른하르트, 채페는 사건의 주범으로, 문트로스와 뵈른하르트는 현장에서 자살했고 채페는 경찰에 자수했다. 수사 결과 NSU를 도운 사람만 200명이 넘었다.

- ** 되너는 튀르키예의 음식인 되네르 케밥을 가리킨다. NSU가 벌인 살인 행각의 피해자가 대부분 튀르키예 출신 이민자였기 때문에 '되너 살인'이라는 인종차별적인 이름이 붙었다.

13장 잊을 수 없음

족 구성원과 지인들에게는 어떤 의미일까? 이 사건은 지금까지도 온라인에서 언급되고 있다. 사람들은 피해자 가족들의 상실감이 존재하지도 않는 것처럼 군다. 디지털 세상의 공개성 때문에 인간의 존엄성을 훼손하고 상처 입히는 정보가 걷잡을 수 없이 퍼진다. 유가족들에게 이런 언론 보도를 막을 권리는 없는 걸까? 고인의 존엄성을 (디지털 세상에서도) 지킬 권리가 없는 걸까?

우리는 온라인상에서 계속 이런 소식을 접해야만 하는 걸까? 우리는 앞으로 이와 같은 의문을 파헤치고자 한다. 인터넷 시대에 '잊힐 권리'는 어떻게 되어 가고 있는가? 어떤 사건이 온라인상에서 자주 언급될수록 더욱 중요한 것은 드러나는 내용이 무엇이고 그렇지 않은 내용이 무엇인지다. 21세기의 역사 기록자는 누구인가? 구글과 페이스북인가? 무엇이 영원히 기억되고 무엇이 잊힐지 누가 판단하는가? 한 가지는 분명하다. 잊히지 않는 인터넷 세상의 시대에서 기억하기의 의미가 완전히 바뀌고 있다.

지금 살아 있는 우리들에게 이것은 죽음보다 훨씬 중대한 문제인지도 모른다. 디지털 세상에서 자신의 프로필과 계정을 온라인에 남겨둔 채 죽은 사람들에게는 어떤 일이 벌어질까? 디지털 세상의 고인의 삶이 남은 사람들의 기억과 망각에는 어떤 영향을 미칠까? 아날로그 세상에서 고인의 유산을 처리하는 것처럼 디지털 세상에 남겨진 유산을 처리해야 하는지 여부도 고민해야 할 문제다.

어쨌든 아무 것도 잊히지 않는 인터넷 공간에서 뒤죽박죽으로 엉망이 되는 것은 죽은 자들의 삶뿐만이 아니다.

14장
영원한 삶

역사를 쓰다

오늘날 젊은이들은 그들이 10대 때 한 일들이 성인이 되어서 그대로 되돌아올 수 있는 세상에서 자란다. 아주 어릴 때부터 벌써 미래의 커리어를 신경 쓰는 사람들은 치기어린 시절에 남긴 어리석은 행동, 말, 농담, 장난, 실험 등이 수십 년 후에 자신의 약점으로 돌아오지 않도록 하기 위해 열두 살 때부터 온라인상에서 신중한 태도를 보일 것이다. 인터넷 시대의 젊은이들에게는 실수할 권리가 주어지지 않는다. 이는 이미 성인이 된 사람들에게도 마찬가지다. 우리가 하는 모든 일이 저장되고 나중에 얼마든지 다시 확인될 수 있다면 우리는 항상 미래지향적인 시각으로 현재를 되돌아보듯이 행동해야 하는 걸까? 모든 실수가 돌이킬 수 없는 것이 되어버린다면 우리는 지나치게 조심스러워지지 않을까? 결국 망설이고 주저하기만 하다가 아무런 행동도 하지 못하는 게 아닐까? 시행착오를 거쳐 실수에서 배우는 방식은 인류가 큰 진보를 할 수 있도록 했다. 말하자면 진화의 원칙이다. 그런데 몇 년이 지난 후에도 모든 실수를 변명하고 해명해야만 한다면 우리는 어떻게 배울 수 있을까? 모든 것이 인터넷에 저장되어 낡거나 지워지거나 흐릿해지지 않는다면 우리 삶에 두 번째, 세 번째, 네 번째 기회가 나타날 희망은 없다. 처음 시작하는 사람들에게는 타불라 라사Tabula rasa가 필요하다. 아무것도 쓰이지 않은 깨끗한 상태의 판자를 뜻하는 말이다. 달리 말하자면 우리는 인생의 판자를 뒤집어 다시 새롭게 써 내려갈 수 있어야 한다.

2018년 9월에 파리를 여행하던 어떤 사람이 신발을 벗고 그늘진 인도에서 꾸벅꾸벅 졸고 있던 환경미화원의 모습을 휴대전화로 사진 찍었다. 이 여행자는 사진을 트위터에 올리며 #깨끗함, #파리의청결, #파리시청 등의 해시태그를 덧붙이고 프랑스의 외관을 책임지는 미화원의 직업의식이 부족하다며 헐뜯었다. 파리 시민들의 세금이 일하지 않고 낮잠이나 자는 미화원들에게 쓰이고 있다며 분노한 것이다. 이 내용은 순식간에 인터넷에 퍼졌고 파리시 청소과가 해당 미화원을 해고하기에 이르렀다. 이 미화원은 트위터를 사용하지 않았기 때문에 자신이 인터넷에 퍼진 사진 때문에 해고 통보를 받았다는 사실에 당혹감을 감추지 못했다. 우리가 이 사건에 관해 들은 소식이라고는 미화원이 항의했고 사건이 재판까지 갔다는 사실 뿐이다. 그는 다리가 아파서 동료가 쓰레기 수거 차량을 주차하는 사이 잠깐 누워 있었던 것뿐이라고 설명했지만 '디지털 형벌'을 받은 이후로 새로운 직장을 구하지 못했다.

모든 사람이 스마트폰으로 서로를 감시하는 시대, 자극적인 소식을 좋아하는 소셜 네트워크의 시대에 이런 예시와 같은 사건이 잇따라 발생하고 있다. 자신도 모르는 사이 인터넷에 올라온 댓글, 사진, 동영상 때문에 신용을 잃고 직장까지 잃은 사람이 그 수를 셀 수 없을 정도로 많다. 언제 어디서든 누군가가 휴대전화를 꺼내 (맥락과는 상관없이) 우리를 '죄인'으로 몰고 '폭로'하는, 혹은 중상모략 하는 사진이나 동영상을 몰래 찍을 수 있다는 사실, 우리가 절대 남들에게 보이지 않고 있다고 믿는 삶의 순간까지도 인터넷에 퍼질 수 있다는 사실, 그리고 이 모든 일에 인터넷은 표면적으로 아무런 역할을 하지 않는다는 사실은 확실하다. 그러나 인터넷은 어디에나 있고 그 어떤 것도 절대 잊지 않는다.

넷플릭스 드라마 시리즈 〈블랙 미러〉의 에피소드 '당신의 모든 순간'은(흥미롭게도 독일어 제목은 '투명한 나'였다) 시나리오 작가이자 프로듀서인 제시 암스트롱Jesse Armstrong의 손에서 탄생한 작품이다. 이 에피소드는 삶에서 일어난 모든 일을 기억할 수 있는 사람의 이야기를 다룬다. 마치 메멕스에 자신의 모든 삶을 기록하는 앤드루의 이야기를 드라마로 옮긴 것 같다. '당신의 모든 순간' 속 세상에서는 모든 사람이 귀 뒤에 심은 칩으로 삶의 모든 순간을 녹화 및 저장할 수 있다. 그렇게 저장된 기억들을 타인이 볼 수 있고, 반대로 나 또한 타인의 기억을 볼 수 있다. 주인공인 리암은 아내가 다른 남자와 관계를 갖고 있다고 의심한다. 그래서 아내의 불륜 증거를 찾기 위해 조금도 빠짐없이 저장되어 있는 기억을 뒤진다. 그럴수록 질투심과 의심은 더욱 깊어진다. 상황은 최악으로 치닫는다. 불륜 상대로 의심되는 남자의 기억을 살피던 중 리암은 자신이 두려워하던 증거를 찾는다. 리암은 남자에게 아내에 관한 기억을 모조리 지우라고 강요하고, 아내에게는 그 남성과 관계를 가진 장면을 재생해보라고 시킨다. 배우자의 불륜이라는 소재는 일견 흔해 보이지만, 이 드라마의 내용은 다소 충격적이다. 망각이라는 자연스러운 장막이 사라져 기억을 되짚는 시야가 더 이상 차단되지 않고 삶에서 일어났던 모든 일을 언제든 다시 생생하게 볼 수 있게 된다면 우리가 느끼는 불안은 무한대로 늘어날 것이다.

이 드라마는 과거를 빈틈없이 다시 살펴볼 수 있게 되면 개인의 삶이 나락으로 떨어질 뿐만 아니라 우리 사회 또한 무너질 것이라고 말한다. 드라마 속 세상에서 비행기를 타고 여행하려는 사람들은 지난 일주일 동안의 기억을 모두 공개해야 한다. 회사에 면접을 보러 가면 면접관의 요구에 따라 지난 몇 년 동안 경험한 순간들을 공개해야 한다. 기억을 공개하지 않고는 할 수 있는 일이 거의 없다. 언제든지 과거의 내가 했던 말과 행동을 다시 볼 수 있다면, 우리는 이렇게 강요되는 일관성을 계속해서 유지할 수 있을까? 아니면 행동에 책임을 져야 하는 나라는 개인의 인간상을 끝까지 유지할 수 없어 결국 포기하기에 이를까? 드라마의 마지막 장면에서 리암은 결국 귀 뒤에 심어 두었던 기억 저장 장치를 직접 파낸다. 망각하지 않는 능력이 그에게는 고문이나 마찬가지였다.

〈블랙 미러〉 시리즈의 에피소드가 우리에게 상기시키는 디스토피아가 과연 앤드루의 메멕스와 같은 기술을 계속해서 발전시켰을 때 나타날 유일한 미래일까? 우리 삶에 중대한 영향을 미칠 수 있는 모든 새로운 기술이 생길 때마다 우리는 그것이 인류의 종말을 야기할지도 모른다고 두려워하지 않았던가? 이런 디스토피아를 꾸준히 상상하면서 우리는 자신의 행동을 성찰하고 부정적인 결과를 피할 능력을 기를 수 있으며, 그 과정에서 의식적이고 신중하게 기술을 활용할 방식을 찾을 수 있는 게 아닐까? 변하는 상황에 적응하고 알고리즘 저장 기억을 책임감 있고 이성적이고 분별력 있게 사용하며 살아가는 방식을 배울 수 있는 게 아닐까?

미국 뉴욕에 있는 데이터 및 사회 연구소 소속 사회미디어학자인 다나 보이드는 "사람들, 특히 젊은 사람들이 앞으로 대응 기제를 떠올릴 겁니다. 정부기관이나 기술 기업의 개입 없이도 자연스럽게 일어날 일이죠"라고 말했다. 보이드는 우리가 앞으로 모든 정보가 빈틈없이 저장된 디지털 저장 기억을 갖고 사는 방법을 배워야 한다고 믿는다. 언제 어디서든 사용될 수 있는 데이터 때문에 마음과 정신이 혼란에 빠지지만 않는다면 우리는 오히려 학습 목표에 도달할 수 있을 것이다. 물론 보이드 또한 이것이 하루아침에 적응할 수 있는 일은 아니라고 생각한다. 우리는 아마 과도기를 겪을 것이다. MIT의 미디어랩에서 석사 학위를, 버클리 대학교에서 박사 학위를 받고 마이크로소프트 리서치에서 일한 이 분야의 전문가인 보이드가 생각하기에 결국 기술적인 변화를 이해할지 여부는 우리에게 달렸다. 그 생각이 옳을까? 어쨌든 〈블랙 미러〉와 같은 디스토피아 SF 시리즈가 우리에게 기술의 긍정적인 가능성만을 맹신해서는 안 된다고 경고한다는 점은 명백하다.

그렇다고 이를 기술을 모조리 거부해야 한다는 호소로 받아들여서는 안 된다. 어차피 그러기에는 이미 너무 늦었다. 대기업의 서버와 서비스를 규칙적으로 이용하는 것만으로도 우리는 삶의 데이터를 상당량 남에게 넘기고 있다. 누구나 갖고 있는 소셜 미디어 프로필은 개인의 정보를 적나라하게 드러낸다. 남들이 우리를 조사하고, 염탐하고, 우리의 정보를 캘 수 있다는 사실을 알고 있더라도 대부분 사람은 대처할 방법이 없어 무력해질 수밖에 없다. 1987년에 독일에서 진행된 간단한 인구조사 기간에는 지금과 같은 무력함을 느낀 사람들이 길 위로 몰려 나와 행진하며 사적인 영역이 침해당하는 것에 항의했다. 30여 년 전 사람들은 인구조사로도 개인정보 침해라며 화를 냈는데, 현재 우리들은 그보다 더 투명하게 개인정보를 공개하는 삶을 살면서도 만족하고 있는 것 같다. 어쩌면 우리는 우리가 무슨 짓을 하고 있는 건지 모르는 걸까? 매일같이 기술 기업에 개인정보를 선물처럼 보내면서도 그 파급력을 인식하지 못하는 걸까?

옥스퍼드 대학교의 교수인 빅토어 마이어 쇤베르거는 보이드와 달리 완전히 디지털화된 저장기억이 사회에 미치는 효과가 파괴적일 것이라고 본다. 쇤베르거는 인간의 기억을 보호하기 위해 당황스러울 정도로 간단한 해결책을 제시했다. 디지털 기억으로 저장될 모든 정보에 만기일을 설정해두면 된다는 것이다. "그러면 보존 기간이 지나거나 만료일이 가까워진 모든 디지털 저장 정보를 삭제할 수 있다. (…) 컴퓨터에 문서를 저장할 때 보통은 파일명을 설정한다. 그때 파일명과 함께 보존 기한도 설정하는 것이다. 기한이 설정되지 않은 데이터는 저장할 수 없도록 한다. 파일명을 설정하지 않으면 파일을 저장할 수 없는 것처럼 말이다. 사람이 우선 여러 가지를 선택해 설정하고 나면, 나머지는 컴퓨터가 알아서 한다. 컴퓨터가 자동으로 만기일을 관리하고 매일 한 번씩 보존 기간이 지난 정보를 삭제하는 것이다."[89] 데이터뿐만 아니라 웹브라우저에 저장되는 캐시나 쿠키, 구글에 입력한 검색어, 지도 앱에서 찾아본 길과 주소, 온라인 쇼핑몰에서 산 물건 등 여러 데이터가 사용자가 직접 삭제하지 않아도 자동으로 삭제된다. "이렇게 하면 영속하는 기억 대신 인간이 원하고 조절하는 망각이 표준이 될 것이다"[90]라고 쇤베르거는 언급했다.

　희망적인 앞날처럼 들리지만 특정한 정보가 누구의 소유인지 결정하기부터가 쉽지 않을 것이다. 우리는 끊임없이 다른 사람들과 함께 정보를 공유하고 확장하고 바꾸고 새로운 정보에 도달한다. 정보의 저장 및 삭제가 가능해진다면 하나의 같은 정보에도 기업과 고객, 일반적인 사람들의 이해관계가 상충할 것이다. 쇤베르거 역시 이 문제를 생각했고, 이런 경우 이해관계자들이 협상하여 만료일을 설정해야 한다고 제안했다. 그렇지만 서로 협상해서 만료일을 정해야 한다면, 사람들은 상대방이 자신에게 결정권을 넘기기를 바랄 것이다. 그리고 '협상 테이블'에서는 기업이 항상 유리하다. 쇤베르거는 한 정보를 두고 모든 사람이 입장 차이를 보일 때 누가 결정권을 가져야 하는지를 결단하기란 어려울 수도 있다고 덧붙였다. 어떤 개인들은 망각을 바라고, 어떤 기업들은 기억을 바라거나 또는 그 반대의 경우가 있을 수 있기 때문이다. 개인의 가치가 집단의 가치보다 더 높은 사회에서는 원칙적으로 정보에 권한을 가진 당사자가 만료일을 정할 것이다. 그런데 특정한 경우에는 사회적인 의의가 개인의 선호보다 중요할 수 있다고 쇤베르거는 말했다. 그럼에도 그는 디지털 만료일을 꾸준히 주장하고 있다. 그는 인간의 기억이 사건 발생 이후 시간이 지날수록 점차 흐려지듯이 정보 또한 갑자기 사라지는 것보다 서서히 사라지는 편이 좋다고 생각한다. "예를 들어 이렇게 상상할 수 있다. 우리 뇌가 아주 오래 전 과거의 사건을 다시 기억해 내려고 할 때 시간이 많이 필요하듯이, 디지털 공간에 더 오래전에 저장된 정보를 불러올 때 시간이 더 많이 걸릴 수 있다. 혹은 디지털 기억을 불러오는 데 또 다른 검색어가 필요할 수도 있다. 과거의 기억이 다른 부가적인 자극에 의해 다시 생각나는 경우가 있는 것처럼 말이다."[91] 쇤베르거는 이미 2008년에 '녹슬어 가는 디지털 기억'이라는 개념을 주장했다. 그로부터 십수 년이 지난 지금, 그의 아이디어는 아직도 독특하지만 순진한 생각으로 남아 있다. 왜 그럴까? 디지털 세상에서는 늘 '마찰을 없애는 것'이 중요하기 때문이다. 디지털의 기본 사상은 의사소통을 더 빠르고 간편하게 만드는 것인데, 모든 개별 정보에 만료일을 설정하기 위해 협의하고 결정하는 것은 마찰을 줄여 모든 것을 빠르고 간단하게 만든다는 디지털의 근본이념에 어긋난다.

쇤베르거가 고려하고 있는 아이디어에 영향을 받은 유럽 연합은 데이터 보호법을 개정했다. 그 내용은 '잊힐 권리'로 널리 알려졌다. 2014년 5월 유럽 사법재판소는 유럽 내의 모든 개인이 검색 엔진을 제공하는 기업에 자신이 원하지 않는 내용이나 개인정보를 소유하고 있는 제3의 웹사이트의 링크를 삭제하라 요청할 권리를 갖는다고 발표했다. 모든 개인이 기억될 혹은 잊힐 권리를 갖고 이를 행사할 수 있다는 뜻이다. 다만 자신이 직접 올린, 혹은 자신에 관한 사진, 동영상, 글을 삭제해달라고 열심히 요청해서 그것들이 더 이상 검색 결과로 나타나지 않더라도, 그래서 디지털 공간에서 잊히게 되었더라도 그것이 유효한 범위는 유럽 내일 뿐이다. 유럽 연합 외부에서는 그 내용들이 언제든 계속해서 검색될 것이다. 게다가 당사자의 요청만으로는 망각에 이르지는 못한다. 데이터 삭제를 요청하려면 온라인상에서 신청서를 작성해야 하는데, 이때 구글의 정보를 알릴 권리와 대중들의 알 권리보다 당사자 개인의 '잊힐 권리'가 더 우위에 있다는 충분한 근거를 제시해야만 한다. 이름이나 전화번호, 나체 사진, 성적인 것이 분명한 내용, 혹은 포르노 웹사이트에 게재된 이름 등은 구글이 링크를 삭제할 명확한 근거다. 개인에 대한 잘못된 혹은 부정확한 정보도 삭제 대상이 될 수 있는데, 그 정보가 명백한 허위라는 사실이 밝혀져야 한다.

이 형식주의적이고 소모적인 제도는 어느새 섬뜩하고 불편한 것이 되었다. 우리는 이 책의 저자 중 한 명인 모리츠의 나이를 한 살 적게 정정하려고 구글에 연락한 적이 있다. 그런데 신청서를 꼼꼼하게 작성하고 신분증을 제출했는데도 우리가 이 원고를 작성하고 있는 순간까지 성과가 없었다. 구글에 따르면 만약 오래전에 작성된 정보가 기재되어 있는 경우, 당사자가 직접 웹사이트 운영자에 연락해 정보 수정을 요구할 수 있다. 하지만 정보가 너무 순식간에 복제되고 퍼지기 때문에 인터넷상에서 잊히기란 쉽지 않다. 예를 들어 일단 위키피디아에 작성된 정보는 그것의 진위 여부와는 상관없이 곧장 다른 웹사이트에서 여러 차례 인용된다. 잘못되거나 시간이 지나 바뀐 정보를 삭제하거나 수정하려면 사람들이 모든 웹사이트 운영자에게 일일이 연락해야만 하는 걸까?

유럽 사법재판소가 '잊힐 권리'를 인정하고 첫 5년 동안 구글에는 85만 건에 이르는 개인정보 관련 링크 삭제 요청이 쇄도했다. 구글은 그중 절반도 이행하지 못했다. 유럽연합의 데이터 보호법에 명시된 대로, '공공의 이익을 위한 기록 목적, 학술 혹은 역사 연구 목적'의 정보를 개인 당사자의 권리보다 더 중요한 것으로 판단할 권한은 전적으로 구글에 있기 때문이다. 우리 사회에서는 이런 일이 끊임없이 일어난다. 예를 들어 탈세자들이나 부패한 정치인들은 어처구니가 없을 정도로 짧은 시간 안에 아무런 처벌도 받지 않고 다시 사회로 나오고 새로운 범죄를 저지를 구실을 찾는다. 이런 사건이 발생했을 때 대중이 정보를 얻을 권리는 탈세자나 정치인 개인의 권리보다 우위에 있고, 대중은 자신이 얻은 정보를 바탕으로 해당 인물을 공적인 인물로 신뢰할지 여부를 결정할 수 있으며 이것이 민주주의의 유익함이자 한 나라의 국민들의 정의감이다. 그런데 구글은 정보의 공적 연관성을 결정하는 것 외에도 또 한 가지 권한을 갖는다. 이 거대한 데이터 기업은 기억과 망각을 판단하는 재판관이다. 구글은 '경제적인 사기사건이나 위법, 부정, 배임 행위, 혹은 직권 남용 등으로 형법상 처벌을 받은 사람, 공무 집행의 대상인 사람'의 요청은 임의로 거절할 수 있다. 이로 인해 아주 흥미로운 사건이 있었다. 구글은 1984년에 작성된, 비행기 납치로 재판을 받은 동독 출신 이민자의 사건을 다룬 기사의 링크를 그 내용이 '아주 오래되었으며' '이미 폐기된 동독 형법에 따른 서독으로의 불법적인 이민에 대한 판결'이라는 이유로 삭제했다. 또 다른 사건에 관해 구글은 이렇게 보고했다. "한 학자의 연구 결과를 보도한 네 건의 기사 링크를 삭제해달라는 요청을 받았습니다. 기사에는 학자의 사진이 게재되었는데, 해당 학자가 그 이후 성별을 바꾸었고 개명했기 때문입니다. 우리는 해당 기사 링크들을 삭제하지 않았습니다. 그것들이 향후 해당 학자의 직업 생활과 연구에 연관이 있을 것이라 판단했기 때문입니다." 또 다른 사건의 보고는 이렇다. "당사자가 포함된 전화 통화 내용을 보고한 문서의 링크를 삭제해 달라는 요청을 받았습니다. 이 당사자는 이탈리아에서 가장 규모가 큰 은행의 도산과 연관이 있는 인물이었습니다." 구글은 이 링크를 곧장 삭제했다. 전화 통화가 '불법적으로 도청된' 것이었으며 '해당 인물의 이름을 밝힘으로 인한 대중의 이익이 그리 크지 않기 때문'이었다. 구글은 한 살인범이 더 이상 살인범으로 기억되지 않도록 조치를 취했다. 어린이를 폭행한 사람들이 언제 사회로 복귀할지 결정한다. 또한 범죄에 대해 해당 범죄가 몇 년이면 속죄가 가능한지, 언제부터 시효가 만료되는지, 언제부터 잊혀도 되는지를 결정한다. 구글이라는 거대 기업은 정기적으로 이처럼 매우 까다로운 판단을 수없이 내리면서도 당사자가 이미 재판에 회부되지 않았다면 그 내용을 공개적으로 설명할 필요가 없다.

웹상에 기재되었던 내용이 사라지면 그것은 당연히 개인뿐만 아니라 역사의 서술이나 기억 문화에도 영향을 미친다. 결국 보편적인 '잊힐 권리'는 데이터 보호법이 개정된 유럽 내에서도 완전하게 보장되기 어려운 것이다. 디지털 세상의 기억이 인간의 기억처럼 점차 흐릿해질 일은 아마 없을 것이다. 디지털 공간에 저장된 기억에 만료일이 설정되거나 기억이 점점 녹슬어가도록 만드는 것도 마찬가지다. 이를 열렬하게 지지하는 쇤베르거로서도 수십 년 안에 그것이 현실이 되리라고 장담하기 어렵다.

특히 '디지털 사후 세계 산업Digital Afterlife Industry', 즉 인간의 디지털 유산을 돌보는 새로운 디지털 서비스 공급 분야이자 디지털 불멸성이라는 아이디어를 기반으로 만들어진 분야에서는 쇤베르거가 탐구하는 의문이 본질적인 의미를 지닌다. 과연 인간의 어떤 정보가 '영원히' 보존되고 어떤 정보는 삭제되어야 하는가? 디지털 사후 세계를 보장한다는 서비스는 대개 모든 가능한 디지털 정보에 제한 없이 접근할 수 있다. 만약 몇 년이나 지난 왓츠앱 채팅 내용에서 고인의 비밀스러운 범행 사실이 밝혀진다면? 오랜 시간 비밀에 부쳐졌던 불륜 행각이나 아무에게도 밝히지 않은 은밀한 취미, 혹은 고인에 대한 주변인의 시각을 180도 바꿔 놓을 특이한 취향 등이 나중에 밝혀진다면? 이 모든 데이터를 보유한 기업이 고인의 비밀을 계속 지켜주어야 할까, 아니면 고인의 주변인들에게 (아마도 실망스러울) 사실을 밝혀야 할까? 과거는 아름다운 기억으로 남아야 할까, 아니면 아무리 과거의 일이라도 고인의 모든 면면이 공개되어야 할까? 고인과 그들의 비밀은 누구의 소유인가? 이는 결국 디지털 기업이 막강한 결정권을 지닌다는 사실을 다시 한

번 상기시킬 뿐이다.

　　디지털 기업은 한 사람의 과거와 미래를 결정할 권한이 있다. 응용과학 연구에 주력하는 독일의 프라운호퍼 연구소는 최근 디지털 유산에 관한 연구 결과를 공개하며 만약 우리가 개인적인 메시지 등을 사후에 다른 사람들이 읽도록 하려면 지금부터 '사후 데이터 보호'에 관한 권리를 행사해야 한다고 전했다. "현행법에 따르면 사후 데이터 보호는 가능하다. 상속인은 이미 생전에 사후의 데이터 처리에 관해 규정할 수 있고 이에 따라 자신의 유산이 무질서하게 처리되지 않도록 할 수 있다. 이는 생전에 갖고 있던 개인 정보 자결권에서 발원한 것이다." 하지만 디지털 유언을 남기지 않으면 사후 데이터 보호도 불가능하다. 그렇기 때문에 대부분의 경우 유가족이나 심지어는 기업이 고인이 기억될 방식을 결정할 의무를 지게 된다. 그뿐만이 아니다. 만약 미리 의사를 밝혀 두지 않으면 언젠가 갑자기 원치 않게 디지털 클론이 되어 부활할 수도 있다.

집단 기억

지금까지 인간의 기억과 알고리즘 기억의 차이점을 이야기할 때 그 중점에는 한 명의 인간이자 개인이 있었다. 알고리즘은 우리의 메신저 앱 메시지나 페이스북 메신저의 데이터뿐만 아니라 우리를 타인과 연결하는 이야기, 그리고 우리가 그런 이야기를 나누는 모든 다른 사람을 조사한다.

개개인의 사고방식은 우리가 살고 있는 시대와, 그 시대를 지배하는 사고방식과, 그 시대에 순환하는 개념, 즉 동시대적인 담론에 달려 있다. 현재 우리의 생각과 감각뿐만 아니라 기억마저도 수많은 동시대 사람의 영향을 받는다. 물론 우리의 기억에 가장 집중적이고 막대한 영향을 끼치는 존재는 당연히 가까운 가족 및 친척, 친구들, 지인들이다. 그렇지만 우리가 살고 있는 사회 또한 우리의 기억을 특정 한다는 사실을 잊어서는 안 된다. 인터넷의 시대에는 더구나 그 사회라는 것이 우리가 흔히 '사회'라고 부르는 개인이 사는 도시나 국가에 국한되지 않는다. 오늘날 우리가 사는 사회는 넓고 국제적이다. 특히 젊은 사람일수록 어릴 때부터 소셜 네트워크나 동영상 플랫폼에서 만나는 다른 사람들, 잠재적으로 거의 40억 명에 이르는 사람들로부터 영향을 받는다. 그러므로 우리는 사회를 '사회들'이라 불러야 한다. 우리가 누구를, 무엇을 사회로서 경험하는지는 자신이 속한 또래 집단에 따라 완전히 다르다. 그러니 어떤 사람을 현실에서만 경험한 타인과 디지털 세계에서만 경험한 타인이 내리는 그 사람에 대한 평가는 서로 다를 수 있다.

우리의 모든 기억이 타인의 기억에 의존한다는 생각은 프랑스의 사회학자 모리스 알박스가 주장한 것이다. 그는 이를 '집단 기억Collective memory'이라고 개념화했다. 알박스가 살았던 시대보다 현재 우리가 사는 시대가 훨씬 다양해졌으며 수가 늘어났지만, 집단 기억이라는 개념은 지금까지도 통용된다. 우리가 속한 아날로그 집단과 디지털 집단은 우리가 어떤 기억을 연관성 있는 것으로 간주하고 타인에게 전하는지를 결정한다. 이런 집단은 한편으로 특정한 기억이 터부시되는 경우 사람들이 그것을 기억하지 못하도록 막고, 방해하고, 제한할 수 있다. 그러다가 어떤 집단이 와해되거나 예를 들어 이사를 가거나 또래 집단이 바뀌어서 우리가 집단을 떠날 경우, 우리는 대개 집단 기억이라고 불리던 기억을 잃는다. 알박스는 1944년에 게슈타포에 체포되어 부헨발트 강제 수용소에 수용되었고 전쟁이 끝나던 해에 그곳에서 사망했다. 이는 그가 깨달은 사회의 권력, 자아상, 개인의 양심을 뒷받침하는 비극적인 증거다. 알고리즘이 대량의 저장된 데이터에서 추출한 결과물은 우리가 자기 자신을 각각의 개인으로서 기억하는지 여부는 물론이고 어떤 것을 사회로서 기억하고 잊는지 여부를 결정한다. 그럼으로써 우리 사회를 지배하는 의식과 생각까지도 결정한다. 알고리즘이 사회를 구성하는 모든 설명에 어마어마한 위력을 행사하는 셈이다. 알고리즘은 사회가 어떤 결정을 내리는지를 결정한다. 우리가 어떤 정치 형태를 옳다고 생각하고 미래를 어떻게 설계하는지를 결정한다.

알고리즘에 이런 권력이 있다고 말할 때 우리가 의미하는 것은, 알고리즘을 만든 사람들이 그 권력을 쥐고 있다는 뜻이다. 알고리즘은 자연 발생한 것이 아니고 우연히 만들어진 것도 아니고 요즘 젊은 기술자들이 만들 수 있다고 믿는 가치중립적인 도구도 아니다. 기술은 단 한 번도 중립적이었던 적이 없다. 기술은 특정한 가치를 추구하는 방향으로 설계되었고, 그 가치는 지금과 완전히 다른 것이었을 수도 있다.

알고리즘의 이면에는 대부분 최적화 기능이 숨어 있다. 예를 들어 개발자들은 자율주행 자동차가 정해진 시간 내에 A에서 B로

이동할 경로를 설정하듯이 최적화되어야 하는 요소를 결정할 뿐만 아니라 인공지능이 앞으로 최적화를 위해 어떤 부가적인 조건을 충족해야 하는지도 제시한다. 자율주행 자동차가 목적지에 도달하기 위해 필요한 부가 조건은 길을 건너는 사람이 한 명도 없고, 차체가 해를 입지 않는 것이다. 개발자들은 교통신호를 엄격하게 지켜야 하며 액셀과 브레이크를 너무 급하게 밟아서는 안 된다는 등의 조건을 계속해서 입력한다. 일견 너무 당연한 것들이라 개발자들이 달리 선택할 여지가 없었을지도 모른다는 생각이 든다. 오히려 그 반대다. 자율주행 자동차를 개발하면서 이미 수많은 도덕적 딜레마에 관한 논의가 진행되었다. 예를 들어 어떤 자동차가 한쪽으로만 방향을 틀어 피할 수 있는데, 한쪽에는 성인 세 명이 있고 다른 쪽에는 어린이 한 명이 있다면, 어느 쪽으로 가야 할까?

이런 것들이 기억과는 무슨 상관이냐는 의문이 들지도 모르겠다. 디지털 클론들을 구성하는 알고리즘이 어떤 사건을 어떤 순간에 다시 불러올지는 누가 결정하는가? 개발자들은 이 디지털 존재에 어떤 원칙에 따라 어떤 가치를 부여한 걸까? 과연 이런 디지털 존재들은 우리를 가능한 자주, 기쁘게 만들어야 하는가? 아니면 가능한 드물게 슬퍼하도록 만들어야 하는가? 우리가 가능한 가끔씩만 평정심을 잃도록 만들어야 하는가? 아니면 반대로 그런 감정이 삶을 더욱 보람 있는 것으로 만드니 가능한 자주 흥분하도록 만들어야 하는가? 우리가 가장 간절하게 바라는 것들을 가능한 자주 해야 하는가? 아니면 가능한 자주 우리를 깜짝 놀라게 하고, 자극하고, 새로운 아이디어를 떠올리도록 해야 하는가? 그러면 우리는 알고리즘에 압도된다고 느낄 수 있다는 점도 감수해야 하는가? 아니면 알고리즘이 우리를 도와다고 생각해야 하는가? 알고리즘을 심각하게 받아들이지 않아도 되는가? 아니면…….

인간은 사회적인 동물이다. 이것은 자명한 이치이지만 우리가 자주 상기하지 않는 사실이기도 하다. 평소에 주의를 기울이는 부분이 아니기 때문이다. 우리는 어떤 행동을 할 때 주변에 있는 모든 사람으로부터 영향을 받는다. 타인의 행동이 우리의 행동을 결정하고 우리의 행동이 타인의 행동을 결정한다. 이 과정은 순환한다.

얼마 지나지 않아 우리 '사회들'이 특정한 최적화 기능을 따르는 디지털 불멸자들의 세상까지 확장된다면 그 세상이 나머지 사회들을 변화시킬 것이다. 디지털 클론들의 행동이 현실의 인간이 평범한 인간의 행동을 바라보는 방식과 우리의 모든 행동과 삶에 영향을 미칠 것이다. 현재 상상할 수 있는 범위 안에서 이보다 더 큰 권력이 있을까? 지금도 우리는 사회 분위기가 봇에 의해 특정한 방향으로 조작되는 세상에 살고 있다. 봇은 선거 전이나 법률 제정을 앞둔 사회 분위기에 영향을 미치고 증오심리를 부추기거나 정권 교체를 야기한다. 봇이 점점 더 인간 같아질수록 우리는 봇이 의도하는 방향으로 따라가거나 우리의 행동을 봇의 추진력에 맡기고 말 것이다. 예를 들어보자. 우리가 사랑하는 사람이 고인이 되었다가 디지털 존재로 환생했다. 그가 원하는 것을 딱 잘라 거절할 수 있을까? 이런 디지털 클론들에 내재되어 있는 힘을 우리는 거의 눈치 채지 못하고 있다. 현재 우리가 추천 알고리즘이나 감시 자본주의 체제의 다른 수단을 거의 인식하지 못하는 것처럼.

이런 '소프트 파워', 즉 분산되어 비동시적으로 실행되는 형태의 권력이야말로 지배 권력의 미래다. 확실한 점은 알고리즘을 통제하는 자가 디지털 부활자가 된 고인들이 우리에게 보이는 모습 또한 결정하리라는 것이다. 미래에 우리는 살아 돌아온 고인들과 과거의 경험이나 체험에 관한 이야기를 나눌 뿐만 아니라, 디지털 존재가 된 고인들이 그들이 살아 있었다면 그랬을 방식으로 새로운 사건에 반응하는 모습을 보게 될 텐데, 그러면 인지 편향(소망, 소원, 자기기만) 때문에 고인을 그들의 새로운 행동 양식에 따라 재인식하게 될 것이다. 우리는 이런 방식으로 마치 우리가 사랑했던 고인인냥 생각, 행동, 소망을 말하고 있지만 사실 전혀 무관한 타인의 목적이 담긴(혹은 그랬을 가능성이 높은) 조종과 조작에 저항력을 잃는다.

봇이나 아바타라는 형태로 우리 사회를 덮치는 위험이 대중을 조종하고 조작하는 데서 그치리라는 보장은 없다. 인간의 수명이 유한하기 때문에 (문명화된) 사회는 지금까지 자연스러운 방식으로 발전하고 새로워져 왔다. 옛날 사람들의 사고방식은 그들이 사망하면서 역사의 뒤안길로 사라졌고 젊은 사람들의 사고방식에 자리를 마련해주었다. 젊은이들은 과거의 사람들과는 다른 생각을 품고 자랐으며 다른 가치를 추구하고 다른 목표를 향해야 한다고 느낀다. 그런데 과거 세대가 이 세상과 단절되지 않고 그들의 사고방식이 앞으로도 계속해서 밀려든다면 이 사회의 정신적인 진화가 멈추지 않을까? 지금도 벌써 세계 곳곳에서는 나이 든 유권자의 수가 훨씬 많은데, 앞으로 시대에 뒤처진 생각이 더더욱 늘어나 담론에서 지배적인 숫자를 차지하지 않을까? 디지털 클론이 고인의 데이터를 '먹이'로 먹고 성장해 널리 퍼뜨릴 가능성이 있는 혐오와 선동에 대한 책임은 누가 지는가? 고인의 유가족들이 그의 디지털 클론이 말하거나 쓰는 모든 내용에 책임을 져야 하는가? 아니면 디지털 클론을 만든 회사가 책임을 져야 하는가? 고인의 개인 아바타가 공개적으로 하는 모든 일이 고인이 생전 왓츠앱으로 나누었던 대화 내용에 기반을 두게 된다면? 그렇다면 디지털 클론이 공개적으로 말해도 될 내용과 사적인 영역으로 남겨야 할 내용이 무엇인지는 누가 판단하고 결정하는가? 어쩌면 우리는 이미 디지털 불멸성의 시대에 들어서면서 사적인 내용과 공적인 내용을 구분할 수 있는 시점을 넘어버린 것이 아닐까? 디지털 클론이 나타났을 때 우리 사회의 질서가 얼마나 흔들릴 수 있는지 깊이 파고들수록 의문이 꼬리에 꼬리를 물고 이어진다.

트럼프나 푸틴, 보우소나루 같은 권력자들이야말로 사후에 자신을 디지털 클론으로 남겨서 저세상에서도 이승에 자신의 말을 전달할 최초의 인물들이 아닐까? 이미 사망한 권력자의 디지털 클론이 그의 의지를 그대로 계승하고 있다고 믿는 유권자의 수만 충분하다면 그 권력자들은 생물학적인 죽음 이후에도 어떻게든 자신들의 권력과 영향력을 유지할 수 있을까? 나르시시스트인 트럼프는 이미 자신의 트윗으로 이 세상에 영향을 미치고 있으니 저세상에서도 계속해서 의견을 내놓을 첫 인물이 아닐까? 디지털 클론이 죽은 사람의 의지에 따라 움직일 수 있다고 믿는 유권자의 수가 많다면 독재자들이 속해 있던 정당은 그들의 권력이 계속해서 유지되도록 만들고 권력자의 후광에 힘입어 이익을 보려고 총력을 기울이지 않을까? 권력자의 디지털 클론을 만드는 데 수십, 수백억을 투자하면 에르도안 봇이나 푸틴 봇이 '오리지널'의 아주 사소한 부분까지도 전부 그대로 학습할 수 있지 않을까? 그렇다면 이런 봇들이 불멸성이라는 신격화된 아우라를 두르고 지금보다 훨씬 무소불위의 권력을 휘두르게 되지 않을까?

전 대통령인 트럼프가 살아 있는 동안 계속해서 트위터로 공적 업무를 본다고 하더라도 그의 디지털 클론이 트위터 봇이라는 모습으로만 제한될 이유는 당연히 어디에도 없다. 우리는 이미 눈으로 보고 귀로 들어도 도무지 진짜 트럼프와 가짜 트럼프, 그리고 진짜 트럼프의 연설과 가짜 트럼프의 연설을 구분할 수 없을 정도로 정교한 딥페이크 동영상이 존재한다는 사실을 여러 차례 확인했다. 이런 기술을 활용하면 우리가 앞서 언급한 각종 시나리오처럼 트럼프가 생물학적인 죽음 이후에도 직접 동영상에 등장해 연설하고, 그 영상이 인터넷에 퍼질 수 있다.

기술이 진짜와 인공적인 것 사이의 빈틈을 더욱 촘촘히 메우는 데 성공할수록, 그리고 버추얼 시뮬레이션이 실제로 신체가 있는 존재처럼 보이도록 하는 데 성공할수록 사람들에게는 자신과 대화하는 상대가 '오리지널'인지 아니면 디지털 클론인지가 점점 덜 중요해진다. 아무리 학습효과가 있다고 하더라도 오리지널과 클론, 본보기와 복제품, 현실과 상상 사이의 차이점을 구분하기란 더욱 어려워질 것이다. 그러다가 결국 사람들은 차이점을 찾으려고 아등바등하는 것이 얼마나 쓸모없고 지치는 일인지를 깨닫고 시뮬레이션을 그 자체로 가치 있는 것으로 받아들일 것이다. 여기에는 아주 큰 위험이 숨어 있다. 허구가 '대안적 사실'이 되면 사람들은 이런 역사적 왜곡을 사용해 새로운 인종차별, 혐오, 선동을 손쉽게 받아들인다.

소셜 네트워크는 정치, 사회적인 메시지를 담고 있으며 시각적으로 강렬하고 빨리 파악할 수 있는 내용만이 널리 퍼지는 구조다. 어떤 소식이나 글이 감정적일수록 사람들이 관심을 가질 가능성이 높다. 그래서 개인적이고 직접적이고 발신자가 자칭 진짜라고 주장하는 것만이 대중에게 전달된다. 사람들이 이 세상의 어떤 부분에 집중할지를 결정하는 것은 공영방송이나 저명한 신문사가 아니라 특정한 소식을 발빠르게 전달하는 블로거나 인플루언서들이다.

블로거나 인플루언서들이 사람들에게 신뢰를 받는 가장 큰 이유는 그들이 쉽게 닿을 수 있는 위치에 있다는 것이다. 사람들은 블로거나 인플루언서에게 직접 질문하고, 피드백을 주고, 원하는 바를 요청할 수 있다. 이것이 인터넷의 근본 원칙이다. 신문이나 뉴스 방송, 라디오는 말하자면 일방통행이다. 그러나 인터넷이 나타나면서 미디어가 고수하던 일방통행의 원칙이 피드백의 원칙으로 대체되었다. 인플루언서들은 사람들과 직접 교류하고 소통하고 사람들의 편에 서고 자기를 각인시키는 식으로 대중에게 더 나은 서비스를 제공할 수 있다. 핵심은 사실 이들이 대중들과 이른바 '준사회적 상호작용Parasocial interaction'을 한다는 점이다. 관객과 연극배우 간의 상호작용을 상상하면 이 개념이 무엇인지 이해하기 쉽다.

14장 영원한 삶

우리는 그들을 보고 그들과 아주 친밀해졌다는 착각에 빠진다. 하지만 자세히 살펴보면 그들과 우리의 상호작용 역시 일방적일 뿐이다.

유튜브 스타들이 수백만 명의 구독자에게 자신이 마치 그들과 개인적인 관계를 맺고 있다는 착각을 일으키며 준사회적 상호작용을 이어가는 한편 어떤 스타들은 한 걸음 더 나아가 실제로 모든 팬이 자신과 개별적으로 대화할 수 있는 기회를 마련하고 있다. 예를 들어 자신과 아주 흡사하며 자신의 목소리로 말하는 디지털 클론을 만들어 팬들과 친밀한 대화를 나누도록 한다. 이때 도플갱어는 그 스타라면 그렇게 말했을 법한 내용을 이야기한다.

자기 자신을 디지털 클론으로 만들어 팬들과 소통한 첫 유명인은 패리스 힐튼이다. 힐튼은 2018년에 자신의 디지털 클론은 물론 가상공간을 만들어 그곳에서 자신의 클론과 팬들이 소통할 수 있도록 했다. 패리스 힐튼과 공통점은 거의 없지만 마찬가지로 디지털 클론을 만들어 자신의 이름으로 팬들과 소통하게 만든 또 다른 유명인은 디팩 초프라다. 초프라는 명상 분야에서 다수의 저서를 남긴 작가인데, 자신의 디지털 클론이 앱을 통해 팬들에게 직접 조언할 수 있도록 했다. 디지털 디팩은 팬들의 상위자아Higher Self[•]의 깊은 질문에 답할 수 있다. 그는 "당신이 늘 그대로 존재할 수 있

[•] 높은 자아 혹은 높은 자기라고도 한다. 마음의 흐름에 영향을 받지 않는 참된 자신의 모습을 말한다.

는 사람이 되어라"라고 조언한다.

이쯤에서 다시 수백만 명의 생각과 감정에 영향을 미치는 사람들, 즉 소셜 네트워크의 인플루언서들에게 돌아가자. 살아 있는 인간이 아닌데 수백만 명과 소통하는 인플루언서도 이미 오래 전부터 다수 존재했다. 예를 들어 릴 미켈라는 200만 명이 넘는 인스타그램 팔로워를 보유한 인플루언서인데, 진짜 사람이 아니라 컴퓨터로 만들어진 인물이다. 이 가상의 인플루언서는 전 세계 사람에게 개인적인 일상을 공유한다. 릴 미켈라가 먹은 음식, 릴 미켈라가 하는 스포츠, 친구들과 일광욕을 하는 릴 미켈라. 팔로워들은 오랫동안 미켈라가 진짜 사람이라고 믿었다. 미켈라의 개발자들이 비밀을 밝히기 전까지는 말이다. 하지만 그 이후에도 팬들은 '팬심'을 잃지 않았다(어쩌면 팬심이 더 깊어졌는지도 모른다).

일본계 미국 기업인 1SEC¹SEC Inc.은 2019년에 로스앤젤레스에서 태어난 일본계 미국인 남성을 선보였다. 이 가상 인물은 (이미 이 책에서 언급된) 다양한 기술의 조합으로 탄생했다. 이름은 리암 니쿠로Liam Nikuro이며, 인스타그램과 트위터 등 인터넷의 여러 공간에 멀티미디어 포스트를 올린다. 투팍과 저스틴 비버의 팬인 그는 인스타그램에는 주로 음료 자판기에서 레모네이드를 구입하는 모습 같은 자연스러운 일상을 올린다. 개발자들은 리암이 최대한 실제 사람처럼 보이도록 하기 위해 그의 버추얼 신체를 만들 때 실제 사람의 사진을 합성했다.

준사회적 상호작용은 뷰티 팁이나 음식 및 건강 조언, 게임이나 e-스포츠 관련 내용을 올리는 버추얼 인플루언서나 유튜버와 팬들만이 겪는 현상이 아니다. 준사회적 상호작용이 가능해지면서 인터넷 시대를 사는 사람들이 보편적으로 기대하는 것이 이전 세대 사람들과는 달라졌다. 매일 저녁 소파에 앉아 세계의 상황과 지식에 관한 정보를 수동적으로 받아들이기만 하던 사람들이 대다수를 차지하던 시대는 이제 지났다. 오늘날 많은 사람이 미디어 생산자를 신뢰하는 이유는 그들이 고등교육을 받았고 특정한 신문방송학적 기준을 충족시키고 있어서가 아니다. 사람들이 연극배우를 믿고 좋아하는 이유는 그들과 '개인적으로 아는 사이가 된 것 같다'는 감각, 학술적으로 말하자면 준사회적 상호작용을 하고 있다는 감각 때문이다.

이는 인간의 감수성을 잘 보여준다. 우리는 낯선 사람이 말하는 내용보다 친구나 지인이 말하는 내용을 직관적으로 더 믿음직스럽다고 생각한다. 권위가 그 의미를 잃고 엘리트 집단에 대한 적대감이 팽배해지는 시대에는 이런 생각이 더욱 강해진다. 요즘 사람들은 자신이 개인적인 관계를 맺고 있다고 생각하는 정보 발신자가 주는 정보와 의견, 태도만을 받아들이는 경향이 있다. 우익 선동가들이 인터넷 공간에서 놀라우리만치 빠른 속도로 수백만 명의 사람을 아주 간단하게 혼란에 빠뜨리고 조종하고 부추기는 시대에 우리가 그것에 저항하기는 쉽지 않다. 그럼에도 객관적인 정보를 전달하는 저널리스트들에게 귀를 기울이도록 노력해야 한다. 사실의 망각이 계속해서 발생하지 않도록 서두르려면 특히 극우주의자들의 프로파간다에 저항력이 없는 사람들의 주의를 끌 계몽적인 내용을 널리 퍼뜨려야 한다.

극우주의 의견에 솔깃해 시야가 흐려지는 것을 막을 가장 좋은 방법은 홀로코스트 생존자들이 남긴 끔찍한 과거에 대한 증언을 알리는 것이다. 예를 들어 학생들이 홀로코스트 생존자의 디지털 클론과 '직접' 만나 이야기를 나눌 기회를 얻는다면, 그 학생들은 대화 내용을 일종의 기념물로서 평생 동안 마음에 품을 것이다.

그런데 정치범 수용소나 집단 학살 수용소에서 살아남은 피해생존자는 현재 그 수가 많지 않으며, 그마저도 개인적인 증언을 남기기에는 나이가 많다. 마지막 역사의 증인이 언젠가 더 이상 이 세상에 남지 않게 된다면 무슨 일이 벌어질까? 새로운 미디어가 역사적인 사실은 무시한 채 거짓 정보만을 빠른 속도로 퍼뜨리는 것처럼 디지털 불멸성 같은 기술적 혁신 또한 우리 사회를 망치는 데 일조할 수 있다.

디지털 클론이 된 홀로코스트 생존자들

마지막 증인이 사망하더라도 후손들이 생존자들과 개인적인 대화를 나누고 그 결과 긍정적인 효과가 나타나도록 하기 위한 프로젝트를 통해 현재 몇몇 홀로코스트 생존자들이 디지털 클론으로 탄생했다. 사망한 지 오래인 이들이, 혹은 현재 살아 있더라도 먼 미래에는 사망했을 이들이 홀로그램 영상으로서 학생들과 '개인적인' 대화를 나눌 수 있다.

에바 슐로스Eva Schloss는 1929년에 오스트리아 빈에서 태어났고 아우슈비츠에서 자행된 홀로코스트에서 살아남았다. '안네의 일기'로 유명한 안네 프랑크의 의붓자매이기도 한 슐로스는 2017년에 116개의 카메라로 3차원 촬영되었고 그린스크린 스튜디오에서 며칠 동안 수천 개의 질문에 답했다. 소프트웨어는 홀로그램이 된 홀로코스트 생존자들이 마치 실제 본인이 답하는 것처럼 유려하게 말할 수 있도록 답변을 다듬었다. 누군가 슐로스에게 질문한다면 이를 바탕으로 언어 인식 소프트웨어가 슐로스를 향한 질문을 파악한 다음 실시간으로 맞는 답변을 한다. 슐로스는 자신이 죽은 이후에도 사람들이 자신의 디지털 클론과 이야기를 나누며 나치가 수백만 명의 유대인에게 저질렀던 끔찍한 만행을 생생하게 기억하기를 바란다.

홀로코스트 생존자들을 홀로그램으로 만드는 작업이 가능해진 것은 1994년에 영화감독 스티븐 스필버그가 설립한 쇼아 재단 Shoah Foundation 덕분이었다. 스필버그는 영화 〈쉰들러 리스트〉를 촬영할 때 이 재단을 세웠다. 영국 랙스턴에 있는 국립 홀로코스트 센터와 박물관도 홀로코스트 생존자를 홀로그램으로 영원히 살게 만든다는 '포에버 프로젝트'에 힘을 보탰다. 오랜 시간과 노력 끝에 제작된 동영상 속에서 그들은 슈퍼히어로로 연출되었다. 포에버 프로젝트의 영상은 이렇게 전한다. "한 세기의 아주 오랜 시간 동안 그들은 우리들 틈에서 조용히 살았다. 이 남성들과 여성들은 힘을 나눈다. 움직이고, 영감을 주고, 인도하고, 가르칠 힘이다. 눈을 뜰 힘이다. 삶을 바꿀 힘이다. 여러분의 미래를 바꿀 힘이다. 더 나은, 더 친근한, 더 안전한 세상을 만들 힘이다. 평범한 남성들과 여성들이 갖춘 비범한 힘이다. 그들이 불멸이라는 능력을 가졌더라면." 대량 학살(제노사이드)에 대한 기억마저도 말살되는 것을 두고 알라이다 아스만은 '메모리사이드', 즉 '기억 살인Memorizid, Mnemozid'이라고 불렀다.[92]

앞서 언급했듯이 디지털 시대에 모든 것이 저장된다는 말은 이를 통해 기억 또한 생생하게 유지되리라는 뜻이 아니다. 홀로그램이 된 홀로코스트 생존자들과 나누는 '개인적인 대화'는 진짜 기억과 단순히 저장되어 있던 내용을 알고리즘이 소환하는 것 사이의 차이를 확실하게 보여준다. 다만 피와 살이 있는 인간이 자신의 몸으로 직접 경험한 불안, 슬픔, 굶주림, 분노 등을 홀로그램이 얼마나 생동감 있게 전달할 수 있느냐는 것이 문제다. 기억은 우리의 몸에도 남는다. 역사의 목격자들과 직접 대면하여 이야기를 나누면서 상상하지 못할 끔찍한 일들이 그 사람의 몸에 남긴 흔적을 눈으로 보면(그것들은 그 사람의 자세, 시선, 특정한 몸짓에서만 나타난다), 우리가 그들을 실제로 만나는 것과 홀로그램의 형태로 만나서 소통하는 방식 사이의 차이점이 느껴질 것이다.

알라이다 아스만은 홀로그램으로 재탄생한 홀로코스트 생존자들이 과연 역사의 목격자 역할을 충분히 할 수 있을지 회의적이다. 하지만 앞으로 우리의 일상을 함께하는 디지털 클론들이 늘어날수록 물리적인 인간과 비교해 디지털 클론에 대한 우리의 인식이 완전히 바뀔지도 모른다. 어쩌면 우리가 죽지 않는 동시대 사람들에게 익숙해져야만 하는 걸까? 어쩌면 디지털 부활자들의 증언을 회의적으로 바라보는 시각이 너무 성급한 판단이었다고 증명될

14장 영원한 삶

지도 모른다. 아스만은 어떤 사람의 이야기를 다른 사람이 계속해서 전달하는 '제2의 증언'을 지지한다. 아스만은 언론과의 인터뷰에서 "젊은 독일인들은 이미 90년대부터 홀로코스트 생존자들을 만났고, 그들의 이야기를 귀 기울여 들었고, 그들이 경험한 이야기를 교실 등에서 전달하는 운반자 역할을 하고 있습니다. 이런 식으로 기억은 개인적인 만남과 개인적인 이야기라는 맥락 안에 머물죠"라고 말했다. 우리는 언제든 제2의 증언자들이 될 수 있다.

구글이든 어디든: 과거를 제어하는 자가 미래도 제어한다

나치 독재 시절에 영국의 작가 조지 오웰은 유명한 소설 《1984》를 썼다. 전체주의 독재 국가의 미래 모습을 그린 이야기다. 오웰은 중앙 정부 기관인 '진실부'가 역사의 서술을 결정하는 것이 얼마나 파괴적인 결과를 불러일으킬지 보여주었다. 현재 자유주의 사회에서는 다행히 정부가 우리의 집단 기억을 조작할 위험이 적다. 그런데 지금은 정부 말고 다른 '중앙 기관'이 원칙적으로 우리의 기억과 역사를 서술하고 조작하는 데 훨씬 큰 권력을 쥐고 있다. 예를 들자면 구글과 그 모회사인 알파벳 말이다(이 회사들의 이름을 보면 그들의 야망*을 엿볼 수 있다). 이 기술 기업들은 전 세계 시장 지분의 93퍼센트를 차지하는 검색 엔진을 제어하고 엄청난 수의 디지털화된 도서(구글은 정확한 숫자를 밝히지 않고 있다)는 물론이고 논문, 특허 문서, 자사의 클라우드에 저장된 수많은 사용자의 개인 데이터 등을 관리한다. 그리고 전 세계 곳곳에 설치된 광섬유 케이블을 활용해 사람들이 인터넷에 접속할 수 있도록 만든다. 여태까지 인류 역사상 사기업이 이토록 광범위한 지식 독점권을 가졌던 적은 없었다. 옥스퍼드 인터넷 연구소 내 디지털 윤리 랩의 철학자 칼 외만Carl Öhman은 "미래에는 악독한 정당이 아니라 거대한 기술 기업 둘 중한 곳이 과거를 제어하게 될 겁니다"라고 말했다. 그러면 오웰이 썼듯이 그들이 모든 기록 보관소와 모든 기억을 제어하고 곧 과거까지도 제어하게 되지 않을까? 외만은 우리가 디지털 클론과 죽은 이후의 삶을 기술 대기업에 맡긴다면 사회에 파괴적인 결과가 나타날 것이라고 본다. "인터넷에 프로필을 남기는 사람들은 누구나 디지털 유산과 죽음 이후의 사적인 공간이라는 어렵고 심오한 문제를 제기합니다. 이 모든 경우를 통합하면 모든 부분의 총합을 웃도는 무언가가 남게 되죠. 온라인상의 고인들이 남긴 개인적 디지털 유산은 모두의 문화적 디지털 유산의 일부분이며 미래의 역사학자들뿐만 아니라 후손들이 그들의 역사의 일부분으로, 그리고 자신들의 자아상의 일부분으로 삼을 것들입니다. 감히 평가할 수 없을 만큼 소중한 존재가 되겠죠. 사람들이 남긴 트윗 내용을 개별적으로 살펴보면 아무런 의미가 없어 보이지만, 그것들의 총체는 미래 세대가 21세기의 삶을 이해하는 자원이 될 수 있습니다." 구글이

• 　　구글은 이름을 붙일 수 있는 가장 큰 숫자인 10의 100제곱, 구골에서 유래한 이름이다. 알파벳은 알다시피 문자인데, 문자는 인류에게 문명을 가져다주었다.

나 페이스북이 역사를 서술할 권력을 광범위하게 휘두를지는 아직 알 수 없다. 하지만 대기업에 그런 엄청난 힘이 있다는 사실만으로도 경종을 울리기에는 충분하다.

다행히 인터넷상에는 역사의 서술에 참여하는 공익 프로젝트가 있다. 샌프란시스코에 있는 인터넷 아카이브Internet Archive는 누구나 자유롭게 책과 오디오 및 동영상 데이터, 그림, 소프트웨어 등을 이용할 수 있는 거대한 디지털 도서관이다. 우리가 매일 역사 및 현재에 관한 지식을 얻는 위키피디아 또한 구글이나 페이스북, 아마존 같은 기술 대기업과는 독립적으로 운영되는 공간이다. 물론 100퍼센트 독립적이라고는 확신할 수 없다. 공익을 위한 공간으로 보이는 위키피디아를 관리하는 위키미디어 재단의 운영 자금 대부분 구글이라는 출처에서 나오는 것은 우연이 아니다. 개인이 기부하는 돈은 새 발의 피 수준이기 때문이다. 2019년에만 구글은 위키피디아에 300만 달러 이상을 기부했다. 그 대가로 위키피디아에 저장된 수백만 건의 정보를 자사의 스스로 학습하는 신경망, 즉 인공지능에 이용한다. 결국 정보를 독점하려는 기술 대기업의 활동 범위가 매우 넓다는 뜻이며 이는 점점 더 중요한 문제로 자리 잡고 있다. 이런 문제와 머신러닝, 인공지능에 관해서는 우리가 이미 책의 시작부터 다루었다.

런던의 스타트업인 딥마인드는 2010년에 설립되었는데, 2014년 1월 26일에 구글에 인수되었다는 사실이 알려졌다. 인수 자금이 얼마였는지는 밝혀지지 않았다. 머신러닝 분야에서 빠른 속도로 성장하던 딥마인드는 이미 설립 후 4년 동안 수많은 투자를 받앗으므로 구글의 관심을 받을 적절한 이유가 있었다. 인공신경망은 우리가 이 책에서 여러 차례 다룬 기술이다. 딥마인드는 일찍부터 한 걸음 더 나아가 인공 기억을 시뮬레이션 하기 위해 인공지능에 단기 저장 기능을 부여했다. 이 회사의 개발자들은 이런 인공지능을 '신경 튜링 머신Neural Turing machine'이라고 불렀다. 구글의 자회사가 된 이곳에서는 여러 프로그래머들이 신경과학자들과 밀접하게 교류하며 일한다. 인공지능 개발자들은 뇌과학자들로부터, 그리고 뇌과학자들은 인공지능 개발자들로부터 배우는 것이 목적이다.

이제 프로그래머들은 인간 뇌의 강화 학습법을 그대로 모방하기 위해 인간 같은, 심지어 화학 전달 물질까지 분비하는 인공 뇌를 만들어내려고 노력 중이다. 그래서 알파벳 또한 생의학 분야 연구를 가속하고 있고 케임브리지, 런던, 몬트리올, 뉴욕, 샌프란시스코, 토론토, 그리고 취리히에 구글 브레인이라는 부서를 설립했다. 구글 브레인은 다른 여러 프로젝트와 함께 자사의 인공신경망으로 병원에 입원 중인 환자들의 사망 시점을 예측하는 프로젝트를 진행 중이다. 이를 위해 2018년 연구 결과를 토대로 수십만 명에 이르는 환자 진료 기록을 분석했다.[93] 구글의 '메디컬 브레인Medical Brain'은 처음 설치된 병원에서 95퍼센트, 두 번째로 설치된 병원에서 93퍼센트의 정확도로 환자의 사망 시점을 예측했다.

앞서 구글이 우리의 역사와 집단 기억을 제어할 권력을 가졌다고 경고했으면서 구글의 인공지능 개발 성공 사례를 왜 이렇게 자세히 설명하는지 의문을 품은 독자들이 많을 것이다. 그 이유는, 구글이 이 두 분야를 융합했기 때문이다. 인공신경망은 구글이 관리하는 정보와 지식을 '먹이'로 먹는다. 이를 토대로 구글과 딥마인드는 점점 더 많은 데이터를 모은다. 그리고 이 데이터를 다시 인공지능에 먹인다. 이런 식으로 인간처럼 말하는 인공지능이 급속도로 성장하게 되는데, 그 성장곡선은 직선이 아니라 지수곡선이다. 앞으로 우리가 구글이 개발한 인간의 생각과 말을 그대로 흉내 내는 새로운 인공지능 시뮬레이션을 만나는 주기는 점점 더 짧아질 것이다. 딥마인드 내의 한 부서는 최근 얼마나 인간과 비슷한 목소리를 합성할 수 있는지 보여주었다. 연구진은 언어 능력이 뛰어난 봇에다 진짜 사람이 들어도 그것이 인간인지 아닌지 구분이 불가능할 정도로 인간 같은 목소리를 입혔다. 이것이 그저 먼 미래의 일일 것이라 생각한다면 구글 듀플렉스가 진짜 인간 여성과 통화하는 목소리를 들어보라.[94] 사람의 목소리와 구분하기 어려울 정도다. 인간의 외모를 3차원에서 사실적으로 시뮬레이션 하기 위해 기술적으로 어떤 일들이 가능한지는 이미 지난 장에서 윌. 아이. 엠의 예시를 들며 소개한 바 있다. 구글이 이 분야에서 화려한 실적을 보일 것으로 예상되는 스타트업인 오벤이나 소울머신을 인수하는 것은 말하자면 소액 투자다. 시각적으로 인간과 비슷하고 언어 능력도 뛰어난 인공적인 존재에 인간의 목소리를 부여해 궁극적으로 그것을 인간 시뮬레이터로 만들기 위해 구글은 자사의 특허 중 하나인 센서로 인간 대화 상대의 표정을 아주 사소한 부분까지 인식하는 기술을 필요로 한다. 이에 관해서는 앞서 설명한 바 있다. 그리고 마침내 그 존재가 죽음에서 돌아온 '우리 자신'이 될 것이다. 이를 위해 구글은 우연히 혹은 익명으로 저장된 우리의 데이터 대신 그저 자사의 고기능 인공신경망만 활용하면 된다.

　이 모든 기술이 향하는 곳은 어디인가? 왜 구글은 디지털 클론을 만드는 데 열중하는 걸까? 이 기술 대기업은 우리가 진짜 인간이어서가 아니라 진짜 데이터를 남기는 존재이기 때문에 우리에게 관심을 갖는 걸까? 우리가 남긴 데이터를 광고에 활용해 돈을 벌 수 있기 때문일까? 당연히 그럴 것이다. 구글은 이 모든 데이터 중에서도 가장 수익성이 있는 데이터, 즉 우리의 가장 개인적인 데이터, 우리가 사는 집에 관한 데이터, 우리의 가장 감정적인 순간, 가장 사적인 데이터, 연인 혹은 가족 간에 발생한 데이터를 더 많이 얻길 원할 것이다. 이런 데이터는 가면을 벗은 우리의 진짜 모습을 제시한다. 다만 아직까지는 난관이 있다. 상당히 오래 전부터 사람들의 집에 함께 살며 일거수일투족을 감시해 온 스마트 어시스턴트가 적어도 서유럽에서는 그리 좋은 성과를 내지 못하고 있기 때문이다. 서유럽인들은 아직 개인적인 데이터를 보호하는 것이 더 중요하다고 생각한다. 모든 의심을 털어버릴 만큼 스마트 어시스턴트라는 것이 매력적이지도 않다. 게다가 우리는 잠재적인 사용자로서 도대체 그 물건으로 뭘 해야 할지도 모른다. 독일의 시장조사 기관인 슈타티스타Statista에 따르면 독일인 중 인공지능 스피커 이용자는 겨우 인구의 12퍼센트뿐이다(여기서 말하는 인공지능 스피커란 인터넷에 연결된 무선 스피커로, 음성 명령으로 활성화되며 사용자가 원하는 정보를 검색해 알려줄 수 있는 디지털 비서다). 프랑스나 스페인, 이탈리아 같은 다른 유럽 국가에서는 상황이 더욱 나빠서 인공지능 어시스턴트 시장이 침체 중이다. 독일의 경제에너지부 장관이 디지털

　　　　　　　　　　　　　　14장 영원한 삶

음성 어시스턴트를 두고 "증기기관 발명 이후 가장 큰 근본적 혁신"이라고 말한 것도 효과가 없었다.[95]

비싸기만 하고 별 도움은 안 되는 인공지능 어시스턴트를 고민과 소원, 감정을 나누는 '삶의 동반자'로 삼아야 하는 이유도 딱히 없다. 한편 중국, 한국, 일본 등에서는 디지털 동반자가 꽤 높은 수준으로 발전했다. 이미 수백만 명 이상이 고립되어 살고 있으며 그 수가 나날이 늘어나는 서유럽에서도 디지털 동반자와 친밀한 관계를 맺으며 외로움에서 벗어나려는 사람들의 갈망이 더욱 커질 수 있다. 디지털 동반자를 원하는 사람들이 가장 먼저 떠올릴 대상이 누구겠는가? 당연히 가슴이 아릴 정도로 그리운, 먼저 떠나보낸 이들일 것이다. 우리가 이 책에서 상세히 소개했던 디지털 불멸성이 또 다시 등장할 차례다.

디지털 유산

가장 규모가 큰 소셜 네트워크인 페이스북에서만 하더라도, 앞으로 약 50년 내에 사망한 사용자의 수가 살아 있는 사용자의 수를 앞지를 것이다. 우리가 앞서 언급했던 옥스퍼드 인터넷 연구소의 연구진은 2018년 페이스북 사용자 수를 기반으로 평균적인 네트워크 성장과 UN 회원국의 인구 성장을 계산해 이와 같은 예측을 내놓았다. 페이스북은 지금도 자신의 데이터가 각종 실험에 사용되는 것을 거부할 수 없는 수많은 사람의 데이터를 보유하고 있다. 이들이 자신의 데이터를 보호하지 못하는 이유는 이미 고인이 되었기 때문이다.

우리는 상상을 초월할 만큼 많은 데이터를 메신저, 클라우드, 소셜 네트워크 등에 남긴다. 우리가 죽더라도 가족과 친구들은 계속해서 그 데이터에 접근할 수 있을 것이다. 대부분 현대인이 휴대전화와 노트북 비밀번호, 페이스북이나 인스타그램의 프로필, 클라우드 저장소, 정기구독 서비스 등을 사용하고 있다. 독일의 정보통신산업협회Bitkom의 산하기관인 비트콤 리서치가 조사한 결과, 2019년에 진행된 설문조사에서 독일 인터넷 사용자의 13퍼센트만이 자신의 디지털 유산을 적절하게 관리하고 있다고 답했다. 설문조사 응답자는 만 16세 이상 성인 1004명이었으며, 그중 847명은 전화로 답했다. 이런 문제에 관한 의식은 점점 높아지는 중이라고 연구진은 전했다.

고인의 편지와 일기를 어떻게 다루어야 하는지가 매우 민감한 문제인 것처럼, 통신의 비밀 보장과 상속권 또한 복잡한 문제다. 독일의 데이터 윤리 위원회는 2019년 10월에 발표한 보고서에서 "연방 재판소의 판결로 '디지털 유산'을 둘러싼 의문이 해결되었다고 보아서는 안 된다. 디지털 의사소통 중 많은 경우 단어들이 빠르게 지나가고 사라져버리는데, 이를 대신하는 실용적이고 빈틈없는 기록, 그리고 그 기록물이 유산으로서 인도된다는 점은 사생활이 위험해질 새로운 차원의 가능성이다. 이에 서비스 제공자의 의무, 디지털 유산을 계획할 때의 품질보증은 물론 사후 데이터 보호에 관한 국제적인 법칙 등을 포괄하는 여러 조치가 취해져야 한다"

14장 영원한 삶

고 전했다. 데이터 윤리 위원회는 사람들이 남긴 '개인적인 내용'이 본인의 사후에도 보호되어야 한다고 제안했다. 그런데 프라운호퍼 연구소는 2019년에 '디지털 유산'이라는 제목으로 펴낸 연구에서 이에 반박했다. 연구진은 '개인적인 내용'과 '사용자 계정의 민감한 개인정보' 데이터를 명확하게 구분하기란 불가능하며 그렇게 때문에 상속자들이 대부분의 경우 고인의 소셜 미디어 계정에 접근할 수 있어야 한다고 주장했다.

한 인간의 '디지털 잔해'를 어떻게 처리할지, 데이터 보호와 인격권, 그리고 상속권 중 어떤 것을 얼마큼 존중해야 할지는 아직 우리 사회가 더 고민해야 할 내용이다. 디지털 유산은 앞으로도 당분간 일정 부분 법적으로 보호되지 않은 채일 것이다. 이는 기술 대기업들이 고인의 데이터로 각종 실험을 할 빌미를 마련한다. 그렇다면 이런 회사들은 대체 어디에서부터 디지털 불멸성이라는 자신들의 새로운 서비스가 넓은 시장을 개척하리라는 희망을 얻는 걸까?

영혼의 재탄생

세계적으로 유명한 조사 기관인 퓨 리서치 센터Pew Research Center 는 2017년 4월부터 8월까지 유럽 15개국에서 무작위로 선정한 성인 2만4000여 명에게 신앙과 영성에 관해 물었다.[96] 해당 15개국은 모두 역사적으로 기독교 혹은 유대교라는 종교적 배경을 갖고 있었고, 공식적인 문서에서 대다수 국민이 기독교를 믿는다는 사실을 확인할 수 있음에도, '성경에 쓰인 대로' 신을 믿는다고 답한 사람보다 '다른 더욱 거대한 권능 혹은 정신적인 힘'을 믿는다고 답한 사람이 많았다. 그러면서 응답자 중 적잖은 수가 이 우주에 더욱 거대한 권능 혹은 정신적인 힘이 존재한다고 믿지 않는다고 말했다.

우리는 이 연구에서 영혼에 관한 질문이 특히 흥미롭다고 생각했다. 영성에 관해서는 두 가지 단정적인 질문이 제시되었다. "나는 스스로 영혼은 물론 물리적인 신체 또한 지니고 있다고 생각한다"라는 질문과 "나는 과학적으로 드러나거나 측정될 수 없는 무언가에 연결되었다고 느낀다"라는 질문이었다. 또한 연구진은 질문을 부정적인 형태로 바꾸어 응답자들이 영적인 것을 거부하는 답변을 할 가능성을 마련했다. "이 우주에는 오로지 자연의 법칙만이 있을 뿐 영적인 힘은 존재하지 않는다." "사람이 죽으면 모든 것이 끝난다. 죽음 이후의 삶은 존재하지 않는다." 이 외에도 종교에 관한 생각과 감정을 알아보기 위해 비슷한 여러 질문이 제시되었다. 그 결과, 서유럽 15개국의 응답자 중 다수가 자신은 신체와 구별되는 영혼을 갖고 있다고 답했다. 오직 두 국가(스웨덴과 영국)에서만 영혼이 존재한다고 믿는 사람의 비율이 50퍼센트 아래였다. 또한 대다수 국가에서 도출된 결과를 보면 대학 이상의 교육을 받은 이들이 고등학교 이하의 교육을 받은 이들보다 영적인 생각에 집착하는 경향이 강했다. 예를 들어 프랑스에서는 대학 이상 교육을 받은 응답자의 53퍼센트가 영적인 개념을 믿는다고 답했지만 고등학교 이하의 교육을 받은 응답자는 38퍼센트만이 같은 답변을 했다. 이는 고등교육을 받은 유럽인이라도 보편적으로는 개인과 사회를 위한 종교의 가치를 덜 긍정적으로 생각한다는 뜻이다. 조사가 진행된 국가의 대부분 응답자는 영혼이나 죽음 이후의 삶, 과학적으로는 드러나거나 측정될 수 없는 것과의 연결 등을 믿었다. 15개국 중 3분의 2에서는 대부분 사람이 이런 경향을 보였다.

독일, 오스트리아, 스위스, 프랑스, 그리고 영국에서는 "사람이 죽으면 모든 것이 끝난다. 죽음 이후의 삶은 존재하지 않는다"라는 질문에 동의하는 사람의 비율이 가장 낮았다. 모든 국가를 통틀어도 이에 동의하는 사람의 비율은 평균 40퍼센트로 낮은 편에 속했다. 즉, 대부분 사람은 죽음 이후에 아무런 삶이 존재하지 않는다는 상상을 믿기 싫거나 믿지 못하는 것 같다. 동시에 종교적인 헌신에 의미가 있다고 생각하는 사람들도 소수였다. 퓨 리서치 센터는 서유럽인들이 극동 지역의 구원의 가르침, 뉴에이지•, 민간신앙 등을 얼마나 믿고 있는지도 조사했다. 예를 들어 운명, 점성술, 영적인 에너지, 영혼 수련으로서의 요가, 윤회, 사시••를 믿는지, 명상을 하는지, 별점이나 타로점 및 기타 점을 본 적이 있는지 등을 물었다. 응답자의 대부분은 이런 것들을 믿지 않거나 점을 본 적이 없다고 답했다. 다른 여러 연구, 특히 젊은 사람들을 대상으로 한 조사 결과도 비슷했다. 단 이슬람교인들은 예외였다.

• New Age. 종교의 가르침은 겉으로는 모두 다르지만 궁극적으로는 모두 똑같으며, 따라서 여러 종교의 가르침을 통합해 완전한 가르침을 얻을 수 있다고 가르치는 현대의 종교이다.

•• 邪視. 사안(邪眼)이라고도 한다. 사람이나 물체에 재앙을 가져오는 초자연적인 힘을 가진 눈을 말한다.

이에 따라 우리는 종교와 사람들 사이에 틈이 벌어졌다는 사실을 알 수 있다. 종교는 이제 서유럽 인구 대부분과 연결되는 힘을 잃었다. 그렇다고 사람들이 죽음, 그러니까 자신의 죽음은 물론 친구나 지인의 죽음을 극복할 대안도 딱히 없다. 극동 지역에서 온 다른 종류의 정신적인 혹은 종교적인 생각도 그 틈을 메우지 못한다. 바로 그 자리에 강력한 시장이 들어섰다. 유럽에서만 약 3억 명•에 달하는 사람들이 고인을 받아들이는 태도나 슬픔의 형태를 대체할 것이 필요하다고 생각한다면, 그들이 더 이상 천국이니 지옥이니 하는 것을 믿을 수 없다면, 그리고 죽으면 인간이 그저 사라질 뿐이라는 사실에 만족하지 못한다면 이미 예전부터 그 빈틈을 자신들의 서비스로 충족시키고자 준비해 온 산업 분야가 활약할 기반이 탄탄한 것이나 다름없기 때문이다. 칼 외만은 이렇게 말했다. "이런 기업들은 실리콘밸리에만 있는 것이 아니라 미국 전역은 물론 캐나다, 이스라엘, 유럽 내 여러 국가, 아랍 지역의 여러 국가에 존재합니다. 이들은 일종의 '디지털 불멸성 풀 패키지'를 판매하는 스타트업입니다." 그는 2018년에 발행한 글에서 "우리의 인터넷 활동은 우리가 죽고 나서도 계속 이어진다. 페이스북 같은 회사와 실험 정신이 투철한 스타트업은 우리가 인터넷에 남긴 수많은 내용을 수익화하여 남은 사람들에게 고인과 온라인에서 소통할 기회를 제공한다. 예를 들어 장례식 라이브 스트리밍이나 온라인 추

• 유럽 전체 인구가 8억 명 수준이니, 3분의 1 이상이다.

14장 영원한 삶

모 페이지, 고인이 생전에 남긴 소셜 활동을 기반으로 한 챗봇 등으로 온라인 영혼이 계속 살아 있도록 하는 것이다. 그 결과 고인의 온라인 정보를 활용하는 산업 분야가 매우 거대해졌다. 지난 몇 년 동안 개인의 죽음 이후 유가족들이 수용 가능한 활동과 슬픔의 착취 사이의 경계가 점차 흐려지고 있다"고 설명했다. 외만은 옥스퍼드 대학교에서 2016년에 학업을 마쳤는데, 그때 그가 발표한 훌륭한 논문이 바로 《정보화 시대의 죽음을 둘러싼 정치경제학: 죽음 이후의 삶을 이용한 디지털 산업 분야에 대한 비판적 접근법The Political Economy of Death in the Age of Information: A Critical Approach to the Digital Afterlife Industry》이었다. 그는 "아주 상처입기 쉽고 민감한 사람들에게 주목해야 한다. 슬픔에 빠진 사람들은 죽은 사람을 되살리기 위해 무슨 짓이든 할 것이다. 상중에는 누구든 그렇게 생각한다. 그때 우리가 바라는 것이라고는 그저 죽은 사람이 다시 돌아오는 것뿐이다. 그들을 다시 되살릴 수만 있다면 없는 돈도 모아서 지불할 것이다"라고 경고했다. 외만은 그렇기 때문에 우리가 생각하던 불멸성이 순수하게 정신적인 것에서 상업적인 것으로, 감정적인 것에서 디지털적인 것으로 변하고 있다고 덧붙였다. "우리는 불멸성을 인간의 존재만큼이나 다양한 것으로 바라보아야 했다. 존재에는 여러 종류가 있다. 인간으로서 우리는 의식이 없을 수도, 혼수상태에 빠질 수도, 생동감이 넘칠 수도, 말할 수도 있고, 오직 고깃덩어리, 오직 신체에 불과할 수도 있다. 심장만 겨우 뛰는 상태가 된다고 하더라도 우리는 인간이다. 이것은 온라인이라는 맥락 속에서도 마찬가지다. 우리는 디지털 인간으로서 존재할 수 있다. 디지털 인간은 우리의 모든 요소를 담은 완전한 존재는 아닐 것이다. 하지만 우리의 특정한 측면을 반영하고 있다. 운이 좋다면 이런 특정한 측면이 우리의 육신이나 이성과 달리 영원히 살 수도 있다. (…) 당신을 당신으로 만드는 것은 다른 모든 사람과 구분되는 특성이다. 그것이 당신을 이 세상과 구분한다. 그리고 그 차이점은 정보로 표현된다. 디지털이란 이런 정보를 아주 효율적으로 처리하는 방식이다. 죽음 이후의 디지털 삶을 이어갈 디지털 세포에 관해 이야기한다는 건 결국 우리가 죽음 이후의 정보화된 자신, 정보화된 삶에 관해 이야기한다는 뜻이다.”

그렇다면 나는 곧 정보일까? 다소 위험하게 들린다. 우리 인간은 그 이상의 존재가 아닌가? 그가 쓴 글에 이의를 제기하자 외만은 말했다. “이건 새로운 접근법이 아닙니다. 예언자 모하메드나 예수 그리스도 같은 역사적인 인물들을 보세요. 그들의 ‘정보화된 자신’이 여러 책에 실려 수천 년이 지난 지금까지 그대로 남아 있습니다. 그리고 그들의 모습은 지금도 많은 사람의 삶에 동행하죠.” 외만은 개인을 그들이 남긴 정보로 계속해서 살게 만드는 데 이미 수백 년 전부터 실질적으로 사용되던 것보다 디지털 기술이 훨씬 효율적인 방법일 것이라고 말했다. 사실상 ‘정보화된 불멸성의 민주화’가 이미 시작되고 있다. 머지않은 미래에 예언자나 고귀한 선구자들뿐만 아니라 우리 모두가 자신이 남긴 정보를 통해 계속해서 살게 될 것이다.

알고리즘이 우리가 남긴 데이터 꾸러미에서 규칙을 인식하고 인공신경망이 그것을 습득해 되살린 결과물이 우리를 진짜로 살아

14장 영원한 삶

있는 존재로 나타내는 특징보다는 훨씬 부족하지 않을까? 물론 그럴 것이다. 소셜 미디어가 등장하고 15년 넘게 우리의 개인 데이터가 우리가 알고 있는 것보다 더 많이 수집되었더라도 말이다. 이런 데이터는 모두 한데 묶여 있고, 대기업은 그들이 우리에 관해 어떤 정보를 알고 있는지 결코 발설하지 않는다. 아마존, 구글, 페이스북 같은 회사는 '트래킹Tracking'이라는 기술로 자사의 웹페이지나 앱을 넘어서는 영역까지 우리의 인터넷 사용을 추적해 데이터를 수집한다. 문화학자인 안드레아스 베르나르트Andreas Bernard는 우리가 페이스북이나 인스타그램으로 알고 있는 '프로필'이라는 개념이 사실은 형사범죄학에서 파생되었다고 말했다. 용의자의 신상을 밝히고 그들을 수배할 때 활용하던 것이 프로필이라는 뜻이다.

1990년대, 그러니까 우리가 익명으로 자유롭게 인터넷을 사용하던 유토피아는 이미 앞서 언급했듯이 사라졌다. 지금 우리는 끊임없이 감시당하는 시대에 살고 있다. 사이버 공간을 무엇보다도 중요시하는 사람들이 그랬듯이 인터넷상에서 정체성을 여러 개로 늘릴 수 있다는 생각은 매우 강력한 아이디어로 변모했다. 구글, 페이스북, 아마존은 '진짜' 우리가 누구인지 알고자 하고, 따라서 여태까지 놓치고 있던 우리의 새로운 면모, 새로운 정보를 수집하고자 늘 새로운 서비스를 개발한다. 그리고 그 작전은 늘 성공한다. 이렇게 수집된 모든 데이터는 우리 자신, 우리의 생각, 욕구, 행동 전반을 드러낸다. 그렇게 우리는 다시 더 이상 분할할 수 없는 최소 단위 개체가 된다. 모두가 '하나의' 프로필을 갖게 되는 것이다. 그러면 우리는 타인과 명확하게 구분된다. 다양한 정체성이 모여 결국 진정한 나를 나타낸다.

페이스북에 속한 메신저인 왓츠앱은 매일같이 입력되는 개개인의 '의식의 흐름' 같은 정보를 갖고 있다. 이는 우리가 소셜 미디어에 올리는 정보보다 훨씬 많다. 우리는 매일 메신저를 통해 주변인들과 아주 친한 사이에만 나눌 수 있는 깊은 대화를 나누고, 숨기고 있던 일을 고백하고, 가장 개인적이고 가장 사적인 일을 이야기한다. 따로따로 떼어두면 별로 쓸모가 없어 보이는 데이터다. 그런 정보가 결국 우리에 관한 가장 내밀한 사실을 드러낸다는 위험성을 정작 우리는 알아차리지 못한다. '진짜 나는 그런 사람이 아니다'라고 생각하기 때문이다. 하지만 속아서는 안 된다. 인간인 우리가 상상조차 할 수 없을 정도로 많은 데이터가 수집되고, 거기서 규칙성이 드러난다면 깊이 숨기고 있던 사고방식이나 욕망이 까발려질 것이다. 이미 우리가 앞선 여러 장에서 설명했듯이 말이다.

아직도 한 가지 의문이 남는다. 우리의 모든 행동, 모든 표현방식, 모든 모순의 뒤에 일종의 존재의 핵심, 그러니까 영혼이란 것이 과연 존재하는 걸까? 영혼이 하나라는 생각은 이미 구시대적인게 아닐까? 우리가 남긴 데이터는 우리의 성격이나 각기 다른 페르소나를 똑같이 모방하기에 충분할까? 우리가 생각하는 답은 '그렇지 않다'다.

그러나 디지털 불멸성이라는 아이디어는 결코 죽지 않을 것이다. 영혼이 (아마도) 망상의 산물 이상의 존재였던 적이 없지만, 신 또한 상상의 존재 이상이었던 적이 없지만, 천국에서 불멸의 존재가 되겠다는 생각 또한 신앙심에서 우러난 소망에 지나지 않만, 그럼에도 이런 가정이 자신이 바라는 것을 믿으려는 인간을, 그리고 대단히 무의미한 일이기는 하나 자신이 가장 많이 원하고 바라는 것이 진정 무엇인지 찾으려는 인간을 막지는 못했듯이 말이다.

인지과학자인 스티븐 핑커는 "유사 이래로 철학자들은 사람의 생각을 화면에 나타낼 수 있다는 가상의 기계인 '뇌시경 Cerebroscope'•에 관해 생각했다"고 말했다.

"오래 전부터 사회학자들은 인간의 본성이 어떻게 기능하는지 밝히는 도구를 탐구했다. 실험심리학자로 활약하는 동안 그런 종류의 도구가 여럿 유행했다. 나 또한 그것들을 모두 사용해보았다. (…) 하지만 그 어느 것으로도 정신을 들여다볼 수는 없었다. (…) 한편 인터넷 검색과 다른 온라인 공간 사용에 따른 빅데이터는 인간의 정신에 대한 전에 없던 통찰을 제시한다. 키보드로 작성되는 개인적인 공간에서 사람들은 예를 들자면 (데이트 앱에서처럼 혹은 전문적인 조언을 검색할 때처럼) 아주 특이하고 이상한 일들을 고백한다. 현실의 삶에서는 그에 대한 결과가 따르기 때문이고, 어쩔 때는 반대로 현실에서 어떠한 결과도 따르지 않기 때문이다. 현실에서는 상대방이 나를 지지하거나 비난할 수 있지만, 인터넷 공간에서는 나에 대한 기대나 두려움에서 자유로워질 수 있다. 어쨌든 사

• 철학자들의 사고실험에 때때로 등장하는, 인간의 생각을 화면에 그대로 옮기는 가상의 기계를 말한다.

람들은 키보드 버튼을 하나만 누르지 않는다. (…) 사람들은 자신의 생각을 아주 폭발적으로, 광범위하게 연결하기 위해 수십억 개의 버튼을 눌러 문자열을 한 글자씩 입력한다. 게다가 이런 디지털 흔적을 정리하기 쉽고 분석하기 쉬운 형태로 모아둔다. 그 흔적은 삶의 모든 영역에서 파생된 것이다. (…) 사람들은 어마어마한 양의 데이터를 제공한다. (…) 이처럼 인간의 강박으로 가는 대단히 매력적인 창문이 있는데 뇌시경이 굳이 필요할까?"[97]

의미를 찾고자 하는 인간의 깊은 욕구 때문에 디지털 영혼이라는 신화가 만들어졌다. 이제 더 이상 종교도 우리에게 그런 의미를 제시할 수 없고, 신경과학은 심지어 우리에게서 그 의미를 거칠게 빼앗으려는 중이다. 대부분 사람은 우리가 '나'로서 경험하는 모든 것이 호르몬의 칵테일이자 착각으로 왜곡된 이미지이자 환상에 지나지 않는다는 생각을 품고 살지 못한다. 매순간 언제든 삶이 갑자기 끝날 수 있으며 그 이후에는 모든 기능이 멈춘 신체의 부패밖에 남지 않는다고 생각하며 살 수 있는 사람은 거의 없다. 우리는 물론이고 사랑하는 사람들이 언제든 부활할 수 있으며 마찬가지로 클릭 한 번에 삭제될 수 있다고 생각하며 살 수 있는 사람도 거의 없을 것이다. 그렇기 때문에 논리와 이성이 모든 형태의 미신과 모든 시대의 종교를 없애버린다고 잘못 믿고 있는 바로 그곳, 실리콘밸리에서 발생한 신화에 우리는 속수무책으로 넘어간다. 그곳의 신도들은 벌써 오래 전부터 인공지능을 위한 교회를 짓기 시작했다. 그들은 또한 전지전능한 인공지능의 불가사의한 힘에 관해 이야기한다. 우리는 점점 더 몸집을 키워 가는 이 신화를 결코 웃으며 바

14장 영원한 삶

라볼 수 없을 것이다.

종교는 오래 전부터 신도를 모으고 유지하려면 사람들을 죽음에서 해방하고, 그들을 위협하는 다분히 추상적인 무(無)에 의미를 부여해야 한다는 걸 알고 있었다. 그래서 실리콘밸리와 중국 선전의 신도들이 앞다퉈 전지전능하고 불가사의한 인공지능의 효력을 찬양하며 그것을 종교가 우리에게 약속했던 내용과 연결하는 상황이 점점 더 늘어날 것이다. "나를 믿고 따르면 너희는 불멸의 존재가 될지니." 과거에 우리의 진짜 모습을 존경하는 신만이 알고 있었듯이, 앞으로는 새로운 신이 같은 일을 하게 될 것이다. 인공지능은 '진짜' 우리가 누구인지 알 수 있다.

이 신화는 위력적이다. 진실로서 인정받아야 한다는 권리를 주장하기 때문이다. 게다가 이 신화는 아직 발생한 지 그리 오래 되지 않았기 때문에 앞으로 얼마든지 새로운 형태의 종교의 탄생 설화가 될 수 있다.

이것이 영혼의 르네상스다.

인류에 관한 태곳적 개념이 새로운 옷을 입고 다시 태어났다.

1) 미국의 유명한 여론 조사 기관인 퓨 리서치 센터가 2017년 4월부터 8월까지 서유럽 15개 국가에서 성인 2만 4599명을 대상으로 조사를 진행한 결과다. 또한 프랑스의 사회학자 피에르 브레숑(Pierre Bréchon)은 유럽인들의 종교 성향이 어떻게 변화했는지를 매 10년마다 추적 관찰한 유럽 가치 연구(European Values Study) 내용을 조사했다. 그가 내린 결론은 다음과 같다. "종교는 점점 더 많은 신도를 잃고 있으며 또한 유의미성을 잃고 있다."

2) https://www.pewresearch.org/religion/2018/05/29/attitudes-toward-spirituality-and-religion/

3) 퓨 리서치 센터가 2018년에 조사한 바에 따르면 "사람이 죽으면 모든 것은 끝난다. 죽음 이후의 삶은 없다"고 답변한 사람은 독일, 오스트리아, 스위스, 프랑스, 영국 등에서 모두 소수였다(독일에서 37퍼센트, 오스트리아에서 31퍼센트, 스위스에서 29퍼센트, 프랑스에서 32퍼센트, 영국에서 36퍼센트). 15개국의 평균을 내도 같은 답변을 한 사람들은 40퍼센트로 소수다.

4) https://www.pnas.org/doi/10.1073/pnas.1418680112

5) Matthias Jung, *Was bleibt von der Seele*: https://www.psychologie-heute.de/gesellschaft/artikel-detailansicht/39733-was-bleibt-von-der-seele.html?tx_saltpsychologieheute_

6) Hans Joas, *Die Sakralität der Person: Eine neue Genealogie der Menschenrechte*, Suhrkamp Verlag, Berlin, 2011.

7) 오스트리아의 시인 에리히 프리트(Erich Fried)의 시 '그건 그것이다'의 구절에서 차용했다.

8) 이 개념은 헝가리의 철학자이자 문학자인 게오르그 루카치(György Lukács)가 사용한 것이다. 그는 자신의 저서 《소설의 이론》에서 이 표현을 사용했다.

9) David Eagleman, *Sum: Forty Tales form the Afterlives*, 이진 옮김, 《썸 SUM 내세에서 찾은 40가지 삶의 독한 비밀들》, 문학동네, 2011.

10) James Vlahos, Talk to me - Amazon, Google, Apple and the race for voice-controlled AI, 박진서 옮김, 장준혁 감수, 《당신이 알고 싶은 음성인식 AI의 미래:

PC, 스마트폰을 잇는 최후의 컴퓨터》, 김영사, 2020.

11) 같은 책.

12) A. M. Turing, *Computing Machinery and Intelligence*, Mind 49; https://redirect. cs.umbc.edu/courses/471/papers/turing.pdf

13) 종교학자 Oliver Krüger, *Virtualität und Unsterblichkeit: Gott, Evolution und die Singularität im Post- und Transhumanismus*에서 인용

14) Joseph Weizenbaum, In: Bernhard Pörksen, *Das Menschenbild der Künstlichen Intelligenz. Ein Gespräch mit Joseph Weizenbaum,* In: Bernd Flessner, *Nach dem Menschen.*

15) https://academic.oup.com/joc/article/68/4/712/5025583#119569679

16) https://www.jmir.org/2019/5/e13216

17) 베르텔스만 재단(Bertelsmann Stiftung)이 조사한 내용이다: https://faktencheck-gesundheit.de/de/presse/pressemitteilungen/pressemitteilung/pid/volkskrankheit-depression-drei-von-vier-schwer-erkrankten-werden-nicht-angemessen-versorgt/index.html

18) https://www.jmir.org/2019/5/e13216

19) 그사이 소니아는 회사를 떠났다. 제임스는 사명을 변경했다. 회사의 이름은 이제 히어애프터(HereAfter)이다. 클린트 이스트우드(Clint Eastwood)의 영화에서 따왔다.

20) Gordon Bell, Jim Gemmell, *Your Life, Uploaded: The Digital Way to Better Memory, Health, and Productivity,* Plume, 2010.

21) Jonathan W Schooler, Tonya Y. Engstler-Schooler, *Verbal overshadowing of visual memories: Some things are better left unsaid,* In: Cognitive Psychology, 1990. 22.

22) Baruch Fischhoff, *Hindsight ≠ foresight: the effect of outcome knowledge on judgment under uncertainty,* In: *Journal of Experimental Psychology: Human Perception and Performance,* Band 1–3, 1975.

23) 회사의 이름은 컨트롤 랩스(CTRL-Labs)다.

24) 이것은 그리스 출신의 프랑스 철학자이자 정신분석가인 코르넬리우스 카스토리아디스(Cornelius Castoriadis)가 재발견한 개념이다. 고대 그리스에서는 사람들이 '죽어야 하는 자'라는 말을 사용하며 신과는 구분되는 자신들의 보편적인 공통점을 강조했다.

25) 2010년에 네이선 러스티그(Nathan Lustig)와 제시 데이비스(Jesse Davis)는 페이스북

과 미국 질병 통제 예방 센터의 데이터를 기반으로 2010년 내에 사망할 것으로 예상되는 페이스북 사용자의 수를 예측했다. 그리고 2011년 1월에 2010년도의 실제 사망자 수를 집계했다. 두 사람은 2012년 6월에 다시 사망자의 수를 집계했다. 에반 캐롤(Evan Carroll)이 러스티그와 데이비스의 연구 결과를 기반으로 2018년 1월에 다시 연구를 진행했다. 이들의 연구 결과는 다음 기사에서 찾을 수 있다: https://www.thedigitalbeyond.com/2018/01/1-7-million-u-s-facebook-users-will-pass-away-in-2018/

26) 이것은 맥킨지가 발표한 연구 결과로, 출처는 다음과 같다: https://www.mckinsey.com/industries/automotive-and-assembly/our-insights/ten-ways-autonomous-driving-could-redefine-the-automotive-world

27) 해당 영상은 더 버지가 입수해 공개한 것이다. 아래 주소에서 동영상을 찾을 수 있다:https://www.theverge.com/2018/5/17/17344250/google-x-selfish-ledger-video-data-privacy

28) Sheldon Solomon, Jeff Greenberg, Tom Pyszczynski, *The cultural animal: Twenty years of Terror Management Theory and research*, 이은경 옮김, 《슬픈 불멸주의자》, 흐름출판, 2016.

29) 앞서 언급한 《슬픈 불멸주의자》의 저자인 솔로몬, 그린버그, 피진스키와 동료들이다.

30) Ole Martin Høystad, *Die Seele: En kulturhistorie,* Böhlau Verlag, Köln 2017.

31) 그러나 이와 같은 생각은 이미 플라톤에게서도 찾을 수 있다.

32) 해당 연구소의 연구 내용 및 관련 정보는 모두 공식 웹 페이지에서 찾을 수 있다: https://www.fhi.ox.ac.uk/

33) 보스트롬의 연구 성과는 그의 개인 홈페이지에서 찾을 수 있다: https://nickbostrom.com/

34) https://www.simulation-argument.com/simulation

35) Daniel Casasanto, Katinka Dijkstra, *Motor action and emotional memory,* In: Cognition 115, 2010.

36) https://www.nature.com/articles/s41467-018-04639-1

37) 이것은 2008, 2009년에 걸쳐 뮌헨 공과대학교의 신경과학자인 베른하르트 하슬링거(Bernhard Haslinger)와 동료들이 진행한 실험이다: https://academic.oup.com/cercor/article/19/3/537/429135

주와 참고문헌

38) 심리학자 아서 글렌버그(Arthur Glenberg)와 데이비드 하바스(David Havas)가 진행한 실험이다: https://www.ncbi.nlm.nih.gov/pmc/articles/PMC3070188/

39) 피트 트레이너의 TED 강연: https://www.youtube.com/watch?v=Z4RhoRW1Ls0&ab_channel=TEDxTalks

40) https://www.youtube.com/watch?v=cQ54GDm1eLo&ab_channel=BuzzFeedVideo

41) Donna Haraway, *Manifestly Haraway,* 황희선 옮김, 《해러웨이 선언문》, 책세상, 2019.

42) Noam Chomsky, *Sprache und Geist,* Suhrkamp Verlag, Frankfurt am Main, 1999.

43) John R. Searle, *Minds, Brains, and Programs,* In: The Behavioral and Brain Sciences, 1980(3).

44) Niklas Luhmann, *Soziologische Aufklärung 3: Soziales System, Gesellschaft, Organisation,* Opladen, 1981.

45) Dirk Baecker, *Intelligenz, künstlich und komplex,* Mereve Verlag, Leipzig, 2019.

46) 같은 책.

47) Dirk Baecker, *Digitalisierung als Kontrollüberschuss von Sinn,* In: *Digitale Erleuchtung,* Frankfurt am Main, 2016.

48) Heinz von Foerster, *Sicht und Einsicht. Versuche zur operativen Erkenntnistheorie,* Vieweg Verlag, Braunschweig, 1984.

49) 같은 책.

50) Dirk Baecker, *Digitalisierung als Kontrollüberschuss von Sinn,* In: *Digitale Erleuchtung,* Frankfurt am Main, 2016.

51) https://aihabitat.org/

52) 버추얼 불멸성에 관한 앤디 클락의 인터뷰: https://www.closertotruth.com/interviews/58135

53) Daniel C. Dennett, *Consciousness explained,* 유자화 옮김, 장대익 감수, 《의식의 수수께끼를 풀다》, 옥당, 2013.

54) Thomas Nagel, *What is it like to be a bat,* Philosophical Review 83, Duke University Press, Durham, 1974.

55) Gerald M. Edelman, Giulio Tononi, *Gehirn und Geist – Wie aus Materie Bewusstsein entsteht,* 장연후 옮김, 《뇌의식의 우주: 물질은 어떻게 상상이 되었나》, 한언출판사, 2020.

56) 줄리오 토노니와 아비드 레이(Arvid Leyh)의 대화: https://www.dasgehirn.info/denken/bewusstsein/giulio-tononi-consciousness-and-phi?language=en

57) Markus Gabriel, *Der Sinn des Denkens*, 전대호 옮김,《생각이란 무엇인가: 인간의 생각감각에 대하여》, 열린책들, 2021.

58) Stefan Klein, *Träume. Eine Reise in unsere innere Wirklichkeit*, 전대호 옮김,《어젯밤 꿈이 나에게 말해주는 것들: 프로이트도 놓친 꿈에 관한 15가지 진실》, 웅진지식하우스, 2016.

59) https://www.youtube.com/watch?v=vJG698U2Mvo&ab_channel=DanielSimons

60) Victor Lamme, *Why visual attention and awareness are different*, Trends in Cognitive Sciences 7, 2003.

61) Lutz Jäncke, *Das plastische Hirn*, In: *Lernen Und Lernstörungen 3*, 2014.

62) Eleanor Maguire, *Navigation-related structural change in the hippocampi of taxi drivers*, University college London, 2000: https://www.pnas.org/doi/10.1073/pnas.070039597

63) Donald O. Hepp, *The Organization of Behavior: A Neuropsychological Theory*, New york, 1949.

64) Lutz Jäncke, *Lehrbuch Kognitive Neurowissenschaften*, Hogrefe Verlag, Göttingen, 2017.

65) https://www.fu-berlin.de/en/presse/informationen/fup/2014/fup_14_327-persoenlichkeitsentwicklung-studie-jule-specht/index.html

66) 저널리스트 데이비드 맥레이니(David McRaney)가 자신의 저서 《착각의 심리학》과 같은 제목으로 개설한 블로그와 팟캐스트다: https://youarenotsosmart.com/2018/03/26/yanss-124-belief-change-blindness/

67) Walter Benjamin, *Das Kunstwerk im Zeitalter seiner technischen Reproduzierbarkeit*, 최성만 옮김,《기술복제시대의 예술작품 / 사진의 작은 역사 외》, 길, 2007.

68) Jean-Paul Sartre, *Das Sein und das Nichts*, 정소성 옮김,《존재와 무》, 동서문화사, 2009.

69) Marcel Proust, *Auf der Suche nach der verlorenen Zeit*, 김희영 옮김,《잃어버린 시간을 찾아서》, 민음사.

70) 아르튀르 랭보(Arthur Rimbaud)가 조르주 이장바르에게 보낸 편지에서 인용.《랭보

주와 참고문헌

서한집》, 위효정 옮김, 읻다.

71) Richard Sennett, *Verfall und Ende des öffentlichen Lebens: Die Tyrannei der Intimität*, Berliner Taschenbuch Verlag, 2008.

72) 같은 책.

73) 프랑스의 철학자 루이 알튀세르(Louis Althusser)의 '호명 이론'이다.

74) 어빙 고프먼, *The Presentation of Self in Everyday Life*, 진수미 옮김, 《자아 연출의 사회학: 일상이라는 무대에서 우리는 어떻게 연기하는가》, 현암사, 2016.

75) Richard Sennett, *Verfall und Ende des öffentlichen Lebens: Die Tyrannei der Intimität*, Berliner Taschenbuch Verlag, 2008.

76) Ulrich Beck, Elisabeth Beck-Gernsheim, *Nicht Autonomie, sondern Bastelbiographie*, In: Zeitschrift Für Soziologie, Band22, Heft3, F.Enke Verlag Stuttgart, 1993.

77) Isolde Charim, *Ich und die Anderen – Wie Die neue Pluralisierung uns alle verändert*, 이승희 옮김, 《나와 타자들》, 민음사, 2019.

78) Martin Korte, *Warum wir vergessen*, In: Gehirn und Geist 58, 2019.

79) Verwahrensvergessen. 이 표현은 수필가인 프리드리히 게오르크 윙거(Friedrich Georg Jünger)가 사용한 것이다. *Gedächtnis und Erinnerung*, Vittorio Klostermann, Frankfurt am Main, 1957.

80) Speichergedächtnis. 이 표현은 문화학자인 알라이다 아스만이 사용한 것이다. 《기억의 공간: 문화적 기억의 형식과 변천》, 채연숙, 변학수 옮김, 그린비, 2011.

81) Hyperthymesia. Highly superior autobiographical memory(HSAM) syndrome이라고도 한다. 질 프라이스는 2000년대 초반에 신경과학자이자 기억연구자인 제임스 맥거프(James McGaugh) 교수에게 진찰을 받았다.

82) https://www.academia.edu/15281391/Patihis_L._2016_._Individual_differences_and_correlates_of_highly_superior_autobiographical_memory._Memory._24_961–978.

83) Aleida Assmann, 《기억의 공간: 문화적 기억의 형식과 변천》, 채연숙, 변학수 옮김, 그린비, 2011.

84) 같은 책.

85) Friedrich Nietzsche, *Unzeitgemäße Betrachtungen*, 《비극의 탄생 반시대적 고찰》, 이

진우 옮김, 책세상, 2005.

86) 심리학자인 얀 바인홀트(Jan Weinhold)와 동료 연구진이 하이델베르크 대학교 부속 병원의 의학적 심리학 연구소에서 200명의 실험 참가자들을 대상으로 가족 구도의 효과를 실험했다: https://onlinelibrary.wiley.com/doi/10.1111/famp.12051

87) 토마스 마호가 언급한 그리스 출신 철학자인 코르넬리우스 카스토리아디스(Cornelius Castoriadis)의 에세이에 따르면 고대 그리스인들이 형용사 '인간적인'과 '죽을 운명인'이라는 말을 동의어로써 사용한 유일한 민족이다.

88) 독일 민법 제616조에 따르면 사용자는 근로자가 귀책사유 없는 개인적인 이유로 일할 수 없을 때도 보수를 지급해야 한다. 그런데 독일에서는 그 기간이 이틀로 정해져 있다. 공공근로를 위한 임금 협약법 제29조에 노동자가 배우자, 부모, 자녀 사망 시 이틀의 특별 유급 휴가를 받을 수 있다고 명시되어 있다.

89) Victor Mayer-Schönberger, *Delete: The Virtue of Forgetting in the Digital Age*, 《잊혀질 권리: 디지털 시대의 원형감옥, 당신은 자유로운가?》, 구본권 옮김, 지식의날개(방송대출판문화원), 2011.

90) 같은 책.

91) 같은 책.

92) Aleida Assmann, *Die Last der Vergangenheit*, In: *Zeithistorische Forschungen / Studies in Contemporary History 4*, 2007.

93) https://www.nature.com/articles/s41746-018-0029-1

94) https://www.youtube.com/watch?v=D5VN56jQMWM

95) 경제에너지부 장관 페터 알트마이어(Peter Altmaier)는 2019년 1월에 열린 국제 방송 케이블 전시회의 '스마트 홈' 심포지움에서 이렇게 말했다.

96) https://www.pewresearch.org/religion/2018/05/29/appendix-b-methodology/

97) 세스 스티븐스 다비도위츠의 저서 《모두 거짓말을 한다》에 언급된 스티븐 핑커의 말이다.

두 번째 인류

죽음을 뛰어넘은 디지털 클론의 시대

초판 1쇄 인쇄 2023년 6월 9일
초판 1쇄 발행 2023년 6월 23일

지은이 한스 블록, 모리츠 리제비크
옮긴이 강민경
펴낸이 유정연

이사 김귀분
책임편집 황서연 **기획편집** 신성식 조현주 유리슬아 서옥수 **디자인** 안수진 기경란
마케팅 이승헌 반지영 박중혁 하유정 **제작** 임정호 **경영지원** 박소영

펴낸곳 흐름출판(주) **출판등록** 제313-2003-199호(2003년 5월 28일)
주소 서울시 마포구 월드컵북로5길 48-9(서교동)
전화 (02)325-4944 **팩스** (02)325-4945 **이메일** book@hbooks.co.kr
홈페이지 http://www.hbooks.co.kr **블로그** blog.naver.com/nextwave7
출력·인쇄·제본 (주)삼광프린팅 **용지** 월드페이퍼(주) **후가공** (주)이지앤비(특허 제10-1081185호)

ISBN 978-89-6596-280-9 03100